中国社会科学院古代史研究所建所七十周年

林甘泉

纪|念|文|集

中国社会科学院古代史研究所秦汉史研究室　编

中国社会科学出版社

图书在版编目(CIP)数据

林甘泉纪念文集 / 中国社会科学院古代史研究所秦汉史研究室编. -- 北京 : 中国社会科学出版社, 2024.11. -- ISBN 978-7-5227-4287-8

Ⅰ. K825.81-53

中国国家版本馆 CIP 数据核字第 2024YR4963 号

出 版 人　赵剑英
责任编辑　李凯凯
责任校对　靳明伦
责任印制　李寡寡

出　　版　中国社会科学出版社
社　　址　北京鼓楼西大街甲 158 号
邮　　编　100720
网　　址　http://www.csspw.cn
发 行 部　010-84083685
门 市 部　010-84029450
经　　销　新华书店及其他书店

印　　刷　北京君升印刷有限公司
装　　订　廊坊市广阳区广增装订厂
版　　次　2024 年 11 月第 1 版
印　　次　2024 年 11 月第 1 次印刷

开　　本　710×1000　1/16
印　　张　30.5
字　　数　418 千字
定　　价　168.00 元

林甘泉先生(1931—2017 年)

历史研究所 1979 年学术委员会合影(右二为林甘泉先生)

林甘泉先生授课(2015 年)

林甘泉先生主持郭沫若研究学术会议

林甘泉先生与夫人黄兆群、公子林征(2016 年)

林甘泉先生与《郭沫若年谱长编》部分专家在郭沫若纪念馆(2004 年)

林甘泉先生与卜宪群(2008 年)

林甘泉先生与邬文玲(2007 年)

林甘泉先生接受访谈(2007 年)

林甘泉先生寿诞(2015 年)

求真务实——林甘泉史学研究理论与方法座谈会(2020 年)

中国经济通史
秦汉经济卷（上）
林甘泉 主编
郭沫若
林甘泉 黄烈主编
中国封建土地制度史
第一卷
林甘泉 主编
中国古代政治文化论稿
林甘泉文集
ZHONGGUOSHEHUI
KEXUEYUAN
XUESHUWEIYUANWENKU
LINGANQUANWENJI

林甘泉先生部分著作

五十年的回忆和思考　林甘泉

2004年是中国社会科学院历史研究所建所50周年。1994年纪念建所40周年时，我曾经写过一篇《四十年的回顾》小文（载《中国史研究》1994年第4期），就自己在历史所40年工作的感受，谈了几点意见，主要涉及4个问题：(一)关于研究所的基本任务；(二)关于集体协作；(三)关于学习马克思主义理论；(四)关于保持原有的研究优势和开拓新的研究领域。转眼之间，又过了10年。在纪念建所50周年之际，所内同仁纷纷撰文共叙衷情。50周年是大庆，作为建所初期到所而尚幸存的一名工作人员，我似乎没有理由不再握笔写几句话。有些话不免是10年前那篇小文的重覆，但星移斗转，无论是国内、院内或所内，这十年间形势都有不少变化。新的形势会触发一些新的思考，也是免不了的。

《庄子·养生主》说："指(脂)穷於为薪，火传也，不知其尽也。"学术的传承也如同薪尽而火传一样，烛薪的燃烧是有穷尽的，但已经点燃的火却会传续下去。当我们庆贺历史所建所50周年时，

中国社会科学院历史研究所稿纸　(20×20=400)　第 1 页

林甘泉先生手稿

代前言

林甘泉："我仍然信仰唯物史观"

卜宪群

林甘泉是新中国培养起来的马克思主义史学工作者的杰出代表人物之一，他的史学研究理论与实践在当代中国史学史上占有重要地位。

一　研究领域与学术成就

在长达60多年的史学生涯中，林甘泉以马克思主义唯物史观为指导，在中国古代经济史、政治文化史、历史理论和秦汉史等许多重要领域都有深入思考，提出了诸多很有价值的独特看法，取得了突出成就，具体表现在如下方面。

从社会经济形态角度阐释古代中国的发展道路。以社会经济形态的演进划分人类社会发展阶段，是唯物史观的核心。林甘泉素重中国古代社会经济史研究，特别是先秦秦汉经济史，曾主编《中国封建土地制度史》（第一卷）、《中国经济通史·秦汉经济卷》，发表《亚细亚生产方式与中国古代社会》《中国古代土地私有制的形成》等多篇论文，将马克思主义历史理论同中国历史实际相结合，得出了诸多富有创新性的灼见。

首先，从历史统一性与多样性角度看待古代中国的发展道路。林甘泉始终秉持马克思主义社会形态理论，认为人类历史发展有其共同规律，并通过各民族和国家历史发展的多样性表现出来，古代中国也经历了奴隶社会和封建社会的发展阶段。但这种规律并非指同一模式，也不能理解为一切民族和国家都必须经过这两个社会发展阶段。战国秦汉之前的古代中国社会形态，既有与世界各国历史发展相同的共性，也有自身的特点，并从土地所有制形态演变、直接生产者的身份地位、国家政体等方面做了具体阐述。比如，他主张古代中国经历了奴隶制社会形态，商周时期的奴隶不同于古典形态的奴隶，但就其与生产资料相结合的方式而言，却有着马克思所说的“普遍奴隶制”的特点。

其次，他结合中国历史实际，对社会形态分期问题提出了独特见解。林甘泉从理论辨析与实证相结合入手，对如何进行历史分期、亚细亚生产方式与中国古代社会、“封建”概念的名与实、封建制的不同形态等问题提出自己的看法。他认为，史学家有历史分期的学术自由，但马克思主义史学家是主张以社会经济形态的变动来划分历史阶段的，即“五种生产方式论”，用社会经济形态划分历史发展的不同阶段，能够比较全面而深刻地揭示不同时代的本质特征。他指出，马克思在世时已经提出了历史上的四种生产方式，再加上马克思和恩格斯设想过但生前没有看到过的社会主义社会，就有了五种生产方式。他还用丰富的证据证明，五种生产方式不是斯大林制造出来的公式。从具体历史发展过程的实际出发，林甘泉敏锐地指出，各历史时代都不会只存在一种生产方式，而可能是几种生产方式并存，问题是要根据马克思主义观点，寻找出占支配地位的生产方式。针对有人认为“封建”的“本义”是西周初年的“封邦建国”“封爵建藩”，离开这个“本义”而讨论封建社会的形成是一种“泛封建观”，是受政治干预的结果，他明确表示“不敢苟同”这种观点。他反对用孤立的观点看待“封建”一词，认为传统文献中的“封建”诚然是“封邦建国”，但我们讨论的“封建社会”并非只是指一种“政制”，而是社会经济形态。中国历史上是否存在封建社会以及能否使用“封建”一词，根本是要看封建社会经济形态的基本特征在中国历史上是否存在，

而不能只究"封建"一词的本义及套用欧洲封建社会的模式。类似的探讨还表现在他关于亚细亚生产方式与古代中国、中国古代的社会转型、领主制与地主制、春秋战国之际的社会变动等多方面。

最后，社会经济史研究。林甘泉以秦汉为个例，对中国古代自然经济与商品经济的内在关系做了深入思考，并对中国封建经济结构的特点与作用提出了诸多独特看法。例如，他指出："自然经济和商品经济相结合，而以自然经济占统治地位，这是中国封建社会经济结构的一个重要特点。这种结合不是一种简单的并存关系，它不仅表现为封建经济既有自给性生产的单位，也有商品性生产的单位，而且表现为自然经济和商品经济这两种经济运行形式能够互补和互相制约。无论是地主经济或农民经济，在自然经济中都包含着商品经济的成分，而在商品经济中，又都带有自然经济的因素。"在中国封建社会，商人资本很活跃，商业也相当繁荣，但由于商品生产并没有相应的发展，是商业使产品变成商品，而不是商品以自己的运动形成商业。因此，商品经济的发展并没有瓦解自然经济，反而延长了自然经济和封建生产方式的寿命。中国封建社会经济生活和政治生活的诸多现象，都可从这种经济结构中做出合理解释。

深刻总结中国古代丰富的政治文化遗产。林甘泉的学术旨趣不仅限于社会经济史，他对中国古代政治体制、民族关系和思想文化及其历史价值同样提出了很多富有创见性的认识。

首先，关于古代国家的政治体制与民族关系。他认为，中国早期国家并不存在古代希腊罗马那种城邦民主制度，无论是王国或诸侯国，其政体基本上是一种等级制的君主专制制度，其统治具有浓厚的宗法家长制色彩。这个历史特点，是决定较早在秦朝建立封建专制主义中央集权国家的重要因素之一，中国封建社会只有开明专制的君主和民本思想的传统，缺乏民主共和的政治条件。他还进一步指出，君主专制制度作为一种上层建筑，绝不是偶然出现的历史现象，而是有特定的经济基础和阶级基础。对于中国历史上封建专制主义的评价，既要加以批判，又要具体分析，不能全盘否定，也不能完全归结为暴政，抹杀专制主义中央集权对国家统一和历史发展所起的积极作用。他指出，魏特夫的《东方专制主义》不是真正研究中国历史的学术著作，而是适应美国反共冷战政策需要的产物。秦汉以后，尽管经历了许多次改朝换代，也曾出现过分裂割据局面，但国家统一始终是历史发展的主流。大一统观念之所以深入人心，有其政治的、经济的和表现为一定文化传统的民族心理的历史背景。中国古代民族关系的一个重要特点是，既存在着民族矛盾、民族压迫和民族战争，又有一种强大的凝聚力把各民族联系在一起。以汉族为主体的民族融合和同化，是民族关系的主流，也是中华民族历史发展的重要篇章。儒家的文化认同思想，对统一多民族国家的历史发展和中华民族凝聚力的形成具有重要意义。

其次，关于政治权力与经济发展的关系。林甘泉指出，中国封建专制主义中央集权国家的经济职能对封建社会经济发展起过一定的促进作用，并且导致历史上一些所谓“盛世”的出现。但是，如果我们不单纯着眼于封建王朝的盛衰，而是从生产力和生产关系的发展变化来探讨这个问题，就不难发现，封建国家对于经济发展所起的促进作用，没有也不可能超越经济条件所允许的范围。政治权力对经济发展，既可以起促进作用，也可以起破坏作用，中国封建专制主义中央集权国家对经济发展所起的破坏作用，有时比促进作用更大。中国封建社会长期延续，王朝周而复始，与这一点有很大关系。

最后，关于秦汉政治文化与学术思想。林甘泉指出，从秦制或秦政的总体看，法家思想在秦朝虽处于支配地位，但并不排斥儒家思想在部分官吏（特别是东方六国）中有广泛影响。他还提出，汉初“清净无为”并非道教专有的思想，实际上这种思潮是秦亡以后对秦暴政的反弹，是汉初相当普遍的社会心理的反映。从汉初“无为”政治的实质来看，当时儒家与道家是有共识的，只是在具体采用什么手段安定社会上有不同的认识而已。

构建中国特色的史学理论体系。林甘泉对构建中国特色、中国风

格、中国气派的史学理论体系十分重视。首先，他高度肯定唯物史观的科学性，强调构建中国特色史学体系必须坚持唯物史观。他谈道："作为一个史学工作者，我愿意多学点西方资产阶级的史学理论，弥补自己这方面知识的不足。但也要说，我仍然信仰唯物史观。因为和其他史学理论比较，我认为还是它最正确。"他多次强调，唯物史观是一种开放发展的学说，永远要随着时代的发展而发展。其次，他对20世纪以来马克思主义史学成就高度肯定。他指出，20世纪上半叶，近代实证史学是中国史学的主流，20世纪下半叶，中国史学的主流则是马克思主义史学。他不同意有人对新中国成立后十七年史学成就竭力贬低的态度，认为尽管存在着许多不足和失误，但这十七年间，"我国历史学所取得的成绩是巨大的"。至于改革开放后的中国历史学，他则用"充满生机的新时期历史学"的标题来总结概括。正是对中国马克思主义史学发展史的深刻洞察，他认为唯物史观要发展，也有一个中国化的问题。他充满信心地指出，今天我们应该有条件，也有义务，建设一个在马克思主义指导下、从中国历史实际出发、有中国气派的史学理论体系。

理性评判中外史学思潮与热点问题。林甘泉对中外史学思潮和热点问题十分关注，他的一些认识、评判和分析彰显出深厚的史学功底与深邃的理论素养。例如，他主编的《孔子与20世纪中国》，唯物辩证地总结和分析了20世纪反孔与尊孔两种思潮，对新文化运动与传统文化的关系、孔子思想与21世纪文明的关系，提出了独特看法。他指出，孔子和儒家思想是中华文明有代表性的历史遗产，我们应当珍惜和继承。但一定要持理性态度，不能对精华和糟粕不加区别地盲目颂扬。鼓吹用儒家思想主导我国的社会主义精神文明建设，甚至侈谈儒家文明可以拯救西方文明衰落的危机，这是一种非历史主义的错误论调。改革开放后，很多西方思潮和史学观点涌入中国，对中国史学界产生了不少影响，林甘泉对此十分关注。他批判魏特夫的"治水社会"与"东方专制主义"观点，认为这是对中国历史的牵强附会与随意编造。改革开放以来，中国经济发展取得了令人瞩目的成就。西方经济史学界有一种以“中国中心论”代替“欧洲中心论”的史观，以弗兰克的《白银资本》为典型。林甘泉指出，西方学者批判“欧洲中心论”的观点值得肯定，但弗兰克的观点很难成立。中国封建王朝在东亚地区曾经扮演过某种“中心”角色，但在欧亚新航路和发现美洲之前，并不存在一个包括中国在内的“世界经济体系”。鸦片战争之前，中国的经济和社会发展已经明显落后于欧洲。夸大中国封建经济在世界经济史上的地位，实际是一个理论陷阱。对中国传统文化的审视是20世纪以来不断受到重视的一个问题，其中不能不触及古代知识阶层的历史地位和作用。余英时的《士与中国文化》一书当时在国内产生了较大影响。林甘泉对该书的一些见解表示赞同，但他同时指出，由于作者对儒家的道统情有独钟，使得他对“士”作为知识阶层的历史地位和作用认识有失偏颇，甚至远离了历史实际；“道尊于势”其实是知识阶层的一种自恋情结；以“士”为代表的知识阶层，其政治态度从一开始就呈现多元化趋向；中国封建社会的知识阶层就其整体的社会地位而言，是依附于封建统治阶级的。

关于史学热点问题，我还想专门谈谈林甘泉对中国古代文明和国家起源的看法。20世纪末21世纪初，中国古代文明和国家起源问题再次引起广泛关注。林甘泉在《世纪之交中国古代史研究的几个热点问题》一文中对此予以回应。他认为，探讨中国文明的起源首先要弄清“文明”“文明要素”和“文明时代”的概念内涵，以及重视对文明要素的统一性和多样性的理解。由此他指出：“文明要素的物化形态可以表现不同，但它必须反映社会生产力的发展水平已经可以提供足够的剩余劳动，以养活一群公共权力机关的代表，并且显示出这种脱离社会的公共权力机关的存在，这都是不可或缺的。”林甘泉还以此为路径，探讨了中国文明和国家起源的具体道路。今天，文明和国家起源问题仍然是考古和历史学界的热点问题，林甘泉强调区别文明萌生、文明要素和文明社会的不同概念，以及中国古代文明和国家起源的独特道路，对学术界仍有重要的借鉴意义。

二　治学方法与特点

林甘泉治学素以理论见长，但又论从史出，善于从习见的史料中发现问题，做出独到的解释，能够对众多史学思潮与史学观点进行评判，不人云亦云，因而在史学界享有盛誉。他的史学成就的取得，与他正确的理论指导和科学的治学方法分不开。概括起来，主要有以下几点。

坚持以马克思主义为指导，辩证看待中国马克思主义史学的发展道路。接触过林甘泉或读过他的论著的同志大都知道，他是一位马克思主义的真诚信仰者，这不仅表现在他一以贯之的史学研究实践上，还表现在他对唯物史观与历史研究关系的深刻思考上。在《我仍然信仰唯物史观》这篇文章中，他指出："在我们这个社会主义国家，历史研究要以马克思主义理论作指导，这本来应该是不成问题的。但是为什么现在有些史学工作者对马克思主义理论采取一种冷淡的态度？照我看来，'文化大革命'对马克思主义的歪曲和糟蹋，国际共产主义运动遭到巨大的挫折，西方资产阶级意识形态的渗透和冲击，都有一定的关系。而就历史学本身来说，以往我们对唯物史观的理解和应用，受了'左'倾思想的影响，恐怕也是一个重要原因。对待马克思主义理论的冷淡，是对'左'倾思想的一种惩罚。"他全面分析了"左"倾思想对历史学影响的具体表现，但同时又强调，这些缺点和不足并不是唯物史观本身的弊病和局限，而恰恰是我们史学工作者违背了唯物史观基本要求的结果。在唯物史观创始人的著作中，根本就找不到可以引导人们产生宗派主义、教条主义和公式主义的思想。他客观评判新中国成立后马克思主义史学取得的巨大成绩，坚决反对有些人没有认真调查研究就肆意贬低抹杀"文革"前中国史学在唯物史观指导下取得的巨大成绩。基于这种认识，几十年来，他坚持将马克思主义理论与中国历史实际相结合，在所涉及的历史问题研究上，尽可能作出符合中国历史实际的解释。

注重对历史研究理论的规律性把握。论从史出、史论结合、辩证思维，是林甘泉史学研究的特点之一。他提出史学研究的三层次说，即事实判断、认识判断和价值判断。事实判断是历史研究的基础和出发点，是要解决史料和史实的可信性问题，实证研究基本上是使用形式逻辑的方法，只有功力之分而没有阶级性。马克思主义史学家可以不是考据学家，但他的研究工作也需要占有尽可能多的真实的史料，不能完全脱离实证研究。认识判断是对诸多历史现象的前因后果以及历史规律性的认识和探讨，会呈现出唯心史观和唯物史观的分歧。而唯物史观研究更接近历史的深层内容。价值判断是对各种历史事件和人物、各种制度和思潮在当时所起的作用及其对后代的影响所作的判断，在这个层次上，同是马克思主义史学家，或同是非马克思主义史学家，也可能会有不同认识，意见的个性色彩更多一些。他主张，对不同层次的历史研究有不同认识，都可以百家争鸣。

重视史学研究的古为今用。林甘泉指出："史学是联结现实和历史的一门科学。不仅近现代史的研究与现实有密切关系，而且古代史研究的视角和价值判断也不能不受现实的制约。正因为如此，我们不认为史学可以脱离现实而躲进象牙之塔，而且主张史学应该为现实服务。"他所撰写的《中国历史上的分裂和统一》《夷夏之辨与文化认同》《历史遗产与爱国主义教育》《论历史文明遗产的批判继承》等，都是具有强烈现实观照的历史问题。上述文章中的许多看法，今天仍具有很强的现实指导意义。

以开放的视野和百家争鸣的态度看待古今中外的学术成果。在总结20世纪中国历史学时，林甘泉指出："一个时代有一个时代的学术，历史学当然应该随着时代的前进而不断有新的发展。我们不能老是以中国有得天独厚的丰富史学遗产而沾沾自喜，也不能老是以外国人研究中国历史终究不如中国人而自我安慰。中国史学要走向世界，不仅需要从外国史学的最新成就中汲取营养，而且在研究手段和研究方法

上需要跟上当代科学技术和哲学社会科学发展的步伐。'有容德乃大'。一切有用的知识，我们都应该欢迎和吸收，使我国史学永葆青春和活力。"但是他又强调："从根本上说，我们借鉴外国史学理论和方法，吸收外国一切优秀的学术成果，目的是要建设有中国特色的马克思主义史学。"林甘泉十分赞同毛泽东提出的百家争鸣方针。2016年，他在接受《中国史研究动态》采访时说："历史现象是非常复杂的，应该展开'百家争鸣'。"那种片面追求"什么问题都要求有一个结果""所有问题都有结论"的思维方式，就不符合百家争鸣方针。

林甘泉是一位真诚的马克思主义者，他不仅在研究中贯彻着彻底的辩证唯物主义和历史唯物主义精神，也对自己在研究中曾经有过的错误、失误和不足有深刻反思。在2004年出版的《林甘泉文集》中，他就自己曾经在历史主义与阶级观点问题的讨论中，对翦老（翦伯赞）的批评表示歉意。在《八十自述》中，他再次检讨自己上纲上线的指责是对翦老的不敬，反映了自己的思想有"左"倾的片面性。我相信，这不仅不会降低林甘泉的学术地位，反而是更彰显出一位马克思主义史学家实事求是、敢于纠正自己的崇高品格。他晚年说过："用马克思主义理论指导历史研究，是我坚定的信念。但我深感要正确掌握这个科学理论，并不是一件容易的事情，需要我一辈子努力学习。"这句话是他自己对马克思主义真诚信仰的表达，是他自己对一生学术研究的总结，但正确掌握马克思主义科学理论"并不是一件容易的事情"的看法，值得我们新时代史学工作者共勉。今天，我们构建中国特色历史学三大体系，林甘泉是我们必须重视和研究的一位学者。

（本文原载《中国社会科学报》2022年3月1日第4版，作者系中国社会科学院古代史研究所所长、中国秦汉史研究会会长）

目　　录

一　学术论文

二　回忆文章

三　访谈

附　录

一 学术论文

林甘泉先生的史学成就及其成因探析

陈绍棣

一　史学成就

林甘泉先生是我国著名的马克思主义史学家、秦汉史学家之一。他始终信仰唯物史观，并以唯物史观为指导，紧密联系中国历史实际，以史论结合，文献与考古结合的方法，研究中国历史。他的著述，篇篇都渗透着唯物史观的基本观点。他与时俱进，自觉清理某些理论教条和“左”倾思想的影响，对唯物史观的理解，随着时间的推移，日益全面、完备、深刻，随着视野的扩大，其研究的理论、领域和使用的研究方法也增多了。他对史学理论、秦汉史、经济史、史学史、社会史都有深湛的研究，成果丰硕，在国内外都产生了重大的影响。

例如，他主编的《中国经济通史·秦汉经济卷》（按章节分工执笔者依次是王子今、林甘泉、孙晓、杨振红、陈绍棣、田人隆、李孔怀、李祖德、马怡）是国家社科重点课题成果，是迄今为止第一部对秦汉社会经济作全面、系统、深入、系统研究的专著。分上、下卷，共十一章，即：第一章绪论；第二章人口分布；第三章农田与水利；第四章农业生产；第五章畜牧业；第六章林业和渔业；第七章土地所有制形式；第八章土地经营方式；第九章土地继承与土地买卖；第十章手工业生产；第十一章手工业中的生产关系。该书封底编辑评介说：以《中国经济通史·秦汉经济卷》分析了秦汉时代经济发展的自然环境和社会环境，对当时的基本经济区、基本生产单位、产业结构和经济类型以及社会经济形态，作了比较全面的论述。书中认为自然经济的本质特征不是自给自足，而是自给性生产；秦汉的地主经济和小农经济表明，封建的自然经济和封建商品经济可以在同一经济单位中并存，并且互相补充，这是中国封建社会经济结构的一个重要特点。本书对秦汉农业和手工业的生产力发展水平和复杂的生产关系，对商业、交通运输、货币、财政、人口和赋税徭役等都有比较详细的考察，提出了一些不同于先前研究者的见解。对前此研究者较少涉及的社会各阶级和等级的财富分配与生活消费，以及少数民族的经济生活，也有专章论述。全书资料翔实，特别重视引用新出土的考古材料。以上介绍简洁、客观、公正。由于主编和执笔者呕心沥血，努力笔耕，遂取得成功，不仅在国内史学界获得好评，而且在日本史学界也博得一片喝彩声。众望所归，使该书初由经济日报出版社出版，复由中国社会科学出版社再版，并先后荣获中国社会科学院历史研究所第四届专著一等奖、中国社会科学院第四届优秀专著二等奖和第二届郭沫若中国历史学奖二等奖，并收入“中国社会科学院文库·经济系列”。

又如，林先生对中国古代土地制度史的研究。众所周知，他在数十年的研究工作中，始终重点关注的是土地制度史，并为此撰写了论文《中国古代土地私有制的形成》以及主编专著《中国封建土地制度史》第一卷。这些著述以马克思和恩格斯的科学论断，即一切文明民族的土地所有制都是始于公有，经过长短不等的中间阶段，最终确立为私有，较为细致地考察了中国古代土地所有制所经历的这个中间阶段的发展变化，得出了如下的结论，即“随着生产力的发展和私有制因素的增长，以及政治权力和经济发展的交互作用，共同体的土地所有制逐渐由‘三年一换土易居’改为各家‘自爰其处’，最后转变为个体农民的小土地所有制；与此同时，大小贵族通过田邑转让、军功赏田和垦辟土地等渠道，增殖了大量私田，形成了贵族、官僚和地主的大土地所有制。”“根据地下出土文物和文献记载所提供的材料，中国古代土地私有化历史过程的肇始可以上溯到西周中期甚至更早一些。它经过了漫长而曲折的道路，终于形成了非劳动者和劳动者两种不同的土地私有制。秦始皇统一六国之后，‘使黔首自实田’这在一定意义上可以看作是全国范围内土地私有化过程的完成。”①《中国古代土地私有化的具体途径》一文以其资料丰富，论证充分，观点新颖，于1993年荣获中国社会科学院第一届优秀科研成果奖。

此外，林先生还对中国社会史的发展演变、亚细亚生产方式、“众人”与“庶人”的身份、领主制和地主制、关于封建社会的形成、关于中国古代的政治体制、民族关系和思想文化等重大问题作过探讨，提出了一系列真知灼见。

林先生之所以能取得上述史学成就，其原因除天赋聪颖外，我以为有主观、客观两方面的成因。

二　主观成因

1. 认真学习马克思主义

他刻苦攻读马、恩、列、斯的著作，能牢记要点，会熟练运用。因此早在20世纪50年代他就有“小列宁”的称号，60年代拟调中共中央宣传部，被誉为历史所的台柱子之一。

2. 不迷信权威，怀创新理念

对权威尊重但不迷信，是林先生值得称道的一个方面。他敢于怀疑旧说，创建新说。郭沫若老是20世纪的学术大家、名家，林先生尊

① 林甘泉：《中国古代土地私有化的具体途径》，《林甘泉文集》，上海辞书出版社2005年版。

重他、学习他。但又敢于突破，亮出自己的不同观点。林先生在《林甘泉文集·自序》中说：我赞同郭沫若主张的“战国封建论”，也很敬仰郭老的学术成就，但我对中国古代社会具体形态及其封建化的理解，却和郭老不尽相同。郭老认为马克思所说的“亚细亚生产方式”是奴隶制以前的一个阶段的命名，用来说明中国古代社会并不合适；他还否认中国古代存在农村公社组织，认为井田制不是公社土地所有制，而是奴隶主贵族的土地国有制。我的意见和他不同。我认为马克思所说的“亚细亚生产方式”和“亚细亚的所有制形式”这两个概念是有联系又有区别的。“亚细亚生产方式”作为一种社会经济形态，已经不是文明史之前的原始社会，而是具有阶级对立和专制主义统治的古代社会。“亚细亚的所有制形式”则是具有公有性质的共同体所有制，它在东方一些国家中曾以残余或变异的形式长期存在。中国商周时代的社会基层组织是家族公社和农村公社，井田制是公社土地所有制的具体形态，亦即马克思所说的“亚细亚的所有制形式”。

显然，他尊重郭老，在中国古史分期问题上，与郭老有相同的见解，都是“战国封建论”者。但对“亚细亚生产方式”的理解却与郭老不同，且认为商周时代存在家族公社和农村公社。中国古代大量史料证明，西周公社论是完全正确的。而郭老在古史两个问题的讲话中，认为问题之一“如果太强调了‘公社’，认为中国奴隶社会的生产者都是‘公社成员’，那中国就没有奴隶社会”。在这里，郭老似是从“公式”出发，即五种生产方式带有普遍性，中国定然有奴隶社会。而林先生据史实立论。在这一点上，似超越了郭老。

又，林先生在《八十自述——我的历史和史学研究生涯》中，说他“并不同意郭沫若把当时的主要劳动生产者‘众人’、‘庶人’都说成典型的奴隶”。“他们与希腊、罗马的奴隶有别”。又说自己“在《说庶人的身份》一文中，我阐明庶人是具有亚细亚财产形态的农村公社成员”，“不是古典形态的奴隶”。当今治先秦史的学者，大多数认为：中国古代是农业社会，斯大林提出的五种生产方式不适合中国，与中国的实际国情不符。如徐义华先生指出，“中国早期国家出现主要是通过大禹治水这样的大型公共工程完成的，没有持久的频繁的征服，没有产生大量战俘的途径。”又“中国早期工商业不发达，没有大量使用游离劳动力的生产需求。这就使得蓄养奴隶无利可图，所以古代中国不可能大规模蓄养奴隶。”又“中国古代社会以宗族为基本单位，以血缘为基本组织原则，缺乏容纳大量游离人口的空间”，从“总体上人本化特征明显，没有把人物化和工具化的思想基础。”[①] 商周主要的农业劳动生产者“众人”“庶人”都不是奴隶，因而中国古代没有奴隶社会或不存在普遍奴隶制。由此可见，在这个问题上，林说似较郭说为胜。

3. 虚心向老专家学习

20 世纪五六十年代，在有关领导的支持下，历史所从高校和研究所先后调集了顾颉刚、杨向奎、胡厚宣、张政烺、贺昌群、谢国桢、王毓铨、孙毓棠等先生来所担任研究员。同时还聘请蒙文通、白寿彝、唐长孺、翁独健、谭其骧、韩国磐、李埏、邱汉生等先生为兼职研究员和副研究员。这些先生都是学养深厚，闻名海内外，在各自的学术领域辛勤耕耘，育人精良的大家。林先生深知知识就是力量，对知识如饥似渴，虚心向他们学习，勤学好问，什么都问。他的第一篇文章就是在老专家的指教下经过多次修改完成的，其成长得到了他们许多教育和帮助。例如林先生曾说：“我虽非张（政烺）先生弟子，但在历史研究所工作，多年追随先生左右，得蒙教诲，获益良多。”“张政烺先生的道德文章，在历史所乃至史学界有口皆碑。他学问广博精深，又乐于教导后学。”“读《张政烺文史论集》是一种巨大的学术享受，从中可以得到许多知识和启发。”[②]

---

① 徐义华：《中国古史分期问题析论》，《中国史研究》2020 年第 3 期。

② 林甘泉：《深切怀念张政烺先生》，张世林主编《想念张政烺》，新世界出版社 2015 年版。

4. 与同事既竞争又切磋

林先生与张岂之先生（编制在西北大学，但长期在历史所协助侯外庐老编著《中国思想通史》）、田昌五先生和李学勤先生在学术上同时起步，他们或专心攻读或相聚谈论，交流切磋学术见解；也有竞争，因田与林都研究秦汉史，其间的竞争更显著。林、田又同为郭沫若先生主编的《中国史稿》的主笔，自然会在该书的体例、风格、衔接等问题上切磋。林先生还与比他年轻的学者切磋。对此我曾耳闻目睹，如有一次我听见林先生向黄宣民先生征求对他近期发表的文章的意见，黄说您关于汉代明经那篇文章（题目记不清了）写得好；关于秦始皇的那篇文章需要再推敲。竞争可以激发人上进的激情、动力，你追我赶；切磋，能够客观地审视自己，明己得失，取长补短。就像花园的百花，既争奇斗艳，又相映成趣。

5. 坚持真理、修正错误

马克思主义理论博大精深，它是科学的、发展的，又要中国化。用马克思主义理论指导历史研究，并非易事，需要毕生努力学习，不懈追求，锲而不舍，坚持真理，修正错误。对此，林先生做到了。例如，他在《林甘泉文集》自序中说："60 年代初，以阶级斗争为纲的思想十分盛行。我的《历史主义与阶级观点》一文说明我也受了这种'左'倾思想的影响。翦老（即翦伯赞先生——引者）认为历史研究既要有阶级观点，也要有历史主义，不管他的表述有无可以商榷的地方，他并没有否定阶级观点的态度是明确的，我批评他'模糊了马克思主义历史科学的党性原则'，这显然是一种不实事求是的指责。但我需要声明的是，我在那两篇文章中所坚持的一个基本观点，即认为马克思主义的历史主义与资产阶级的历史主义有根本区别，对于马克思主义来说，历史主义和阶级观点是统一的，'不存在没有历史主义的阶级观点，也不存在没有阶级观点的历史主义'，这个认识我至今仍没有改变。当然，这并不等于说历史主义和阶级观点这两个概念的内涵就没有区别，也不等于说在实际研究工作中，不可以分别提出历史主义和阶级观点的方法论要求。”

三　客观成因

1. 所处环境有利

中国社会科学院历史研究所（今中国古代史研究所）是中国古代史国家最高研究机构，即国家队，这里专家云集，藏书较多，学术资料丰富（如时任副所长的熊德基先生购买了大量徽州地契，还有不少由翻译组翻译的未出版的外国史学著述，以及因涉外、涉密，原因不明未能正式出版的著作），且与国外及港澳、台湾的史学家交流频繁，信息灵通。对于研究项目，国家提供资金，予以资助，有国家社科基金、院创新工程基金、青年基金、老年基金等。创办的刊物多，属于院级的有《中国社会科学》《历史研究》《中国历史研究院集刊》等。属于所级的有《中国史研究》《中国史研究动态》《中国社会科学院历史研究所学刊》等。此外，各研究室都有刊物。如秦汉研究室有《简帛研究》，明史研究室有《明史研究》，清史研究室有《清史研究》，文化史研究室有《形象史学》，等等。从而开辟了发表研究成果的多处园地，提供了交流学术见解的广阔平台。作为20世纪和21世纪的史学重镇，这里是新秀成长的摇篮，是新星升起的地方。这就为林先生的成长，发展提供了优良的环境。

2. 领导的精心栽培

林先生年轻时曾是历史所实际领导人尹达（郭沫若老特别忙，是挂名的所长）秘书。尹达先生从20世纪50年代到60年代初任《历史研究》主编，林先生1953—1958年任《历史研究》编辑。尹让林专心审改来稿，不干任何杂务，使林受到了很好的锻炼，为林自学成才，迅速提高理论水平和写作水平，创造了极其有利的条件。正如他自己所说“确实使我终生受益”①。

林先生取得的史学成就给史学大厦增砖添瓦，镶金嵌玉，使我们后学为之欢欣鼓舞。他取得成就的原因仿佛一面明亮的镜子，值得我们后学借鉴。

（作者系中国社会科学院古代史研究所研究员）

① 林甘泉：《八十自述——我的历史和史学研究生涯》，载周溯源、赵剑英主编《中国社会科学院学部委员学术自传·历史部卷（下）》，中国社会科学出版社 2013 年版。

一位马克思主义史学家的学术追求

——林甘泉先生治史的基本特点

邹兆辰

林甘泉（1931—2017），福建石狮人。1949年厦门大学历史系肄业。1954年后历任中国社会科学院历史研究所助理研究员、研究员、副所长、所长、党委书记、学术委员会主任。并担任中国史学会副会长，中国秦汉史研究会会长、顾问，中国郭沫若研究会会长、名誉会长，中国社会科学院学部主席团成员、文史哲学部委员，中国社会科学院研究生院教授、博士生导师。从事秦汉史、土地制度史、经济史、史学理论的研究。他是郭沫若主编《中国史稿》第二、三册主要执笔人。著有《中国古代政治文化论稿》《林甘泉文集》，主编《中国经济通史·秦汉经济卷》《中国封建土地制度史（第一卷）》《郭沫若与中国史学》《中国历史大辞典·秦汉史》《中国大百科全书·中国历史·秦汉史》《中国历史二十五讲》《孔子与20世纪中国》，合著有《中国古代史分期讨论五十年》等。

林甘泉之所以成为新中国马克思主义史学的一位代表性的学者，在于他重视马克思主义理论指导的重要性，既从事有关中国历史发展的重大、核心问题的实际研究，也在实践中运用理论、倡导理论、捍卫正确的理论、抵制错误的思潮和观点，把马克思主义的理论和方法论，贯彻到史学研究的全过程。

一　把马克思主义社会形态理论作为探讨中国历史发展基本途径和基本规律的指南

林甘泉坚持以马克思主义为指导研究历史的突出标志就是他始终坚持用马克思主义社会经济形态理论为指导研究历史。早在20世纪五六十年代，他就以马克思主义社会经济形态理论为基本观点参与了一系列重要历史问题的讨论。新中国成立以后，学术界开展了中国古代史分期、资本主义萌芽、土地制度、农民战争、汉民族形成等问题的讨论，他都很感兴趣。1956年7月，他应《人民日报》编辑部之约，撰写《关于中国历史上奴隶制和封建制分期问题的讨论》。这篇文章还不是研究性的学术论文，是一篇带有评论性的学术报道。文章所论述的问题，正是他开始从事历史研究的切入点。20世纪80年代以后，他发表文章《亚细亚生产方式与中国古代社会》；1982年又与其他学者合著《中国古代史分期问题讨论五十年》一书。对于古史分期问题，他有自己的观点，也重视各家意见，尊重不同观点的争论，认为这种争论是繁荣历史科学研究的途径。

在20世纪50年代以来的史学研究中，他始终坚持以社会经济形态理论为指导。虽然近几十年来，不断有质疑或否定社会经济形态理论的声音，但他一直坚持认为社会经济形态理论对历史研究具有重要的意义。他说，关于社会经济形态问题，即中国历史上有没有奴隶社会、封建社会的问题，以及中国历史为什么没有进入资本主义社会的问题，是可以也应该讨论的，但是不要停留在字面上、概念上，要深入一些、实际一些。前些年，有的学者认为中国没有奴隶社会，最近几年又有学者认为说中国存在封建社会也不妥，应该说是宗族社会、专制社会等。也有人沿用中外学者原先的说法，用上古社会、中古社会、近世社会的划分方式。他说，其实有分歧也是好事，存在分歧，正显示中国历史的特点。马克思主义的社会经济形态理论，按照生产方式的发展变化，经济基础和上层建筑的发展变化来划分历史阶段，这的确比中国封建社会和西方资产阶级学者的分期标准要科学。他曾呼吁要让史学研究热络起来，不要像当前这么冷。其中一个途径，就是过去讨论过的问题还可以再讨论。①

20 世纪 90 年代，西方各种史学理论和观念涌入中国，许多学者对唯物史观是否是指导史学研究的正确理论产生怀疑。林甘泉发表了《我仍然信仰唯物史观》一文，指出，唯物史观是我们研究历史的科学指南，但它并不能保证我们史学工作者不出现失误，掌握这个科学的历史观和方法论，对于所有史学工作者来说，都是一个学习的过程，对于西方史学的学术成果和理论成果，我们要注意了解和虚心学习，但是和西方各种理论比较起来，唯物史观仍然是最科学也是最有生命力的。离开了唯物史观的指导，脱离中国的历史实际和史学传统，中国史学是无法在世界史坛上争得应有的地位的。②

林甘泉坚持以社会经济形态理论研究历史，不仅仅是在古史分期等一些理论问题的研讨中，在他所从事的全部具体历史研究中，如关于古代土地制度的研究、秦汉经济史的研究、中国古代政治文化问题的研究中都是如此，可以说，如果否定社会经济形态理论也就否定了他全部的史学研究。

二　以唯物史观为指导研究影响历史发展的重大问题或长时段问题

回顾林甘泉的整个治史历程可以看出，他学术研究的重点是在唯物史观的指引下，在那些对历史发展有重要意义的领域或课题投入自己的力量。

---

① 邹兆辰：《让史学研究热络起来——访林甘泉研究员》，《中国史研究动态》2016 年第 5 期。

② 林甘泉：《我仍然信仰唯物史观》，《林甘泉文集》，上海辞书出版社 2005 年版。

对土地制度史的研究是他学术研究的重点领域。他主编的《中国封建土地制度史》第一卷，就是这方面的代表性成果。他认为，我国传统史学对于历代土地制度的演变十分重视。比如，正史中的《食货志》就有大量土地制度史的资料，而且典志、会要、会典等史书都把土地制度列为重要的内容。如杜佑《通典》就把《田制》列为首卷。但是，传统史学不可能为我们揭示土地制度发展变化的本质和规律。对中国土地制度史真正科学的研究，是从马克思主义与中国历史研究的实际相结合以后才开始的。20 世纪五六十年代关于封建土地所有制形式的讨论，开始把这方面的研究推进到一个新的阶段。中国封建社会延续的时间很长，它的发展既符合世界历史的共同规律，又有自己的许多特点。中国的土地制度既不同于西欧，也不同于东方其他国家。所以，他认为在马克思主义理论的指导下，在详细占有材料的基础上，对中国土地制度的发生、发展和变化的历史，进行深入系统的考察，并且作出科学的理论概括，是十分有意义的事情。针对 1954 年侯外庐在《中国封建社会土地所有制形式的问题》一文中提出的"皇族土地所有制"，实际上也就是封建国家土地所有制的观点，林甘泉在《文史哲》上发表《试论汉代的土地所有制形式》做出回应。这是他研究土地制度问题的切入点。1963 年，他又在《历史研究》发表《中国封建土地所有制的形成》，在肯定中国封建社会存在着封建国家土地所有制、封建地主土地所有制和自耕农小土地所有制三种形式，而以封建地主土地所有制占支配地位的基础上，对封建地主土地所有制、自耕农小土地所有制的形成过程作了进一步研讨。他又将土地制度史的研究扩大到中国古代经济史的研究，20 世纪 90 年代主编了《中国经济通史·秦汉经济卷》，撰写了《秦汉的自然经济与商品经济》等经济史研究的重要文章。[①]

---

① 林甘泉、邹兆辰：《以马克思主义为指导研究中国古代历史——访林甘泉研究员》，《历史教学问题》2006 年第 3 期。

林甘泉作为一位马克思主义史学家，不仅致力于经济基础领域问题的研究，同时也关注上层建筑领域的问题，他的《中国古代政治文化论稿》就集中体现了他对于“政治文化”问题的思考。他对“文化”的概念有一种广义的理解。这种广义的文化概念，为我们深入研究人类全部历史文化遗产提供了一个新的视角。他用“政治文化”的概念来概括这方面的研究，主要讨论从先秦到秦汉以后国家的政治制度、统治阶级的政治思想和行为方式、文化精英的历史角色和历史作用等，当然也涉及各个时期的社会制度和社会关系等。这些论文和政治史、文化史、社会史都沾了一点边，所论述问题的核心内容也许可以称之为“政治文化”。他觉得这是认识中国历史的一个新视角，中国古代历史的一些特点从政治文化的演变中是可以寻找其踪迹的。比如，《古代中国社会发展的模式》[①] 一文就很富有新意，他从共同体、土地所有制、阶级关系和国家政体这四个方面，谈了中国学者对古代中国社会发展模式的一些看法。这是他 1986 年在美国科学院主办的“古代中国与社会科学的一般法则”讨论会上报告的论文，后发表在《中国史研究》上。还有一篇《论秦始皇：对封建专制人格化的考察》[②]，也是很有新意的文章。

运用唯物史观研究历史，也要看到个人对历史发展的影响。林甘泉认为，历史有许多内容是值得我们长期进行研究的，不要总是变来变去。拿孔子来说，人们对孔子的评价一会这样，一会那样。尊孔的观点得势的时候，批孔的声音就听不到了；批孔的潮流高涨时，尊孔的声音也就听不到了。其实，孔子就是孔子，折腾来折腾去，孔子还是孔子。现在有人高调尊孔，还有人对孔子搞朝圣、跪拜那一套，这不是马克思主义对待历史遗产的正确态度。

---

① 林甘泉：《古代中国社会发展的模式》，载林甘泉《中国古代政治文化论稿》，安徽教育出版社 2004 年版。

② 林甘泉：《论秦始皇：对封建专制人格化的考察》，载林甘泉《中国古代政治文化论稿》，安徽教育出版社 2004 年版。

他主编专著《孔子与20世纪中国》，2008年又在《哲学研究》发表论文《孔子与20世纪中国》，对20世纪以来对孔子的评价做一个梳理。他说，20世纪对于中国来说是一个翻天覆地的世纪，无论是政治、经济或思想文化领域都经历了巨大而深刻的变化。随着政治风云的变幻和不同社会思潮的碰撞，对孔子及其思想的历史定位和价值判断也是毁誉交错、起伏不定，甚至出现了很富戏剧性的极大落差。尊孔与批孔的思想斗争，不仅演化成牵动全国上下的政治斗争，而且几乎贯穿了20世纪大半个世纪的历史行程。回顾这段历史，从中吸取一些经验教训，不但是重要的学术课题，也有利于正在进行的中国特色社会主义精神文明建设。①

三 坚持真理、实事求是是林甘泉治史的基本态度

林甘泉在学术研究中有一个显著特点就是他坚持真理、实事求是的精神。对于学术潮流中的各种倾向，他有清醒的认识，有明确的立场、观点，并且敢于坚持自己的观点。他反对那种否定新中国成立以来对一些热点问题讨论价值的意见，如把古史分期等问题的讨论轻蔑地称为“五朵金花”，认为所讨论的问题是“伪问题”，等等。有人认为，中华人民共和国成立后十七年的史学就是一部“农民战争史”，对此他很气愤，说可以统计一下，五六十年代《历史研究》《历史教学》《文史哲》等几种刊物所刊登的文章，看是不是仅是农民战争史的文章。

关于封建社会的形成，史学界有一种观点，认为“封建”的“本义”是西周初年的“封邦建国”“封爵建藩”，离开这个“本义”而讨论封建社会的形成是一种“泛封建观”，乃是受政治干预的结果。他说自己对主张“西周封建论”的学者是很尊重的，因为他们也是在

① 邹兆辰：《让史学研究热络起来——访林甘泉研究员》，《中国史研究动态》2016年第5期。

马克思主义社会经济形态理论指导下得出的一种认识。但对上述“封建”本义说却不敢苟同。传统文献中的“封建”词意，诚然是“封邦建国”，但是我们讨论的“封建社会”并非只是指一种“政制”，而是社会经济形态。何况就传统文献中关于周初“封建”所涉及的历史内容而言，也远不是“封邦建国”的“政制”所能概括的。有学者论证我们今天讲的封建与马克思说的封建的本义不符合，认为中国的泛化封建社会的观点是由陈独秀始其端，经过共产国际的影响至中共的“六大”做出了决议，才提出了反帝反封建的任务，此后毛泽东把“封建”内涵又加以固定化了。林甘泉认为这种推论方法是不恰当的。在某些学者看来，无论什么理论观点，只要跟一定的政治力量联系在一起，就是不可接受的。这种倾向不可取。不能把五种生产方式的发明权归在斯大林的名下。苏联肃反的时候把一些讲亚细亚生产方式的人当成托派，甚至在肉体上加以消灭，成了苏联史学界的一个禁区。但在中国并非如此，20 世纪 20 年代社会史论战以后史学界照样有人在研究亚细亚生产方式。“六大”提出的反帝反封建任务与历史学界对秦至清的社会性质的研究要有适当的区分。讲中国是封建社会，在中共“六大”以前就有人提出来了，怎么能说是由于“六大”决议并经毛泽东著作加以肯定，遂使其成为历史学界的主流？现在有这样一种风气，把中国共产党人接受和采用的一些理论观点说成是政治强权的产物，他说这不符合实际，也不是一种“百家争鸣”的态度。一部史学史说明，有些问题的意见分歧纯粹是学术性的，与政治无关；但也有些理论问题的提出确实与当时的政治形势有关。从周秦至明清的社会性质和阶级关系，作为学术问题和理论问题是可以有不同意见的，不能把人家的观点都往政治上靠，戴上“左”或“右”的帽子，这是不利我们学术研究中的“百家争鸣”和学术发展的。①

---

① 邹兆辰：《让史学研究热络起来——访林甘泉研究员》，《中国史研究动态》2016 年第 5 期。

20世纪80年代末，国际共产主义运动的叛徒魏特夫的《东方专制主义》一书中文版刚刚出版时，有人大肆宣扬书中的观点，林甘泉连续发表《怎样看待魏特夫的〈东方专制主义〉》等两篇书评，介绍魏特夫的反动历史，分析其中的理论错误和对中国历史的歪曲，指出魏特夫的《东方专制主义》是以美国为首的帝国主义统治者在冷战时期反对马克思列宁主义的产物。

贡德·弗兰克的《白银资本》和彭慕兰的《大分流》等书在我国出版后，引起了广泛的关注和热烈的讨论。这两部书反映了西方学者重新审视中国前近代经济史的巨大兴趣，以及批判“欧洲中心论”的热情。林甘泉参加了有关单位组织的讨论，并发表了《从“欧洲中心论”到“中国中心论”：对西方学者中国经济史研究新趋向的思考》一文。他认为，弗兰克对“欧洲中心论”的批判是切中肯綮的，但是应该具体分析“欧洲中心论”在西方学者中的影响；至于弗兰克把马克思的学说也指为“欧洲中心论”，两者实际是风马牛不相及的。弗兰克认为，在欧洲工业革命之前，世界早就存在一个以分工和贸易为基础的“世界经济体系”，直到1800年，亚洲，尤其是中国在世界经济中都居于中心地位。林甘泉指出，这种“中国中心论”的观点得不到实证材料的支持，因而也是站不住脚的。中国封建经济在历史上曾经得到高度发展，并且对东亚地区产生过巨大而积极的影响，但是中国从未成为“世界经济体系”的中心。在欧亚航路开通和西方殖民主义者入侵之前，中国封建统治阶级对于东亚以外世界所了解的知识是极其有限的，相对于欧洲一些资本主义国家的经济，中国是落后了。我们要批判“欧洲中心论”，但要实事求是地看待欧洲在世界经济史上所发挥的先进作用，更要避免陷入所谓“中国中心论”的陷阱。①

林甘泉回忆20世纪60年代初，“以阶级斗争为纲”的思想十分盛

① 林甘泉：《从“欧洲中心论”到“中国中心论”——对西方学者中国经济史研究新趋向的思考》，《中国经济史研究》2006年第2期。

行，从而对学术研究也产生了影响。1963年，翦伯赞发表《对处理若干历史问题的初步意见》，批评了当时史学界存在的非历史主义倾向。林甘泉说，他对批评非历史主义是拥护的，但对翦老文章中的一些具体表述却有不同看法，因此就写了《历史主义与阶级观点》一文。后来，宁可发表文章批评林的观点，他又写了《再论历史主义与阶级观点》进行反驳。林甘泉说：我的文章说明当时我也受到了这种“左”倾思想的影响。翦老提出历史研究既要有阶级观点，也要有历史主义，不管他的表述有无可商榷的地方，他并没有否定阶级观点的态度是明确的，我批评他模糊了马克思主义历史科学的党性原则，这显然是一种不实事求是的指责。林甘泉称他在文章中所坚持的一个基本观点，即认为马克思主义的历史主义与资产阶级的历史主义有根本的区别，对于马克思主义来说，历史主义和阶级观点是统一的，不存在没有历史主义的阶级观点，也不存在没有阶级观点的历史主义，他说，这个认识至今没有改变。当然，这并不等于说历史主义和阶级观点这两个概念的内涵没有区别；在实际研究工作中，分别提出历史主义和阶级观点的方法论要求也是正常的。①

四　坚持文献研究与地下考古发掘成果相结合是林甘泉治史的重要方法

林甘泉在20世纪七八十年代的土地制度史研究中就实践了王国维的“二重证据法”，利用地下出土文物和历史文献互相印证。例如，1975年陕西岐山县董家村出土一批周共王时期的青铜器，这些铜器的铭文就是研究西周土地关系的珍贵资料。《文物》1976年第5期发表了这批铜器的发掘简报，编辑部就铜器上的铭文约他写文章，即《对

① 林甘泉、邹兆辰：《以马克思主义为指导研究中国古代历史——访林甘泉研究员》，《历史教学问题》2006年第3期。

西周土地关系的几点新认识——读岐山董家村出土铜器铭文》一文，与简报同时发表。在这批青铜器的《卫盉》《五祀卫鼎》《九祀卫鼎》的铭文中都有关于土地转让的记载，但是不是土地自由买卖的证据呢？他认为，铭文上所反映的土地交换，只能说明西周中叶以后土地私有化的过程已经日益明显，但这种土地交换还带有相互馈赠的性质，并不属于商业行为的土地交易。①

《中国古代土地私有化的具体途径》一文也反映了他利用出土文物研究土地制度史的情况。1972 年山东临沂银雀山汉墓发现的竹书《孙子兵法・吴问篇》和《田法》，对说明春秋战国时期土地关系的变动有重要意义。另外，1975 年湖北云梦睡虎地发现的秦简中的《田律》也有土地制度的反映。他在文章中指出，在《田法》中所说的“三岁而壹更赋田”，就是三年更换份地的制度，州、乡的耕地根据美恶分为上、中、下三等，分别授给各家农民耕种。但从《吴问篇》的记载中也能看出土地私有化的过程在迅速发展，许多农民家庭实际占有的土地已经超出原有份地的面积，所以“百步为亩”的亩制也被突破了。有的以 160 步为亩，有的以 240 步为亩，这些新贵族势力扩大亩积，正是适应了土地私有化发展的要求。②

五　科学总结 20 世纪中国历史学发展，客观评价不同学者对历史学发展的贡献

除了史学理论的探讨以外，林甘泉在史学史方面也有所建树，主要是他对 20 世纪中国史学的总结。在世纪之交，林甘泉写了《20 世纪的中国历史学》《新的起点：世纪之交的中国历史学》《世纪之交中

① 林甘泉：《对西周土地关系的几点新认识——读岐山董家村出土铜器铭文》，《林甘泉文集》，上海辞书出版社 2005 年版，第 88 页。

② 林甘泉：《中国古代土地私有化的具体途径》，《林甘泉文集》，上海辞书出版社 2005 年版，第 30 页。

国古代史研究的几个热点问题》等文章。虽然总结20世纪中国历史学的只有一篇文章，但它可以看成是当代中国史学史的一个纲要。这篇文章纵向地梳理20世纪中国史学的发展历程，包括新史学的兴起、实证主义史学的发展、马克思主义史学的产生和曲折发展、马克思主义史学主流地位的确立以及如何在改革开放新时期获得全面发展。文章既要客观地评价马克思主义史学的成果，也要评价非马克思主义史学在中国史学发展中的地位，要总结百年来有代表性的史学成果，这是很有重要意义的事情。通过这样的总结，可以预示21世纪中国史学发展的道路，因为新世纪史学的发展必将是在20世纪史学发展基础上的新的提升。所以，这个总结意义重大，要求作者有广阔的视角，并且要有敏锐的、科学的判断与评价能力。林甘泉指出，中国的历史学应该很好地总结一下。从李大钊开始运用马克思主义研究历史，到今天已经90多年了，从新中国成立以后算也快70年了。史学的成绩在哪？大家共同的认识都有哪些？不要一会儿这样，一会儿又那样。过去有些搞实证史学的学者，在中华人民共和国成立后一直是追随马克思主义的，如张政烺、杨向奎、唐长孺、童书业等。研究和讲授中国现当代史学，对这些老先生的历史观转变及其研究成果，是应该给一席之地的。现在一谈到马克思主义史学，就只提郭、范、吕、翦、侯五老，这是不全面的。“文化大革命”对历史学的确是个大灾难，消除“文革”影响，历史学应该很好地清理一下。中国历史学在世界历史上应该有它一定的地位。不能一切肯定，也不能一切否定。实际上，用某一种意见、观点来一统天下是不可能的。毛泽东主张历史学要“百家争鸣”，所以我们要认真地讨论。有人认为，理论性的东西不是学问，所以把学术研究弄得越来越窄，觉得有材料就有了宝贝，如简牍、明清文书、地契等，这是不正常的。

回顾林甘泉在史学理论及史学史方面的贡献，回顾他对新时代马克思主义史学发展的呼唤与期待，个人认为最重要的启示有这样几点：第一，作为一位马克思主义史学家必须旗帜鲜明地坚持以马克思主义的理论和方法指导自己的学术研究工作；对于一切有害于史学健康发展的思潮与观点，必须坚决加以抵制和批判。第二，必须善于接受和吸取适应学术发展新需要的传统的和外来的有益的东西，发展马克思主义史学。第三，必须敢于坚持一些过去提出来的理论、观点，就是那些虽然曾遭受过质疑，但经过实践证明是对的东西。

史学界对于林甘泉的学术成就给予很高的评价。有学者说："林甘泉是新中国培养起来的一位马克思主义史学家，他为人襟怀坦白，谦虚谨慎，办事公道，诚恳待人，加以治学严谨，视野开阔，始终能够坚持马克思主义的理论指导，因此，他在历史所和史学界都有较好的口碑。"① 新时代中国马克思主义史学不可能抛弃过去那些经过检验证明是正确的东西而凭空地建立起来，这其中就包括林甘泉等马克思主义史学家给我们留下的宝贵遗产。今天，我们重温他那些铿锵有力的话语，研究和学习他的治史理论和方法，特别是他敢于坚持真理的精神，对于新时代中国马克思主义史学的建设，是有重要意义的。

（作者系首都师范大学历史学院教授）

① 陆荣、卜宪群：《林甘泉先生的学术经历与治学特点》，《高校理论战线》2008 年第 6 期。

林甘泉史学研究的理论与方法

卜宪群

林甘泉（1931—2017），福建石狮人，当代中国著名马克思主义史学家，中国社会科学院学部委员，长期在中国社会科学院历史研究所工作，曾任所长、中国史学会副会长、中国秦汉史研究会会长等职。他是当代中国史学诸多重要活动与规划的组织者、参与者、亲历者，为当代中国史学的繁荣发展作出了重要贡献。在近70年的学术研究生涯中，林甘泉著有《中国史稿》（第二、三册主要执笔）、《中国古代政治文化论稿》、《林甘泉文集》，主编、撰写《中国经济通史·秦汉经济卷》《郭沫若年谱长编》《郭沫若与中国史学》《中国历史大辞典·秦汉史》《中国大百科全书·中国历史·秦汉史》《孔子与20世纪中国》《中国古代史分期讨论五十年》《中国封建土地制度史》（第一卷）等，在中国古代经济史、政治文化史、史学理论以及秦汉史等许多重要领域都有深入思考，提出了诸多很有价值的独特看法。而他对于历史理论的重视和自觉，更是几乎贯穿于他的全部论著之中，这使他的许多历史认识具有鲜明的理论色彩，不仅受到学术界的关注，而且产生了广泛的社会影响。

一　中国经济史：古代中国有自身发展模式

林甘泉的史学成就是多方面的，其中以中国经济史最为突出。他的经济史研究重点在周秦两汉社会经济史、秦汉土地制度史研究方面。他曾主编《中国封建土地制度史》（第一卷）、《中国经济通史·秦汉经济卷》（上、下册），先后发表《亚细亚生产方式与中国古代社会》《中国封建土地所有制的形成》《秦汉的自然经济与商品经济》等多篇论文，从社会经济形态角度思考中国古代历史分期问题和中国古代自身发展道路问题，提出了诸多富有理论建设的真知灼见。

（一）世界历史的发展是多样性的统一

众所周知，林甘泉秉持马克思主义社会形态理论，但他对这一理论的坚持又不是僵化和教条的。林甘泉根据唯物史观和中国以及其他国家的历史发展道路对比后得出结论，世界历史的发展是多样性的统一。他说："人类历史的发展有着共同规律，而这种共同规律是通过各个民族和国家历史发展的多样性表现出来的。"① 绝不能对马克思主义社会经济形态理论采取简单化和公式化的理解。通过考察马克思与恩格斯的有关经典论述，林甘泉指出，马克思和恩格斯把古代希腊罗马和中世纪欧洲看作奴隶社会和封建社会的典型，但是他们并不认为，奴隶社会只存在于古代希腊罗马，封建社会只存在于中世纪欧洲。至于所说奴隶社会和封建社会是历史发展的普遍规律，不外乎有两层意思：第一，奴隶社会和封建社会都是人类社会由低级到高级的发展进程中的一个暂时阶段；第二，奴隶社会和封建社会绝不是孤立的、个别的现象，而是在世界范围内有重复性和常规性的现象。当然，这种重复性和常规性，并非指完全同一的模式，也不能理解为一切民族和国家都必须经过这两个社会发展阶段。②

考古学家夏鼐曾从物质文明层面指出了中国历史发展的个性和独特风格："根据考古学上的证据，中国虽然并不是完全同外界隔离，

① 林甘泉：《亚细亚生产方式与中国古代社会》，原载于《中国史研究》1981 年第 3 期，后载入《林甘泉文集》，上海辞书出版社 2005 年版，第 21 页。

② 林甘泉：《林甘泉文集》，上海辞书出版社 2005 年版，第 18—19 页。

但是中国文明还是在中国土地上土生土长的。中国文明有它的个性，它的特殊风格和特征。”① 林甘泉认为，古代中国（指战国秦汉以前）的社会形态，也和物质文明一样，既有与世界各国历史发展相同的共性，也有它自己的个性。② 他从共同体、土地所有制、阶级关系和国家政体等方面探讨了中国古代社会发展的模式问题，提出了自己的看法。③ 他认为：“中国古代社会形态和国家形式既体现了世界各国历史发展的统一性，又显示了自身固有的历史特点。”④ 如果简单勾画出来表现为四点：一是中国原始社会瓦解以后，社会生产和再生产的共同体是家族公社和农村公社并存。直到战国时期，家族公社和农村公社才相继趋于解体，形成了一家一户为一个生产单位的小农农村。二是中国古代的土地所有制，也和许多文明民族一样，是从土地公有经过共同体土地所有制的中间阶段而发展成为私有的。三是中国古代主要的农业生产者是庶人，即家族公社和农村公社的普通成员。四是中国早期国家的政治体制保存了若干原始民主的残余，但中国古代并不存在古代希腊罗马那种城邦民主制度，其政体基本上是一种等级制的君主专制制度。⑤ 林甘泉从社会经济生产、土地所有制形态、直接生产者身份地位、国家政体等问题入手，不仅提出了他自己对古代中国社会性质的独特看法，也围绕古代中国社会发展的模式对以后的历史影响阐释了自己的观点，具有很强的说服力。

（二）社会形态分期问题

社会形态划分是唯物史观的核心理论，也是中国史研究领域中曾经长盛不衰的话题。林甘泉从理论辨析与实证入手，对如何进行历史

---

① 夏鼐：《中国文明的起源》，《文物》1985 年第 8 期。

② 林甘泉：《古代中国社会发展的模式》，原载于《中国史研究》1986 年第 4 期，后载入《中国古代政治文化论稿》，安徽教育出版社 2004 年版，第 1 页。

③ 林甘泉：《中国古代政治文化论稿》，安徽教育出版社 2004 年版，第 1—33 页。

④ 林甘泉：《中国古代政治文化论稿》，安徽教育出版社 2004 年版，第 28 页。

⑤ 林甘泉：《中国古代政治文化论稿》，安徽教育出版社 2004 年版，第 28—30 页。

分期、中国在原始社会瓦解后社会形态的性质、亚细亚生产方式与中国古代社会的关系、中国古代社会的转型特点、封建制的不同形态等诸多问题提出了自己的看法。

第一，对历史应当如何分期、“封建”一词的名实等问题提出了自己的意见。“对历史如何分期，是史学家的学术自由，不能由行政命令或少数服从多数来作出统一规定。”① 马克思主义史学家主张以社会经济形态的变动来划分历史发展阶段，这就是人们所谓的“五种生产方式论”。他同时也认为，“‘社会经济形态’是一个综合的概念，它涵盖了生产力和生产关系、经济基础和上层建筑的丰富内容。用社会经济形态来划分历史发展的不同阶段，能够比较全面而深刻地揭示不同时代的本质特征。”② 他反对有人提出五种生产方式不是马克思主义创始人的理论而是斯大林制造的说法，指出马克思在世时已经提出了历史上的四种生产方式，再加上马克思和恩格斯所设想过、但生前没有看到过的社会主义社会，那就有了五种生产方式。林甘泉同时也明确指出，“马、恩虽然认为原始社会、古代社会、封建社会和资本主义社会的更替是一种自然历史过程，但是他们并不认为所有的国家和民族都必须依次经历这几种社会经济形态。最先把古代社会称为奴隶社会，并且认为世界上绝大多数民族和国家都经历了这些社会经济形态的是列宁。”③ 但列宁也并不排斥有的国家和民族的历史并没有按照社会经济形态演进的“总规律”发展。斯大林的表述强化了五种生产方式的“普遍性”和“规律性”，容易产生简单化和公式化的毛病，也是其后的一些马克思主义史学家在引用社会经济理论时陷入简单化和公式化毛病的一个重要因素，但据此就认为五种生产方式是斯大林制造出来的公式，这并不符合马克思主义学说史的真实情况。五种生

① 林甘泉：《世纪之交中国古代史研究的几个热点问题》，原载于中国史学会、云南大学编：《21 世纪中国史学展望》，中国社会科学出版社 2003 年版，后载入《林甘泉文集》，第 415 页。

② 林甘泉：《林甘泉文集》，上海辞书出版社 2005 年版，第 415 页。

③ 林甘泉：《林甘泉文集》，上海辞书出版社 2005 年版，第 416—417 页。

产方式的更替在欧洲已是历史的经验事实，即使中国历史上不存在类似欧洲那种奴隶制和封建制的生产方式，也不能否定社会经济形态理论适用于中国历史分期。历史分期本来是可以有不同说法的，“但如果我们要探讨的历史分期是涉及各个时代本质特征的变化，应该说只有马克思主义的社会经济形态理论才为我们提供了最全面和最科学的方法论。”[①] 他还敏锐地指出，“各个历史时代都不会只存在一种生产方式，而可能是几种生产方式并存”[②]，而问题是要根据马克思主义的观点，寻找出占支配地位的生产。从这个视角出发，林甘泉还对中国历史上原始社会解体后是“奴隶社会”还是“古代社会”，中国历史上的“封建”社会究竟何指等名实问题，提出了独特的见解。“近代以来，我国人文社会科学所使用的许多词汇，都和历史文献的本意不尽相符，有的意思甚至截然相反。”“如果因为我们所使用的这些名词意思与历史文献不符，都要改正，岂不是乱了套？”“中国历史上是否存在封建社会，根本问题要看封建社会经济形态的基本特征在中国历史上是否存在，这个基本特征就是封建的生产方式，而不必非是欧洲的封君封臣制度和庄园生产组织不可”。[③]

第二，从概念上辨析了亚细亚生产方式与亚细亚所有制的区别与联系。亚细亚生产方式的讨论从 20 世纪 20 年代开始就已展开，这场讨论中有学术的争论，也有政治上的攻击。特别是卡尔·威特福格的《东方专制主义》（1957 年版）和翁贝托·梅洛蒂的《马克思与第三世界》（1972 年版）二书，就是利用亚细亚生产方式来攻击和诽谤中国革命，或对中国的历史与现实发表一些不正确的意见。林甘泉对此进行了有力批驳。[④] 他从马克思主义社会经济形态学说的形成过程，对亚细亚生产方式作了历史考察。他认为，随着对原始社会史认识的

① 林甘泉：《林甘泉文集》，上海辞书出版社 2005 年版，第 418 页。

② 林甘泉：《林甘泉文集》，上海辞书出版社 2005 年版，第 418 页。

③ 林甘泉：《林甘泉文集》，上海辞书出版社 2005 年版，第 419 页。

④ 林甘泉：《林甘泉文集》自序，亦见《亚细亚生产方式与中国古代社会》一文。

深化，马克思和恩格斯不再把亚细亚生产方式看作人类历史上原始的社会形态了。到《家庭、私有制和国家的起源》这部著作出版后，马克思主义创始人关于社会经济形态的理论可以说已经形成了一个完整的体系。关于资本主义以前社会经济形态发展的顺序，马克思生前没有来得及完全确定，这一工作终于由恩格斯在马克思逝世以后完成了。这个顺序就是：原始氏族社会—奴隶社会—封建社会—资本主义社会。① 林甘泉结合中国历史具体实际，进一步对马克思和恩格斯关于亚细亚生产方式有关论述和理论概念进行了深入分析，指出“亚细亚生产方式”作为一种社会经济形态，已经不是文明史之前的原始社会，而是具有阶级对立和专制主义统治的古代社会。而“亚细亚的所有制形式”则是具有公有性质的共同体所有制，它在东方一些国家中曾以残余或变异的形式长期存在。② 之所以在亚细亚生产方式问题的讨论中会产生分歧，原因之一就是把亚细亚所有制和作为特定社会经济形态的亚细亚生产方式完全混为一谈了。所有制是决定生产方式性质的重要因素，但所有制的形式并不等于就是生产方式。就中国的情况来看，如果说历史上也存在过亚细亚生产方式的一些特征的话，那就是西周的奴隶制社会。当然，这是就其主要特征而言的，至于西周社会的实际情况，要比马、恩的论述复杂得多。③

第三，根据恩格斯的理论分析，在考察中国古代的社会转型时，提出中国古代也经历了具有公有与私有二重性的家族公社和农村公社的土地所有制这样一个中间阶段，即共同体土地所有制。④ 林甘泉从“井田”与“爰田”两方面对中国古代共同体土地所有制作了考察。⑤ 就中国古代土地私有化的具体途径而言，林甘泉总结出中国古代土地私有化的两

① 林甘泉：《林甘泉文集》，上海辞书出版社 2005 年版，第 5—6 页。

② 林甘泉：《林甘泉文集》自序，第 2—3 页。

③ 林甘泉：《林甘泉文集》，上海辞书出版社 2005 年版，第 6—11 页。

④ 林甘泉：《中国古代土地私有化的具体途径》，原载于《文物考古论集》，文物出版社 1986 年版，后载入《林甘泉文集》，第 25 页。

⑤ 林甘泉：《林甘泉文集》，上海辞书出版社 2005 年版，第 27—39 页。

种途径：从公社农民的份地变为个体小农的私有土地，以及田邑转让、军功赏田和私田的垦辟，并对私有化的详细路径进行了考察。[①] 诚如恩格斯所说，一切文明民族都是从土地公有制开始向私有制转变的。林甘泉认为，如果放在世界历史进程中，中国古代土地私有化的过程既符合世界各国历史发展的共同规律，也有它自己的特点。[②] 这一揭示对于推动中国古代土地制度的研究有较高的理论启发意义。

第四，领主制和地主制是封建生产方式的两种类型，而非封建社会必经的两个阶段。[③] 这是林甘泉参与讨论中国古史分期问题的又一重要见解。他认为，“在马克思主义经典作家的著作中，我们并没有看到封建社会必然经过领主制和地主制两个发展阶段的说法。世界上多数国家的历史实际，也不存在这种情况。”[④] 他又从二者的概念、内涵及其异同作了分析。他认为，“领主制和地主制的主要区别，只是在土地所有权形态上的不同，至于直接生产者的身份和地租形态，在许多场合下二者并没有不可逾越的界限。”[⑤] 西欧封建生产方式的形成是沿着自由农民农奴化的道路进行的，而中国则主要是通过奴隶大众身份的提高和地位的改善而转变到封建制。[⑥] 他还从阿拉伯和印度等王朝封建化过程，印证了不同国家和民族进入封建社会具体途径的多样性和复杂性。[⑦] 这一看法对于我们认识中国封建社会的类型与性质具有很大的帮助。

第五，史学界长期以来对春秋战国之际社会关系变动性质的理解分歧较大。林甘泉结合出土的有关文物，对这一问题作了深入思考。

---

① 林甘泉：《林甘泉文集》，上海辞书出版社 2005 年版，第 44—58 页。

② 林甘泉：《林甘泉文集》，上海辞书出版社 2005 年版，第 58 页。

③ 林甘泉：《领主制与地主制：封建生产方式的两种类型》，原题为《封建社会一定要从领主制开始吗？——关于从奴隶社会向封建社会过渡的普遍规律的商榷》，载于《历史研究》1962 年第 2 期，后载入《林甘泉文集》，上海辞书出版社 2005 年版，第 64 页。

④ 林甘泉：《林甘泉文集》，上海辞书出版社 2005 年版，第 65 页。

⑤ 林甘泉：《林甘泉文集》，上海辞书出版社 2005 年版，第 66 页。

⑥ 林甘泉：《林甘泉文集》，上海辞书出版社 2005 年版，第 72 页。

⑦ 林甘泉：《林甘泉文集》，上海辞书出版社 2005 年版，第 73—74 页。

他指出，“春秋战国之际，农村公社瓦解之后，并没有出现类似古代希腊罗马那种自由的土地所有者。以一家一户为一个生产单位的广大个体农民，绝大多数是具有封建国家佃农性质的授田制农民，其次则是耕种地主土地的封建租佃制农民。这两部分劳动者的数量，无疑要比从事农业生产的奴隶多得多。就发展的趋势来说，当授田制农民所带有的公社农民的痕迹逐渐消失之后，封建租佃制在农业中也日益成为支配的形态。基于这样的历史事实，我们有理由认为战国是封建社会形成的时代”。[①] 在社会形态分期上，林甘泉赞同郭沫若的观点，他的这篇文章就是利用新的出土材料，再次论证战国封建说的合理性。

（三）社会经济史研究

社会经济史的研究涵盖了生产、分配、交换和消费的诸多领域，林甘泉以秦汉为个案，进行了多方面的深入探讨。如《汉代的土地继承与土地买卖》一文对中国封建社会地产的某些特点进行了分析，指出中国封建地产具有运动的、非垄断的性质，不同于欧洲中世纪地产非运动性质。[②]《养生与送死：汉代家庭的生活消费》一文对汉代家庭生活消费及其所反映出来的某种文化传统进行了探讨，指出在以家庭为本位的中国古代社会，个人的消费不占重要地位，生活消费通常集中表现为家庭消费，而“养生”与“送死”则是家庭消费的两大项目，这也从一个侧面揭示了汉代社会危机产生的深层次因素。[③]

他对中国古代自然经济与商品经济的内在关系作了深入思考，提出了独特看法。长期以来中国学术界对封建社会自然经济与商品经济

---

① 林甘泉：《从出土文物看春秋战国间的社会变革》，原载于《文物》1981 年第 5 期，后载入《林甘泉文集》，第 116 页。

② 林甘泉：《汉代的土地继承与土地买卖》，原载于《中国历史博物馆馆刊》1989 年第 13、14 期，后载入《林甘泉文集》，第 160—189 页。

③ 林甘泉：《“养生”与“送死”：汉代家庭的生活消费》，原载于《中国考古学与历史学之整合研究》，“中研院”历史语言研究所会议论文集，1997 年 7 月，后载入《林甘泉文集》，第 250—274 页。

的关系问题，处于一种两难的境地：肯定中国封建社会自然经济占统治地位，却解释不了商品经济相当发展的事实；反过来，承认中国封建社会商品经济比较发达，又难以认定自然经济的统治地位。这个问题，不仅涉及对"自然经济"本质特征的理解，而且关系到对中国封建社会经济结构的重新认识。林甘泉通过深入考察认为，中国封建社会自然经济的本质特征是自给性生产而非自给自足，自然经济和商品经济的根本区别，就在于前者是自给性的生产而后者是商品性的生产。"男耕女织"自然分工下的小农的自给性生产，是中国封建自然经济的特色。文献记载和考古发现，都可说明耕织结合的小农经济在封建经济结构中的重要地位。[①] 所以说，"自然经济和商品经济相结合，而以自然经济占统治地位，这是中国封建社会经济结构的一个重要特点。这种结合不是一种简单的并存关系，它不仅表现为封建经济既有自给性生产的单位，也有商品性生产的单位，而且表现为自然经济和商品经济这两种经济运行形式能够互补和互相制约。"[②] 中国封建社会经济生活和政治生活的诸多现象，都可从这种封建社会经济结构中作出合理的解释。

二　中国政治文化史：丰富的政治文化遗产

基于对中国古代社会经济史的深刻认识，林甘泉对中国古代政治文化史也十分关注，是他学术研究的重要旨趣，提出了诸多富有理论创见的认识。

（一）关于中国古代国家的政治体制

针对学术界的认识分歧，林甘泉充分运用文献和考古资料，在唯物

① 林甘泉：《秦汉的自然经济与商品经济》，原载于《中国经济史研究》1997 年第 1 期，后载入《林甘泉文集》，第 222—249 页。

② 林甘泉：《林甘泉文集》，上海辞书出版社 2005 年版，第 245 页。

史观的指导下，对中国古代国家政体进行了深入探讨和理性分析。他从周天子与诸侯的君臣名分、政治制度与宗法的关系、忠君观念、朝议制度的性质四个方面对此作了深入研究。[①] 他还专门就《左传》中有关国人、卿大夫、诸侯和周天子地位与作用的记载，进一步对西周和春秋的城邦政治体制作了深入分析。[②] 他指出："世界各国的历史发展有共同的规律，但又都会有其自己的历史特点。城邦作为早期国家的一种形式，有一定的普遍性。但并非所有国家和民族的历史发展，都必须经过城邦阶段。……而不同国家的古代城邦，其所有制形态、阶级结构和政治体制，也未必都是一个模式。中国古代城邦的政体是一种等级制的君主专制，而不是民主制或共和制。这个历史特点，是决定中国这个文明古国较早在秦朝建立封建专制主义中央集权国家的重要因素之一。中国封建社会只有开明专制的君主和民本思想的传统，而缺乏民主共和的政治条件，这不能不说与古代城邦的君主专制政体也有一脉相承的关系。"[③] 他还进一步提出，君主专制制度作为一种上层建筑，绝不是偶然出现的历史现象，它有特定的经济基础和阶级基础，中国封建专制主义也不例外。中国封建专制主义的经济基础，既不是个体小农经济，也不是封建土地国有制，而是封建地主土地所有制。[④]

（二）关于政治权力与经济发展的关系

政治与经济的关系，不同时期不同形势下，表现形式是不同的。林甘泉通过分析秦汉时期封建国家农业政策产生的历史背景、主要内容以及它所起的作用，阐释了政治权力与经济发展的深层关系。他认为，"中国封建专制主义中央集权国家的经济职能对封建社会经济的

---

① 林甘泉：《中国古代政治文化论稿》，安徽教育出版社2004年版，第24—28页。

② 林甘泉：《从〈左传〉看中国古代城邦的政治体制》，原载于《庆祝杨向奎先生教研六十年论文集》，河北教育出版社1998年版，后载入《中国古代政治文化论稿》，第34—53页。

③ 林甘泉：《中国古代政治文化论稿》，安徽教育出版社2004年版，第52页。

④ 林甘泉：《秦汉封建专制主义的经济基础》，原载于《秦汉史论丛》，陕西人民出版社1983年版，后载入《中国古代政治文化论稿》，第121—155页。

发展起过一定的促进作用，并且导致了历史上一些所谓‘盛世’的出现。但我们如果不是单纯着眼于封建王朝的盛衰，而是从生产力和生产关系的发展变化来探讨这个问题，就不难发现，封建国家对于经济发展所起的促进作用，没有也不可能超越经济条件所允许的范围。而且，如果说政治权力对于经济发展既可以起促进作用也可以起破坏作用的话，中国封建专制主义中央集权国家对经济发展所起的破坏作用，有时比促进作用更大。中国封建社会延续的时间很长，王朝盛衰周而复始，与这一点有很大的关系。"① 这一揭示的意义如同他自己所说的那样，"政治权力对于经济发展所起的作用，有时甚至会使人们对它们之间的关系产生一种头足倒置的错觉：似乎是政治在决定经济，而不是经济决定政治。唯物史观的重大贡献就在于，它在承认经济、政治、思想诸因素交互作用的同时，指出政治和思想的发展都以经济发展为基础。政治的和思想的因素对历史进程无疑也起着重要作用，但历史进程的决定性因素是经济的发展。"②

（三）关于学术思想与政治文化的关系

林甘泉较早地以出土的云梦秦简为材料，结合传世文献来探讨秦朝封建政治文化的特色。他指出，无论是从秦制或秦政的总体来看，都很难简单地将其归结为"法家政治"。法家思想在秦朝虽然处于支配地位，但并不排斥儒家思想在一部分官吏（特别是原东方六国地区）中有广泛的影响。③ 通过考察封建专制政治的人格化问题，他对秦始皇作了重新认识。④ 他还提出，汉初的"清静无为"并非道家所

---

① 林甘泉：《秦汉封建国家的农业政策》，原载于《第16届国际历史科学大会中国学者论文集》，中华书局1985年版，后载入《中国古代政治文化论稿》，第174页。

② 林甘泉：《中国古代政治文化论稿》，安徽教育出版社2004年版，第156页。

③ 林甘泉：《云梦秦简所见秦朝的封建政治文化》，《中国古代政治文化论稿》，第54—78页。

④ 林甘泉：《论秦始皇：对封建专制政治人格化的考察》，《中国古代政治文化论稿》，第79—120页。

专有的思想，实际上这种思潮乃是秦亡以后对秦朝暴政的一种反弹，是汉初相当普遍的社会心理的反映。从汉初“无为”政治的实质来看，当时儒家与道家是有共识的，即都强调“从民之欲，而不扰乱”①。只不过对于用什么手段使封建国家在新形势下得以长治久安，儒家和道家则有不同的认识。道家主张“独任清虚可以为治”②，儒家则主张定制度、兴礼乐，以教化为大务。针对有人把“清静无为”说成是汉初封建国家政治生活的指导原则，他认为这也不完全准确。因为尽管有些封建统治者崇尚黄老“无为”的学说，但国家作为一种阶级统治的工具，是不可能无所作为的。事实上，汉初六七十年间，发生过多次惊心动魄的政治斗争。③ 他还就战国至西汉前期儒家思想演变的几个重要环节，以及这种演变和封建政治的关系，探讨儒家思想是怎样成为封建社会的统治思想。他指出，儒家思想从战国到西汉的历史命运及其本身的演变，也只有从这个时期的经济条件以及由这些条件所决定的社会关系和政治关系去加以说明，才能得到合理的解释。具体来说，儒家思想在封建国家政治生活中的地位和作用的变化，是由它在多大程度上能满足当时封建统治阶级的政治需要来决定的。同时，我们又要看到，政治权力对于意识形态的干预和改造，如果违反了意识形态自身规律，是必然要失败的。④

（四）关于历史经验的理论总结

西汉陆贾在总结秦亡历史教训时提出的“马上”得天下不能“马上”治天下的历史经验，对封建社会政治生活的影响特别深远。林甘

---

① 《汉书》卷23《刑法志》，中华书局1962年版，第1097页。

② 《汉书》卷30《艺文志》，第1732页。

③ 林甘泉：《“马上”得天下，不能“马上”治天下——传统思想对历史经验的总结》，原载于《中国社会科学院研究生院学报》1997年第1期，后载入《中国古代政治文化论稿》，第212—215页。

④ 林甘泉：《从百家争鸣到独尊儒术——战国至西汉前期儒家思想与封建政治的关系》，原载于《中国史研究》1979年第3期，后载入《中国古代政治文化论稿》，第236—263页。

泉对此进行了深刻阐释，指出这个历史经验的总结从一定意义上说来，代表了封建统治阶级的一种反省和自觉，是封建统治阶级从不成熟开始走向成熟的表现。[①] 民本思想是中国传统政治文化中源远流长的珍贵历史遗产，随着社会历史的发展，它的内涵也在不断丰富和有所衍变。林甘泉对中国古代民本思想的历史渊源、政治理念演变及其政治实践等作了考察，指出氏族制度的古老传统正是文明社会“民为邦本”的思想渊源。“民本”思想与封建剥削制度有着天然的矛盾，这就决定了“民本”思想必然由于“二律背反”而受到种种限制，并且最终变成一种根本无法实现的政治空话。当然。我们不能否认它对于中国历史的发展产生过一定的积极作用。“民为邦本”这个思想命题在近代中国就被注入了新的理论内容，成为推动社会进步的重要思想武器。[②] 林甘泉就传统文化中的夷夏之辨与民族文化认同的关系进行了探讨，指出以儒学为代表的传统文化，除了讲夷夏之防外，还讲“王者无外”“四海一家”，而正是后一种思想，成了维系和加强华夏族和汉族与少数民族之间联系的重要纽带。[③] 如何认识中国历史上的分裂与统一，也是学术界不可回避的一个重要问题。他对此也作了考察，指出尽管经历了许多次的改朝换代，也曾出现过分裂割据的局面，但国家的统一始终是历史的主流。这在世界文明古国中，可以说是绝无仅有的。他发出了这样的自信之语：“回顾我国历史上统一和分裂的局势变迁，我们从中可以得出一个认识：中国这个伟大的国家是不会长期处于分裂状态的，统一的历史潮流是不可阻挡的。”[④] 他还从历史学角度对中国传统文化性格作了思考，认为中国传统文化的封闭性

---

① 林甘泉：《中国古代政治文化论稿》，安徽教育出版社 2004 年版，第 209—210 页。

② 林甘泉：《中国古代的“民本”思想及其历史价值》，原载于《光明日报》2003 年 10 月 28 日，后载入《中国古代政治文化论稿》，第 224—234 页。

③ 林甘泉：《夷夏之辨与文化认同》，原载于《传统文化与现代化》1995 年第 3 期，后载入《中国古代政治文化论稿》，第 333 页。

④ 林甘泉：《中国历史上的分裂和统一》，原载于《人民日报》1985 年 5 月 27 日，后载入《中国古代政治文化论稿》，第 344—345 页。

和开放性是一定社会经济形态的产物，传统文化除了封建性的糟粕之外，也有民主性的精华。①

三　中国史学理论：建设有中国气派的史学理论体系

林甘泉对史学理论与史学史也作了比较深入的研究，提出的一些史学理论认识，对史学理论建设与发展有着重要意义。

（一）唯物史观是最科学也是最有生命力的史学理论

林甘泉曾说："作为一个史学工作者，我愿意多学点西方资产阶级的史学理论，弥补自己这方面知识的不足。但我也要说，我仍然信仰唯物史观。因为和其他史学理论比较，我认为还是它最正确。"② 他从历史研究的三个层次来说明这一理论坚持。他把历史认识分为记述、实证和诠释三个层次。史学从记述、实证到诠释，是一个认识不断深入和提高的过程。记述和实证可以复原历史过程的某些表象，但历史的本质、价值和规律只有通过诠释才能得到说明。马克思主义唯物史观的产生使历史研究真正成为一门科学，就是因为唯物史观为历史的诠释提供了一个最科学的理论和方法。③ 他多次提出，唯物史观是一种开放的、发展的学说。就唯物史观的这种本质来说，它永远要随着时代的发展而发展，而不会使自己陷入落后于时代的危机。

（二）中国史学主流问题

林甘泉对20世纪中国历史学进行了总结与分析，并指出，20世

① 林甘泉：《文化性格与历史发展——评〈河殇〉关于中国传统文化性格的错误观点》，原载于《历史研究》1990年第1期，后载入《中国古代政治文化论稿》，第346—360页。

② 林甘泉：《我仍然信仰唯物史观》，原载于萧黎主编《我的史学观》，广东人民出版社1997年版，后载入《林甘泉文集》，第469页。

③ 林甘泉：《林甘泉文集》，上海辞书出版社2005年版，第470—473页。

纪的上半叶，近代实证史学是中国史学的主流；20 世纪下半叶，中国的史学主流则是马克思主义史学，其中 20 世纪 30 至 40 年代是中国马克思主义史学获得迅速发展的时期。对中华人民共和国成立后的 17 年史学，他不同意学术界有人竭力贬低这一时期中国史学所取得的成就，同时也认为这 17 年史学发展存在着许多不足和失误。至于 1978 年改革开放后的新时期史学，则充满生机与活力。① 21 世纪马克思主义史学能否在中国保持自己的主流地位？林甘泉对此的看法是肯定的。他认为，马克思主义史学在中国的主流地位是历史形成的。马克思主义史学在 20 世纪下半叶之所以成为中国史学的主流，首先是由它的科学性所决定的。同时，中国国家的性质为马克思主义史学的主流地位提供了根本保证。② 当然，“马克思主义在历史学中指导地位的确立，只能靠信仰马克思主义的学者用自己的实践来证明这一理论的科学性，赢得人们对马克思主义的信任。舍此没有别的办法。”③ 关于史学理论体系建设，林甘泉提出了三方面的建议：一是对于历史学的性质和特点尽可能求得一个共识。二是“能不能得出结论”不能作为判断人文学科“真”“伪”的标准。只要有学术价值和有利于学术发展的问题，就是“真问题”。只有纯粹玩弄概念、对学术发展毫无价值的文字游戏才是“伪问题”。针对有人把“五朵金花”问题说成是“伪问题”，他认为这是对历史学的性质和特点缺乏正确的认识。他说：“如果没有古代史分期、土地所有制、资本主义萌芽等问题的讨论，就没有五六十年代历史学向深度和广度的发展，也没有今天一些断代史和专门史的繁荣局面。”④ 三是马克思主义要发展，必须与各个国家历史和现实的国情相结合。唯物史观要发展，也有一个中国化的问题。他指出：

① 林甘泉：《20 世纪的中国历史学》，原载于《历史研究》1996 年第 2 期，后载入《林甘泉文集》，第 346—384 页。

② 林甘泉：《林甘泉文集》，上海辞书出版社 2005 年版，第 397—399 页。

③ 林甘泉：《林甘泉文集》，上海辞书出版社 2005 年版，第 399 页。

④ 林甘泉：《关于史学理论建设的几点意见》，原载于瞿林东主编《史学理论与史学史学刊》2002 年卷，社会科学文献出版社 2003 年版，后载入《林甘泉文集》，第 429—434 页。

“在对中国古代历史发展的许多重大问题做出理论概括时，我们既不要照搬马克思、恩格斯的有关论述，也不要套用西方学者基于外国经验材料所得出的结论。应该在唯物史观基本原理的指导下，根据中国的历史实际，做出自己的理论概括。”① 他觉得今天我们应该是有条件，也有义务，建设一个从中国历史实际出发，又是在马克思主义指导下的，有中国气派的史学理论体系。②

（三）史学认识论问题

针对学术界把历史主义与阶级观点对立的现象，林甘泉不仅作了批判，还提出了自己的理论认识。他认为，在马克思主义的理论中，阶级观点和历史主义是完全一致的、统一的。如果离开了阶级观点，就不可能历史主义地看问题，就会被历史的一些非本质的现象所迷惑，乃至陷入唯心主义的泥坑。对马克思主义来说，不存在没有历史主义的阶级观点，也不存在没有阶级观点的历史主义。把阶级观点与历史主义割裂或对立起来，它们就不会是马克思主义的阶级观点，也不会是马克思主义的历史主义。他从农民战争史研究、历史人物评价标准两个方面对这个问题作了具体说明。③

关于史与论的结合，他指出，马克思主义历史科学不完全等同于历史唯物主义。历史唯物主义主要是阐明社会历史发展的一般规律，而历史学科不但要探索各个国家和民族之间历史的共性，还要了解各自的个性。在历史研究中运用历史唯物主义的原理原则是完全必要的，可是如果不结合特定对象的具体情况进行具体分析，那么这些原理原则就只能是一些抽象的社会学的公式而已。反过来，如果不能通过历史研究使历史唯物主义的一般规律具体化，也就谈不到真正掌握了历

---

① 林甘泉：《林甘泉文集》，上海辞书出版社 2005 年版，第 437 页。

② 林甘泉：《林甘泉文集》，上海辞书出版社 2005 年版，第 435 页。

③ 林甘泉：《历史主义与阶级观点》，原载于《新建设》1963 年 5 月号；《再论历史主义与阶级观点》，原载于《新建设》1963 年 10 月号，二文后均载入《林甘泉文集》，第 275—311 页。

史发展的客观规律。他对史学界存在的“以论带史”和“论从史出”进行了批判，指出史与论，“二者本来就不是相互对立、而且不应该有任何偏废的”。①

关于历史文明遗产的批判继承，他认为，既要看到文明的时代特征，又要看到文明的历史承续性；既要看到不同的阶级有不同的文明，又要看到有些文明对于各个阶级是一视同仁的。历史文明遗产中，除了精华和糟粕外，还有一些属于中间状态的东西。对于历史文明遗产，不能采取“抽象继承”，而是要批判地继承。②

四　中外史学思潮：理性的批判

林甘泉不仅关注自身学术领域的研究，还对中外史学思潮十分关注，他的一些认识、评判和分析，彰显出深邃的理论见解。

（一）如何看待魏特夫的《东方专制主义》

1990 年美国德裔历史学家魏特夫《东方专制主义》一书中译本出版，引起国内外史学界的关注和研究。林甘泉也参与了这场讨论，并提出了自己的认识。在他看来，魏特夫对亚洲社会的认识，从一开始就偏离了马克思主义的基本观点，如“自然界居首位的思想”，是对马克思主义关于历史发展和自然界关系的一种曲解。所谓“单线的社会发展概念”，是魏特夫对马克思关于社会发展理论的概括，但这并不符合马克思的原意。在魏特夫所构筑的理论体系中，“亚细亚生产方式”就是“治水社会”。而在林甘泉看来，一方面马克思并没有说由于水利灌溉工程的需要，必然产生专制主义。况且，专制主义作为

① 林甘泉：《关于史论结合问题》，原载于《人民日报》1962 年 6 月 14 日，后载入《林甘泉文集》，第 312—317 页。

② 林甘泉：《论历史文明遗产的批判继承》，原载于《中国史研究》1983 年第 2 期，后载入《林甘泉文集》，第 327—345 页。

一种国家政体和统治方式，并不是东方社会所独有的。另一方面，从中国古代专制主义与水利灌溉工程的关系、中国古代的阶级构成及其与所有制的关系等方面来看，魏特夫的《东方专制主义》把中国当作“治水社会”的一个标本，这是对中国历史的牵强附会或随意编造的解释。①

（二）如何认识西方学者关于中国前近代经济结构与发展水平的分析

1991 年，美国华裔学者黄宗智发表《中国经济史中的悖论与当前的规范认识危机》一文，回顾了数十年来中国和西方学者有关中国经济史研究的一些主要理论模式和认识，并对“封建主义论”和“资本主义萌芽论”都提出了质疑。林甘泉既肯定了黄宗智某些认识的意义，如主张中国经济史的研究“目标应立足于建立中国研究自己的理论体系”，以及他所提出的城市工业化与乡村不发展长期并存的悖论现象等。同时，他也对黄宗智的一些看法提出了商榷。如明清时期商品生产和交换的发展，没有导致封建生产方式的解体和走上资本主义的发展道路，其原因显然不是用人口压力导致劳动生产率下降就能说清楚的。黄宗智指出了中国近代史的一种悖论现象，但他并没有解决为什么中国只出现稀疏的资本主义萌芽而没有走上资本主义近代化道路的难题。② 继黄宗智之后，美国华裔学者王国斌出版了《转变的中国——历史变迁与欧洲经验的局限》（1997 年）、德国学者贡德·弗兰克出版了《白银资本——重视经济全球化中的东方》（1998 年）、英国学者麦迪森出版了《中国经济的长远未来》（1998 年），这几本书

① 林甘泉：《怎样看待魏特夫的〈东方专制主义〉》，原载于《史学理论研究》1995 年第 1 期，后载入《中国古代政治文化论稿》，第 361—382 页。

② 林甘泉：《世纪之交中国古代史研究的几个热点问题》，原载于中国史学会、云南大学编《21 世纪中国史学展望》，中国社会科学出版社 2003 年版，后载入《林甘泉文集》，第 421—423 页。

都从一个新的视角对中国前近代的经济结构和发展水平提出了一些值得重视的看法，引起了中国经济史学者的巨大兴趣。对此，林甘泉也发表了自己的见解。他认为，将西方学者所提出的“原始工业化”或“早期工业化”的理论，应用于我国前近代经济史的研究，显然有助于我们突破过去“资本主义萌芽说”的局限，摆脱“欧洲中心论”的影响，但它的一个最重要的缺陷，是回避了对“原始工业化”生产方式性质的分析。只是用一个“原始工业化”或“早期工业化”的概念来代替封建社会经济结构是否发生松懈和变化的历史过程的研究，显然不能真正解决传统经济是如何向近代经济转型的问题。[①] 对于弗兰克等提出的所谓“中国中心论”，林甘泉也作了理性批判。[②] 通过对黄宗智等人关于中国前近代经济结构与发展水平研究的辩证剖析，林甘泉指出，“我们以往的经济史研究，偏重于生产关系的分析，对生产力重视不够。西方学者在生产力研究方面有许多长处，值得我们学习和借鉴。但是研究生产关系这方面的比较优势我们不能丢，还是要从生产力和生产关系的互动中揭示中国传统经济结构的发展变化。对传统经济结构要一分为二，既要看到它还能容纳生产力发展的一面，也要看到它束缚生产力发展的另一面。”[③]

（三）如何认识中国古代知识阶层

1987 年出版的余英时所著《士与中国文化》一书，对中国古代知识阶层作了深入考察，堪称研究中国古代知识阶层的一部力作。林甘泉一方面肯定了书中不少富有启发性的见解，另一方面对书中若干重要问题的论述提出了商榷。针对中国古代知识阶层的原型和价值取向问题，林甘泉通过研究指出，“春秋战国时代的士已不再是贵族阶级的一部分，而是‘四民’（士、农、工、商）之首。它的成员既有没

---

① 林甘泉：《林甘泉文集》，上海辞书出版社 2005 年版，第 423—425 页。

② 林甘泉：《林甘泉文集》，上海辞书出版社 2005 年版，第 425—426 页。

③ 林甘泉：《林甘泉文集》，上海辞书出版社 2005 年版，第 427 页。

落的贵族子弟，也有掌握了文化知识的平民乃至奴隶。这个在社会转型时期来自不同阶级的士阶层，就是中国传统社会新兴知识阶层的原型。新型的士具有开放性和流动性，他们虽有文化知识但没有‘恒产’，虽有精神追求但价值取向并不一致。他们或靠文化知识作为仕宦的敲门砖，或者靠一技之长独立谋生。总之，不受身份贵贱限制，依靠知识谋生或仕宦，在价值取向上呈现多元化的趋势，这才是新兴知识阶层基本的性格特征。”① 针对战国时代新兴知识阶层与当世王侯的关系问题，林甘泉认为，“所谓‘道尊于势’的传统，不但在百家争鸣的战国时代是不存在的，即便是在汉武帝‘独尊儒术’之后的历代封建社会，也是不存在的。把儒家弟子称颂其师‘贤于尧舜’、‘宜为帝王’的言论，理解为‘道尊于势’的政治文化生态，这其实是把儒家弟子的自恋情结，误解为客观的存在。”针对“秦吏只知有政治秩序，不知有文化秩序”的论点，林甘泉通过考察出土文献资料，指出：“秦朝‘以吏为师’、‘以法为教’，既是一种‘政治秩序’，也是一种‘文化秩序’，只不过它是以法家思想为指导的封建专制主义的文化秩序罢了。”针对政治权威与文化力量的关系问题，林甘泉详尽考察后认为，汉武帝之所以尊儒并不是“政治权威”对文化力量的“妥协”，而是出于加强封建专制主义中央集权统治的政治需要。②

（四）如何认识孔子在20世纪中国的命运

最足以代表中国传统文化的历史人物，恐怕非孔子莫属。20世纪对于中国来说是一个风云变幻的世纪，相应地对于孔子及其思想的历史定位与价值判断也是毁誉交错、起伏不定，并且常常与复杂的政治斗争纠结在一起。如何回顾和总结20世纪孔子的中国命运，从中吸取一些经验教训，是史学界进入21世纪后亟须探讨的一

---

① 林甘泉：《中国古代知识阶层的原型及其早期历史行程》，原载于《中国史研究》2003年第3期，后载入《中国古代政治文化论稿》，第281—282页。

② 林甘泉：《中国古代政治文化论稿》，安徽教育出版社2004年版，第286、288、296页。

大课题。

林甘泉主编的《孔子与20世纪中国》,[①] 运用马克思主义史学方法,以历史事实为出发点,唯物辩证地总结和分析孔子及其思想在20世纪的命运历程,“解答了不少长期以来悬而未决的议题,在很大程度上弥补了史学界对这一问题研究的历史缺憾”。[②] 经过对辛亥革命前后尊孔与反尊孔的政治论争的回顾,林甘泉指出,“儒家学说作为封建社会的意识形态,在两千多年中是随着封建统治阶级的需要而有所发展和演变的。封建礼教、儒家学说和孔子思想三者虽然有密切的联系,却不可以完全混为一谈。”[③] 针对学术界有人提出五四新文化运动中批孔批儒的激进思潮导致中国传统文化的“断裂”这一认识,林甘泉站在马克思主义史学发展的高度上,依据历史事实,对这一偏见进行了批判。他认为,“事实上,新文化运动并没有也不可能全面破坏传统文化。20世纪中国学术史的发展,恰巧说明正是五四新文化运动的兴起,使传统文化的整理和研究开创了前所未有的新局面”。[④] 通过对袁世凯和孔教会所发动的第一次尊孔复古高潮、蒋介石和南京政府发动的第二次尊孔复古高潮、“文化大革命”的“批孔”高潮的回顾和反思,林甘泉指出:“它们并不是在一般语义上对孔子的尊崇与批判,也不是学者们通过学术研究得出的正常价值判断,而是现实的思想政治斗争借助孔子亡灵所演出的闹剧。”[⑤]

如何认识孔子思想的当代价值与21世纪的世界文明,林甘泉也有很深入的思考和独到看法。他提出:“以儒家思想为核心的传统文化,在历史长河中对我国民族性格的形成起了重要的积极作用,孔子思想

---

① 林甘泉主编:《孔子与20世纪中国》,中国社会科学出版社2008年版。

② 叶瑞昕:《孔子及其思想在20世纪的命运——评林甘泉主编的〈孔子与20世纪中国〉》,《高校理论战线》2009年第6期。作者还指出,林甘泉的写作占了全书的四分之三强,全书的主要观点、重要评判主要出自林甘泉手笔,总体上看,这是一部以林甘泉教授为主创作的学术专著。

③ 林甘泉:《孔子与20世纪中国》,《哲学研究》2008年第7期。

④ 林甘泉:《孔子与20世纪中国》,《哲学研究》2008年第7期。

⑤ 林甘泉主编:《孔子与20世纪中国》,中国社会科学出版社2008年版,第473页。

在这方面所起的作用尤其值得我们重视。儒家所强调的群体观念和责任意识、人格尊严和德性修养、天人调适和社会和谐，在孔子那里都可以找到它们的思想源头。但是，孔子的思想既有积极和具普遍性的因素，也有消极和具局限性的因素。而且，传统文化是在已经消失的历史环境下形成的，随着时代的发展，它的价值和作用也会发生变化。我们认真总结孔子的思想遗产，是为了古为今用，而不是为了崇古和复古。对包括孔子思想在内的传统文化要有全面的认识，采取批判继承的态度。”① 所谓以“新儒家”自命的学者，打着弘扬传统文化和复兴儒学的旗号，公然提出要改变马克思主义在我们国家的指导地位和中国人民对社会主义道路的选择，这种认识和主张是逆历史潮流的，只能以失败而告终。

西方一些人士认为以儒家思想为核心的中国传统文化可以为化解世界各种危机提供一条出路，我国一些学者甚至提出孔子思想将会引领21世纪世界文明的潮流。针对这两种言论，林甘泉站在21世纪世界经济全球化、政治多极化和文化多元化这一新格局上，客观、理性地作了分析和批驳。他指出：“以孔子为代表的儒家思想，曾经是推动中国历史发展的重要文明元素，它对东亚一些国家的历史进步也曾起过重要的作用。儒家思想的一些精华，诸如以人为本、尊老爱幼、重视诚信、和而不同、追求人和自然的和谐等等，在21世纪和以后世界文明的构建中，都可以发挥积极的作用。孔子已经成为中华文明的标志性历史遗产，我们应该珍惜这份文明遗产，让世人更多地了解孔子及其思想。但如果认为孔子可以充当世界文明的教主，并为此而粉饰美化孔子，则完全是一种错误的观念。研究孔子及其思想要以马克思主义理论为指导，宣传孔子及其思想也要以马克思主义理论为指导。只有这样，才是对待孔子及其思想的正确的、科学的态度。”② 这一分

① 林甘泉：《孔子与20世纪中国》，《哲学研究》2008年第7期。

② 林甘泉：《孔子与20世纪中国》，《哲学研究》2008年第7期。

析对我们今后深入研究、宣传孔子及其思想有很好的启示意义和理论指导意义。

五　治学方法：马克思主义理论与中国实际相结合

林甘泉上述史学成就与理论成就的取得，与其正确的治学方法是分不开的。概括起来，主要有以下几点：

（一）坚持以马克思主义基本理论为指导，力图把马克思主义理论与中国实际相结合，尽可能作出符合中国历史实际的解释。在论述亚细亚生产方式与中国古代社会这一主题时，林甘泉就指出，“在研究中国古代社会的时候，我们既不能削足适履，按照马、恩的论述来套中国的历史；也不能因为二者不尽符合，就忽视马、恩的论述的指导意义”。[①] 在探讨封建生产方式的两种类型（领主制与地主制）这一问题时，林甘泉强调，“我们应当记住，不要把经典作家关于个别问题的结论僵化，不要滥用规律。重要的事情是要运用这个理论，深入研究历史实际；不仅要研究中国的历史实际，也要研究其他各国的历史实际。没有这种比较研究，既探索不出世界各国在从奴隶社会向封建社会过渡中的共同规律，也发现不了它们在这一过渡中所表现出来的各自的特点。但是在这里，同样要记住：不能作机械的比附，具体问题要具体分析”。[②] 他特别强调，“从中国的具体历史实际出发，正确地掌握历史发展的统一性和多样性的规律，是我们在研究古代史分期问题时必须遵循的一条原则。”[③]

（二）按照历史研究的三个层次，史论结合，辩证理解，从中引出带有理论性和规律性的结论。林甘泉提出，历史研究有三个层次，即事实判断、认识判断和价值判断。事实判断，是历史研究的基础和

---

① 林甘泉：《林甘泉文集》，上海辞书出版社 2005 年版，第 12—13 页。

② 林甘泉：《林甘泉文集》，上海辞书出版社 2005 年版，第 82 页。

③ 林甘泉：《林甘泉文集》，上海辞书出版社 2005 年版，第 122 页。

出发点。这也就是傅斯年所说的有一分材料说一分话。中国传统的考据学，也属于这个层次。认识一些历史事件的因果关系，透过历史现象看本质和一些深层次规律性的问题，这就是认识判断。探讨各种历史事件和历史人物在当时所起的作用及其对后代的影响，这是价值判断。① 他对秦始皇的认识和评价，就是这三个层次的典型运用。他指出，对历史人物的评价，在很大程度上不属于事实判断而是属于价值判断的问题。我们应该坚持历史评价和道德评价的统一，实事求是地对秦始皇的历史地位和作用作具体分析。②

（三）关注现实，注意从当代中国现实需要提出历史研究的课题。他所写的《中国历史上的分裂和统一》《夷夏之辨与文化认同》，关注的是中国国家的统一和民族团结，批判历史上遗留下来的大汉族主义和地方民族主义。他指出："近年来，在弘扬传统文化的讨论中，论者对于传统文化增强中华民族凝聚力的作用作了充分的肯定，但多数文章似乎偏重于就汉族自身的凝聚力立论，对于汉族和各少数民族之间的凝聚力问题则注意不够。"③ 所以，他撰文就传统文化中的夷夏之辨与各民族文化认同的关系进行探讨。《历史遗产与爱国主义教育》阐明了如何运用历史遗产进行爱国主义教育，《论历史文明遗产的批判继承》从理论和方法为当代中国如何继承历史文明遗产提供了学术思考。在说明为何撰写《中国古代的"民本"思想及其历史价值》时，林甘泉明确指出："中国共产党批判继承历史遗产，赋予'民本'思想以全新的理论内容。梳理'民本思想'的文化内涵及其发展衍变的历史脉络，对于建设有中国特色社会主义的政治文化有重要的借鉴意义。"④

（四）主张用开放和百家争鸣的视野和胸怀看待古今中外学者的

① 林甘泉：《林甘泉文集》，上海辞书出版社 2005 年版，第 429—431 页。
② 林甘泉：《中国古代政治文化论稿》，安徽教育出版社 2004 年版，第 84、85 页。
③ 林甘泉：《中国古代政治文化论稿》，安徽教育出版社 2004 年版，第 311 页。
④ 林甘泉：《中国古代政治文化论稿》，安徽教育出版社 2004 年版，第 224 页。

学术成果，批判地继承与发展。在总结20世纪的中国历史学时，林甘泉指出："一个时代有一个时代的学术，历史学当然应该随着时代的前进而不断有新的发展。我们不能老是以中国有得天独厚的丰富史学遗产而沾沾自喜，也不能老是以外国人研究中国历史终究不如中国人而自我安慰。中国史学要走向世界，不仅需要从外国史学的最新成就中吸取营养，而且在研究手段和研究方法上需要跟上当代科学技术和哲学社会科学发展的步伐。'有容德乃大'。一切有用的知识，我们都应该欢迎和吸收，使我国史学永葆青春和活力。"① 在谈到未来世纪中国历史学是否也面临竞争问题时，林甘泉指出："要让中国史学以无愧于我们国家在国际上地位的崭新面貌屹立于世界史坛，我们必须加强对外国史学的了解，在坚持马克思主义理论指导的前提下，吸收一切对我有用的东西作为自己的营养。"当然，"从根本上说，我们借鉴外国史学理论和方法，吸收外国一切优秀的学术成果，目的是要建设有中国特色的马克思主义史学"。② 在剖析中外史学思潮时，他总是肯定他人某些认识的积极意义，然后对其中存在的不足进行商榷和辨析。

（本文原载《学术界》2018年第11期）

① 林甘泉：《林甘泉文集》，上海辞书出版社2005年版，第382页。
② 林甘泉：《林甘泉文集》，上海辞书出版社2005年版，第396页。

林甘泉先生关于阶级分析与历史主义关系的思想

李红岩

林甘泉先生是新中国马克思主义史学的重要代表之一，为唯物史观与中国史实的科学结合作出了突出贡献。他理论修养湛深，史学功力深厚，目光锐利，视野宽广，才华横溢，其学术成就彰显了新中国马克思主义史学的魅力与光辉。

关于林甘泉先生的史学思想，我体会有三个最突出的面向。一是关于中国古代社会性质研究。探寻揭示社会性质、从社会性质出发建构史学体系，是中国马克思主义史学的基点。整个中国马克思主义史学就是围绕这一基点而展开的。作为以"五老"为代表的老一辈马克思主义史学家的继承者，林甘泉的史学实践同样以高度的理性自觉，投入于对中国历史上社会性质的探寻与揭示。他的许多研究成果，都是这一特点的表现和反映。二是在维护中国历史尊严和中国马克思主义史学科学性方面的相关研究。林先生围绕魏特夫、梅洛蒂、余英时等人的相关批判和评论，都具有这方面的鲜明指向。三是关于阶级分析与历史主义关系的研究。限于篇幅，本文仅就林先生第三方面的史学思想，谈一些学习体会。

林甘泉先生在当代中国史学界崭露头角，成为全国著名历史学家，是与20世纪60年代的历史主义与阶级观点讨论直接相关的。

历史主义与阶级观点讨论，是当代中国学术发展史上的一件大事，更是史学思想史上的一件大事，标志着中国马克思主义史学理论的深入拓展。在中国马克思主义史学发展史，尤其是当代史学史上，历史主义与阶级观点讨论占有极重要的地位。它直接牵涉新中国史学的定位与宗尚，关涉新中国马克思主义史学的基本研究原则，指向的是基础研究方法的定性与运用，还蕴含着深厚的历史认识论意涵。

在讨论中，老一辈马克思主义史学家发表了深刻见解，林甘泉等在新中国成长起来的中青年马克思主义史学家也发表了锐利而深刻的论文。回顾他们当年的文章，可以感受到中国马克思主义史学家们追求真理的热情、探求真知的执着以及建设中国马克思主义史学强烈的责任感、使命感。在讨论中，新老马克思主义史学家全都意气风发，平等相待，体现了马克思主义学者应有的科学态度与优秀学风。总结这场讨论，可以加深对新中国马克思主义史学的逻辑体系、基本理论、核心问题的认识，为中国马克思主义史学的进一步开拓进取提供经验借鉴。

在马克思主义历史发展理论中，内在地蕴含着历史主义与阶级观点的关系问题。1949 年 8 月，毛泽东说："阶级斗争，一些阶级胜利了，一些阶级消灭了。这就是历史，这就是几千年的文明史。拿这个观点解释历史的就叫做历史的唯物主义，站在这个观点的反面的是历史的唯心主义。"① 这是新中国马克思主义史学家所遵奉的指导思想。很显然，毛泽东的话来自《共产党宣言》。早在 1939 年 12 月，毛泽东还曾说："在中国封建社会里，只有这种农民的阶级斗争、农民的起义和农民的战争，才是历史发展的真正动力。"② 这就将阶级斗争理论与农民战争结合起来了，是阶级斗争理论的中国化与具体化，也是新中国马克思主义史学的重要指导思想。毛泽东 1938 年 10 月讲过这样

① 毛泽东：《丢掉幻想，准备斗争》，《毛泽东选集》第 4 卷，人民出版社 1991 年版，第 1487 页。

② 毛泽东：《中国革命和中国共产党》，《毛泽东选集》第 2 卷，人民出版社 1991 年版，第 625 页。

的话："我们这个民族有数千年的历史，有它的特点，有它的许多珍贵品。对于这些，我们还是小学生。今天的中国是历史的中国的一个发展，我们是马克思主义的历史主义者，我们不应当割断历史。从孔夫子到孙中山，我们应当给以总结，承继这一份珍贵的遗产。"① 这又是中国马克思主义史家、特别是突出历史主义的学者们引用最多的话语之一。因此，在毛泽东的系列论述中，内在地包含着阶级斗争理论和历史主义相统一的内容。

在马克思主义史家当中，尚钺先生比较早地突出了历史主义的维度。1956 年，他提出不仅不能用现代人的观点和感情去要求古代历史人物和事迹，并且更不能随便把现代的术语去硬套在古代人头上。他批评说，"过去史学家对于南宋初年民族英雄岳飞，因其曾奉宋高宗的命令，消灭了以杨幺为首的农民起义，就以今日狭隘阶级感情大加咒骂。又如对于中国历史上唯一的女皇帝唐初的武则天，因其杀了几个反对的人物，竟加以诬辱。又如，对于农民杰出的领袖朱元璋，因其杀了几个士大夫分子，竟完全无视他领导中国农民大众，推翻蒙元的黑暗统治，解放中国民族的伟大功绩，而加以苛责，等等，真是不胜枚举。"他认为，"这种反历史主义的民族虚无主义观点，在过去的确是十分严重的；甚至发展到否定和谩骂我们祖国历史上所有奴隶主和封建主统治阶级。"② 从 1959 年下半年到上世纪 60 年代初，郭晓棠、翦伯赞、吴晗等人，在坚持以阶级观点为指导的前提下，开始就阶级观点与历史主义的关系问题作出阐述。1961 年，翦伯赞发表著名的《对处理若干历史问题的初步意见》一文，提出"不要见封建就反，见地主就骂"，因为"当封建制代替奴隶制的时候，它是历史的发展，我们不能反对这种发展。当地主阶级反对奴隶制的时候，它是革命的，也不要骂。"翦伯赞还说，"阶级矛盾是历史的动力，在写历史的时

① 毛泽东：《中国共产党在民族战争中的地位》，《毛泽东选集》第 2 卷，第 533—534 页。
② 尚钺：《如何理解历史人物、事件和现象》，《教学与研究》1956 年第 4 期。

候，忽略这一点就会犯原则性的错误。”不过，在坚持这一根本原则的前提下，要对历史予以历史主义的、辩证的关怀。他说：农民反对地主，但没有，也不可能把地主当作一个阶级来反对；农民反对皇帝，但没有，也不可能把皇权当作一个主义来反对；农民建立的政权，只能是封建性的政权；农民战争的领袖是有缺点的；劳动人民反对压迫剥削，但不了解被剥削被压迫的基本原因是私有制度，他们不反对私有制度，只反对那些不堪忍受的财产的差别。他总结说：“要严格地运用历史主义的原则，把历史事件和人物放在他们自己的历史条件之下加以说明。但如果过分地用历史条件与倾向为某一历史事件或人物的落后、反动进行辩护，这就不是历史主义而是客观主义。”[①] 在另一篇文章中，翦伯赞说，“如果只有阶级观点而忘记了历史主义，就容易片面地否定一切；只有历史主义而忘记了阶级观点，就容易片面地肯定一切。”“只有把二者结合起来，才能对历史事实作出全面的公平的论断”。[②] 翦伯赞先生之所以提出上述观点，最直接的原因，与他主持编撰中国通史需要解决若干基本理论问题相关。正是在思考怎样编写一部与新中国相适应的中国通史的过程中，翦伯赞提出了他的诸多思考。

正是在翦伯赞等人论述的基础上，1963 年，年仅三十岁出头的林甘泉发表文章，阐述了自己的看法。他强调二者的统一性，强调以阶级观点去统领历史主义。作为在新中国崭露头角的马克思主义史学新锐，林甘泉表现了很深厚的马克思主义理论素养，显示了马克思主义史学队伍的后继有人、发展壮大。

林甘泉认为，阶级斗争理论是在错综复杂的历史现象找出规律性的基本线索，阶级观点是唯物史观的基本核心。而阶级观点本身，“深深地浸透了历史主义的精神”，因此二者“是完全一致的、统一

① 翦伯赞：《对处理若干历史问题的初步意见》，《人民教育》1961 年第 9 期。

② 翦伯赞：《目前史学研究中存在的几个问题》，《江海学刊》1962 年第 6 期。

的”。以无产阶级观点来分析社会历史现象，“必然是从具体的历史实际出发，尊重历史本身的发展”。我认为，林甘泉的这一观察，是非常敏锐的，而且与马克思、恩格斯的史学实践是完全吻合的。

比如，马克思的《路易·波拿巴的雾月十八日》，是马克思本人运用阶级斗争理论与阶级分析方法的一部典范性著作。马克思是怎样运用的呢？给人最深的印象，即总是与具体的历史环境、历史背景紧密结合，不放弃分析每一个历史要素，从而表现为一种历史的具体呈现，而非阶级斗争理论的机械推演。他不仅细致入微地分析每一个阶级和阶级集团，而且对阶级集团的内部构成也全力予以揭示。仅巴黎流氓无产阶级，马克思就揭示出它不仅包含一些生计可疑和来历不明的破落放荡者、资产阶级中的败类和冒险分子，还包含流氓、退伍的士兵、释放的刑事犯、脱逃的劳役犯、骗子、卖艺人、游民、扒手、玩魔术的、赌棍、皮条客、妓院老板、挑夫、下流作家、拉琴卖唱的、捡破烂的、磨刀的、补锅的、叫花子。[①] 如此细腻地爬梳与揭示，正是林甘泉所说的“从具体的历史实际出发，尊重历史本身的发展”。因此，马克思本人运用阶级分析方法，没有去除鲜活的历史血肉。历史上阶级的构成不仅是复杂的，而且处于变化或分化之中，这就要求阶级分析的运用过程也必须紧密地与历史实际相结合，因为阶级观点本身原本“深深地浸透了历史主义的精神”。

马克思特别强调充分揭示历史条件，这在他的著作中处处都有体现。他有一段名言：“人们自己创造自己的历史，但是他们并不是随心所欲地创造，并不是在他们自己选定的条件下创造，而是在直接碰到的、既定的、从过去承继下来的条件下创造。”[②] 正是基于对马克思主义历史理论的深刻理解和对马克思本人史学实践的深刻体验，林甘泉才不赞同所谓非历史主义倾向“只有阶级观点而忘记了历史主义”

① 翦伯赞：《目前史学研究中存在的几个问题》，《江海学刊》1962 年第 6 期。

② 《马克思恩格斯全集》第 11 卷，人民出版社 1995 年版，第 131 页。

的意见。他认为阶级观点与非历史主义倾向毫不相关。“马克思主义的阶级观点和历史主义虽然是两个不同的概念和术语，但这并不意味着它们是不同的或是互相排斥的两种观点。”“对马克思主义来说，不存在没有历史主义的阶级观点，也不存在没有阶级观点的历史主义。”林甘泉的这种观点，是对马克思主义历史理论的正确理解，也完全符合马克思本人的史学实践。

所以，林甘泉表明，离开阶级观点与阶级分析的方法去谈“历史主义”，会成为资产阶级史学所乐于接受的客观主义。他认为，一些学者恰恰是“抽去了阶级内容而理解历史主义的”。他以农民战争史的讨论为例说，有些同志把封建社会的农民战争现代化，不适当地夸大农民阶级的革命性，忽视了旧式农民战争所具有的自发的性质，这当然是不对的，但有人在批评这种倾向时，却又夸大了农民的落后性，模糊了农民战争的革命性质及其阶级根源，说什么农民平时“所追求和向往的”就是“发家致富，使自己也成为地主，或者通过各种途径成为大小官员，取得功名利禄”；农民领袖“往往是而且不能不是以封建的思想理论作为自己行动的指南”；起义群众“所要争取的本来就只是一些较好的官吏、较好的皇帝、较好的王朝。一旦改了朝换了代，起义者即以为达到了目的”。他认为，这些看法夸大农民的落后性，不能说是马克思主义者应有的立场。其实，农民战争所具有的反封建的革命性质，并不取决于农民本身是否能够认识，而是由封建生产方式所包含的对抗性矛盾所决定的。“农民战争的每一次发动，不管农民本身是否意识到，都不能不归结为一种阶级斗争，亦即农民阶级反对地主阶级和封建制度的革命斗争。”应该承认，林甘泉的这一观察，同样是非常敏锐的，反映出他的逻辑思维非常细腻。

林甘泉还批评了对于历史上新兴的地主阶级和封建剥削制度表现出的“一种毫无批判的态度”，以及在讨论评价历史人物的标准时所提出的“当时当地的标准”。关于后者，他提出，许多历史人物的活动，只有在后代（甚至是很遥远的后代）才能看出它们的结果和意义来。如果用“当时当地的标准”去衡量，根本无从说明。“我们反对用今人的思想方式去改铸古人，但是这决不意味着要把我们的认识水平降低到古人的水平。”

林甘泉最后说：“历史主义与阶级观点是马克思主义历史科学统一的观点和方法。历史主义要求我们尊重历史，给历史以一定的科学的地位，但这种尊重决不能成为颂古非今，决不是要我们用旧时代的旧眼光，而是要我们用无产阶级的新眼光去看待历史。脱离阶级观点和阶级分析方法，实际上不可能真正历史主义地看问题。任何对阶级观点和阶级分析方法的背离都只能导致非历史主义，因为只有用阶级斗争的观点来解释历史，才是历史的唯物主义”。①

总起来看，林甘泉的文章写得很细腻，认识很深刻，思想很锐利，给人许多启发。他的文章表明，历史主义与阶级观点是统一；出现非历史主义的现象，不是由于阶级观点本身有问题，而是对阶级观点的运用不恰当。我们读了马恩本人的史学著作，感觉林甘泉的上述论断，毋宁说是对马恩运用阶级斗争理论研究历史的科学概括和总结。

林甘泉文章发表后，另一位马克思主义史学新锐宁可发表文章进行商榷。限于主题，这里无法对宁可先生的文章展开评论。宁可的文章发表后，林甘泉继续发表文章，进一步阐述了自己的观点。

林甘泉承认，历史主义与阶级观点作为两个不同的概念，确实有区别。但他强调，当人们一般地说历史主义就是用辩证法的观点来理解和说明历史的发展时，有两个问题却从这一定义本身得不到回答。一是这种历史主义的或者说对待历史的辩证法的观点，是否完整和彻底？二是这种历史主义的或者说对待历史的辩证法的观点，是现实的历史的运动，还是概念的自我运动？是客观的历史过程的反映，还是完全抽象的思辨的论证？“正是这两个问题，成了马克思主义的历史主义和一切非马克思主义的历史主义的重要分水岭。”他说，既然马

① 林甘泉：《历史主义与阶级观点》，《新建设》1963 年第 5 期。

克思主义的辩证法是唯物的辩证法，马克思主义的历史主义就必然是唯物的历史主义。因此，正如不能把马克思的辩证法视同黑格尔的辩证法一样，也不能把马克思的历史主义视同黑格尔的历史主义。林甘泉问道，“如果马克思主义的历史主义和阶级观点没有必然的联系，那末，马克思主义的历史主义和唯心主义的历史主义之间究竟有什么区别呢?”

林甘泉对自己的观点作了很精练的总结，他说：

> 当我们谈到马克思主义的历史主义时，我们所指的实际上就是以历史唯物主义原理为指导的科学的历史观。而阶级观点，正是它的基本核心。当然，在分别使用这两个概念时，我们所强调和要求的方面是有所不同的。马克思主义历史主义所要求的，是要按照历史的辩证法的发展来说明历史的本来面目；阶级观点所要求的，则是要按照阶级关系和阶级斗争的历史辩证法，来掌握社会发展的基本线索。而这两个方面，又是互为条件、互相依存和互相渗透的。它们这种统一的联系，并不纯粹是逻辑的推理，而是由现实的历史过程所决定的。因为阶级斗争的历史本身是一个辩证过程，而历史辩证法的基本内容离不开阶级斗争。它们既是同一历史过程在观念形态上的反映，按其实质说来就不能不是统一的。认识历史主义和阶级观点是统一的，这是一回事情，能不能在研究工作中具体贯彻这种统一又是另一回事情。①

林甘泉的文章再次印证了他思维细密、识力犀利的特点。不久，宁可又推出一篇更长的文章（近5万字），同样更周密地论述了自己的观点。宁可的文章写得非常大气，气象雄浑，也充分展示了一位优秀的马克思主义史学家的理论水平与分析问题的能力。两位马克思主

① 林甘泉：《再论历史主义与阶级观点——兼答宁可同志》，《新建设》1963年第10期。

义史学新锐的争论，是一件好事，说明马克思主义史学队伍后继有人，新中国成立后所倡导的理论学习与教育有了实实在在的成效。从林甘泉、宁可这批青年史学家开始，他们的基本思考方式、言说方式，都是马克思主义的。今天，我们要繁荣马克思主义史学，这种马克思主义史学家之间的讨论与争论是非常必要的。当年，正是在林甘泉与宁可进行论辩的同时及尔后，全国许多学者撰写文章，参加论辩，形成了一场场面生动的马克思主义史学思想大讨论。这是马克思主义史学家内部的争论，争辩双方都为当代中国马克思主义史学的建构与发展作出了贡献，都值得后人总结、表彰。

（作者系山西大学历史文化学院特聘教授）

林甘泉先生马克思主义史学研究的学术品格与理论特色

张　越

1963 年，时年 32 岁的林甘泉先生在《新建设》当年第 5 期发表了一篇后来引起极大争议的文章——《历史主义与阶级观点》。文章的基本观点是：历史主义从属于阶级观点；历史主义与阶级观点的统一也表现为这种从属关系；非历史主义现象的出现是对阶级观点运用的不恰当，而不是阶级观点本身的问题。众所周知，该文引来了宁可先生的商榷文章《论历史主义与阶级观点》（《历史研究》1963 年第 4 期）。林先生再发表《再论历史主义与阶级观点——兼答宁可同志》（《新建设》1963 年第 10 期），宁先生则又以长文《论马克思主义的历史主义》（《历史研究》1964 年第 3 期）回应。由此引发了历史主义与阶级观点的讨论，直到 1965 年之前，大体维持在学术讨论的范围内，如朱永嘉、赵人龙、朱维铮、王知常合写的文章《论马克思主义的历史主义及其运用——和宁可同志商榷》（《学术月刊》1963 年第 12 期）一文认为，历史主义的核心是马克思主义的阶级观点，而刘节的《怎样研究历史才能为当前政治服务》（《学术研究》1963 年第 2 期）认为阶级斗争理论用以解释古代历史事件，“是不是可以不要这样教条化、机械化地利用起来呢？”[①]

① 参见李红岩《中国马克思主义史学思想史》第 4 卷，中国社会科学出版社 2015 年版，第 206—230 页。

在此之前，著名马克思主义史学家翦伯赞在他著名的《对处理若干历史问题的初步意见》(《人民教育》1961 年第 9 期)、《目前史学研究中存在的几个问题》(《江海学刊》1962 年第 6 期) 等文章中，对历史主义作出了阐述，他是这样论述历史主义与阶级观点问题的："要严格地运用历史主义的原则，把历史事件和人物放在他们自己的历史条件之下加以说明。但如果过分地用历史条件与倾向为某一历史事件或人物的落后、反动进行辩护，这就不是历史主义而是客观主义。"(《对处理若干历史问题的初步意见》)"如果只有阶级观点而忘记了历史主义，就容易片面地否定一切；只有历史主义而忘记了阶级观点就容易片面地肯定一切"，"只有把二者结合起来，才能对历史事实作出全面的、公平的论断"(《目前史学研究中存在的几个问题》)。吴晗等人也有类似观点的表述。

不久，林甘泉、宁可及其他学者对这个问题的讨论，因关锋、戚本禹等人的介入而逐渐改变了学术讨论的性质。不仅翦伯赞等人受到严厉批判，宁可、刘节等人也受到批评。随着"文革"的爆发，史学界已经完全没有了正常的学术讨论氛围。

改革开放后，人们对此前的马克思主义史学进行了深刻反思，当年历史主义与阶级观点的讨论也被学者所关注，如蒋大椿先生出版了《历史主义与阶级观点研究》(巴蜀书社 1992 年版)、王学典先生出版了《历史主义思潮的历史命运》(天津人民出版社 1994 年版)。人们缅怀被迫害致死的翦伯赞、吴晗等史学家，强调历史主义在历史研究中的重要作用，反思片面强调阶级观点所出现的弊端。在这种情况下，当年引起历史主义与阶级观点争论的林甘泉先生没有再写文章阐述这个问题。那么，林先生对这个问题究竟是怎么看的？

笔者大约在 2004 年曾就这个问题当面向林先生请教，记得林先生当时说：对于这个问题，我一直没有再过多表示我的看法，但是这并不等于说我完全放弃了我以前的观点，我并不同意在历史研究中只讲历史主义而不再提阶级观点。不久我要出一本文集，我考虑在这本文集中简要表达一下我现在对这个问题的看法。于是，我便一直关注着林先生所说的文集的出版。2005 年，作为中国社会科学院学术委员文库中的一种，《林甘泉文集》由上海辞书出版社出版。翻开这本书，我首先发现林先生当年的《历史主义与阶级观点》和《再论历史主义与阶级观点》这两篇文章被收入其中，很明显这样做就表明了作者对这个问题的态度，而在该书的“自序”中，林先生果然提及了这篇文章和这场争论。

林先生在“自序”中先是提到了八九十年代后他没有再对这个问题发表意见的原因：

> 本书收入的有关史学理论和现当代史学史的文章，最有争议的恐怕是论历史主义和阶级观点的两篇。1963 年，翦伯赞先生发表《对处理若干历史问题的初步意见》，批评了当时史学界存在的非历史主义倾向。我对批评非历史主义是拥护的，但对翦老文章中的一些具体表述却有不同看法。因此就写了《历史主义与阶级观点》一文。其后宁可同志发表文章批评我的观点，我又写了《再论历史主义与阶级观点》进行反驳。一段时间内，全国一些报刊发表多篇文章对这个问题展开了热烈讨论。不久，“文化大革命”开始，提倡历史主义竟成为“四人帮”迫害翦老的一个罪名，这是我完全没有想到的。我对自己在 1963 年写那两篇文章颇有些后悔。正因为有这样一种心情，所以“文革”结束以后，当史学界一度又讨论历史主义与阶级观点问题时，尽管我对有些人的观点并不以为然，但始终没有发表自己的看法。(第 5—6 页)

然后，林先生对他的文章客观上对翦老造成的不利作了反省：

> 我在《历史主义与阶级观点》一文中虽然也指出“这种批评

是必要的、适时的，它对我国历史科学的发展起了良好的作用”。但笔锋一转，随即就指责“有些同志在批评非历史主义倾向的时候，并没有能站在正确的立场上来进行这种批评”，“在讲‘历史主义’的时候，离开了阶级观点，从而模糊了马克思主义历史科学的党性原则”。我这种上纲上线的指责不仅对翦老不敬，而且实际上是为非历史主义的倾向提供了挡箭牌。

60 年代初，以阶级斗争为纲的思想十分盛行。我的《历史主义与阶级观点》一文说明我也受了这种“左”倾思想的影响。翦老认为，历史研究既要有阶级观点，也要有历史主义，不管他的表述有无可以商榷的地方，他并没有否定阶级观点的态度是明确的。我批评他“模糊了马克思主义历史科学的党性原则”，这显然是一种不实事求是的指责。(第 6 页)

在这段话里，我们可以读出林先生的诚恳态度。我们看到，对于在当时那个年代的所作所为、所言所行，能够公开自我批评的人并不多，避而不谈、有意回避甚至罔顾事实自我开脱的情况可能更多见。这里，我们可以感受到林先生的胸襟和实事求是的态度，表现出了一位真正的马克思主义史学家的优良学风。

具体到历史主义与阶级观点的问题，林先生认为：

需要声明的是，我在那两篇文章中所坚持的一个基本观点，即认为马克思主义的历史主义与资产阶级的历史主义有根本的区别，对于马克思主义来说，历史主义和阶级观点是统一的，“不存在没有历史主义的阶级观点，也不存在没有阶级观点的历史主义”，这个认识我至今仍然没有改变。(第 6 页)

林先生在这里明确表达了他对于历史主义与阶级观点这个问题的态度，那就是在马克思主义历史学中，“历史主义和阶级观点是统一的”。由于这个问题直接联系到翦伯赞等先生对历史主义问题的看法，直接与改革开放后因更多人赞同历史主义而涉及对翦伯赞先生的评价问题相关，林先生在“自序”中这样写道：

> 有的先生本来是要颂扬翦老的历史主义观点的，但是他们的论说却不知不觉拉开了与翦老的距离，甚至走到翦老的对立面。翦老只说既要有历史主义，也要有阶级观点，而在这些先生看来，阶级观点和唯物史观都已过时，唯有历史主义是具有最高科学品格和永葆生命力的方法论。我想，如果翦老地下有知，真不知道对此会作何感想。（第7页）

历史主义与阶级观点问题是中国马克思主义史学理论中的核心问题之一，这个问题仍有较大的讨论空间，但是林先生在这里提到翦伯赞先生在这个问题上的看法以及后人在同样问题上对翦老观点的片面理解，是值得重视的。林先生既承认他当年“上纲上线的指责”客观上造成“不仅对翦老不敬，而且实际上是为非历史主义的倾向提供了挡箭牌”的后果，他为这种“不实事求是的指责”而公开做出了自我批评，但是对于问题本身，他仍然坚持自己的基本观点，即“不存在没有历史主义的阶级观点，也不存在没有阶级观点的历史主义”，而且明确说明“这个认识我至今仍然没有改变”。这充反映了林先生作为一位马克思主义史学家的学术品格，也提示了我们在研究中国马克思主义史学和史学家的时候所需要的“历史主义”态度。

李红岩先生认为，历史主义与阶级观点讨论在当代史学史上“占有极重要的地位”，因为“它直接牵涉新中国史学的定位与宗尚，关涉新中国马克思主义史学的基本研究原则，指向的是基础研究方法的定性与运用，还蕴含着深厚的历史认识论的意涵”，李红岩指出：“这场讨论的内涵、外延与‘五朵金花’讨论不同。后者针对客观历史，属于历史思想范畴。前者针对历史认识主体，属于狭义的史学思想范畴，更多地属于历史方法论范围内的研讨。”[①] 这个见解点出了历史主义与阶级观点问题的性质，由此也表明林先生史学研究的一大特点，就是特别重视史学理论研究。60 年代讨论历史主义与阶级观点问题时，就充分反映出了林先生对史学理论的重视程度及其思想的锐利与深刻，而这个特点，一直伴随着林先生的治学生涯，成为林甘泉先生史学研究的重要特色之一。这方面的例子有很多，其中给我印象十分深刻的是林先生的一篇文章《关于史学理论建设的几点意见》。这本来是林先生在北师大 2002 年的一次会议上的发言，他谈到了他对于历史学性质和特点的独到见解，记得他发言过程中，包括我在内的现场听者都被林先生敏锐的学术洞察力和深刻的思辨能力所折服，会后我们约请林先生将他的发言整理成文，发表在 2003 年出版的《史学理论与史学史学刊》上。

在这篇文章中，林甘泉先生对于历史认识层面的史学理论提出了他的见解，即他认为历史研究有三个层次：第一个层次是事实判断，第二个层次是认识判断，第三个层次是价值判断。在论述这三个历史认识层次的过程中，林先生除了在理论上和逻辑上加以阐述之外，还分别列举了傅斯年“史学就是史料学”的口号、胡适的历史认识观点、顾颉刚的辨伪方法、司马迁的“成一家之言”、陈寅恪史学研究的特点、对秦始皇等历史人物的不同评价、陈守实对历史人物评价的比喻等，信息量极大。更重要的是，林先生在阐发历史研究的这三个层次的时候，是在马克思主义史学的立场、观点去认识的，而不仅是就理论论理论。比如，林先生指出第二个认识判断层次，可以明显地看出马克思主义和非马克思主义历史观、方法论的区别，英雄史观、文化史观和唯物史观就会得出不同的结论；然而在第三个价值判断层次，林先生认为这时候就不仅仅是马克思

① 李红岩：《马克思主义史学思想史》第 4 卷，中国社会科学出版社 2015 年版，第 207 页。

主义历史观、非马克思主义历史观的分歧了，因为他们都会受到个人或个人所处的思想文化环境的影响，致使他们的历史判断结论中带有主观成分，因而是具有很大的一致性的。这番论述的意义在于，中国马克思主义史家通常是在唯物史观的历史理论层面讨论理论问题，专门对狭义的史学理论作有体系的阐述的，实在是不太多见，而明确分别出事实判断、认识判断、价值判断这三个层面的史学认识论的，则更为少见。而且，林先生的这个见解，即在价值判断层面上明确认为即使马克思主义史学研究同样带有主观成分，很难用统一的标准来论定其是否正确，唯一的检验标准只能是历史事实。笔者认为，这是对马克思主义史学认识论的一个突破。

林甘泉先生生前曾多次强调："我仍然信仰唯物史观，因为和其他史学理论比较，我认为还是它最正确"，但是林先生同样也强调："作为一个史学工作者，我愿意多学点西方资产阶级的史学理论，弥补自己这方面知识的不足。"（林甘泉《我仍然信仰唯物史观》）在林先生的治史过程中，我们看到，他一直关注中外史学的最新研究动向，并且对于这些动向对中国史学产生的影响十分敏感。他的学术研究与史学评论，特别接地气、讲道理，而不是说套话、说空话。并且林先生还非常注意对中国马克思主义史学发展过程的反思，他在《历史研究》1996 年第 2 期发表的《二十世纪的中国历史学》是一篇中国近现代史学史研究的经典论文，这篇论文自发表到现在也过去了 20 多年，可以说经得起时间的检验了。个人认为至少有四种论述中国近现代史学的论著可视为非常重要的、绕不过去的研究成果，分别是周予同的《五十年来中国之新史学》（《学林》1941 年第 4 期）、顾颉刚等著《当代中国史学》（南京胜利出版公司 1947 年版）、齐思和的《近百年来中国史学的发展》（《燕京社会科学》第 2 卷，1949 年 10 月）和林先生的这篇《二十世纪的中国历史学》。

在这篇文章中，林先生对百年中国史学从 20 世纪初的"新史学"思潮、到近代中国的实证史学、再到马克思主义史学及新时期以来的中国史学作了高度的概括、分析和论述。值得一提的是，林先生在这篇文章中写的一段反思中国马克思主义史学的文字，因为种种原因在《历史研究》首发这篇文章时并没有印出来，而《林甘泉文集》中收入的是这篇文章的完整版，所以我们得以看到。林先生是这样说的：

> 中国马克思主义史学从一开始也暴露了自身的一些缺点和不足……中国马克思主义史学的先驱者在应用社会经济形态理论研究中国历史时，由于存在着把这个理论简单化和公式化的缺点，对中国的具体历史特点重视不够，再加上他们当中有些人的实证工作做的不扎实，这就使得中国社会史的讨论带有恩格斯所批评的“贴标签”的倾向。

我认为这个评价是恰当的。回顾中国马克思主义史学的先驱，他们经常对自己的研究成果提出直言不讳的自我批评。如郭沫若《十批判书·古代研究的自我批判》中说他的《中国古代社会研究》写的“实在是草率，太性急了。其中有好些未成熟的或甚至错误的判断，一直到现在还留下相当深刻的影响”，在《中国古代社会研究》一书的“1954 年新版引言”中又说：“轻率地提出了好些错误的结论”。(郭沫若：《中国古代社会研究·新版序言》，人民出版社 1954 年版)范文澜曾对《中国通史简编》多次“自我检讨”，强调由于理论修养不够、材料不足、撰写时间仓促而使该书“写的不好”，对书中的“片面的‘反封建’和‘借古说今’所造成的非历史（主义）观点的错误”“因‘借古说今’而损害了实事求是的历史观点”等不足作了专门讨论，他甚至直言这部通史“不久就可以丢掉”。[①] 林甘泉先生所指出的马克思主义史学的这个问题，对于真正充实和健全中国马克思

---

① 范文澜：《关于〈中国通史简编〉》，《新建设》1951 年第 4 卷第 2 期。

主义史学的学术内涵和中国马克思主义史学的学科建设有着重要意义，也真正反映出林先生期望中国马克思主义史学继续取得更大成绩的良苦用心。早在1982年，林先生就和另外两位先生（田人隆、李祖德）写出了《中国古代史分期讨论五十年（1929—1979）》（上海人民出版社1982年版）一书，书中对中国马克思主义史学中的重大历史理论的核心问题——中国古史分期讨论的来龙去脉作了梳理，对包括社会史论战在内的不同时期的重要史家的古史分期观作了分析评述，而这些问题在今天被研究者更为重视。林先生还主编了《郭沫若与中国史学》（中国社会科学出版社1992年），这本书直到今天仍然是研究郭沫若史学的权威著作之一，在近年来污化、诋毁郭老的不良舆情中，这部书尤其显示出其学术价值。林先生发表的《郭沫若早期的史学思想及其向唯物史观的转变》（《史学史研究》1992年第2期）、《吕振羽与中国社会经济形态研究》（《史学史研究》2000年第4期）等论文，对老一辈中国马克思主义史学家的学术成绩作了深入研究与客观评价。

林先生特别重视中外史学思潮的动态和史学热点问题。卜宪群先生在《林甘泉史学研究的理论与方法》（《学术界》2018年第11期）一文中，就着重提到了林先生对魏特夫的《东方专制主义》、西方学者关于中国前近代经济结构与发展水平的分析、中国古代知识阶层、孔子在20世纪中国的命运等几个问题的认识、评判和分析。林先生还写有《世纪之交中国古代史研究的几个热点问题》（《林甘泉文集》），对当代史学界其他一些比较具体的问题上或及时阐述自己的观点、或组织策划对相关热点或敏感问题的研究和讨论，如我们都知道的顾颉刚先生疑古学说及“古史辨派”评价问题（包括“走出疑古时代”的口号）、郭沫若《十批判书》是否抄袭钱穆《先秦诸子系年》的问题、“封建”名实问题等等。这些问题无不是影响现当代中国史学和中国马克思主义史学的关键性问题。这些问题都已经或在未来一定会写入中国学术思想史中，而林先生对这些问题的见解在这些争议的问题中的分量是不言而喻的。

总之，林甘泉先生是当代中国史学中作出了突出贡献、产生有重要影响的中国马克思主义史学家，“林甘泉史学”值得我们深入研究。

（作者系北京师范大学历史学院教授）

林甘泉先生的学术与思想

杨振红

林甘泉先生是当代著名马克思主义史学家。1931 年生于福建省石狮市。自幼热爱历史，1948 年秋考入厦门大学历史系，在校期间积极追求进步思想，参加了中共闽浙赣城工部领导的学生运动。后因一件冤假错案，城工部被解散，1949 年 4 月，林先生被迫中断学业，取道香港北上，进入华北大学学习。1950 年在中国人民大学研究部任干事，从事出版工作。1953 年，中国科学院创办《历史研究》杂志，林先生被调到杂志编辑部作编辑，后调入历史研究所第一所秦汉魏晋南北朝史研究组，从事历史研究和学术组织工作。自 1953 年起，至 2017 年去世，林先生一直活跃在史学界前沿，其研究涉及史学理论、中国周秦汉史、经济史、政治文化史、思想史、学术史等诸多领域，在中国古代史分期、封建地主土地所有制形式、孔子与传统文化、近代学术史等方面均有重要论述。1977 年后历任中国社会科学院历史研究所副所长、所长、中国秦汉史研究会会长、中国史学会副会长、中国郭沫若研究会会长、郭沫若著作编辑出版委员会副主任、国务院学位委员会历史学科评议组成员、全国哲学社会科学规划历史组成员、国务院（后改为“全国”）古籍整理出版规划小组成员、全国地方志指导小组成员、中国社会科学院文史哲学部委员等重要职务。无论是其学术成果，还是其学术活动，都对 20 世纪后半叶至 21 世纪初的中国历史学产生了重要影响，是这一时期中国历史学潮流的重要引领者之一。

他人生的86年，正值中国经历千百年巨变的重大转折时期，他丰富曲折的人生正是这一代知识分子的典型写照，值得历史铭记。

一 关注重大、宏观、理论问题

林先生具有很高的学术眼光和理论素养，自从事历史研究工作以来，关注的均是中国历史学的重大、宏观、理论问题。自20世纪20年代“中国社会史论战”以来，中国古代史分期、中国历史发展模式、中国古代土地所有制形式、中国前近代经济结构与发展水平、儒学与传统文化、边疆与民族、近代学术史评价等问题一直是学界讨论的焦点、热点问题。林先生毕生都致力于这些问题的研究和讨论，发表了一系列力作。

（一）古史分期与中国历史发展模式

林先生的史学研究最早是从中国古代社会形态的分期问题开始的。1956年7月4日，林先生应《人民日报》邀约，以江泉为笔名，发表了《关于中国历史上奴隶制和封建制分期问题的讨论》一文，对学界关于奴隶制和封建制的分期讨论进行评述，第一次将学界观点分为三派：西周已进入封建社会、春秋战国之交是封建社会的开端、奴隶制的下限是在东汉末年或魏晋时代。[①] 文章发表后，在学术界产生了很大影响，《人民中国》外文版将该文译成英文和日文，介绍给海外学者。其观点被广泛征引，例如，同年《哲学研究》第4期刊发的“思想学术动态”和次年《历史研究》刊发的王玉哲的论文都引述了林先生文章的观点。[②] 当时林先生只有25岁，但已显示

---

① 江泉：《关于中国历史上奴隶制和封建制分期问题的讨论》，《人民日报》1956年7月4日。

② 《历史学界对中国古史分期问题正进行深入的研究》，《哲学研究》1956年第4期；王玉哲：《有关西周社会性质的几个问题》，《历史研究》1957年第5期。

出不凡的理论素养和宏观把握能力。后来随着学界研究的深入，林先生对三派的划分进一步发展为西周封建论、战国封建论和魏晋封建论“三论”，这一归纳成为对中国古史分期讨论的经典总结，为学界广为接受。

林先生赞同郭沫若主张的“战国封建论”，但具体认识上有较大差别。郭沫若认为马克思所说的“亚细亚生产方式”是指奴隶制以前的历史阶段，并认为中国古代不存在农村公社组织。林先生则认为亚细亚生产方式在中国指奴隶社会，其社会组织为阶级社会的最初形态——家族公社和农村公社，亚细亚生产方式和亚细亚所有制概念并不完全等同。1957 年，林先生在《试论汉代的土地所有制形式》一文中已初步形成自己的看法。他认为，马克思、恩格斯所说的“亚细亚”或“东方”不仅是地理概念，更是历史概念。春秋以前的中国即属于“亚细亚的”或“古代东方的”财产形态，实行农村公社制，公社土地所有制即井田制是唯一的土地所有制形式。公社所有表现为双重的所有形态——国有和公社所有，土地私有权的观念尚未产生。公社土地共有和小农业、家庭手工业相结合的自然经济，是农村公社制的两个基本特征，并在以后长期历史发展中都以或完整或残余形态遗留下来。春秋战国之际井田制的破坏，标志着公社土地所有制的瓦解，中国进入封建社会。[①] 在这篇文章中，林先生实际上认为中国不存在古希腊罗马式的奴隶社会，而呈现典型的亚细亚（或东方）形态，中国是由亚细亚形态进入封建社会的。

此后，林先生撰写了一系列论文，阐发中国从原始社会向奴隶制社会、封建社会转型的问题。在《领主制与地主制：封建生产方式的两种类型》一文中，林先生对学界关于领主制社会是封建社会初期必经阶段，中国是在西周进入封建社会的观点[②]进行反驳，提出领主制

---

① 江泉：《试论汉代的土地所有制形式》，《文史哲》1957 年第 9 期。

② 束世澂：《论领主制社会是封建社会初期必经的阶段》，《光明日报》1961 年 1 月 20 日。

和地主制是封建生产方式的两种类型，而非封建社会必经的两个阶段。中国封建社会与西欧中世纪封建社会类型不同，居支配地位的所有制形式是封建地主所有制；直接生产者不是农奴，而是租佃土地的依附农民；剥削形态没有经过从劳役地租到实物地租的发展，而是从一开始就呈现以实物地租为主的混合形态；政治上表现为专制主义中央集权，同时也部分保留了封建割据状态。西周中叶以后，奴隶制生产方式开始走下坡路，但周王畿和各诸侯国的发展不平衡，奴隶制的瓦解和封建制的形成经历了漫长过程，大体上可把秦的统一看作是这一过程的完成。[①] 在《中国封建土地所有制的形成》一文，林先生将此前所称“古代东方”或“亚细亚”形态的奴隶制社会明确称为“东方专制主义”[②]。他认为春秋战国之际，随着公社土地所有制“井田制”的废止，土地私有制开始产生，秦统一后，封建土地所有制确立。与古希腊、罗马土地私有权的确立标志着奴隶制社会的到来不同，中国土地私有权的确立则标志着奴隶社会向封建社会的过渡。[③] 林先生在《亚细亚生产方式与中国古代社会》一文中提出，马克思、恩格斯关于亚细亚生产方式的认识有一个发展过程。亚细亚生产方式为社会经济形态，是具有阶级对立和专制主义统治的古代社会；亚细亚所有制是具有公有性质的共同体所有制，它在东方一些国家中曾以残余或变异的形式长期存在。两个概念既有联系又有区别。马、恩对亚细亚生产方式的一些论述适用于西周时代，西周的基本社会单位邑、里或书社，是地域性的农村公社组织。井田制的私田即农民的份地，要定期重新分配，公田是村社共有制。周天子与村社成员是专制君主与奴隶

---

① 林甘泉：《领主制与地主制：封建生产方式的两种类型》，《林甘泉文集》，上海辞书出版社2005年版，第64—84页。原文题目为《封建社会一定要从领主制开始吗？——关于从奴隶社会向封建社会过渡的普遍规律的商榷》，刊于《历史研究》1962年第2期。

② 林甘泉所说“东方专制主义”与魏特夫主张的“东方专制主义”有本质不同。参见林甘泉《怎样看待魏特夫的〈东方专制主义〉》，《史学理论研究》1995年第1期，收入林甘泉《中国古代政治文化论稿》，安徽教育出版社2004年版，第361—384页。

③ 林甘泉：《中国封建土地所有制的形成》，《历史研究》1963年第1期，收入《林甘泉文集》，第125—159页。

的关系。[①]

长期以来，学界对于氏族公社、家族公社和农村公社的概念内涵认识不一，讨论经常不在一个层面。林先生在《古代中国社会发展的模式》第一节“共同体：氏族公社、家族公社和农村公社”中明确提出，中国经历了从氏族公社发展到农村公社阶段，前者以血缘为纽带，是人类社会的最初共同体，对应原始社会；后者分为血缘的家族公社和地缘的农村公社，随着私有制、阶级的产生，氏族公社为国家所代替。商已进入国家阶段，其基础是以父权和家内奴隶制为特征的家长制家庭公社，以宗法来维系。与世界上一些民族从家长制家族公社递进到地缘农村公社的发展路径不同，中国商周时代是在家族公社尚未解体的情况下，形成了农村公社共同体，即作为基层社会组织的邑、里、书社。春秋时代，随着私有制的发展，农村公社开始解体。[②] 恩格斯在《反杜林论》中论述说，一切文明民族的原始土地公有制“被废除，被否定”，都“经过了或短或长的中间阶段之后转变为私有制”。林先生根据这一论说，首次提出亚细亚生产方式下的农村公社（包括家族公社和农村公社）共同体所有制就是从原始公有制过渡到私有制的中间阶段。[③]

为了进一步分析中国奴隶制社会和封建社会的特点，林先生还撰写了《说庶人的身份》《“侍廷里父老僤”与古代公社组织残余问题》等文。《说庶人的身份》一文认为，西周的庶人是中国奴隶社会主要的劳动生产者，但不是奴隶或农奴，而是庶民（平民）阶层。在奴隶社会向封建社会过渡的战国时代，庶人大都已从公社农民转变为个体

---

① 林甘泉：《亚细亚生产方式与中国古代社会》，《中国史研究》1981 年第 3 期，收入《林甘泉文集》，第 1—23 页。

② 林甘泉：《古代中国社会发展的模式》，《中国史研究》1986 年第 4 期，1986 年 7 月 21—26 日在美国科学院主办“古代中国与社会科学的一般法则”讨论会上报告，收入林甘泉《中国古代政治文化论稿》，第 1—7 页。

③ 林甘泉：《中国古代土地私有化的具体途径》，载文物出版社编辑部编《文物与考古论集——文物出版社成立三十周年纪念》，文物出版社 1986 年版，收入《林甘泉文集》，第 24—63 页。

农民，特定的阶级含义也就消失了。庶人和生产资料相结合的方式是亚细亚方式，份地只是间接的财产。[①]《古代中国社会发展的模式》一文第三节“阶级关系：对直接生产者身份地位的考察”，对此问题做了进一步的阐发。[②] 1982年河南偃师出土的东汉建初二年《侍廷里父老僤买田约束石券》公布，俞伟超撰文对“僤”的性质进行讨论，认为汉代的“僤”即“单”“弹”是与“里”并存的公社组织。[③] 对此，林先生撰文认为，汉代的单—僤—弹是古代公社组织的残余形式，侍廷里父老僤公有的“容田”是共同体所有制的孑遗，农村公社解体后，单—僤—弹作为一种居民结社的形式存续下来，其发展历程仍符合从血缘到地缘的基本线索。[④]

为了全面总结中国古史分期的讨论情况和成果，深化研究，1982年，林先生和田人隆、李祖德先生撰写了《中国古代史分期讨论五十年（一九二九——一九七九年）》一书，[⑤] 对1929年中国社会史论战以来至改革开放前的古史分期讨论情况进行了系统总结，在林先生提出的西周、战国、魏晋封建论“三论”的基础上，进一步细化为“三论五说”。这是一部重要的近现代学术史著作，是了解这一时期中国历史学发展状况的必读参考书。

在20、21世纪之交，林先生谈中国古代史研究的热点问题时，将五种生产方式和中国历史分期列为三个问题之一，对学界的以下说法和主张进行了反驳：第一，五种生产方式不是马克思主义创始人的理论，是斯大林制造的；第二，放弃着眼生产方式的变动，而根据宗法

---

① 林甘泉：《说庶人的身份》，《光明日报》1962年12月5日《史学》专刊，收入《林甘泉文集》，第95—102页。

② 林甘泉：《古代中国社会发展的模式》，《中国古代政治文化论稿》，第16—22页。

③ 俞伟超：《中国古代公社组织的考察——论先秦两汉的单—僤—弹》，文物出版社1998年版。

④ 林甘泉：《“侍廷里父老僤”与古代公社组织残余问题》，《文物》1991年第7期，收入《林甘泉文集》，第190—204页。

⑤ 林甘泉、田人隆、李祖德：《中国古代史分期讨论五十年（一九二九——一九七九年）》，上海人民出版社1982年版。

组织、政治体制或文化形态的变化来划分历史发展阶段；第三，中国历史文献上的“封建”指封邦建国，与欧洲中世纪的封建制度是两码事，所以不应套用封建社会的名称；[①] 第四，五种生产方式是“伪问题”“假问题”。[②]

（二）商周奴隶制国家的政体及国家形态

关于中国古代的国家形态，20 世纪 80 年代，学界普遍认为西周和春秋时代的列国属于城邦国家，但对于城邦的特质，认识分歧很大，分歧的焦点之一是中国古代城邦的政治体制是否与古希腊罗马城邦的民主共和政体相类似。当时学界主要有三种意见：其一，秦统一前，中国和古希腊罗马一样，是实行自由民的民主共和政体的城邦国家；其二，夏商周三代实行的是君主专制政体；其三，三代是带有贵族共和色彩的贵族专制政体。林先生大体赞同第二种观点，并在《古代中国社会发展的模式》第四节“国家政体：城邦民主制度还是君主专制制度?”中做了进一步阐发。他认为，由于国家由氏族进化而来，因此商周国家明显带有原始民主的残余，自由民对国家大事有一定发言权，这从春秋时代国人的活动可以看到一些痕迹。中国古代的民本思想也是原始民主在阶级社会中的折射。但中国古代的国家政体本质上不同于古代希腊罗马的城邦制度，为等级制的君主专制制度。[③]

林先生《从〈左传〉看中国古代城邦的政治体制》一文，梳理了《左传》中有关国人、卿大夫、诸侯和周天子地位和作用的记载，从

---

① 此外，林先生对力主此说的冯天瑜先生的《“封建”考论》一书，还专门撰文进行批驳。林甘泉：《“封建”与“封建社会”的历史考察——评冯天瑜的〈“封建”考论〉》，《中国史研究》2008 年第 3 期。

② 林甘泉：《世纪之交中国古代史研究的几个热点问题》，载中国史学会、云南大学编《21 世纪中国史学展望》，中国社会科学出版社 2003 年版，收入《林甘泉文集》，第 415—421 页。亦见林甘泉《关于史学理论建设的几点意见》，《史学理论与史学史学刊》2002 年卷，收入《林甘泉文集》，第 432—434 页。

③ 林甘泉：《古代中国社会发展的模式》，《中国史研究》1986 年第 4 期，收入林甘泉《中国古代政治文化论稿》，第 22—31 页。

“国人与城邦政治生活”“贵族政治与君臣关系”“周天子：共主还是盟主?”三个方面，进一步论证：城邦作为早期国家的一种形式，在世界各国的历史发展中具有一定的普遍性，但并非所有国家和民族都必须经过城邦阶段，例如一些游牧民族国家就不是城邦国家。而不同国家的古代城邦，其所有制形态、阶级结构和政治体制也未必是一个模式。中国古代城邦的政体是一种等级制的君主专制，而不是民主制或共和制，这个历史特点是决定中国较早在秦朝建立封建专制主义中央集权国家的重要因素之一。中国封建社会只有开明专制的君主和“民本”思想的传统，而缺乏民主共和的政治条件，这与古代城邦的君主专制政体有一脉相承的关系。① 这一判断洞中肯綮。

（三）封建土地所有制形式

林先生对中国古代土地制度史的研究用力最深。这是因为他坚信马克思主义唯物史观的核心是物质生产决定社会关系，因此，在以农业为核心产业的中国，土地所有制情况、土地所有者、占有者和生产者的关系是判定社会性质的决定因素。如前所述，1957 年，林先生发表了《试论汉代的土地所有制形式》一文。这篇论文以汉代为典型，对封建土地所有制形式及其形成、发展过程提出了系统看法。他认为商周时期属于“亚细亚的”或“古代东方的”财产形态，实行农村公社土地所有制，其表现形式即井田制。公社所有表现为双重的所有形态——国有和公社所有，土地私有权的观念尚未产生。春秋战国之际随着井田制的破坏，各家的份地开始变成私有，可以自由买卖，法制

---

① 林甘泉：《从〈左传〉看中国古代城邦的政治体制》，载《庆祝杨向奎教研六十年论文集》，河北教育出版社 1998 年版，收入林甘泉《中国古代政治文化论稿》，第 34—53 页。按，林甘泉后来又进一步梳理了中国历史上“民本”思想的历史渊源，认为封建制度与“民本”思想有着天然矛盾，这种“二律背反”导致“民本”思想最终只能成为无法实现的政治空话，两千多年中国封建社会的政治生态实际上是对“民本”思想的无情嘲弄和践踏。（参见林甘泉《中国古代的“民本”思想及其历史价值》，《光明日报》2003 年 10 月 28 日，收入林甘泉《中国古代政治文化论稿》，第 224—235 页）这一认识亦为卓见。

化的土地私有权出现，中国进入封建社会。汉代主要存在三种土地所有制形式，即封建土地国有制、地主土地所有制和自耕农小土地所有制，占主导地位的是地主土地所有制。汉代是整个中国封建社会的缩影，通常情况下，国有土地的数量及作用不大，只有大的战乱后，出现大量无主荒地，土地国有制才占主要地位，这是“占田制”“均田制”的物质基础。马克思、恩格斯指出土地私有权法律观念的缺乏是了解全东方情形的关键，封建国家对“名田”的各种限制及对个人私田的剥夺应从这一角度去理解，即在东方封建社会，私有财产权是不完整的，受到很大限制，也正是在这一意义上才说封建社会的君主是全国最高的地主。[①] 林先生在这篇论文中明确提出封建社会是土地国有、地主土地所有和自耕农小土地所有三种土地所有制形式并存，而以封建地主土地所有制为主说，这一说法长期为学界主流学说。从后来林先生的研究成果来看，其对中国古代社会特别是古史分期和封建土地所有制形态的认识，在这篇论文中已基本成形，其后虽不断补充、完善，但主体观点一直没有改变。1983 年，林先生在《秦汉封建专制主义的经济基础》一文中，对个体小农经济说、土地国有制说、地主土地所有制说做了进一步分析、辨说。[②]

在 1963 年发表的《中国封建土地所有制的形成》一文中，林先生考察了中国封建土地所有制形成的具体途径问题。他认为中国古代土地所有制表现为亚细亚财产形态，其社会形态为“普遍奴隶制”，实行公社土地所有制（奴隶主土地国有制）即井田制，国君是最高和唯一的所有者，个人只是占有者，没有私有土地，地租和赋税合一。土地所有制的实质决定于所有制的经济内容，即地租由谁占有，而不决定于它的法律形式。土地占有的等级结构并不是封建土地所有制的本质特征，采邑制也不是封建的土地所有制。公社土地所有制是古代

① 江泉：《试论汉代的土地所有制形式》，《文史哲》1957 年第 9 期。

② 林甘泉：《秦汉封建专制主义的经济基础》，载中国秦汉史研究会编《秦汉史论丛》第 1 辑，陕西人民出版社 1983 年版，收入林甘泉《中国古代政治文化论稿》，第 121—155 页。

东方专制主义的物质基础。春秋战国之际，公社土地所有制发生激烈变动，土地私有制产生，“废井田”“兼并起”，封建土地所有制形成并确立。秦始皇三十一年“使黔首自实田”，对民田进行登记，标志着土地私有化过程的完成。封建土地国有制是古代的公社土地所有制（即奴隶主土地国有制）在封建社会的延续。①

林先生以理论见长，但同样重视实证研究，并特别关注新出考古文字资料的研究和运用。例如，1975 年 2 月，陕西岐山董家村出土“卫鼎”“卫盉”，其铭文涉及土地关系。林先生认为“女贮田不”的“贮”应读作“租”，贮田即出租土地。奴隶主贵族能够通过出租土地占有地租，说明他已经拥有一定的土地所有权，但土地的主人邦君厉出租土地是在大臣的参预和监督下进行的，出租的田数也受到限制，因此，其土地私有权尚处在萌芽状态，尚未改变土地国有制的性质。②

1975 年，湖北云梦睡虎地秦简出土，其中有关于“受田”的内容，这对学界冲击很大，对土地私有制说更是一个挑战。在新的材料下，林先生对自己的观点进一步补充完善。林先生在《从出土文物看春秋战国间的社会变革》中，专设“授田制下农民的身份”一节，认为云梦秦简有关授田制的记载表明土地私有制的确立有一个历史过程，井田制瓦解后，尽管土地由定期分配转为各家私有，但封建国家还以授田的形式把土地国有的传统保持了相当时期。这正是土地买卖在战国时代并不普遍的一个重要原因。古代希腊罗马的自耕农拥有土地的自由私有权，而战国时代授田制的农民的土地所有权还带有很深的国有制烙印，这是他们之间的重要区别。直到秦始皇“令黔首自实田”之后，授田制才被废除，土地私有制最终确立，从此土地买卖和兼并

---

① 林甘泉：《中国封建土地所有制的形成》，《历史研究》1963 年第 1 期，收入《林甘泉文集》，第 125—159 页。

② 林甘泉：《对西周土地关系的几点新认识——读岐山董家村出土铜器铭文》，《文物》1976 年第 5 期，收入《林甘泉文集》，第 85—94 页。

开始频繁。[①] 林先生在《中国古代土地私有化的具体途径》一文中说，云梦秦简的发现证实战国时期一些诸侯国还实行授田制，但这些受田民已不是公社成员，而是封建国家统治下的个体小农。但从授田制可以追溯出早先的共同体土地所有制，即此前还存在具有公有和私有二重性的共同体土地所有制，土地实行定期分配，这就是马克思所说的从土地公有制转变到私有制的中间阶段。在这一阶段开始有了使用权、占有权和所有权的区别。土地的私有制和私有权同样是不同概念。中国土地的私有化肇始于西周中期甚至更早一些，是通过以下两个途径实现的：第一是当共同体（公社）内部定期重新分配耕地的制度废除后，共同体成员的份地就转变为个体农民的私有土地。第二是田邑转让、军功赏田和私田的垦辟，形成贵族、官僚和地主的大土地所有制。[②] 这一论述补全了封建地主土地私有制为主说的一个重要缺环。

林先生认为，与欧洲中世纪封建社会法权观念上土地不允许买卖，只能由长子继承截然不同，中国战国秦汉时期的土地不但允许买卖，而且地产继承实行诸子均分。这种差异是战国封建论者必须从实证和理论方面加以解决的问题。对此，林先生 1989 年发表了《汉代的土地继承与土地买卖》一文，认为中国封建社会的土地买卖在法律上得到承认和保护，但由于土地私有权是有条件、不自由的，会受到许多政治和社会因素的限制，不能将其与近代的土地自由买卖混为一谈。[③]

1981 年，林先生组织中国社会科学院历史研究所申报的“中国封建土地制度史”课题，被立为全国哲学社会科学“六五”规划重点课题，林先生为课题组负责人。1990 年，《中国封建土地制度史》第一卷正式出版，其中绪论、第一章至第九章、结语由林先生执笔，第十

---

① 林甘泉：《从出土文物看春秋战国间的社会变革》，《文物》1981 年第 5 期，收入《林甘泉文集》，第 103—124 页。

② 林甘泉：《中国古代土地私有化的具体途径》，载文物出版社编辑部编《文物与考古论集——文物出版社成立三十周年纪念》，文物出版社 1986 年版，收入《林甘泉文集》，第 85—94 页。

③ 林甘泉：《汉代的土地继承和土地买卖》，《中国历史博物馆馆刊》1989 年第 13、14 期，收入《林甘泉文集》，第 160—189 页。

章至第十二章由童超先生执笔，全书由林先生定稿。[①] 该书为封建地主土地所有制为主说的集大成之作。1990 年，林先生和童超、周绍泉先生合著的《中国土地制度史》在台北出版。[②] 其后，在 1999 年出版的林先生主编《中国经济通史·秦汉经济卷》中，林先生执笔撰写了第七章“土地所有制形式”、第八章“土地经营方式”、第九章“土地继承与土地买卖”，对秦汉土地制度问题做了进一步的阐发。[③]

林先生因是郭沫若主编《中国史稿》第二、三册的主要执笔人，因此，其对上述古史分期、中国历史发展模式、封建土地所有制形式等的认识也部分体现在这一成果中。[④]

（四）前近代中国的经济结构和发展水平

中国古代的商品经济在战国秦汉时期就比较发达，这与欧洲中世纪庄园自给自足的自然经济有显著不同。如何看待战国以后自然经济与商品经济的问题，是关系中国古代社会经济本质和经济结构的关键。有的学者甚至得出早在战国时期就已经出现资本主义生产关系的结论，这种观点当然不值一驳。但持封建论的学者在解释这一现象时也存在不同认识。例如，1980 年代，经君健提出自然经济占统治地位是西欧中世纪早期以庄园制为主要内容的领主经济的主要特点，以地主制经济为主要内容的中国封建制度，与商品经济有着本质联系，总体上不存在自然经济占主要地位的特点。[⑤] 方行先生则认为，中国封建社会的农村经济是自给性生产和商品性生产相结合的多层次结构，自给自

---

① 林甘泉主编，林甘泉、童超著：《中国封建土地制度史》第一卷，中国社会科学出版社 1990 年版。

② 林甘泉等著：《中国土地制度史》，台北：文津出版社 1990 年版。

③ 林甘泉主编：《中国经济通史·秦汉经济卷》，经济日报出版社 1999 年版。

④ 郭沫若主编：《中国史稿》第二册、第三册，人民出版社 1979 年版。第二册主要执笔者为林甘泉、田昌五、金自强、田人隆、陈可畏、步近智、严敦杰。第三册主要执笔者为林甘泉、黄烈、唐耕耦、陈可畏、田昌五、李学勤、步近智、严敦杰。

⑤ 经君健：《试论地主制经济与商品经济的本质联系》，《中国经济史研究》1987 年第 2 期。

足是自然经济的本质特征。[①] 林先生总体赞同方行的意见，但认为用“自给自足”来界定“自然经济”的本质在逻辑上仍存在矛盾，应用“自给性生产”来界定。中国封建社会的经济结构既有自给性生产的单位，也有商品性生产的单位，自给性生产的自然经济占统治地位，个体农民男耕女织，体现了农业与手工业相结合的自给性生产的特色。但无论是农民还是地主大多数情况下都不能完全实现自给自足，都与市场保持着程度不等的联系，这就是中国封建社会商人和商业资本在战国秦汉以后始终相当活跃，商品经济畸形发展的原因。[②] 为了充分论证这一观点，林先生又专门对西北汉简所反映的西北边塞的商品交换和买卖契约，以及从“养生”和“送死”角度对汉代家庭的生活消费情况进行了深入考察。[③]

1990 年代，西方学者出版了一系列中国经济史论著，提出了新的认识。美国华裔学者黄宗智（Philip Chung-chih Huang）《中国经济史中的悖论现象与当前的规范认识危机》一文，对“封建主义论”和“资本主义萌芽论”提出质疑，认为中国近代社会存在着过密型商品化和经济不发展这一对悖论现象，它使中国近代经济史研究的规范信念产生了危机，亚当·斯密和马克思的理论模式都不适用于中国的历史实际。[④] 美国华裔学者王国斌（R. Bin Wong）《转变的中国：历史变迁及欧洲经验的局限》也不赞成明清经济史研究中的“资本主义萌芽”说，从方法论角度批评中国学者“过多地为没有发生的事情焦

① 方行：《封建社会的自然经济和商品经济》，《中国经济史研究》1988 年第 1 期。

② 林甘泉：《秦汉的自然经济与商品经济》，《中国经济史研究》1997 年第 1 期，收入《林甘泉文集》，第 222—249 页。

③ 分见林甘泉：《汉简所见西北边塞的商品交换和买卖契约》，《文物》1989 年第 9 期；林甘泉：《“养生”与“送死”：汉代家庭的生活消费》，《中国考古学与历史学之整合研究》，台北“中研院”历史语言研究所会议论文集，1997 年。两文均收入《林甘泉文集》，第 205—221、第 250—274 页。

④ ［美］黄宗智：《中国经济史中的悖论现象与当前的规范认识危机》，《史学理论研究》1993 年第 1 期，原文刊于 1991 年。

虑”，却没有“对确实发生了的事情做出有说服力的解释”。[①] 德国学者贡德·弗兰克（Andre Gunder Frank）《白银资本——重视经济全球化中的东方》（1998），认为1400—1800年的中国不仅是东亚纳贡贸易体系的中心，而且在整个世界经济中即便不是中心，也占支配地位，主要表现在它吸纳了大约世界生产的白银货币的一半。[②] 美国学者彭慕兰（Kenneth Pomeranz）《大分流：欧洲、中国及现代世界经济的发展》认为，1800年以前世界没有经济中心，19世纪欧洲工业化充分发展以后，才形成西欧中心。[③] 英国学者安格斯·麦迪森（Angus Maddison）《世界经济千年史》则认为，西欧经济在14世纪时赶上了当时经济领先世界的中国，1820年时它的收入和生产率水平已超出世界其他地区两倍。[④] 林先生对上述观点进行了反驳的同时，也进行反思，认为我们以往的研究偏重于生产关系的分析，对生产力重视不够。但他坚持认为，要揭示中国传统经济结构的发展变化，必须从生产力和生产关系的互动入手。[⑤]

（五）孔子、儒学与传统文化

中国近代以来对孔子及其开创的儒家学派思想以及传统文化的认识、评价，仿佛过山车一般，时而抛至高空，时而抛下谷底。改革开放以后，学界和社会上相继兴起儒学热和国学热，出现了“新

---

① ［美］王国斌著，李伯重、连玲玲译：《转变的中国：历史变迁及欧洲经验的局限》，江苏人民出版社1998年版，原书出版于1997年。

② ［德］贡德·弗兰克著，刘北成译：《白银资本：重视经济全球化中的东方》，中央编译出版社2000年版，原书刊于1998年。

③ ［美］彭慕兰著，史建云译：《大分流：欧洲、中国及现代世界经济的发展》，江苏人民出版社2004年版，原书刊于2000年。

④ ［英］麦迪森著，伍晓鹰译：《世界经济千年史》，北京大学出版社2003年版，原书出版于2001年。

⑤ 林甘泉：《世纪之交中国古代史研究的几个热点问题》，载中国史学会、云南大学编《21世纪中国史学展望》，收入《林甘泉文集》，第421—428页；林甘泉：《从“欧洲中心论”到“中国中心论”——对西方学者中国经济史研究新趋向的思考》，《中国经济史研究》2006年第2期。

儒家”学派。其中一些学者认为，以儒家思想为核心的中国传统文化是解决现代社会人际、族群、国家以及人与自然等各种关系危机的出路，将会引领21世纪世界文明的潮流。有的学者甚至提出“用儒学取代马列主义”“立儒教为国教”“儒化中国”等主张。针对这种思潮，林先生认为有必要系统梳理20世纪以来孔子及儒学地位变迁的社会政治文化背景和孔子、儒学研究学术史，给孔子、儒学及传统文化以准确定位，与当代社会、现代文明相适应、相协调。因此，1997年组织申报了中国社会科学院重点研究课题“孔子与20世纪中国”。2008年课题成果结项出版。林先生不仅是主编，而且承担了十六章中的十一幅篇章和“绪言”“结束语”的撰写工作及全书的统稿工作。该书力图从政治、理论和学术三条线索梳理孔子及其思想在20世纪中国的历史际遇。

林先生认为，百余年来中国的两次尊孔和一次批孔高潮，均是现实的思想政治斗争借助孔子亡灵演出的闹剧，对学术研究带来了巨大消极作用，但却是近百年中国思想史和政治史不可忽略的重要篇章。对于怎样看待五四新文化运动批孔批儒的激进思潮、“真孔子”与“假孔子”即研究孔子及其思想的方法论问题、正确评价孔子思想遗产的当代价值、孔子思想与21世纪的世界文明，林先生均提出鲜明观点。① 这些观点也反映在同年林先生发表在《哲学研究》的同名论文中。林先生认为，以儒家思想为核心的传统文化对中华民族性格的形成起了重要的积极作用，如强调群体观念和责任意识、人格尊严和德性修养、和而不同，追求人与自然、社会的和谐等等，但孔子思想也有消极和局限的因素。对包括孔子思想在内的传统文化要有全面认识，采取批判继承的态度，去其糟粕，取其精华。认真总结孔子的思想遗产，是为了古为今用，而不是为了崇古、复古。②

---

① 林甘泉主编，林甘泉、田人隆、翟清福编撰：《孔子与20世纪中国》，中国社会科学出版社2008年版。

② 林甘泉：《孔子与20世纪中国》，《哲学研究》2008年第7期。

余英时撰写的一系列关于士与儒家思想、中国文化的论著影响很大。他引入美国社会学家帕森思（Talcott Parsons）“哲学的突破”促使“知识分子”原型——“文化事务专家”集团形成的观点，认为春秋战国时代的“百家争鸣”就是中国“哲学的突破”，以儒、墨等诸子为代表的士阶层的社会性格因此发生基本改变，发展为知识分子。“士志于道”，具有理想主义精神，能超越其自身及群体利益，而对整个社会抱有深厚关怀。“道”是“士”的精神凭藉，知识分子不但代表“道”，而且相信“道”比“势”更尊，从而以“道”的标准批评政治、社会。[①] 对此，林先生撰写了《中国古代知识阶层的原型及其早期行程》一文，对余英时的观点进行反驳。他认为，战国时代士的构成驳杂，包括武士、游侠、食客之类，不能和知识阶层画等号。士的知识结构不仅包括道术之学，也包括天文、历算、地理、医药、农业、技艺等器用之学。知识阶层的价值取向和精神追求从一开始就呈现多元化的趋势，决不能归结为“批评政治社会、抗礼王侯”，例如杨朱学派主张的“为我”，与余英时所诠释的“道”甚至是恰恰相反的。诸子所谓“道尊于势”是儒家精英的自恋情结。秦朝短祚而亡是各种社会矛盾汇集激化的结果，并非因儒法两家“吏道”观念尖锐对立的缘故。汉武帝“独尊儒术”不是政治权威对文化力量的妥协，而是封建皇权加强专制主义中央集权的政治需要。中国封建社会的知识阶层就其整体社会地位来说，不能不依附于封建统治阶级。[②] 林先生对中国古代知识阶层的构成、性质，“道”的观念的认识，秦速亡的原因，以及儒家自汉武帝以后成为历代王朝主流意识形态的原因等看法是符合历史实际的，在王权社会不可能产生超然于其社会地位而独立的、具有批判精神的知识阶层。

林先生认为中国历史和文化对世界历史发展作出了巨大贡献，但

---

① 参见余英时《士与中国文化》，上海人民出版社 1984 年版。

② 林甘泉：《中国古代知识阶层的原型及其早期行程》，《中国史研究》2003 年第 3 期，收入林甘泉《中国古代政治文化论稿》，第 268—310 页。

欧洲中心论者所主张的东方各国（包括中国在内）社会长期停滞的观点，在思想和学术上的影响仍然根深蒂固，中国的历史文化过去都没有受到应有的公正评价。五四运动以后，所谓“全盘西化”的主张就是对我们民族历史文化缺乏自信心的表现。按照历史发展规律，即使没有外国资本主义的侵入，也将缓慢地发展到资本主义社会。中华民族是酷爱自由和富于革命传统的民族。[①]

林先生对中国传统文化性格的认识，还反映在《文化性格与历史发展——评〈河殇〉关于中国传统文化性格的错误观点》一文中。以《河殇》为代表的一种观点认为，人类文明分成内陆文明与海洋文明两大单元，前者是封闭的，后者是开放的。传统文化的封闭性不但是古老中国社会发展长期停滞的根源，而且是当代中国实现现代化的主要障碍。林先生则认为，文化的封闭性和开放性是一定社会经济形态的产物。中国封建社会虽然和欧洲中世纪一样是封闭型的社会经济形态，但它的封闭性并没有后者那样严重，特别是封建社会后期。中国封建社会制度文化和精神文化的封闭性都具有大一统的机制，表现出强烈的“以我为主”的整体意识，即以父家长或皇帝为代表的家庭与国家的利益和意志，个人不受重视。外来文化传入的前提，是不能有损于封建专制主义的统治和儒家的纲常名教。文化性格是特定社会经济形态的产物，不是决定历史发展的主要因素，相反，它是随着社会生活条件和社会关系的改变而改变。中国封建社会的兴衰并不取决于传统文化的荣枯，而是由生产力和生产关系的发展所决定的，中国地主制的封建生产方式具有顽强的适应能力和再生能力，其瓦解过程非常缓慢，资本主义萌芽很难成长壮大。但并非像《河殇》所说，如果没有外国资本主义的入侵，中国人民注定要永远生活在黄色文明的阴影之中。传统文化性格除了封建性的糟粕之外，也有民主性的精华，

① 林甘泉：《历史遗产与爱国主义教育》，《光明日报》1983年10月26日《史学》专刊第318期，收入《林甘泉文集》，第319—323页。

不能夸大封闭、保守的民族文化心理残余在今天的作用。①

（六）边疆与民族问题

林先生认为“中国历史”与“历史中国”两个概念是有所区别的。中国自秦汉以后就形成了统一的多民族国家，但在清代前期正式形成近代中国版图以前，一些少数民族政权和汉族中原王朝的关系是国与国的关系，但这些政权都是历史上中国的一部分，不能说成是外国和中国的关系。中原王朝并不能代表当时中国的全部，古代典籍中的“中国”在许多场合也并非国家的概念。今天中国境内各民族的历史都是中国历史不可分割的部分。历史上的民族英雄是各族人民共同的历史财富。②

夷夏之辨是中国民族史和文化史的古老论题。林先生认为以汉族为主体的中华民族具有强大的凝聚力。这种凝聚力包括两个层次：一是汉民族和各少数民族自身的凝聚力；一是各民族之间、主要是汉民族和各少数民族之间的凝聚力。两者同等重要。针对当时学界偏重于前者的讨论，而对后者注意不够的问题，林先生撰写了《夷夏之辨与文化认同》一文，旨在说明儒家思想在历史上对民族关系既有消极作用的一面，也有积极作用的一面。夷夏之辨的主要内容是“夷夏大防”“内诸夏而外夷狄”，它在反对落后的夷狄对华夏文明的破坏方面有一定的积极意义，但从根本上说，既不利于夷夏的民族团结，也不利于华夏文明的传播。但以儒学为代表的传统文化同时也主张“王者无外”“四海一家”，这些思想成了维系和加强华夏族和汉族与少数民族之间联系的重要纽带。虽然儒家所主张的“四海一家”思想与今天所讲的民族平等思想有本质不同，但它对统一的多民族国家的历史发

---

① 林甘泉：《文化性格与历史发展——评〈河殇〉关于中国传统文化性格的错误观点》，《历史研究》1990年第1期，收入林甘泉《中国古代政治文化论稿》，第346—360页。

② 林甘泉：《历史遗产与爱国主义教育》，《光明日报》1983年10月26日《史学》专刊第318期，收入《林甘泉文集》，第323—326页。

展和中华民族的凝聚力的形成具有重要意义，是传统文化的珍贵思想遗产。[①]

（七）近现代学术史

除了前文提到的林先生和田人隆、李祖德先生合著的《中国古代史分期讨论五十年（一九二九——一九七九年）》，林先生撰写和主编的《孔子与20世纪中国》外，林先生还在郭沫若研究、20世纪历史学学术史等方面做了大量工作。

自20世纪80年代起，林先生花费了大量时间和精力，对中国马克思主义史学奠基人之一郭沫若的生平、著述进行了系统梳理、总结和评述，主编了《郭沫若与中国史学》、[②]《文坛史林风雨路——郭沫若交往的文化圈》[③]，和蔡震先生共同主编了《郭沫若年谱长编》，[④]撰写了《从〈十批判书〉看郭沫若的史学思想》等论文。[⑤]

20、21世纪之交，作为当时最有影响、有宏观把握能力和理论色彩的历史学家，林先生应邀对20世纪中国历史学发展史做了全面、系统的分析总结。他将20世纪历史学大致按时间线，分六个标题，分析总结了各时期史学潮流与社会政治背景的关系、主要学术流派及讨论的问题、重要史学家及其成果、史学发展的经验教训等。清末民国初年，以梁启超、章太炎、夏曾佑、刘师培等为代表，提倡建立“新史学”，传统史学开始向近代史学转变。民国初年，以王国维、胡适、顾颉刚、傅斯年等倡导、实践的近代实证史学创立，并取得重要建树。

---

① 林甘泉：《夷夏之辨与文化认同》，《传统文化与现代化》1995年第3期，收入林甘泉《中国古代政治文化论稿》，第311—336页。

② 林甘泉主编：《郭沫若与中国史学》，中国社会科学出版社1992年版。

③ 林甘泉主编：《文坛史林风雨路——郭沫若交往的文化圈》，浙江人民出版社1999年版。

④ 林甘泉、蔡震主编：《郭沫若年谱长编（1892—1978年）》，中国社会科学出版社2017年版。

⑤ 林甘泉：《从〈十批判书〉看郭沫若的史学思想》，载郭沫若故居、中国郭沫若研究会编《郭沫若百年诞辰纪念文集》，社会科学文献出版社1994年版，收入《林甘泉文集》，第438—458页。

马克思主义史学开始崛起，郭沫若1930年出版的《中国古代社会研究》是中国学者运用马克思主义社会经济形态理论划分中国历史发展阶段的最初尝试，是中国马克思主义史学的奠基之作。与此同时，中国理论界和学术界展开了中国社会史问题论战。论战的中心内容是中国历史上经过了哪些发展阶段，其实质则是马克思主义社会经济形态学说是否适应于中国的历史实际。参与论战的代表人物有吕振羽、陶希圣、翦伯赞、邓云特（邓拓）、胡秋原、李季、何干之等。西方近代史学理论开始译介到中国。抗日战争至解放战争时期，以陈寅恪、陈垣、吕思勉、胡厚宣、劳榦、罗尔纲、钱穆等代表的实证史学，以郭沫若、范文澜、吕振羽、翦伯赞、侯外庐、尹达、吴泽等人为代表的马克思主义史学，都取得了丰硕成果。1949年中华人民共和国建立，马克思主义史学确立主导地位。1949年至1966年，历史学取得巨大成绩，但也存在许多不足和失误，例如，简单化、公式化而不重视中国历史特点的教条主义；研究视野过于狭窄，课题过于单调，对文化史、社会史等未给予应有的重视；在运用阶级分析方法时，有“贴标签”和非历史主义的倾向；庸俗化地理解阶级斗争的历史作用，把农民战争说成是封建社会历史发展的唯一动力；对史学遗产更多地强调批判而忽视继承；对西方资产阶级史学的理论、方法和学术成果既缺乏了解又盲目排斥等。[①]

其原因，一方面是对马克思主义的理解有很大片面性；另一方面，则是历次政治运动“左”倾思想对史学的直接干扰和消极影响。“文革”十年浩劫中，一大批史学家遭到残酷批斗，历史研究和教学完全

① 林先生在《我仍然信仰唯物史观》中，将1949年以来“左”倾思想对历史学的影响归纳为四个方面：第一，对封建和资产阶级史学一概否定，没有认真采取批判继承的科学态度。第二，对外国资产阶级史学的理论、方法和研究成果不但知之甚少，而且采取盲目拒斥的态度。第三，把唯物史观的基本原理当作教条，研究存在片面性、简单化、公式化。第四，对历史学的社会功能理解过于狭窄，片面强调史学是阶级斗争的工具，忽视其让民众了解国情、启迪智慧、提高文化素质、精神享受的社会功能。林甘泉：《我仍然信仰唯物史观》，载萧黎主编《我的史学观》，广东人民出版社1997年版，收入《林甘泉文集》，第473—476页。

陷于停顿。改革开放以后的新时期历史学充满生机，清理了“左”倾思想，研究者不再热衷于摘引马、恩、列、斯、毛的个别词句作为自己立论的根据，而是把注意力转移到如何正确掌握唯物史观的基本原理上。开始重视中外历史的比较研究，借鉴西方近现代的史学理论和方法，一些传统的历史观念和认识受到挑战，对一些历史人物和历史事件提出重新评价。关于历史的主体和客体，历史的必然性和偶然性，历史的统一性和多样性，地理环境在历史发展中的作用，谁是历史的创造者，历史发展的动力，历史主义、阶级观点和历史唯物主义的关系等理论问题，展开了热烈讨论。研究领域多方面拓展，文化史、社会史等成为热门研究领域。文化人类学、社会学、民族学的理论和方法，在历史研究中受到重视。总体来说，20 世纪中国史学的主流经历了从近代实证史学向马克思主义史学的转变，而后者的地位目前正受到新的考验和挑战。林先生坚信唯物史观是开放、发展的学说，马克思主义史学在吸取以往失误教训的基础上，只要不断丰富和发展自己的理论体系，更新过时的观念，一定能够发扬光大，保持自己的主导地位。①

林先生在上文的基础上，又撰写了《新的起点：世纪之交的中国历史学》一文，将新时期历史学的时代特色概括为“解放思想，实事求是”。列举新时期历史学发生的变化时，除了前文提到的，还有一项，即正确处理历史学与政治的关系，历史研究不再从属于某种临时的、局部的甚至错误的政治需要。绝大多数史学工作者彻底摒弃了因政治需要而歪曲历史事实的错误做法。②

---

① 林甘泉：《20 世纪的中国历史学》，《林甘泉文集》，第 346—384 页。原刊《历史研究》1996 年第 2 期，收入《文集》时略有补充。

② 林甘泉：《新的起点：世纪之交的中国历史学》，《历史研究》1997 年第 4 期，张海鹏、陈祖武、于沛、王世民、马大正、王正、宋德金等先生参与了撰写和讨论。收入《林甘泉文集》，第 385—404 页。

二　唯物史观的坚定信仰者

林先生是一位坚定的马克思主义信仰者，在他的一生中，即便遭遇城工部事件等巨大冲击和挫折，这一信仰也从未改变过。他的研究始终以马克思主义为指导，他的论著充分反映了这一点。《我仍然信仰唯物史观》一文更明确表达了他的这一立场。他说："作为一个史学工作者，我愿意多学点西方资产阶级的史学理论，弥补自己这方面知识的不足。但我也要说，我仍然信仰唯物史观。因为和其他史学理论比较，我认为还是它最正确。"① 1994 年，中国社会科学院历史研究所成立四十年周年，林先生作为老所长、书记，在回顾文章中，专辟一节谈"关于学习马克思主义理论"问题，他批评当时"学习马克思主义理论的空气是大大淡薄了。有的人把我们过去学习马克思主义理论所存在的缺点，当作马克思主义本身固有的缺陷、有的人不但感到自己没有必要学习理论，而且认为应用马克思主义研究历史写出来的东西算不上是学术著作"。认为历史研究所"作为国家的历史研究机构，理应大力提倡学习马克思主义，这对于我们提高正确的思维能力是很重要的"。最后，他引用年鉴学派著名学者费弗尔的话反映西方社会对马克思方法论的高度认同："任何一个历史家，即使他从来没有读过一行马克思的著作，或者他认为除了在科学领域之外自己在各方面都是狂热的反马克思主义者，也不可避免地要用马克思的方法来思考和了解事实和例证，马克思表达得那样完美的许多思想早已成为我们这一代精神宝库的共同储备的一部分。"②

① 林甘泉：《我仍然信仰唯物史观》，《林甘泉文集》，第 469 页。

② 林甘泉：《四十年的回顾》，《中国史研究》1994 年第 4 期。其观点亦见林甘泉《五十年的回忆和思考》，载中国社会科学院历史研究所编《求真务实五十载》，中国社会科学出版社 2004 年版，收入《林甘泉文集》，第 459—468 页。

（一）坚持马克思主义理论与中国历史实际相结合，强调世界历史发展的多样性统一

林先生坚持唯物史观的社会经济形态理论，强调世界各国历史的发展既有共同性、统一性，又存在多样性。多样性指不同国家历史发展的差异性，统一性指历史发展有共同的规律。统一性寓于多样性之中，世界历史发展为多样性统一。必须从历史实际出发，来认识中国历史发展模式问题。他认为钻研马克思主义经典著作、掌握社会发展规律非常重要，但“同时我们应当记住，不要把经典作家关于个别问题的结论僵化，不要滥用规律。重要的事情是要运用这个理论，深入研究历史实际；不仅要研究中国的历史实际，也要研究其他各国的历史实际。没有这种比较研究，既探索不出世界各国在从奴隶社会向封建社会过渡中的共同规律，也发现不了它们在这一过渡中所表现出来的各自的特点”。“不能作机械的比附，具体问题要具体分析。”马克思主义要发展，必须与各个国家历史和现实的国情相结合，唯物史观要发展，也有一个中国化的问题。但也不能过分强调中国历史的特殊性，否定存在历史发展规律。①

林先生的史学研究自始至终都在践行这一主张。例如，他认为马、恩在对历史进行理论概括时，主要依据的是欧洲的材料，他们关于亚细亚生产方式的一些论述并不适用于中国。第一，马、恩认为，由于气候和土地条件，“使利用渠道和水利工程的人工灌溉设施成了东方农业的基础”，魏特夫曾据此得出东方“水利社会”的结论。但林先生认为，西周水利灌溉事业并不发达，反而在农村公社已经瓦解的战国秦汉时代，水利灌溉事业才发达起来。第二，马、恩认为古代东方家庭奴隶得到充分发展，林先生认为西周除了家庭奴隶制外，还存在相当多的类似古典古代劳动奴隶制的奴隶，用于农业生产。第三，西

① 参见林甘泉《亚细亚生产方式与中国古代社会》，《中国史研究》1981 年第 3 期；林甘泉《关于史学理论建设的几点意见》，《林甘泉文集》，第434—437 页；林甘泉《从〈十批判书〉看郭沫若的史学思想》，《林甘泉文集》，第438—442 页等。

周农村公社本质上是地域组织，但由于存在宗法制度，还保留着比较牢固的血缘纽带。第四，西周虽然如马、恩所强调的那样，属于东方专制制度，不同于古典古代的贵族共和政体，但在贵族和自由民内部还保存着原始民族的残余，春秋时期的国人可以议政，就是例子。[①]

（二）主张历史主义与阶级观点的统一

关于历史主义与阶级观点的讨论，是20世纪后半叶史学界重要的理论讨论之一。翦伯赞先生曾发表《对处理若干历史问题的初步意见》，批评当时史学界存在的非历史主义倾向。[②] 林先生不赞同翦老的部分观点，认为历史主义和阶级观点是统一的，不存在没有历史主义的阶级观点，也不存在没有阶级观点的马克思主义。历史科学统一的观点和方法，历史主义要求尊重历史，给历史以一定的科学地位，但必须站在无产阶级的立场去看待历史。脱离阶级观点和阶级分析方法，不可能真正历史主义地看问题，背离这一点只能导致非历史主义。历史唯物主义就是用阶级斗争的观点来解释历史。[③] 宁可先生不同意林先生的观点，认为阶级观点是唯物主义历史观的核心，历史主义是辩证法对历史过程的理解。历史主义和阶级观点的统一，是辩证法和唯物主义历史观的统一的内容之一。[④] 林先生又发表了商榷文《再论历史主义与阶级观点》。[⑤] 三篇文章引起了学界的热烈讨论。“文革”时，翦伯赞被迫害致死，提倡历史主义成为他的一条罪状。林先生在《林甘泉文集·自序》中坦诚地谈到这一点，说：“这是我完全没有想到

① 林甘泉：《亚细亚生产方式与中国古代社会》，《中国史研究》1981年第3期，收入《林甘泉文集》，第11—12页。

② 翦伯赞：《对处理若干历史问题的初步意见》，《人民教育》1961年第9期。改革开放后，《北京大学学报》（哲学社会科学版）1978年第3期再次刊登了此文。

③ 林甘泉：《历史主义与阶级观点》，《新建设》1963年5月号，收入《林甘泉文集》，第275—288页。

④ 宁可：《论历史主义和阶级观点》，《历史研究》1963年第4期。

⑤ 林甘泉：《再论历史主义与阶级观点》，《新建设》1963年10月号，收入《林甘泉文集》，第289—311页。

的。我对自己在 1963 年写那两篇文章颇有些后悔。”并对自己的论文进行反省，说文中批评翦老“没有能站在正确的立场上”，“模糊了马克思主义历史科学的党性原则”，是“上纲上线的指责，不仅对翦老不敬，而且实际上是为非历史主义的倾向提供了挡箭牌。60 年代初，以阶级斗争为纲的思想十分盛行。我的《历史主义与阶级观点》一文说明我也受了这种‘左’倾思想的影响”。正因为有这样的心结，改革开放后，学界再次展开这一问题的讨论，林先生尽管不同意一些人的观点，但始终没再写文章，发表自己的看法。但在 2004 年 12 月所写《自序》中，他郑重声明，历史主义和阶级观点是统一的“这个认识我至今仍然没有改变”。①

（三）历史认识和历史研究的三个层次

改革开放后，一些学者认为只有史料的实证才是真正的学问，马克思主义史学是经不起检验的空论。林先生在反驳这一说法时，先后提出历史认识和历史研究的三个层次说。在《我仍然信仰唯物史观》中，林先生提出历史研究是对历史认识的一个过程，按照历史认识逻辑和历史的发展，历史认识可分为三个层次：记述、实证和诠释。记述史学的任务是保存历史的原始资料，越丰富越好。至于这些资料是否完全可靠，则是实证所要解决的问题。实证是对史料的辨伪和考释，常使用形式逻辑思维方法。诠释是对历史现象的各种关系及其存在价值作出说明和判断，探讨历史发展的内在规律。诠释除形式逻辑外，还需借助其他思维形式和研究方法。对历史的诠释会因人因时而异，其价值判断不像史料的辨伪和考释那样容易得到共识。史学从记述、实证到诠释，是一个认识不断深入和提高的过程。记述和实证可以复原历史过程的某些表象，但历史的本质、价值和规律只有通过诠释才能得到说明。历史的诠释反映了一个史学家的历史观。马克思主义唯

---

① 《林甘泉文集·自序》，第 5—7 页。

物史观为历史的诠释提供了一个最科学的理论和方法，使历史研究真正成为一门科学。①

林先生在《关于史学理论建设的几点意见》一文中提出，历史学可以成为科学，但不是像自然科学那样可以经过实验检验的精密科学。历史研究有三个层次：事实判断层次、认识判断层次和价值判断层次。就史料的搜集整理和考证来说，只有功力之分而没有阶级性。在事实判断层次，是非的标准是客观的，其结论可以用经验材料加以检验。但历史研究不能只停留在事实判断层次，也就是说，不能把历史学归结为史料学。在认识判断层次，马克思主义与非马克思主义历史观的方法论的分歧就呈现出来。20 世纪 50 年代初批判胡适思想时，把他对考据学的一些主张，都当作主观唯心论来批判，是混淆了历史研究的两个不同层次问题。只有唯物史观提供的指导思想更科学、更深刻。在价值判断层次，个性的色彩更多，不完全是马克思主义与非马克思主义历史观的分歧。认识判断和价值判断的结论带有主观的成分，很难用容易的标准来论定其是否正确，不同见解只能通过切磋、讨论和比较即“百家争鸣”的方式，让读者来做出判断。②

（四）史论结合

马克思主义史学建立后，一直存在史论关系问题，即如何对待马克思主义理论和史料的关系问题。林先生认为“以论带史”或“论从史出”都有局限性和片面性，他在毛泽东“详细地占有材料，在马克思列宁主义一般原理的指导下，从这些材料中引出正确的结论”的论

① 林甘泉：《我仍然信仰唯物史观》，《林甘泉文集》，第 473—476 页。

② 林甘泉：《关于史学理论建设的几点意见》，《史学理论与史学史学刊》2002 年卷，收入《林甘泉文集》，第 429—432 页。另见林甘泉《历史研究的古今中外法》，载中国社会科学院历史研究所马克思主义史学理论与史学史研究室编《理论与史学》第 3 辑，中国社会科学出版社 2017 年版，第 2 页，此文是根据 2011 年 3 月 15 日林甘泉先生为中国社会科学院历史研究所马克思主义史学理论与史学史研究室“理论与史学”论坛第 4 讲作“历史研究的古今中外法”讲座录音整理而成，由徐歆毅、张欣整理。

述基础上，将史论关系总结为“史论结合”。[①] 研究历史，不能从概念到概念来谈理论。研究史学理论要结合两个实际，一是中国历史实际，一是中国史学史实际，找出一些带有理论性的问题，来探讨它的理论性、规律性。[②]

（五）古今中外法

1989 年，林先生在接受陈其泰先生的访谈时，就历史学研究格局的更新、秦汉史研究的深入拓展问题，谈到创新应以通识为基础，而通识需要处理好以下几个关系：一是理论与材料的关系，在占有材料的基础上，必须以马克思主义理论为指导，但也要善于从非马克思主义的史学理论中汲取有益的思想营养。二是古与今的关系，从今天的国情出发，逆向思考、考察历史，有利于发现问题。三是断代史与通史的关系，断代史研究需要了解通史，以及断代内部政治、经济等问题之间的历史联系。四是历史学与其他学科的关系，重视学科交叉，横向联系。五是历史学与历史哲学的关系，历史哲学可给人以智慧，提供研究历史的钥匙，但不能代替历史学的实证。[③]

林先生晚年将历史研究的方法论总结为“古今中外法”。“古今”指历史的连续性和时代性的关系问题，“中外”指民族性与全球性的关系问题，亦即统一性与多样性的关系问题。认为研究断代史或专门史的学者都应充实古今中外法。[④] 林先生的史学研究则自始至终都在实践这一方法，将中国历史发展与世界其他文明进行比较，将断代史研究放在通史的长时段背景下去展开。

---

① 林甘泉：《关于史论结合问题》，《人民日报》1962 年 6 月 14 日，收入《林甘泉文集》，第 312—317 页。

② 林甘泉：《历史研究的古今中外法》，载中国社会科学院历史研究所马克思主义史学理论与史学史研究室编《理论与史学》第 3 辑，第 8 页。

③ 陈其泰：《秦汉史研究的回顾和史学工作的创新——访林甘泉先生》，《史学史研究》1989 年第 3 期。

④ 林甘泉：《历史研究的古今中外法》，载中国社会科学院历史研究所马克思主义史学理论与史学史研究室编《理论与史学》第 3 辑，第 1—8 页。

（六）勇于反思，与时俱进

林先生的历史研究无论是在理论思想、方法论还是具体研究方面都力图秉承坚持真理、实事求是、与时俱进的态度。如前所述，他一生笃信马克思主义唯物史观，从未动摇过，但对于“文革”中自己受“左”倾思想影响下的一些观点、言论（例如前文所述关于历史主义与阶级观点的讨论），他也勇于反思，坦然承认，这并非所有学者都能做到，因而格外令人敬佩。

改革开放后，文化史重新兴起。一些学者把“文化”分为物质文化、制度文化和精神文化三个层次。林先生最初认为这种划分并不科学，会导致“文化”范畴过大，包括了人类物质生产和精神生产的全部活动。但随着研究的深入，林先生的看法发生改变。他在《中国古代政治文化论稿》一书“后记”中坦陈这一点，并重新定义“文化”概念。他认为“文化”概念分狭义和广义。广义的文化概念，甚至不是物质文化、制度文化和精神文化三个层次所能界定。例如，“区域文化”不仅包含地区性的物质文化、制度文化和精神文化，而且还包含人文历史地理的其他文化素材。再如，不同时代、不同民族的商人从事商业活动所表现出来的既有共性又有个性的商业文化，既不属于物质文化、制度文化和精神文化的某一个层次，但又与这三个层次都有一定关系。广义的文化概念确实可以为深入研究人类全部历史文化遗产提供新的视角，它与认为社会意识决定社会存在的文化史观并不是一回事。正是基于对广义文化概念的新理解，林先生将其研究国家政治制度、统治阶级的政治思想和行为方式、文化精英的历史角色和历史作用等方面的论文汇编在一起，取名为《中国古代政治文化论稿》。

该书收录的《云梦秦简所见秦朝的封建政治文化》一文，原题为《云梦秦简与法家路线——读云梦出土的秦简》，发表在《文物》1976年第7期。因当时国内“文革”正开展“批儒评法”，林先生说“我

写的那篇文章也不免带有那股思潮的烙印，它成为我研究工作中的一个难忘的教训”。收入该书的另一篇文章《论秦始皇：对封建专制政治人格化的考察》，原题《论秦始皇——兼评“四人帮”的唯心史观》，发表在《历史研究》1978 年第 4 期。对于这篇文章，林先生也从题目到内容作了较大改动。改动的原因之一，林先生说：“过去我也和某些同行一样，把秦朝政治归结为‘法家政治’。但现在我认为这种概括是很不确切的。正如汉武帝以后的历代封建统治不能称为‘儒家政治’一样，秦朝政治也不能称为‘法家政治’。无论是以法家思想或儒家思想为指导的封建统治，其实际政治生态都既有与法家思想和儒家思想相一致的部分，也有相距甚远甚至完全矛盾的部分。”①

1949 年以后，学界长期把非马克思主义的西方和中国近代史学称为“资产阶级史学”，经过一番考虑，林先生在《20 世纪的中国历史学》一文中，将“西方资产阶级史学”改为“西方近代史学”，将中国近代“资产阶级史学”改称为“近代实证史学”。②

三　关注历史学科发展

林甘泉长期担任中国社会科学院历史研究所的领导工作，以及国务院学位委员会历史学科评议组成员、全国哲学社会科学规划历史组成员等职务，因此，对于历史学的健康发展有着强烈的使命感和责任感。

（一）坚持马克思主义的理论指导，关注时代要求

如前所述，林先生是坚定的马克思主义信仰者，他认为中国历史学必须坚持马克思主义的理论指导，这一主张贯穿在他所有的论述中。

① 林甘泉：《中国古代政治文化论稿 · 后记》，第 385—387 页。

② 如第二部分的标题为“近代实证史学的创立及其重要建树”，第三部分标题为“马克思主义史学的崛起与西方近代史学理论的传入”。林甘泉：《20 世纪的中国历史学》，《林甘泉文集》，第 350、356 页。

林先生认为包括历史学研究在内的学术研究都应当关注时代、关注社会，更多地了解历史学的时代性，现实社会对史学的要求是什么，这种要求是双向的，历史学的时代性也在推动着史学的不断发展。[①]

林先生认为，“对历史的认识应该是与时俱进的，我们的观念、研究方法，甚至得出的结论，应该随着时代的发展、科学技术的进步、史料的增加和新的发现、知识的丰富，对历史的认识是应该更新和与时俱进的。”今天的中国是从历史发展而来，学习历史可以帮助我们更好地了解中国的国情。反过来，关注中国的现实国情，又可以帮助我们认识一些历史的深层次问题。现实与历史是一种双向互动的关系。历史学者对历史的理解和诠释不可能不受现实的影响。无论西方还是中国优秀的史学家都把关注现实、“通古今之变”看成是自己的使命，而且正是因为他们抱着这样的宗旨，他们的著作才可以成为经典。

林先生主张，历史学者应多关心知识界、文化界的思潮。现在学术界有两种倾向，有的人希望复古，把中国传统文化美化得不得了；有的是盲目崇洋，一定要接受西方的“普世价值”观念。这些都是情绪化的偏激言论。[②]

（二）历史研究机构的基本任务

1994 年，在中国社会科学院历史研究所建所四十周年之际，林甘泉发表了《四十年的回顾》一文，提出历史研究所作为国家的科研机构，基本任务应该是为建设有中国特色的社会主义提供高质量的史学成果，培养高水平的历史学者。改革开放以前，大部分时间是在各种政治运动中度过的，“当然，有些政治运动是必要的，但也有一些政治运动确实浪费了我们不少宝贵的时光”。许多工作条例、规划、计

① 林甘泉：《扩大史学史的研究范围 让世界了解中国史学》，《南开学报》（哲学社会科学版）2009 年第 6 期。

② 林甘泉：《历史研究的古今中外法》，载中国社会科学院历史研究所马克思主义史学理论与史学史研究室编《理论与史学》第 3 辑，第 2—3 页。

划等，由于脱离实际，难于实施。频繁的政治运动还使许多青年学者产生了浮躁情绪，忽视科研工作需要下苦功夫冷静钻研。

林先生特辟一节谈集体协作问题。历史研究所一直很重视集体项目，曾经有一个时期，几乎百分之九十的科研人员都在做集体项目。有些集体项目是成功的，但更多的完成得不理想。总结以往的经验教训，科研机构既需要有集体项目，也需要有个人项目，只要有利于历史学的繁荣发展，都应该积极加以支持。但作为国家科研机构，集中了大批专业研究人员，应当从国家和社会的需要出发，组织一些重点项目，贯彻一盘棋精神，而不能完全放任自流，各自为政。不能因为过去集体项目完成得不理想，就否定集体协作项目的重要意义。①

2011 年，林先生在平生最后一次讲座中谈到，清代学者和近代学者在历史研究的事实判断层次作出了很好的成绩，我们应该继承发扬。但历史学不能局限于史料的收集、整理和考证，从历史学的功能讲，从推动历史学发展的制高点来讲，历史研究所作为专业机构，应当在历史学的认识判断层次和价值判断层次投入更多力量，对各层次布局力量要有通盘考虑。从学科发展来讲，重视理论问题研究，才能掌握推动学科发展的制高点。②

（三）中国历史学应持开放心态，博采众长，开拓创新

林甘泉一再倡导历史学研究方法、手段、视角、领域的开拓创新。他认为以乾嘉学派为代表的传统史学在 19 世纪末出现严重危机，除了严重脱离实际的学风外，还表现在它的理论和方法远远落后于时代。他在《四十年的回顾》中说，“我们的研究方法、研究手段以及研究课题的选择，不能墨守陈规，应当有所开拓和创新，才能使我们的研究工作跟上时代的步伐。研究手段的现代化是我们的方向，而当前更

① 林甘泉：《四十年的回顾》，《中国史研究》1994 年第 4 期。

② 林甘泉：《历史研究的古今中外法》，中国社会科学院历史研究所马克思主义史学理论与史学史研究室编《理论与史学》第 3 辑，第 2—8 页。

重要的恐怕是我们的研究方法和观察历史的视角，需要有新的调整。”在保持历史学原有重视实证、重视文献资料和考古材料相结合的优良传统外，还应当注意到，当代史学发展的一个特点和重要趋势是多学科的相互交叉和渗透，应用社会学、经济学和文化人类学的理论和方法来研究历史。①

在《历史研究的古今中外法》中，林先生说：“历史研究要在马克思主义指导下，博采各种史学方法”，“我们对西方的历史学、哲学、社会学、文化人类学、经济学各种方法论和代表论著，要以一种开放的心态，多接触、多了解。西方人文社会科学观念的介绍和传播对历史学者扩大视野、更新观念，克服过去‘左’倾教条主义毛病是有好处的”。但他同时强调，我们在接受西方社会科学的观念时，要有清醒认识。西方学术归根结底，是为西方的价值观念、社会制度和政治体制服务的。否则，中国要屹立于世界民族之林，要有文化竞争力，就很成问题。②

结　语

林先生在《20世纪的中国历史学》一文中曾说：“一个时代有一个时代的学术”。③ 同理，一个时代有一个时代的史学家。林先生的学术生涯与中华人民共和国同时开启，跨越半个多世纪。他始终信仰唯物史观，以马克思主义理论为指导研究中国历史。他坚信人类历史发展是有规律可循的，这个规律就是马克思社会经济形态理论所揭示的五种社会生产方式递进发展说。他坚持唯物辩证法，认为世界各国历史的发展是多样性统一，虽然总体上按照五种社会生产方式在演进，

① 林甘泉：《四十年的回顾》，《中国史研究》1994年第4期。

② 林甘泉：《历史研究的古今中外法》，载中国社会科学院历史研究所马克思主义史学理论与史学史研究室编《理论与史学》第3辑，第1—3页。

③ 林甘泉：《20世纪的中国历史学》，《林甘泉文集》，第382页。

但各国因国情不同呈现不同的特色，中国奴隶制社会就表现为亚细亚生产方式特征，实行农村公社制，为君主专制政体。他始终关注中国历史学的重大、宏观、理论问题，关注史学思潮和历史学的发展方向，关注时代、大众所关切的历史认识问题，以这些问题作为自己史学研究的基点，尝试以马克思主义理论为指导，做出科学、辩证的解答。他呕心沥血，将其毕生精力献给马克思主义史学，在中国古代史分期、中国历史发展模式、商周奴隶制国家政体及国家形态、中国古代土地所有制形式、中国前近代社会经济结构与发展水平、儒学与传统文化、边疆与民族、近代学术史、史学理论等方面均有重要著述，是这一代马克思主义史学家的典型代表。他的关注点不局限于国内，他对以余英时、贡德·弗兰克（Andre Gunder Frank）为代表的海外学者观点的回应，为中国史学在国际史学界赢得了一席之地。他的个人经历和学术成果成为这一代学术不可或缺的一部分，一定会为历史所铭记。

（作者系南开大学历史学院教授）

附记：我1988年7月硕士研究生毕业后，到中国社会科学院历史研究所战国秦汉史研究室工作。林先生时任所分党组书记兼所长，正在主持全国哲学社会科学“七五”规划重点项目“中国古代经济史断代研究”（出版时改为《中国经济通史》），主要负责秦汉卷。因我硕士毕业论文选题方向是秦汉经济史，林先生便让我加入项目组，承担三章的写作任务，并负责秘书工作。我因此有了较多接触林先生的机会。林先生给我的印象是理论水平很高，为人谦逊和蔼，廉洁自律。因仰慕林先生的学问和品格，2000年9月我考取林先生的博士研究生，成为入室弟子。林先生对学生非常宽厚、慈祥，学生在他面前完全可以畅所欲言。因他理论水平高，给出的意见都高屋建瓴、一针见血，我因此很愿意把自己在学术上的想法讲给他听，并因此而深感幸福。能有这样一位老师，是我人生莫大的荣幸。谨以此文纪念我最敬爱的老师！

谈林甘泉先生的学问对编辑工作的启示

翟金明

林甘泉先生是我国马克思主义史学和秦汉史的学术大家。我作为晚生，有幸在2014年博士刚入学的迎新会上，聆听过林先生的讲座。林先生的讲话略带福建口音，声音不高，语速也不快，以他数十年的学术经历，使我们在学术和做人方面，受到了很多启示。我深深地感受到林先生对我们这些后学的殷切期望和谆谆教诲。这次讲座，是我在阅读和学习林先生的相关论著之外，一次难忘的收获。

林先生的论著，涉及广泛，包括中国古代政治史、周秦两汉社会经济史、马克思主义史学理论、20世纪史学史等多个方面，都需要我们认真地学习、思考和借鉴。学术研究只有通过这种一代一代的传承，才能不断取得新的成果。

根据林先生对自己学术经历的叙述，新中国成立后，他被分配至中国人民大学研究部做出版工作。1953年，林先生又被调至《历史研究》编辑部作编辑，此后转到历史一所（1958年与历史二所合并为历史研究所），从事学术研究工作。林先生的这一段出版编辑的经历，在《八十自述：我的历史和史学研究生涯》一文中只有简短的介绍，但据林先生所说，“我在编辑部那几年的工作，确实使我终生受益”。不过，对于林先生的出版编辑经历一些具体情况，并没有留下太多文字描述。我通过阅读《林甘泉文集》和林先生的其他文章，结合自己的编辑工作经历，谈一谈林先生的学术经历对编辑工作的启示。

学术研究和编辑出版工作，虽然性质不同，但是有相通之处。最突出的一点，是学术研究的成果，无论是论文还是著作，都要经过编辑的加工，才能发表于报刊或成为书籍。学者和编辑两者通过论文或著作产生了联系。而且，两者工作的目的都是为了使论文或著作更好地公诸于众，表达相应的观点、思想和内容。所以，论文或著作成为两者相通的纽带和内容。因此，要使论文和著作的学术水平、编校质量、出版效益产生很好的影响，一方面需要学者自身的学术水平有保证，另一方面需要编辑具有较好的业务水平。林先生的学术经历和相关论著中就有很多对编辑工作有借鉴和启示作用的宝贵财富。

一　了解学术史和学术动态

无论是学术研究还是编辑出版工作，需要既了解前人的学术史，又需要不断关注国内外学术研究的动态发展，只有这样，才能有所继承和创新。林先生的论著中，关于学术史回顾和学术动态的内容有多篇，既有《二十世纪的中国历史学》[①] 这样对20世纪中国传统实证史学向马克思主义史学转变的学术梳理，也有《世纪之交中国古代史研究的几个热点问题》[②]《新的起点：世纪之交的中国历史学》[③] 这样对新世纪史学研究热点和新情况的发现，同时还有对《日本的中国古代史研究状况》[④]《战后日本的中国古代史研究（上下）》[⑤] 等国外中国古代史研究情况的总结。这种学术回顾与总结在网络发达的今天，并不是一件难事，但在当时却并不容易。同时，林先生对于学术史和学术动态的总结，并不是简单地罗列相关论著的观点，而是真正能够做到综合与分析。如他对20

① 《历史研究》1996年第2期。由于所引论著的作者均为林先生，故省略作者。

② 《云南大学学报（社会科学版）》2002年第2期。

③ 《历史研究》1997年第4期。

④ 《中国史研究动态》1981年第5期。

⑤ 《中国史研究动态》1982年第8期。

世纪中国历史学的回顾，首先回顾传统史学的价值和存在的问题，接着评价近代史学的主要代表人物及其著作，指出其贡献和不足，在此基础上，结合近现代中国历史发展的进程，论述马克思主义史学的理论发展和重要成果。整篇文章就是一部马克思主义史学发展简史。他对于各个史学人物及其著作的评价，往往是既看到其主要观点和成就，又能准确指出其不足，同时也能看到史学发展的新特点。对于编辑工作来说，在前人的成果中发现可以再版的著作，或者在新的研究综述发现潜在的优秀著作和作品，看到学术和读者需要的新的热点内容，这都需要编辑能够对学者及其作品有长时段的了解和准确的评价。如果做不到这一点，仅仅是等待投稿，那永远不会获得好的选题。

林先生在20世纪80年代对国外中国史研究的关注和总结，也实属不易。正如林先生所说，“关于日本战后中国古代史研究的发展情况和成就，是需要作专门了解的一门学问”（《战后日本的中国古代史研究》下），但限于当时的条件，要想了解日本的中国史研究情况，资料的搜集和翻译并不容易。但就是在这种条件下，林先生在1981年赴日本的三个月期间，对当时日本学界、学术研究的概况有了虽然简略但比较全面的了解。

“一个时代有一个时代的学术，历史学当然应该随着时代的前进而不断有新的发展。”① 这是林先生一直强调的一个观点。编辑出版也需要创新，但这种创新并不是“闭门造车”，也不是漫无目的地“瞎撞”，而是在有所准备、有所借鉴的基础上，贴近生活、贴近读者，不断推陈出新。

二　重视理论和实证的学习

林先生是中国马克思主义史学的代表人物之一。他一直在论著中

① 《二十世纪的中国历史学》，《历史研究》1996年第2期。

强调要重视理论学习，同时也不能丢掉史学实证的本领，二者不可偏废。“史学理论的选择对于史学工作者说来无疑是非常重要的，但历史研究必须建立在可靠的历史事实的基础上，这也是最简单的常识。”[①] 由此，林先生提出了历史研究的三个层面，第一个层面是实证，就是解决事实判断的问题；第二个层面是认识判断，就是探讨文本记载、考古资料等背后传递给我们的一些较深层次的、推理性的信息；第三个层面是价值判断问题。[②] 这三个层面，代表了学术研究需要解决的一些问题，也代表了我们认识和理解学术著作的方法，同时也是我们评价一篇论文和一部著作价值的标准。即我们评价论文或者著作的水平高低，不仅要看其提出了什么问题，还要看其用什么方式论述和解决了问题，更要看到作者解决问题之后所要表达的观点和价值观念等。只有做到这三点，才能真正理解所要编辑的内容，与作者交心，从而提出对作品修改意见，并与作者进行沟通。

三　学会写书评

编辑的业务能力中，有一项我觉得特别重要，那就是写书评（或文评），即通过对作品的“三个层面”的考量，指出其优缺点。林先生所写的几篇书评中，[③] 对于老一辈学者之间的交往，相关学术史的回顾，书籍主要的观点和特色，以及存在的问题等，都是他关注的内容，而且每一篇书评都可以作为重要的学术文章。书评的作用自不待言，不外乎总结出所评价对象的主要观点、特色，甚至借机宣传。但除此之外，书评应当有其独立的品格，从而成为“借题发挥”的一个

---

① 《纪念〈历史研究〉创刊35周年》，《历史研究》1989年第5期。

② 《寄语〈文史知识〉》，《文史知识》2006年第4期。

③ 《考辨古籍古史的新成果：读刘起釪〈古史续辨〉》，《传统文化与现代化》1993年第2期；《继承·探索·创新——读〈中国通史〉第四卷〈中古时代·秦汉时期〉》，《史学史研究》1997年第2期；《真诚而艰辛的史学理论探索：〈童书业古代社会论集〉读后》，《书品》2008年第6期。

新的“场所”，以此来深化某一问题的讨论，甚至产生新的研究话题。这样的书评才是编辑应该追求的。

四　编辑要面向社会

林先生一直认为，“史学是联结现实和历史的一门科学”，认为“历史研究应当面向社会需要”，[①] 也就是说，学术研究不仅要符合学术规范，具有学术价值，也要与社会现实和人民群众的需求相契合，这不仅是学术的社会价值和效益的体现，也是学术研究能够与时俱进的重要表现。对于编辑来说，编辑只有面向社会，了解社会，才能策划出版受社会欢迎的出版物，从而实现很好的社会效益和经济效益。但是，编辑活动也不能迎合社会上一些不好的倾向，去出版一些低俗、庸俗、媚俗甚至是违反国家法律规定的内容，而是应该引导读者，成为学术和社会风气的引领者，而不是仅“来料加工”。林先生还提出，评价一本书的价值，“如果以眼前的社会效应，甚至以图书市场的销售情况来衡量历史研究的社会功能和学术价值，进而贬低史学基础性工作的重要性，这实际上是对社会需要的曲解”。[②]

五　期刊编辑对于学术的作用

对于学术刊物的编辑，林先生也有一些很好的建议。如对于高校学报的功能，林先生将其分为繁荣学术、服务社会的“外功能”和面向本校的“内功能”两部分。[③] 其中对于“内功能”，林先生认为，高

---

① 《历史研究应当面向社会需要》，《光明日报》1986 年 1 月 8 日；《哲学社会科学要与时俱进》《社会科学管理与评论》2001 年第 4 期；《开创哲学社会科学的新局面》，《科学中国人》2004 年第 6 期。

② 《重读〈历史研究〉发刊词》，载《纪念〈历史研究〉创刊 35 周年》，《历史研究》1989 年第 5 期。

③ 《浅谈高校学报的“内功能”》，《漳州师范学报》1993 年第 3 期。

校学报可以助推高校科研、教学工作共同提高，促进高校科研人才的迅速成长，展示高校科研成果水平。要实现学报的“内功能”，编辑在其中需要发挥“能动作用”，就是学报编辑要走出编辑部，深入高校的教师中，发现高水平的学术论文和有潜力的青年学者。这就需要编辑提高自己的水平和能力，注意对学术论文的学术和思想把关，避免以刊物“谋私”。同时林先生还对学报编辑部编辑的岗位工作提出了具体建议，即在编辑的岗位责任制、三审制等工作方式基础上，提高审稿的科学性，通过各种方式，吸引优秀稿件，形成高水平、稳定的作者队伍。这对于图书编辑同样具有借鉴意义。

六　善于总结

林先生的文章中有两篇是对自己的生活、学术和工作的回顾和总结，[①] 从中我们可以了解到前辈学者治学和做人的很多点点滴滴的细节，同时也看到一个真正的马克思主义者对工作、对自己的总结和剖析。现在很多编辑抱怨自己“穷忙”，每天忙着应付各种繁杂的事情，而很少静下心来思考，这种情况的出现，是因为什么？或者说，有没有办法将这种状态改善或者形成一种新的工作方式。对以前做过的事情、编辑过的内容进行回顾和总结，找出问题，总结经验，才能不断进步。

七　学术对编辑工作的指导

编辑在工作过程中，如果遇到特别专业或者难度较大的重要稿件时，往往要请相关专家进行审读。这种审读对于提高稿件的学术水平和出版质量十分有必要，但有时专家学者从学术角度提的问题，往往

① 《四十年的回顾》，《中国史研究》1994 年第 4 期；《八十自述：我的历史和史学研究生涯》。

与编辑出版的要求存在一些差异。如果专家学者有一定的编辑经验，自然这种情况就会少很多。林先生对于新编方志的修改意见，就兼顾了编辑与学术的双重要求。[①] 即从学术角度来说，方志要真实、客观。对于旧方志的资料，要充分利用。对于新方志，则要更加丰富和准确。对于修志的资料，既要符合相关规定，在不影响方志真实性的前提下进行选择，又要将修志后的这些资料充分利用，可以汇编成资料长编，供其他修志者利用。“修志也是一项研究工作，而且是并不轻松的研究工作”，在于志书的资料需要辨析利用，志书所载的内容要有一定稳定性，志书的内容要全面综合，这些都需要我们进行相关学术研究之后，才能做到。

林先生在《历史研究》的编辑经历，在我们现在看来，是十分令人羡慕的。他在文章中提到的当时投稿的学术名家和当时的青年学者，都是当时和现在的学术名家。[②] 可见，出版界常称颂的范用与钱锺书的美谈，在当时那个时代，应该是编辑与作者的一种并不罕见的事情。

关于林先生的编辑经历，在这篇文章中也有一些叙述，如向《学习》杂志学习经验，杨向奎、贺昌群、翦伯赞、吴晗发表文章的轶事，聘请当时的一些著名学者作为“特约编辑”，在高校成立通讯小组等。林先生对这段经历十分感激，在离开编辑部到历史一所之后，“始终牢记在编辑部工作的那段日子，牢记编委会、主编、副主编对我的培养和教育，牢记编辑部同志们对我的帮助”。可见，林先生认为他的编辑经历对学术研究有着重要的意义。

八　寄语

林先生的编辑工作经验，已经融入了他的各种学术论著中，需要

---

① 《进一步加强新编方志的科学性》，《中国地方志》1995 年第 6 期。

② 《在〈历史研究〉创刊初期的日子里（下）》，《中国社会科学报》2014 年 1 月 22 日。

现在的编辑好好体会、学习。《中国图书评论》（2004 年第 6 期）刊登的林先生的寄语“学贵博洽而能返约，识求独断而戒凿空，文须雅驯而避浮华”，则值得所有的后学共勉。

（作者系人民出版社副编审）

21世纪以来的宋史研究现状

李华瑞

我在这里所讲的是国内的宋史研究现状，不包括欧美、日本和中国港澳台地区。现代分科研究宋史大致始于20世纪20年代，距今已有百年。百年当中，从20世纪20—70年代是国内宋史研究初步成长期，宋史虽是国史的组成部分，但在这个时期研究状况并不尽如人意。正如邓广铭先生在1980年中国宋史研究会成立大会上所致开幕词所言："从我国史学界对各个断代史的研究情况看来，宋史的研究是较为落后的。这表现在：不但在各种报刊上发表出来的有关宋代史事的论文，比之其他各代显得少些。甚至连一部篇幅较大的宋史专著也迄今无人撰写出来，而其他的断代却多已有了。在国外，例如在日本的中国历史研究中，其每年发表的有关宋史的论文和专著，也比我们的多。没有一定的数量，当然就很难谈到质量。因此，关于宋代史事的研究，还亟需我们继续尽最大努力，去生产成品，去培育人才，去追赶国内各断代史的研究水平，并夺取国际上宋史研究的最高水平。"①

改革开放以来，至新世纪之交，国内宋史研究取得长足的进步与发展。不论是发表的论著还是从事宋史研究的人数，都超过了域外研究的总和还要多。1980年中国宋史研究会成立以后，在邓广铭、陈乐素等前辈学者倡导实证研究风气的影响下，近20年间除宋代经济史研

① 《中华文史论丛》增刊《宋史研究论文集》前言，上海古籍出版社1982年版。

究领域，漆侠、李埏、葛金芳诸学者仍坚持理论性的探索而外，实证性研究已占据主导地位。热衷辨析史事，究心典章制度，蔚然成风。有关20 世纪宋史研究状况，王曾瑜、朱瑞熙、陈振、邓小南、李华瑞、包伟民等都有专文介绍。

当时间进入21 世纪以来，国内宋史研究在20 世纪研究基础上又有新的发展，并展现出鲜明的新特点。

一　21 世纪全国宋史研究格局的形成

1. 2001 年教育部高等学校人文学科重点研究基地河北大学宋史研究中心的成立，是21 世纪以来宋史研究中的一件大事。河北大学宋史研究中心成为国内历史学得到教育部重点建设的12 个学科之一。目前大致发展成为全国宋史研究最重要的资料中心，研究人员也是最多的机构。

中国宋史研究会挂靠河北大学，编辑会刊《宋史研究通讯》，迄今刊印总70 期。

编辑《宋史研究论丛》，已出版21 辑。

编辑《中国宋史研究年鉴（2015)》于2018 年出版，今后河北大学宋史研究中心将与中国社会科学出版社合作定期出版宋史研究年鉴。

2. 20 世纪形成的宋史研究重镇：河南大学、杭州大学（新世纪以来衍化出三所高校：浙江大学、杭州社科院南宋史研究中心、杭州师范大学）、上海师范大学、云南大学、四川大学、暨南大学等高校的宋史研究，进入新世纪以来依然保持了学科发展的优势。西北大学、华中科技大学、中山大学、四川师范大学等高校成为宋史研究新的增长点。

3. 2001 年教育部高等学校人文学科重点研究基地宁夏大学西夏研究中心的成立，使得西夏学的研究格局逐渐由北京、宁夏、甘肃、四川几个重要区域向以宁夏大学的西夏研究院为中心的过渡，而且宁夏大学西夏学研究院一家独大的局面正在形成。

北京大学已故教授刘浦江培育的辽金史学术队伍的崛起，是新世纪以来国内辽金史研究值得关注的一支新生力量。

4. 中国社会科学院历史研究所、民族研究所的辽宋西夏金史研究曾在国内占有重要一席，进入新世纪以来有较大起伏。

5. 北京地区宋史研究铁三角的形成：以邓小南教授为首的北京大学中国古代史研究中心、以包伟民教授为首的中国人民大学唐宋史研究中心、以李华瑞教授为首的首都师范大学唐宋史研究中心的三个高校的宋史研究，成为国内宋史研究的重镇。值得注意的是，首都师范大学的宋史研究从无到有，现今已悄然位居国内宋史研究的先进行列。

二　文献整理与研究的新进展

进入21世纪以来在文献整理与研究上有四件大事值得注意。

（一）文渊阁四库全书电子版的出版

1999年11月上海人民出版社和迪志文化出版有限公司联合出版文渊阁四库全书电子版（原文及全文检索版），是新世纪宋史研究发生诸多划时代变化的基础。虽然1986年台湾商务印书馆推出《景印文渊阁四库全书》，为史学工作者研究中国古代史提供了极大的方便，但是面对1500巨册，对于大多数学人来说还是望而却步。“原文及全文检索”电子版的出版则使文史工作者随时使用和利用四库全书成为可能。

邓广铭先生说《四库全书》最有利于宋史研究。《四库全书》主要收录清乾隆以前中国古代的重要著作，尤以元代以前的书籍收辑更为完备。汉唐典籍因多种原因到清初时流传有限，大大影响了四库的收录。明代文献因清人有偏见收录不多，如明人文集流传比宋人多数倍或十数倍，而实际收录却没有宋人的多。清代只收录至乾隆以前。四库收录宋代文献约占现存宋代主要文献的六七成。现存宋人文集约

800 余种，四库收 400 余种；笔记小说今存五六百种，四库收集近 400 种；基本史料《宋史》、《续资治通鉴长编》、《建炎以来系年要录》、《文献通考》、《玉海》、《三朝北盟汇编》、重要方志、野史、别史以及子部所收宋代类书更是遗漏不多。重要的文献只差《宋会要》。

文渊阁四库全书电子全文检索版的出版产生了三个重要影响：

1. 在很大程度上推动了新世纪的宋史研究。特别是七〇后青年学者的研究在相当大程度上依赖电子版和数据库检索。专题论著数量有明显增加。

2. 读文本史料能力下降，由于检索材料主要服务于“问题”预设，故对国史的认识已与西方汉学研究者趋同。

3. 史学家以占有史料多为荣的时代一去不复返，通读二十四史已成为传奇神话。

（二）新出土文献的整理与研究

长期以来国内宋史学界主要围绕传世文献进行研究。宋代考古新材料有两个特点，一是没有出现如先秦、秦汉、魏晋隋唐、西夏那样引起史学研究变革的新材料，如甲骨文、简牍、敦煌吐鲁番文书、黑水城文书，也没有有待开发整理的明清档案那样一类资料。二是已有的考古新材料尚不足以推翻传世文献的记载。即使有新材料发现，也缺少应有的敏感度，而没有给以足够的重视。但是进入新世纪，特别是近几年这种状况有所改变。

1.《天圣令》的发现与价值

1998 年，上海师范大学教授戴建国先生在浙江宁波天一阁博物馆找到了一册目录上注明是“明抄本”的《官品令》残 10 卷。他在经过研究后，于《历史研究》1999 年第 3 期发表了《天一阁藏明抄本〈官品令〉考》一文，认定天一阁博物馆所藏明抄本《官品令》残 10 卷不是明代的《令》，实际就是佚失了千年之久的北宋《天圣令》的后 10 卷。天一阁珍藏明抄本北宋《天圣令》的发现，使该令典重见天日，为研究唐宋社会变迁及唐制向宋制的发展，提供了重要的学术依据。这一发现受到中日学界的广泛关注，也引起了唐宋史家的正面对话。

天圣令的史料价值有三个方面：

其一，可以了解宋令与唐令的原貌。这对研究宋令、复原并研究唐令极为重要。

其二，由于看到了唐、宋《令》原文，使得研究《令》在“律令格式”法律体系中的地位，乃至中国古代法律的性质等问题方面有了更可靠的依据。

其三，由于《令》规定了国家的许多制度，因此对研究唐宋时期的各项制度有十分重要的作用，特别是为经济制度和一些社会制度（如土地、赋税、徭役、畜牧、仓储、医疗、丧葬、建筑工程、商贸、交通、诉讼、监狱等制度）的研究提供了许多新资料。

天一阁博物馆与中国社会科学院历史研究所天圣令整理课题组合作，《天一阁藏明抄本〈天圣令〉校证附唐令复原研究》由中华书局2006年出版。

2.《武义南宋徐谓礼文书》

2006年6月前后，浙江省武义县有一座南宋古墓被盗，出土“徐谓礼文书”、毛笔、镇纸、砚台、私印等珍贵物品。2011年1月经当地群众再次举报，到2012年7月5日，徐谓礼文书共17卷为武义县公安局追回。经浙江省文物鉴定中心鉴定，徐谓礼文书属“国家一级珍贵文物”。徐谓礼文书是我国自近代史学创立以来首次从墓葬中发现的宋代文书。

内容为徐谓礼一生历官的官文书。目前从盗发者手中追回的徐谓礼文书共15卷，3种文书类型，即告身（委任官职的凭证）、敕黄（差遣委任状）与印纸（官员考核表，履历）。据盗发者供称，出土时，文书共包成两扎，即告身与敕黄为一扎，外封纸上题“录白敕黄”，印纸一扎，外封题“录白印纸”。徐谓礼文书的基本内容，包含告身十道，敕黄十一道，以及印纸批书八十则，共约计四万字。

它记录了南宋中级官员从中央到地方、从低级到中级历官及其政务全过程的细节，较全面反映了南宋中后期政治史乃至其他相关领域的第一手资料。如徐谓礼文书在包括朝旨形成与颁布的各种机制，官员管理，诸如选拔、任命、监察、考核、保荐，乃至俸禄等各方面，都提供了传世文献所未见的历史信息，乃至修正以往对历史的认识。尤其是占文书约百分之八十的徐谓礼“录白印纸”，学界从所未见，意义非凡。

包伟民、郑嘉励编《武义南宋徐谓礼文书》，中华书局 2012 年出版。

3.《宋人佚简》

为介绍《宋人佚简》，需了解公文纸本的相关知识。宋代龙舒刻本《王文公文集》今存于世者，中国与日本各藏一部，中国藏本为用公文纸所印。所谓公文纸本，在版本学界和目录学界通常称为公文纸印本，也称公牍纸本、文牍纸本、官册纸本等，是古籍刻印本的一种特殊形态，专指宋元明时期利用官府废弃的公文档册账簿（包括私人书启等写本）纸背刷印的古籍，亦即古人利用公私废旧纸张背面印刷的古籍印本。

《宋人佚简》就是 20 世纪 90 年代根据宋代公文纸印本《王文公文集》背书整理而成的大宗宋代原始文献。此书原有 100 卷，现存 72 卷，共 900 余页，内用旧纸印的有 780 页。1990 年已经由上海古籍出版社以《宋人佚简》五册影印出版。

宋人佚简所收录的文书有两类，一是官员、文士之间交往、酬酢的礼节性启书，约占五分之四。二是公牍部分，位于第 5 册，为南宋绍兴末隆兴初舒州的官府公文，计有 127 页，分属 53 件公文，内容涉及南宋初期政治、经济、军事、文化等多个方面，尤以舒州酒务文书居多，是研究宋代财政史和经济史的第一手资料，具有重要的史料价值。

孙继民先生与他的学生利用《宋人佚简》资料，对南宋舒州酒务公文作了专门研究，出版《南宋舒州公牍佚简整理与研究》（上海古籍出版社 2011 年版）。

4. 宋西北边境军政文书

自 1908 年俄国探险家科兹诺夫发现黑水城文献以来迄今已 110 年。黑水城文献内容所涉时代大约跨宋、西夏、金、元，甚至更早或更晚的历史时期。其中尤以西夏文献为著，为研究西夏提供了丰富而珍贵的第一手资料。俄藏黑水城文献共有 8000 多个编号，1996 年以后，由上海古籍出版社按汉文文献、西夏文世俗文献、西夏文佛教文献和其他民族文字文献分编陆续出版。

西夏刻本《文海》和《文海宝韵》背面为宋代西北边境鄜延路经略安抚使司档案文书，共有 190 页，现藏俄罗斯圣彼得堡博物馆东方学分所。其影印件收在《俄藏黑水城文献》第 6 册。文书主要是宋代西北边境鄜延路地区（今延安地区）军政活动的原始记录和公文档案，反映北宋中后期至南宋初西北地方军政的活动资料。

孙继民《俄藏黑水城所出〈宋西北边境军政文书〉整理与研究》，中华书局 2009 年版。

5.《增修互注礼部韵略》的发现与整理

2012 年南开大学王晓欣教授与研究生在上海图书馆，对宋刊元印本《增修互注礼部韵略》进行初步研究。《增修互注礼部韵略》纸背公文纸资料存留了 300 余页 700 户以上的元代湖州路户口事产登记，是元史学界第一次看到大批量的元代公文纸资料，也是首次发现成规模的元代户籍册。

其中还有原来就在民户以外的户计营生，录文条中除泛称的匠户外，各种具体营生的匠户名目繁多，计有漆匠、裁缝匠、锯匠、泥水匠、絮匠、竹匠、木匠、纸匠、铁匠、桶匠、石匠、瓦匠户等十几种。这些具体名目显然都是从南宋延续而来的。至少在户口登记时他们还延续着原户类的职业。他们原来受到的管理不似元朝，但归元后，从文卷看，至少有些人户已按元制重新收系，被元朝的官工匠户计机构管理了。

据初步统计，本书背面每叶登记的人户有的是二户，有的是三至五户，现已整理第一册 62 叶共 155 户，平均每叶 2.5 户，如果以全书 300 余叶每叶都有记录计算，大约整理出的户数可达 750 户至 800 户。这个数量相当可观，也无疑会产生更多方面的统计价值，也会有更多新的发现。[①] 因此，虽然是元代文献，但是因为记载了由宋入元的资料，对于宋代的社会经济史亦有重要参考价值。

（三）《宋会要辑稿》的整理、点校、复原

《宋会要》是宋朝史官收集当时诏书奏章原文，分类编排，史料价值很高，先后修纂十次，成书 2200 余卷。是宋史研究中最为重要的官方文献之一，至明初已有散佚，收入《永乐大典》。清嘉庆年间，徐松以编《全唐文》为名辑出，进行初步的整理和排比，到 1936 年北平图书馆又作了一些整理，由上海大东书局影印发行，名为《宋会要辑稿》，约 800 万字，共 366 卷，200 册。

20 世纪 90 年代，四川大学古籍整理研究所与美国哈佛大学，以及中国台湾相关机构合作，初步整理出了一部电子版的《宋会要辑稿》点校本。但是并没有进行全面整理，直到进入新世纪以来才有比较大的进展。由四川大学古籍整理研究所学人经过八年的整理、校点，并经由刘琳、刁忠民、舒大刚、尹波等专家审稿，编纂。2014 年由上海古籍出版社推出《宋会要辑稿》校点本共 16 册。这是迄今最为完善的整理点校本。

另外，2014 年由中国社科院历史研究所陈智超先生领衔的课题："《宋会要》的复原、校勘与研究"获得国家社科基金重大项目立项。

---

① 王晓欣、郑旭东：《元湖州路户籍册初探——宋刊元印本〈增修互注礼部韵略〉第一册纸背公文纸资料整理与研究》，《文史》2015 年第 1 辑。

该项目共分三个子课题，“新辑《宋会要》”是对《宋会要》各类、门的结构进行系统和深入的研究，整理出一部体例适当、类目清晰、内容完整、符合原貌、便于利用的新辑《宋会要》，在结构和体例上尽量恢复《宋会要》的原貌。此外，项目组还将在此基础上继续开展“《宋会要》文本研究”“《宋会要》与中国古史研究”等专项课题研究。

（四）《全宋笔记》出版及其史料价值

以戴建国教授为首的上海师范大学古籍所整理出版的《全宋笔记》（10辑，1998年策划，大象出版社2018年6月出齐，共102册）是宋代文献整理四大全的最后一种。《全宋诗》（72册，北京大学古文献研究所编，1991年出版）；《全宋词》（5册，唐圭璋编，中华书局简体竖排版1999年，繁体竖排本2009年）；《全宋文》（360册，四川大学古籍研究所1985年策划，巴蜀书社、上海辞书出版社、安徽教育出版社2006年出齐）；“《全宋笔记》的整理与研究”，在2010年被列为首批国家社科基金重大项目。

值得注意的是，《全宋诗》《全宋词》《全宋文》都是由研究宋代文学的机构和人员进行整理与研究，而《全宋笔记》则是由以研究宋史为主的学者进行整理，在2018年6月30日国家社科基金重大项目成果《全宋笔记》新书发布暨座谈会上，袁行霈先生为《全宋笔记》的题词是：“取笔记之精华，补正史之缺失。”大多数与会者的发言与此题词精神相似，但是我个人认为，如果仅从“补正史之缺”的角度衡量《全宋笔记》，未免低估了这套书的价值和意义。因为正史、会要、编年体等官史大体反映的是国家的、官方的立场，笔记虽然同样出自士大夫之手，但基本上可以算作半官方、非官方的书写，假如从社会角度观察宋代历史，今人对两宋会有更全面更深入的认识，而这正是《全宋笔记》对学界的一大贡献。

同理《全宋词》《全宋诗》《全宋文》对于研究宋代文学固然有

极其重要的价值，但是不能仅从文学史的角度来衡量宋代文献四大全的史料价值。而是应当开阔眼界，另辟新径，从四大全文献资料中，发现和挖掘“新材料”，对研究宋史来说就显得具有特别重要的意义。

三　读书班、讲习班成为培养学生重要方式

原本在日本、中国台湾盛行的以读宋代史料为主的各种形式的读书班、读书会自新世纪以来被引入国内，逐渐成为国内部分高校培养宋史研究新生代的重要方式。如在北京大学、中国人民大学、首都师范大学、中国社科院历史所、四川大学、中山大学、武汉大学、华中科技大学、河南大学都有形式不尽相同的读书班、读书会，通常以读《续资治通鉴长编》《宋会要辑稿》《名公书判清明集》《救荒活民书》《王安石新法》较多，还有宋代官箴、墓志铭、文集、新出土文献等。

读书班、读书会的兴起原因有四：一是 20 世纪 70 年代以后日本、90 年代韩国、中国台湾纷纷借用西方汉学读史料的形式研读宋代文献史料，新世纪以来国内宋史研究与西方汉学趋同现象日益严重，读书班、读书会在很大程度上是其表现之一；二是受汉唐史研究读简牍、读敦煌文书的影响；三是专题性研究占据主导地位；四是数据化导致读文本史料的能力下降。

读书班、读书会之外，宋史研究生（以博士生为主）的讲习班也成为宋史研究会倡导的一种培育方式。讲习班始自 2003 年 12 月 14 日至 20 日，由包伟民教授在浙江大学历史系举行。主题为《发现问题：学术史研究的方法与意义》。参加的学员共计四十余名，除浙江大学的学生外，还有来自北京大学、河北大学、河南大学、武汉大学、暨南大学、上海师范大学、云南大学以及厦门大学等高校的近二十名宋史专业博硕士研究生。邓小南教授当选中国宋史研究会会长后，将其作为宋史研究会的一项重要活动固定下来。迄今在河南大学、西北大学、首都师范大学、河北大学、上海师范大学、四川大学、中山大学

等高校已举办11次。讲习班每次都有一个主题，承办单位围绕主题请若干知名专家讲座，学生讨论。后来学生不满足于被动地听讲，而渐次改为老师讲座与学生提交论文互动相结合。一般规模三四十人，以博士生为主，并有少量硕士生参与。听课研究生认为“与中国台湾地区、日本的宋史研究同行相比，我们的这种研习班还仅仅处在起步阶段，将来的道路还是很长的”。

四　从邓广铭学术奖励基金评奖看研究取向

邓广铭学术奖励基金设置于1999年，评奖对象主要是五十岁以下研究宋辽夏金史的海内外中青年学者。2000年评出首届奖。

邓广铭学术奖励基金设立的宗旨是：为了纪念著名历史学家邓广铭教授，倡导“勤奋、严谨、求实、创新”的优良学风，发扬锲而不舍献身学术事业的精神，奖励在辽宋夏金史研究方面有突出贡献的优秀中青年人才，特由北京大学历史学系、中国中古史研究中心与中国宋史研究会共同设立“邓广铭学术奖励基金”。

从2000年评出首届奖迄2016年共评出9届获奖作品。评奖时间均在中国宋史研究会年会举行年份。9届评奖共有33部专著、5篇论文获奖，其中一等奖3项，二等奖12项，其余为三等奖、优秀奖。2018年，第18届中国宋史研究会年会期间举行第十届邓广铭学术奖励基金评奖活动，报名申请评奖的著作12部、论文6篇。

从邓广铭学术奖励基金评奖来看宋史研究有三个突出的表现：

一是获奖作品代表了新世纪以来国内中青年研究宋史的最高水平。

二是获奖的绝大多数论著都是博士学位论文或博士后出站报告的修改稿。博士毕业生和博士后日益成为研究主力和骨干。包伟民、杨果、苗书梅、曹家齐、王善军等获奖者都先后担任了中国宋史研究会的会长、副会长。

三是代之而起的专题式研究在各个领域全面推开。因而在典章制度

史、财政问题与部门经济史、城市史、人口史、交通史、货币史、区域经济史、法制史、社会史、家族史、妇女婚姻、文化思想等都有颇见功力的专著问世，记录着宋史研究者们在不同时期走过的心路历程。

由于专题式研究选题一般比较适中，资料收集和积累相对容易，又易于把握学术史的梳理，加之改革开放以来青年博士的学位论文都采取专题形式，故可以预见今后相当长一段时间内，以专题式的研究仍然是宋史研究的主要路径。

五　宋朝是一个“积贫积弱”的国家吗

对宋朝历史特点的概括，改革开放前大致没有比“积贫积弱”所产生的影响更大的了。

其实，早在南宋后期，有识之士就说“民穷”“财匮”“兵弱”是当时的三大弊政。而元明清人一致认为宋朝“武备不振”和“积弱”。民国时期，钱穆在《国史大纲》中将宋元明清人的议论概括为“积贫”和“积弱”，20 世纪 50 年代末先师漆侠先生在《王安石变法》一书中第一次将“积贫积弱”连用来概括宋神宗实施变法的主要社会原因。1962 年邓广铭先生将这一概括引入《中国史纲要》宋代历史部分的书写。由于《国史大纲》和《中国史纲要》是大、中学教材，因而影响极大，遂使“积贫积弱”成为 20 世纪后半叶评价宋代历史的代名词。

二是新中国成立以后所确立的封建社会内部分期研究范式，把宋代作为中国封建社会走向衰亡的开始，即唐宋时期处在封建社会由前期向后期转变的时代，为大多数学者及教科书所认同。五个社会形态说实际上是建立在“社会进化论”的基础上，宋代处于封建社会的衰落时期，其落后是不言而喻的。

基于这两方面的认知，国内学界一般提到宋朝历史总是与政治上腐朽、学术上反动、经济上积贫、军事上积弱画等号。

改革开放以后，对于“积贫”提出质疑，得到大多数人的赞同。对于“积弱”学界基本上延续了传统的看法。[①] 进入新世纪以来，李裕民先生先后发文对“积贫积弱”说进行商榷。并得到宋史界著名学者的认同。[②] 网友也提出很多质疑意见。

那么怎样看待“积贫积弱”说呢？根据我个人的研究，“积贫”在一定程度上得到更正，从国家财政和地方财政的角度而言，宋仁宗朝形成的“财匮”，在王安石变法之后得到一定的舒缓，南宋以后则一直是为摆脱财政危机苦苦挣扎，而宋代地方财政长期处于入不敷出的窘境，则是宋代财政史研究者取得的较大共识。因而“财匮”之说是有充分根据的。从“民穷”的角度来说，宋代社会最底层的客户，与魏晋隋唐以来的部曲相比，不论是法律身份地位、迁徙自由以及谋生手段，都有较大的改善和提高，加之宋朝的社会救济制度汉唐不能企及，元明清也没有超过，而宋代大中城市里五万贯家财的富户人数众多，所以要辩证地看待宋朝的“积贫”。

对于“积弱”说也应当在一定程度上得到更正。过去对宋朝积弱的认识有两层含义，一是国势弱，二是军事能力弱。对于前者，大多数研究者都不能认同，因为目前学界公认宋朝的经济、科技整体发展水平远不是辽、西夏、金、蒙古、元所能比拟。而对于后者虽有质疑者，但未能得到充分解释。

我个人以为若从战争具有防御和进攻两种基本形式而言，宋朝对于辽、西夏、金、蒙古、元的战争的失败主要是发生在宋朝的主动进攻战上。而从防御战的角度来看，宋大多数时间在境内抵抗来自辽、西夏、金、蒙古、元的进攻，则宋军多能取得不俗的战绩，如宋夏平

---

① 参见李华瑞《改革开放以来宋史研究若干热点问题述评》，《史学月刊》2010 年第 3 期。

② 李裕民：《宋代“积贫积弱”说商榷》，《陕西师范大学学报》2004 年第 5 期；李裕民：《破除偏见，还宋代历史以本来面目》，《求是学刊》2009 年第 5 期；柳平生、葛金芳：《宋代经济成就：工商业文明的快速成长与原始工业化进程的启动》，《求是学刊》2009 年第 5 期；曾瑞龙：《经略幽燕——宋辽战争军事灾难的战略分析》，香港中文大学出版社 2003 年版，第 3—6 页；邓小南：《宋朝历史再认识》，《河北学刊》2008 年第 4 期。

夏城之战，宋金太原之战、和尚原之战、顺昌之战、郾城之战、采石之战，宋蒙古钓鱼城之战等等，因而应当改变宋人不能打仗的偏见。

既然宋人能打仗，为什么宋以后历代都说宋“积弱”呢？我个人以为大致有三点原因：

一是由于政治腐败和战略决策的失误，金灭北宋和宋蒙元战争的第二阶段特别是1273 年后的元灭南宋战役，基本同属于击溃战，也就是说北宋和南宋均被金、元在短时间内灭亡，这就是“积弱”的表现。

二是在所谓“和平”对峙年代与辽、西夏、金、蒙古、元的交往中（特别是南宋）又常常扮演乞求、赔款、苟且、退让等屈辱的角色，这又是不折不扣的“积弱”。

三是虽然宋打防御战颇有战斗力，但是必须指出宋的防御战都是对侵略者深入国境之内的顽强抵抗，也就是说在第一时间并不能阻击侵略者于国境防线之外。一个常在国境纵深地区进行顽强抵抗侵略的国家，不论抵抗有多么的卓越，也不能不是“积弱”的反映。[①]

六　唐宋变革论在中国的重新兴起

唐宋变革论自 1909—1922 年日本学者内藤湖南提出至今虽已近百年，但国内学者真正关注“唐宋变革论”，并引起唐宋史学界热烈回应，实际上是进入 21 世纪以来的事情。世纪之交，日本、美欧都已有了充分讨论和基本定论的唐宋变革论，在国内却突然受到极大关注，一时间学界普遍以“宋代近世说”或“唐宋变革论”为基础讨论宋代问题。但是仔细观察国内学界所热衷的宋代近世说或唐宋变革论，只有少数学者从日美学界讨论的定义、范畴、范围讨论宋代问题，而大多数人，都是借用日本学界为宋代历史地位所下的“是中国近世开

---

① 详见李华瑞《宋朝“积弱”说再认识》，《文史哲》2013 年第 6 期。

端”这一定位，或者使用唐宋社会由贵族向平民化、精英化转变的结论为自己的研究张目。

那么为何在世纪之交以来会出现这种现象呢？我们知道，民族历史地位的评价或者说对文明盛衰的评断，往往与国家的现实强盛与否分不开。20世纪国内学界对宋代历史的评价实际上是对现实中国地位评判的缩影。1840年鸦片战争后，国人在反思中国被侵略欺凌的原因时，从反思船坚炮利、政治制度不如列强直至对传统文化的质疑和否定。因而20世纪国内学界对宋代文治所取得成就（文明昌盛）的片面忽略，而特别强调宋朝“武备不振”“积弱”不强的一面，则不能不是仁人志士们主张与传统决裂，认为只有与传统决裂，才能救中国的时代反思在史学研究中的一种折射。

改革开放以后，随着中国与世界列强并驾齐驱进入21世纪，国际上重新认识明清以来中国在世界历史上的地位，尤以美国加州学派（California School）为突出，从研究范式的高度反思西方中心主义的学术理论和方法，突显中国历史的重要性，这也使得国内研究宋代问题的学者不满足于只把宋代的高度发展定位在中国封建社会内部的认识，而是希望把宋代置于当时的世界历史背景下给以新的评价。而日美欧唐宋变革论者高度评价宋代历史地位的观点正适应了这种要求。

于是宋代经济革命说——诸如农业革命、水运革命、货币与信贷革命、科学技术革命、交通革命、商业革命、市场结构以及都市化方面的重大变化等，宋代是中国近世的开端，宋代是中国古代的文艺复兴时期等观点充斥在各类评价宋代历史地位的论著中。这是唐宋变革论在世纪之交成为国内宋史研究热点话题的重要背景。

21世纪以来中国学术界“普遍以‘宋代近世说’或‘唐宋变革论’为基础讨论宋代问题”，将内藤湖南的这一假说视为“公理”，甚至泛滥化，还衍生出一系列新的“变革论”。面对这种现象和态势，我个人认为唐宋变革论对推动国际宋史研究确曾起过巨大的作用和意义，但是继续炒冷饭、吃别人剩下的旧馍，无助于推动国内宋史研究

的进步，反而“弊大于利”。

为何这样说，有六点值得反思：

一是历史分期问题目前在中国史学界和西方汉学界都不再是热点问题；

二是“宋代近世说”的实质是中国文明停滞论，背后是为日本帝国主义侵华张目；

三是这一假说立足于“中国本土”（汉族聚居的农耕区），历史空间逐步缩小；

四是“宋代近世说”虽然讨论很热烈，但真正与它对话的著作很少，对唐宋史研究的实际推进收效甚微；

五是学术研究不能故步自封，要不断推陈出新；

六是借此反思“我们自身的研究”，站在现今的角度观察和把握历史。[①]

事实上宋代近世说已经完成了它的历史使命，唐宋史研究应该走出“唐宋变革论”，亦即内藤湖南提出的那个假说。但是必须申明，并不是说不要研究唐宋时期的变化，相反还要继续探讨中国历史长时段中的分水岭，至于怎么定性、怎么研究，概念一定要明晰。

从学术规范、知识产权的角度来说，内藤的假说是有特定内涵的，包括贵族政治、平民社会、文艺复兴说等，如果中国学者研究这段历史，发现其中的变革，那应该重新界定，而不是直接套用日本学者的“唐宋变革论”——这样很容易产生误解，不利于学术进步。

七　研究问题和方法的新动向

1. 南宋史研究受到重视

进入 21 世纪以来，在关于中国古代的宋代史研究领域，一个相当

---

① 详见李华瑞《唐宋史研究应当翻过这一页——多视角看“宋代近世说”（唐宋变革论）》，《古代文明》2018 年第 1 期。《新华文摘》2018 年第 6 期转载。

引人注目的现象就是关于南宋时期历史的研究有了显著的进展。出版专著数量最为集中的，当数由以何忠礼教授为首的杭州市社会科学院南宋史研究中心组织各地学者撰写、出版的“南宋史研究丛书”。迄今已达80余种，加上中心与中国社会科学杂志社合作编刊《国际社会科学杂志》“南宋史专辑”3期，总量已超过90种。此外，海内外陆续出版的以南宋史为重点或者相当一部分内容讨论南宋历史的学术专著也不少，据包伟民先生初步统计在200种以上。合计起来，十余年来关于南宋历史研究的学术专著或者可近300种。[①]

对于南宋史受到重视的原因，我曾经在《改革开放以来宋史研究若干热点问题述评》中指出：“促成这种转变的原因，大致与经济重心南移到南宋完成的观点普遍被接受、朱熹及程朱理学的地位重新得到认可并形成研究热点等新的研究进展分不开；而刘子健先生《略论南宋地位的重要性》则直接推动了这一转变。”[②] 包伟民教授认为这一分析是很到位的。

2. 宋代政治史研究再出发

这主要是北京大学中国古代史研究中心邓小南教授提出。政治史研究的生机，来自具有活力的议题。问题意识与专题研究往往成为引领学术持续进展的生长点。总体上讲，目前宋代政治史研究处于一个“再出发”的阶段。其表现主要体现于三个方面，即：对于“传统领域”中一些基本问题的再认识，聚焦式议题的牵动，“再出发”的力量积蓄。经由对学术传统的反思、观念与方法的检讨琢磨，希望激发出具备发展潜力的话题；在辩驳切磋的基础上，进而形成富有牵动力的研究课题乃至学术方向。在此过程中，催生出聚焦面向不同、研究方式多样、组合层次不一的对话群体，形成国际性的政治史学术网络。

---

① 包伟民：《新世纪南宋史研究回顾与展望》，《唐宋历史评论》第2辑，社会科学文献出版社2016年版。

② 李华瑞：《改革开放以来宋史研究若干热点问题述评》，《史学月刊》2010年第3期。

具体研究上，中国古代官僚责任制度的运作，是围绕对信息的控制而展开的。中央对于地方官员的政绩考察，中央与地方之间搜集、传递、处理信息的方式，对于政令运行具有重要意义。这是历史的问题也是当代的问题，是学术问题，也是实践问题。

另外，近些年来，邓小南教授的学术团队在研究的组织方式上借鉴日本、中国台湾学界较为成熟的做法和计划，与过去有了很大不同，开展了更多“团队”式、“工程”式的集体工作，在北大举办多次相关学术会议和工作坊，从而发挥出中年学者的学术组织力，也带动了一批青年学人。邓小南教授的博士研究生近年也推出了数部讨论著作，引起宋史学界的重视。①

邓小南学术团队有关宋代政治史研究再出发的研究取得阶段性的成果：

邓小南主编：《政绩考察与信息渠道：以宋代为重心》，北京大学出版社2008年版。

邓小南、曹家齐、平田茂树主编：《文书·政令·信息沟通：以唐宋时期为主》，北京大学出版社2012年版。

邓小南主编：《宋代政治史再探研：过程·空间》，北京大学出版社2017年版。

3. 经济史研究新动向与富民社会论、农商社会论的提出

从20世纪90年代以来宋代经济史受关注的程度有所减轻，其在整体研究中所占的比重下降，这种下滑趋势在新世纪以来没有减缓的倾向。但它同时又是学界借引当代社会科学的分析方法与学术范式的努力比较明显的领域之一，近年来不少研究成果在深度上有许多推进。例如关于宋代的土地制度、租佃制与地租形态等问题，传统的观察大多强调地主与农民之间的阶级对立，从大土地占有制的发展、租佃关

---

① 邓小南：《中国古代政治史研究管窥——以中日韩学界对于宋代政治史的研究为例》，《北京大学学报》2008年第3期；邓小南：《宋代政治史研究的再出发》，《历史研究》2009年第6期。

系中人身依附减轻与否、地租形态之从劳役转向实物，租佃契约的内容与性质等，来展开讨论。

近一二十年来，这些议题明显受到经济学等学术范式的影响，效益、产权、风险控制与交易成本等等核心概念与分析方法开始在讨论中扮演重要角色。就如从两宋时期开始，土地关系日趋复杂，土地出售中的以典就卖、租佃关系中的一田二主与永佃权等现象开始出现，新近的研究在关注到这些现象可能影响到社会阶级关系的同时，更多地将分析的立足点落在了产权关系方面。有学者指出，北宋时官田佃户的永佃权事实上已经形成。民田方面，佃农则已经拥有稳固的租佃权，永佃权尚处于发育成长阶段，只在局部地区出现。土地产权这种多元化的发育成长，对于进一步激发产权权能所属各方的经营和生产积极性，提升经济发展的内在动力，具有积极意义，并对后代产生了深远影响。对于宋代土地买卖中存在着的典卖现象，学者们在深入梳理产权多元化趋势，强调田主、典主、佃农三者依托市场交易构筑的共享地权的新格局的同时，还注意到国家赋税和户口登记制度视田产的出典为财产转移，并不将出典田地作为财产来登记。在国家管理制度中实行的这种“一元制”产权形态，与流通领域存在的“一田两主制”形态不同，它是国家从降低社会管理成本出发，行使财税和行政管理职能的结果。①

包伟民于2014年出版的《宋代城市史研究》在总结唐宋城市史研究的基础上，对宋代的城市规模、类型和特征，城市管理制度、市场、税制、市政建设、人口和文化等问题进行探讨，多有新见，是对宋代城市的独创性研究。②

---

① 详见包伟民《改革开放40年来的辽宋夏金史研究》，《中国史研究动态》2018年第1期。另可参见戴建国《宋代的民田典卖与“一田两主制”》，《历史研究》2011年第6期；《从佃户到田面主：宋代土地产权形态的演变》，《中国社会科学》2017年第3期。龙登高等：《典田的性质与权益——基于清代与宋代的比较研究》，《历史研究》2016年第5期。

② 包伟民：《宋代城市研究》，中华书局2014年版。

“富民社会”的提出。“富民”是中唐以降迅速发展起来的重要社会阶层，林文勋先后出版两本以此为主题的有影响的论著。林文勋认为：宋代以后虽然朝代鼎革，但“富民”阶层的发展一直贯穿整个历史过程，成为认识社会结构及其变迁的关键。中唐以后富民阶层的崛起，从根本上改变了宋元明清诸朝代的阶级基础和社会结构，这一时段社会的阶级基础无疑就是富民阶层。而在社会结构中，作为编户齐民的富民阶层也成为社会经济关系和阶级关系的核心。可以说，宋元明清的中国传统社会是一个具有高度整体性的社会，而这个社会就是“富民社会”。①

“农商社会”，则是葛金芳阐述宋代社会经济的新论点。葛金芳认为，宋以降长江三角洲等狭义的江南地区，属于典型的“农商社会”。他还归纳了江南“农商社会”的五个特征：商品性农业的成长导致农村传统经济结构发生显著变化；江南市镇兴起，市镇网络形成，城市化进程以市镇为据点不断加速；早期工业化进程启动，经济成长方式从“广泛型成长”向“斯密型成长”转变；区域贸易、区间贸易和国际贸易扩展，市场容量增大，经济开放度提高，一些发达地区由封闭向开放转变；纸币、商业信用、包买商和雇佣劳动等带有近代色彩的经济因素已然出现并有所成长。他还对宋代东南“农商社会”中海外贸易的开放性和私营性作了新的探讨：宋代海外贸易以民间海商为主，南宋东南沿海常年有近十万人涉足外贸，包含权贵海商、职业海商、中小海商及海舶水手等。这和汉唐及明官府所控制的朝贡贸易，绝然不同。②

---

① 林文勋：《中国古代“富民”阶层研究》，云南大学出版社 2008 年版；《唐宋社会变革论纲》，人民出版社 2011 年版；《中国古代富民社会：宋元明清的社会整体性》，南开大学宋元明国家与社会高端学术论坛会议论文，天津，2013 年 10 月，第 17—18 页。

② 葛金芳：《“农商社会”的过去、现在和未来——宋以降（11—20 世纪）江南区域社会经济变迁论略》，载《中国古代社会高层论坛文集——纪念郑天挺诞辰一百一十周年》，中华书局 2011 年版，第 380—400 页；《从“农商社会”看南宋经济的时代特征》，《国际社会科学杂志》（中文版）2009 年第 3 期；《南宋海商群体的构成、规模及其民营性质考述》，南开大学宋元明国家与社会高端学术论坛会议论文，天津，2013 年 10 月，第 15—16 页。

有关“富民社会”“农商社会”议题的讨论已在全国部分高校引起反响。从2014年至2018年已先后在昆明、长春、北京、厦门等地召开五次学术论坛，并与元明清学者共同讨论宋代富民社会、农商社会在宋以后的发展演变。

李治安先生对此有较为深入的评价。他说：近二十年，中国大陆讨论“唐宋变革”的论文著作有数百种之多，看似相当热烈，但多数成果是在重复90年前日本学者内藤湖南的基本结论，或是努力发掘新史料为该论点做注脚，或是印证或深化该论点。这种近乎拾人牙慧的现象，让人颇不满意，甚至汗颜。上述“富民”、“农商”、赋役等牧民理政方式、南北整合等探索，既积极吸收“唐宋变革”说的有益成果，又不拘泥于该说的思维定式或理论窠臼，在诸多重要问题上作出了独特建树，有力推动了对中国古代史的科学与理性认识。

目下，越来越多的中国学人在努力探求践行“国际视野”和“中国话语”的互动。笔者觉得，有关“富民”、“农商”、赋役等牧民理政方式、南北整合等探索，恰是在努力践行断代实证与宏观贯通融汇，引领学术发展的潮流，用实际行动交上了一份建构“本土中国”的历史议题的合格答卷。可以说此举是继“唐宋变革”说及“宋元明过渡”说之后，中国学者争取到的多维度诠释中国古代史的学术话语权。①

4. 王安石、朱熹研究的新突破

王安石变法是宋代最为重大的历史事件，也是20世纪宋史研究最受关注的大问题之一。对此，朱瑞熙、葛金芳、李华瑞等人都做了充分的总结。②

---

① 李治安：《多维度诠释中国古代史——以富民、农商与南北整合为重点》，《中国社会科学评价》2016年第4期。

② 详见葛金芳：《近二十年来王安石变法研究评述》，《中国史研究动态》2000年第10期；朱瑞熙：《20世纪中国王安石及其变法的研究》，《安徽师范大学学报》2003年第2期；李华瑞：《王安石变法研究史》，人民出版社2004年版。

进入新世纪以来，王安石及其变法的研究在两个方面有新的突破：一是重新探讨王安石经学与新法的内在联系。过去一般认为王安石用周礼变法是托古改制，打着法先王的旗号，实际上并不是真的法先王或者相信先王。更有观点认为王安石经学是致乱祸国的理论等等不一而足。进入新世纪以来，从宋代经学发展的路径重新审视王安石的经学乃至新法，体现了北宋经学最新研究成果。北宋新旧党争在很大程度上是宋学诸派学术斗争的反映。首都师大俞菁慧的研究《经术与治道：王安石〈周礼〉学与北宋熙宁变法》就颇具代表性。

二是如邓小南教授所言，多年来尽管关注的面相大为拓展，仍然缺乏实质性的突破。真正突破的契机，可能来自对于王安石著述及其行实的重新整理。最近有王水照先生主编的《王安石全集》（复旦大学出版社 2016 年版）、华东师大刘成国教授考辨详细的《王安石年谱长编》（中华书局 2018 年版）面世。另外，朱熹的研究在行实的重新整理也有新的进展。朱熹的 2000 余通书信，直接反映出他毕生的政治与学术方面的人际交往情形，学界一向高度重视。而以往作为整理依据的工作底本，当年由朱熹门人、后辈编纂，基于政治时局、学派演变、个人理解等因素，编纂者对原始文本的取舍改动，一定程度上改变了初始的面貌。目前一些具有“再开拓”意义的材料辑佚与研究，可能让我们得以对于南宋中期政治文化史及朱陆关系等生发出不同的理解。①

除了以上几个较大问题外，新世纪以来在宋代灾荒史、社会救济等方面的研究也取得较大进展。② 政治文化（朱熹的历史世界、士大夫、礼仪、思想与社会）；基层社会（皇权不下县、胥吏、基层组织、基层行政区划、士绅、民间信仰）等问题受到中青年学者的关注。从 20 世纪 90 年代以来关注的区域社会、地方精英、国家祭祀、婚姻家

① 顾宏义：《朱熹师友门人往还书札汇编》，上海古籍出版社 2017 年版。

② 张文：《宋朝社会救济研究》，西南师范大学出版社 2001 年版；李华瑞：《宋代救荒史稿》，天津出版社 2016 年版。

族、社会性别、疾疫灾害、理念认同、日常生活、物质文化等方面的研究依然持续受到关注；更重要的是，社会史、思想文化史特有的视角及研究方式，也愈益发挥出引领与渗透的作用。

八　呼吁研究“大宋史”的声音日益高涨

新世纪以来国内的宋史研究，不论是在组织仪式、学术形式上，还是研究议题和方法上都取得相当大的进展。

当然毋庸讳言也存在一些问题，主要是三个方面：

一是专题式研究固然深入细致，但是呈现细碎化缺乏宏观贯通的把握是一个相当普遍的问题。我们这一辈的老师大多是能贯通古代史，我们这一辈大致可以贯通断代史，而70年代以后出生的大多数学者则只能照应断代史中的某一专门史，如政治、经济、军事、文化等领域，其研究方法和选题与西方汉学研究者的研究有趋同的隐忧。这种状况的出现与过分强调“问题意识”不无关系。“问题意识”，即为了证明预设问题的正确和模式的成立，使许多宋史学习者甚至研究者已经不再去大量阅读宋史的基本史料，而是根据自己所确定的研究问题去选择必要史料进行阅读，这直接造成了当前宋史学习者与部分研究者，在文献积累与分析能力方面，远不如前辈宋史学家，间接地造成了当前的宋史学习者与部分研究者，缺乏宏观视野，无法对宋代历史进行全局式的把握。所谓一叶障目，不见泰山。

二是长期以来我们跟在西方汉学（西方社会科学和历史理论）之后亦步亦趋，选题往往是跟在日美学界后面，总是慢半拍。甚至日美的研究范式是不证自明的“公理”。如前述唐宋变革论。为了证明“宋代近世说”的发展脉络，大多数人就把讨论11至14世纪中国历史的范围，从北宋的260万平方公里转到南宋150多万平方公里的地域，再转向元明的江南更狭小的地区，历史的空间一步步缩小。在这样日趋狭小的疆域空间内又被侧重于君主、士大夫和科举制，即“精英”

文化、地域重心及其相关的议题所主宰。

20 世纪 80 年代起开始出现的大量翻译、引进西方汉学论著的现象，在中国古代史研究领域曾经起到了不可忽视的正面推进作用。但同时也带来了一些负面效应，那就是“一味追求和模仿”西方汉学风格的“汉学心态”。造成汉学心态的原因比较复杂。西方学者关于中国古代历史的研究，无不是站在以西方为主体的立场之上，既有意无意地受到其本民族不同历史经验的影响，又受不同地区汉学学术传统的制约，因此他们对中国历史文化的解读存在着明显不足是必然的，也是可以理解的。如果试图推动中国古代历史研究走向深化，那么走出汉学心态、重建学术自信，是一个不可回避的任务。发挥本土学者在掌握历史资料方面的长处，更具体、更细致地重构史实。在更加接近历史真实的基础之上，重新解释我们民族的历史，文化自觉可能也就在其中了。[①] 近些年有学者提出国史研究应当注重传统史学对人事的书写，借以补充百年来国人遵奉西方历史“以事为本位”“以问题为本位”书写方式的不足。更有学者呼吁恢复历史学的人文性，亦即历史学的本源和主体，是以人为本的历史叙事；在历史学的四个基本要素之时间、空间、事情和人当中，人是连接其他要素的关键。[②] 这些都是很好的意见，值得学界重视。

三是 10—13 世纪的历史，被断代辽、宋、西夏、金史人为地各立畛域。我们的老师辈学者大致能兼顾辽宋西夏金史，而我们这一代到我们的学生辈乃至再传弟子能够兼顾辽宋西夏金史的学者已是凤毛麟角。所以越来越多的学者呼吁应多提倡和回应“大宋史”的研究理念。

所谓“大宋史”，是著名宋史学者邓广铭先生 1982 年提出来的一

---

① 包伟民：《走出“汉学心态”：中国古代历史研究方法论刍议》，《中国社会科学评价》2015 年第 3 期。

② 王汎森：《人的消失？——二十世纪史学的一种反思》，2016 年 3 月 17 日北京大学讲演；李开元：《怀念邓广铭师，恢复历史学的叙事传统》，《北京青年报》2017 年 7 月 21 日。

个概念，旨在强调当时前后并存的辽、宋、夏、金各王朝之间的联系与影响，而不是局限于赵宋王朝。2012 年 11 月 25 日四川大学举办“吴天墀教授百年诞辰国际学术研讨会”，在会议闭幕式上，会议代表呼吁打通断代史纵向横向的界限，继承邓广铭先生倡导研究“大宋史”的理念。我在做学术总结时对“大宋史”的两层含义做了解释：

其一，通过学科间、专门史间、断代史间的整合研究，形成大的视野，全面完整地认识 10—13 世纪中国的历史文化。其二，研究者应具备纵向兼通唐史和元史，横向互通宋辽西夏金史的治史素养，眼界才能开阔，问题讨论才能深入，见识才能高远。

这个理念对学界产生了深刻的影响，2017 年 10 月“宋史前沿论坛”可以看作在这一理念指导下“大宋史”学界同仁的对话与交流。澎湃网站私家历史报道会议的题目就是“走出‘唐宋变革论’ 迈向‘大宋史’研究”。邓广铭在将近 40 年前就提出“大宋史”的概念，在辽、宋、夏、金学界内部基本上达成了共识，也出现了不少致力于“大宋史”的研究成果。然而不可否认的是，这一概念似尚未超出“大宋史”研究领域，影响力还比较有限，正如华东师范大学陈江所注意到的，百度百科收入了众多与会学者的人名条目，却没有“大宋史”这一词条。这也说明不仅要继续提倡“大宋史”研究，而且要有一批学者站出来实践这一理念，才可能改变各自为阵的断代史研究。

［本文是作者在 2018 年 7 月 17 日在中共中央党校（国家行政学院）“文化讲坛”系列专题讲座的讲演稿，作者系浙江大学敦和讲席教授、中国宋史研究会会长］

附记：林甘泉先生是我敬仰多年的前辈学者。林先生是先师漆侠先生的好友，都是新中国培养的第一代马克思主义史学家。林先生曾多次应漆侠师的邀请到河北大学给我们上课，受教良多。2000 年，我第一次参加国家社科基金项目评审，即受林先生的领导，直至 2012 年先生最后一次参加项目评审。小组讨论先生常主动让我参加社会经济史组，更使我能够近距离接触先生。先生严谨、认真、负责又与人为善的工作作风给我留下至深印象。先生不止一次叮咛我要继承好漆侠师的马克思主义史学，也常常关心我的业务进展，耳提面授，犹历历在目。先生虽然离开了我们，但是先生的音容笑貌宛在。

秦汉田租征收方式的演变

晋　文

一般认为，自秦简公七年（前408）推行“初租禾”即按亩征税的改革后[①]，秦国便开始征收田租了。然而在某些具体问题上，特别是商鞅变法后秦国田租究竟曾如何征课，汉代田租的征收与秦代有哪些异同，究竟是分成租，还是定额租，抑或兼而有之，目前仍存在争议。本文拟就秦汉田租征收方式的演变谈谈粗浅看法。

一　商鞅变法与秦国田租的征课

先说商鞅变法后田租征收的变化。

（一）商鞅变法后秦国田租的变化

根据《史记·秦本纪》，商鞅变法曾实行“初为赋”的改革[②]。《资治通鉴》卷2《周纪二》载周显王二十一年：“秦商鞅更为赋税法，行之。”[③]《史记·商君列传》也就此明言：“为田开阡陌封疆，而赋税平。”[④] 足见其时秦国的田租征课曾发生很大的变化。

---

① 《史记》卷15《六国年表》，中华书局1959年版，第708页。

② 《史记》卷5《秦本纪》，第203页。

③ 《资治通鉴》卷2《周纪二》“显王二十一年”，中华书局1956年版，第57页。

④ 《史记》卷68《商君列传》，第2232页。

更重要的是，商鞅对秦国的田租的征课实际曾进行过两次改革。因为早在其初次变法之时，他对秦国的田租征课即做出了新的规定。这就是通常所说的关于奖励耕织的规定——“僇力本业，耕织致粟帛多者复其身。”[①] 它强调对“耕织致粟帛多者”将给予免除徭役的优待[②]，从而间接表明商鞅当时已经对田租征课进行了较大改革。尽管限于史料，目前还很难得知究竟其规定何者为“多”，但商鞅为调动农民的生产积极性，在以往按亩征税的基础上，进一步引入激励机制来改革田租的征课，这却是毫无疑问的。而且，其“帛粟愈多者，负担愈轻”[③]，这也是许多学者对商鞅此项改革的共识。可见商鞅初次变法，便多少改革了秦国的田租征课。

至于“初为赋”的改革，则变化更大。当然，“初为赋”的内涵并非仅指田租，而应该囊括秦国当时的各种赋税[④]。但其中田租的征课确实发生了很大变化，则可谓不争的事实。具体来说，即除了继续采取奖励耕织的政策，主要是征课数量有了某些提高。这显然是由于商鞅的土地改革将原来的小亩改为大亩所造成的。《新唐书·突厥传上》征引杜佑说：

> 周制，步百为亩，亩百给一夫。商鞅佐秦，以为地利不尽，更以二百四十步为亩，百亩给一夫。[⑤]

青川秦牍《为田律》和张家山汉简《田律》也证实了这一点。例如：

---

① 《史记》卷68《商君列传》，第2230页。

② 杨际平：《释“僇力本业，耕织致粟帛多者复其身”》，《历史研究》1977年第1期；《再释“僇力本业，耕织致粟帛多者复其身”——与晁福林同志商榷》，《北方论丛》1980年第6期。

③ 林剑鸣：《秦史稿》，上海人民出版社1981年版，第186页。

④ 晋文：《关于商鞅变法赋税改革的若干考辨》，《中国农史》2001年第4期。

⑤ 《新唐书》卷215上《突厥传上·序》，中华书局1975年版，第6025页。

田广一步，袤八则，为畛。亩二畛，一百（陌）道；百亩为顷，【十顷】一千（阡）道，道广三步。[①]

田广一步，袤二百卌步，为畛，亩二畛，一佰（陌）道；百亩为顷，十顷一千（阡）道，道广二丈。(246)[②]

据胡平生先生考证，《为田律》（或曰《田律》）中的“则”字当为量词，阜阳双古堆汉简有“卅步为则”的记录，而“袤八则”就是《田律》的“袤二百卌步”[③]。因此，商鞅改制的大亩乃以二百四十步为亩，是原来小亩面积的2.4倍。这无疑就需要根据新的亩制来提高其田租征课的数量。

当然，从《商君列传》说此次改革使农民的负担都比较公平的角度看，当时田租的税额也不可能增加很大幅度，至少它不会和亩制的扩大同步提高。从道理上说，每户两名劳动力也不可能完全耕种100大亩土地。改制大亩的目的，实际是为了更多垦荒，并保障在自己的授田里休耕。当然，随着耕地的扩大，田租的税额通常会有一些增加，比如按实际授田面积征收的刍稾[④]，睡虎地秦简《田律》便明确规定：“入顷刍稾，以其受田之数，无豤（垦）不豤（垦），顷入刍三石、稾二石。”[⑤]禾田租也同样会有所增加。但总体来说，增加的幅度不会很大；否则

① 四川省博物馆、青川县文化馆：《青川县出土秦更修田律木牍——四川青川县战国墓发掘简报》，《文物》1982年第1期。按，《为田律》释文主要参考了于豪亮、胡平生的释读意见，文中“【十顷】”乃笔者根据下引《田律》所补。参见于豪亮：《释青川秦墓木牍》，《文物》1982年第1期；胡平生：《青川秦墓木牍“为田律”所反映的田亩制度》，《文史》第19辑，中华书局1983年版，第216—221页。

② 张家山二四七号汉墓竹简整理小组编著：《张家山汉墓竹简［二四七号墓］》（释文修订本），文物出版社2006年版，第42页。

③ 胡平生：《青川秦墓木牍“为田律”所反映的田亩制度》，《文史》第19辑，第216—221页。

④ 晋文：《2017—2018年秦汉史研究述评》，《中国史研究动态》2019年第2期；《新出秦简中的授田制问题》，《中州学刊》2020年第1期。

⑤ 睡虎地秦墓竹简整理小组编：《睡虎地秦墓竹简·秦律十八种·田律》，文物出版社1978年版，第27—28页。

《史记》也根本不可能以“赋税平”来记载商鞅的这一举措。故比较可信的解释，就是秦国田租的征课虽然有了一定数量的提高，但相对亩制扩大来说，它的提高幅度仍然较小，也完全在农民能够承受的范围之内。以往人们认为，秦自商鞅变法，田租征课即非常沉重，所谓“二十倍于古”①。恐怕不确。秦国田租的税额应有一个发展变化的过程，而不可能在一开始就课以重税。这不仅达不到增加税收的目的，也无法调动广大农民的积极性，促进小农经济的发展。《史记·李斯列传》称：“孝公用商鞅之法，移风易俗，民以殷盛，国以富强，百姓乐用。”② 虽可能有些夸张，但也说明当时赋税的征课并不太重。

（二）秦国田租的征收方式问题

根据《商君书·垦令》，在奖励耕织的同时，商鞅还对田租的征课方式进行了改革。所谓“訾粟而税，则上壹而民平”③。对商鞅的这一改革，目前学界主要有两种看法：一种是把“訾粟而税”理解为分成计征，“即酌量农民一年收获粮粟的多少来确定田租的租额”④；一种则说成“结合产量，按照一定租率，校定出一个常数，作为固定租额”⑤。而关键在于：究竟是酌量农民一年收获，还是参照农民数年收成，以确定田租的税额。

从双方的理由看，前者的论述相当简略，就是认为先计算农民收入粮谷的多少，再按照一定的税率征收，农民的负担比较公平。⑥ 而后者则作了比较详细的论述：

---

① 《汉书》卷24上《食货志上》，中华书局1962年版，第1137页。

② 《史记》卷87《李斯列传》，第2542页。

③ 山东大学《商子译注》编写组：《商子译注·垦令第二》，齐鲁书社1982年版，第8页。

④ 黄今言：《秦代租赋徭役制度初探》，中国秦汉史研究会编：《秦汉史论丛》第1辑，陕西人民出版社1981年版，第62页。

⑤ 张金光：《秦自商鞅变法后的租赋徭役制度》，《文史哲》1983年第1期。

⑥ 林剑鸣：《秦史稿》，第182页。

> 战国时代，最为通行的还是定额租制。因为年有丰歉，地有等差，人有勤惰巧拙，即或是质量相等的地片，其产量也会因人因时而异，若实行单纯的分成租制，向如此众多的小农课取田租，这几乎是不可能的事情。[①]

不难看出，这两种观点虽然都有道理，但主张定额租的理由似乎更为充分，对分成租的反驳也比较令人信服。笔者以往也赞同定额租说，但最新简牍证明，商鞅创立的田租征收方式实际是把分成和定额结合起来，以分成租为形式，以定额租为内容，既有按垦田面积划分的亩数租率，又有按产量征收的定额租率。[②]

如前所述，商鞅最初变法时规定："僇力本业，耕织致粟帛多者复其身。"就其中隐含内容而言，这实际就是秦国田租实行产量定额租率的一个有力证据。众所周知，关于分成租的征课，它首先都必须确定一个税率。从文献记载来看，主要有十二之税、十一之税和十五税一等。如"二，吾犹不足，如之何其彻也"[③]。"上（高祖）于是约法省禁，轻田租，什五而税一。"[④] 但无论是采用哪种税率，由于"年有丰歉，地有等差，人有勤惰巧拙"，都势必同商鞅的上述规定相悖。因为它明确规定，对交纳田租多的农民将给予免役的优待，而如果只是"酌量农民一年收获粮粟的多少"，则根本无法确定一个"多"的税额。这不但起不到奖励耕织、督促懈怠的作用，也无法达到"訾粟而税，则上壹而民平"的目的。相反，如果是"结合产量，按照一定租率，核定出一个常数"，即所谓"挍数岁之中以为常"[⑤]，却可以很容易确定一个"多"的

① 张金光：《秦自商鞅变法后的租赋徭役制度》，《文史哲》1983 年第 1 期。

② 晋文：《睡虎地秦简与授田制研究的若干问题》，《历史研究》2018 年第 1 期。

③ 《论语注疏》卷 12《颜渊》，阮元校刻：《十三经注疏》（附校勘记），中华书局 1980 年版，下册，第 2503 页。

④ 《汉书》卷 24 上《食货志上》，第 1127 页。

⑤ 《孟子注疏》卷 5 上《滕文公章句上》，阮元校刻：《十三经注疏》（附校勘记），中华书局 1980 年版，下册，第 2702 页。

税额。况且这种做法完全符合“訾粟而税”的语意，只不过它是酌量农民“数”年收获粮粟的多少而已。所以对“訾粟而税”的理解，也只能是实行定额租，当然在耕田面积上是可以采用分成租的。

值得注意的是，前引定额租的论述还存在一些缺陷和不足。主要就是商鞅实行的产量定额租率还应当包括高低不等的定额。究其原因，这恐怕也是由于忽略了商鞅令“耕织致粟帛多者复其身”的史料价值。实际上，这项法令不但可作为实行定额租率的证据，而且更说明当时的产量定额还有着低限与高限之分。显而易见，商鞅既然要优待那些生产并交纳粟帛多的农民，免除他们的徭役，那么在制订此令时就势必会对何者为“多”、何者为“少”做出明确的规定。也就是说，他必然要首先制定一个比较低的税额，以规定当时每户农民都必须交纳的田租，然后再根据情况制定一个比较高的税额，以作为优待那些能够更多交纳田租者的依据。这就好比现在农民交完所规定的公粮后，如果再把粮食卖给国家，政府将在价格上给予补贴，并给予其他一些奖励。因之可以推论：就正常情况而言，秦国田租的征课都应当包括低限与高限两种产量定额，而且在低限和高限之中还有着高低之分。这样才能充分体现出商鞅奖励耕织的意图，也才能充分调动农民生产的积极性，从而达到“民以殷盛，国以富强”的效果。

秦国田租在核定产量上是定额租，并有着高低之分，这对于我们正确理解秦国的田租率有着重要的启迪作用。所谓“田租率”，即剥削率，或剥削量，也就是田租在农民一年收成中的比重。但令人费解的是，在秦的众多文献和考古资料中，迄今却没有发现与此有关的记载。尤其魏国还留下“什一之税”的分成租记载①，因而古今学者曾对秦的租率作出了种种猜测。有的说是“什伍税一”，有的说是“什一之税”，还有的说是“伍一之税”②，等等。但由于缺乏直接的史料

① 《汉书》卷24上《食货志上》，第1125页。

② 郭志坤：《秦始皇大传》，上海三联书店1989年版，第260—261页。

依据，这些看法都很难令人信服。笔者以往对秦的租率也感到困惑，现在看来，其关键在于，秦国对不同产量的农田实行不同定额的田租，而且每年都可能变化。由此也就不难理解：为什么《史记》只记载了商鞅的田租改革比较公平，却没有提及租率如何。这固然是由于《秦记》“不载日月，其文略不具”①，缺乏充分的史料依据，但主要原因显然还在于秦国田租虽然有着分成租的形式，但却根本不存在一个恒定的产量租率问题。因此，我们也就很难找到与此有关的记载了。

二　秦及汉初的田租征收方式

如前所述，对秦代“粟米之征”的官方租率传世文献未留下记载。近2000年来，人们多依据《汉书·食货志上》所记战国早期魏国李悝行“十一之税”，认为秦的田租也当为十一之税；或以为“什五而税一”，还有人说“十分取二或三分取一”②，甚至于“见税什五”或“泰半之赋”③，等等。另一方面，对秦的田租究竟是采用分成租，还是定额租，是依据土地面积，还是依据禾稼的产量，抑或兼而有之，以往也众说纷纭④。在近年公布的秦汉简牍中，这些问题，特别是秦及汉初的田租征收方式已得到破解。

（一）十一之税与十五税一

在岳麓秦简中，有一部名为《数》的数学著作。其中有几道涉及租率的算题，例如：

---

① 《史记》卷15《六国年表》，第686页。

② 钱剑夫：《秦汉赋役制度考略》，湖北人民出版社1984年版，第13页。

③ 高敏：《从云梦秦简看秦的土地制度》，载氏著《云梦秦简初探（增订本）》，河南人民出版社1981年版，第145页。

④ 黄今言：《秦汉赋役制度研究》，江西教育出版社1988年版，第79—81页。

租误券。田多若少，耤令田十亩，税田二百卌步，三步一斗，租八石。今误券多五斗，欲益田，其述（术）曰：以八石五斗为八百。(11)

禾舆田十一亩，【兑】（税）二百六十四步，五步半步一斗，租四石八斗，其述（术）曰：倍二【百六十四步为】…… (40)[①]

在简（11）中共有“田十亩”，按一亩240平方步计，为2400平方步，而“税田”的面积是“二百卌步”，即240平方步，正是“舆田”数的十分之一。简（40）有“禾舆田十一亩”，税田“二百六十四步”，也同样是十分之一。可见，岳麓秦简中的“税田”租率实际就是魏国李悝的“十一之税”。至于具体征收多少田租，则是根据“禾”的产量确定的。笔者曾提出，秦自商鞅变法后，对田租的征收均存在其高低定额。[②] 所谓“三步一斗”“五步半步一斗”，就是两种不同的定额。当然，作为数学算题，简中的“税田”租率或许是假设的，但既然算题都来源于生活，那么这些算题中的租率便应当与实际相差不远，甚至可能是真实租率。因此，我们倾向于秦的某些统治区域曾实行“税田”十一之税的看法。

值得一提的是，在《数》中还有不少关于麻类作物——“枲”的田租率算题。据研究者计算，这些算题的租率均为十五税一。[③] 例如：

租枲述（术）曰：置舆田数，大枲也，五之，中枲也，六之，细枲也，七之，以高乘之为藚（实），左置十五，以一束步数乘十五为法，如法一两，不盈两者，以一为廿四，乘之，如法一朱（铢），不盈朱（铢）者，以法命分。(17—18)[④]

---

① 朱汉民、陈松长主编：《岳麓书院藏秦简（贰）》，上海辞书出版社2011年版，第4、8页。

② 晋文：《商鞅变法与秦国田租的征课》，秦始皇兵马俑博物馆《论丛》编委会：《秦文化论丛》第10辑，三秦出版社2003年版，第72—79页。

③ 肖灿：《从〈数〉的“舆（与）田”、“税田”算题看秦田地租税制度》，《湖南大学学报》2010年第4期。

④ 朱汉民、陈松长主编：《岳麓书院藏秦简（贰）》，第5页。

这说明对种植麻类作物的收税秦代也称田租，且“税田”租率低于十一之税。由此可以推论，对种植其他经济作物的农田收税，亦当称为田租，只不过租率还没有被发现而已。里耶秦简 9－14a：“卅五年三月庚寅朔丙辰，贰春乡兹爰书：南里寡妇慭自言：谒豤（垦）草田故桒（桑）地百廿步，在故步北，恒以为桒（桑）田。”[①] 就是一个种植桑树的实例。

此外，秦代种植麻类作物的“税田”租率为十五税一，也说明汉初的十五税一渊源有自。前引《汉书·食货志上》称：“上（高祖）于是约法省禁，轻田租，什五而税一。”把“粟米之征”的十一之税，降为原本征收枲或其他经济作物的“什五而税一”，这大概就是“轻田租”的一种含义。

（二）十二税一与田租征收方式

与岳麓秦简不同，北大秦简《算书》中的“税田”则是十二税一。鉴于这部《算书》尚未公开出版，以下引述其整理者的简介：

> 卷七和卷八的形式和内容都很相似。卷七每卷分上下两栏书写（以中间编绳为界），上栏形式为“广××步、从（纵）××步，成田×亩”，下栏形式为“××步成田×亩”（其步数即上栏广、纵相乘之数），例如：
>
> 广六十步、从（纵）八十步，成田廿亩。
>
> 四千八百步成田廿亩。【7－020】……
>
> 竹简卷八亦分上下两栏，上栏形式与卷七上栏相同，下栏则为田租的计算，包括税田面积、税率和田租数额。税田面积均为上栏所记亩数的十二分之一，税率则从“三步一斗”到“廿四步

① 里耶秦简博物馆、出土文献与中国古代文明研究协同创新中心中国人民大学中心编著：《里耶秦简博物馆藏秦简》，中西书局 2016 年版，第 109 页。

> 一斗”不等。例如：
>
> 广百廿步，从（纵）百步，成田五十亩。
>
> 税田千步，廿步一斗，租五石。【8－023】……
>
> 卷七和卷八的形式整齐划一，每简内容仅有数字的差别，而且未出现任何具体的地名、人名，显然不是当时丈量田亩、征收租税的档案记录，而应该是供人学习田亩、租税计算的一种特殊算术教材或参考书。在卷八1枚简的背面近上端写有“田书”的篇题（图一），应是这类书的专名。这两卷简册涉及的数学运算比较简单，但是对研究战国晚期至秦代的田亩、赋税制度很有帮助。①

根据这一简介，其中《田书》的史料价值非常珍贵。特别是记录“税田”面积为十二税一，更为我们全面认识秦代的田租率和征收方式提供了新的第一手材料。整理者认为，《田书》“显然不是当时丈量田亩、征收租税的档案记录，而应该是供人学习田亩、租税计算的一种特殊算术教材或参考书”。② 此说不确，也多少令人惋惜。实际在里耶秦简中便可以找到秦代“税田”十二税一的铁证，亦即简8－1519：

> 迁陵卅五年貇（垦）田舆五十二顷九十五亩，税田四顷【卌二亩】，户百五十二，租六百七十七石。衛（率）之，亩一石五；户婴四石四斗五升，奇不衛（率）六斗。③

此简内容是秦始皇三十五年（前212年）洞庭郡迁陵县征收田租的统计。其中舆田“五十二顷九十五亩”，“税田四顷卌二”亩，按442÷5295

---

① 韩巍：《北大秦简中的数学文献》，《文物》2012年第6期。

② 按，杨博先生曾对此说提出一些纠正，认为“《田书》是一种秦代流传的初始之实用田亩算数书”。参见杨博《北大藏秦简〈田书〉初识》，《北京大学学报》2017年第5期。

③ 陈伟主编：《里耶秦简牍校释》第1卷，武汉大学出版社2012年版，第345页；另见该书“前言”，第7页。

算，税田约占舆田面积的8.347%。若去除四舍五入因素，如“奇不衡(率)六斗”，亩均“一石五”非整数，则租率恰好就是十二税一。它无可争辩地证明，《田书》就是“当时丈量田亩、征收租税的档案记录”，当然也可以作为“学习田亩、租税计算的一种特殊算术教材或参考书”。同时也无可争辩地证明，包括洞庭郡在内的许多南方地区，亦即秦的所谓“新地”，对“粟米之征”的田租面积曾真真切切按十二税一征收。

不仅如此，此简也为厘清何谓“舆田”、何谓“税田”提供了千古难得的材料，并揭示出秦及汉初田租征收方式的真相。从“貇（垦）田舆五十二顷九十五亩，税田四顷卌二”来看，垦田、舆田和税田的关系一目了然。舆田是垦田的一部分，税田是舆田的一部分。参照秦汉官吏征收田租的“程田”和“程禾”过程——在春耕或秋耕时确定实际耕种面积，“成田”有多少亩，在夏秋收获前核定整块农田的产量，我们便可以判定：舆田就是在垦田中确定实际耕种农作物范围或面积的垦田，“舆”的意思是范围或地域，后世有“舆图”“方舆”等常用语，与此同。而税田是按相关租率必须交纳田租的一部分舆田，在洞庭乃至更多地区的禾田租率是十二税一，在其他地区则可能是十一之税。更重要的是，简8－1519和岳麓秦简、北大秦简、张家山汉简的互证，还无可争辩地证明，秦及汉初的田租征收实际有两个同时参照的租率（税率）：一个是“税田”占舆田的比例，即“税田”亩数租率，如十二分之一、十分之一。这个租率是固定不变的，只要核实确定了舆田耕种的总面积，如“成田廿亩”，“税田”亩数就可以按十二税一或十一之税的租率算出，并根据一亩240平方步的比例关系直接算出税田的总步数，如4800÷12＝400（步），或4800÷10＝480（步）。北大秦简《田书》所记“税田面积均为上栏所记亩数的十二分之一”，就是为了方便基层官吏对“税田”按十二税一的租率来快速计算亩数和总步数。另一个是按农作物不同产量征收的数量租率，这个租率则是变化的，各块舆田“从‘三步一斗’到‘廿四步一斗’不等”。在相关人员的“程禾”结束后，即可把核定的产量租率作为除数和“税田”的总步数相除，二

者的商就是最终要交纳的田租数。[①]

事实也正是如此。前引《田书》【8-023】“广百廿步，从（纵）百步，成田五十亩。税田千步，廿步一斗，租五石”，就是先列按十二税一租率折算的“税田”总步数——“税田千步”（50×240÷12=1000），然后再列被核定后的产量租率——“廿步一斗”，最后用“千步”除以“廿步”，即得出“租五石”的结论——1000÷20=50（斗）。岳麓秦简（40）“禾舆田十一亩，【兑】（税）二百六十四步，五步半步一斗，租四石八斗”，则是按十分之一租率算出“税田”总步数为“二百六十四步”，然后除以产量租率“五步半步一斗”，商是“四石八斗”（264÷5.5=48）。再如：

> 禾兑（税）田卌步，五步一斗，租八斗。（12）
> 税田廿四步，六步一斗，租四斗。（14）[②]

张家山汉简《算数书》：“税田廿四步，八步一斗，租三斗”（68）[③]，亦同样如此。可见《田书》、《数》和《算数书》等都是当时极具实用价值的数学著作。同时也充分证明，税田只需在舆田中确定纳税的比例，如十二税一或十一之税，而根本不必在舆田中专门划出哪块舆田收税，哪块舆田不收税。[④] 否则又何必叠床架屋，再规定按产量从

---

① 晋文：《睡虎地秦简与授田制研究的若干问题》，《历史研究》2018年第1期。

② 朱汉民、陈松长主编：《岳麓书院藏秦简（贰）》，第39、40页。

③ 张家山二四七号汉墓竹简整理小组：《张家山汉墓竹简［二四七号墓］》（释文修订本），第141页。

④ 彭浩先生认为：“在确定税田的数量后，须进行实地测量，划定税田的范围。”（彭浩：《谈秦汉数书中的“舆田”及相关问题》，武汉大学简帛研究中心主办：《简帛》第6辑，上海古籍出版社2011年版，第23页）在此论基础上，于振波、臧知非先生又进一步提出：秦的田租征收“由田部官吏按照一定的比例（1/10）从各户田地中划出一部分作为‘税田’，‘税田’上的收获物作为‘田租’全部上缴”（于振波：《秦简所见田租的征收》，《湖南大学学报》2012年第5期）。“税田”制是征收田税过程中“按照‘税田’标准产量，在民户垦田中划定‘税田’面积，用做田税，秋收时按户征收”（臧知非：《说“税田”：秦汉田税征收方式的历史考察》，《历史研究》2015年第3期）。实则皆误。

“三步一斗”到“廿四步一斗”的租率呢？更不用说，整块舆田的农作物种类和产量也并不完全相同。《算数书》的“并租”算题，就是多种农作物和产量租率的一例——“禾三步一斗，麦四步一斗，荅五步一斗，今并之租一石，问租几何。得曰：禾租四斗卌七分【斗】十二，麦租三斗【卌七】分【斗】九，荅租二斗【卌七】分【斗】廿六。”(43－44)①

（三）几点结论与启迪

综上所述，可以得出几点结论与启迪。

首先，岳麓秦简《数》记录了秦代禾田租按“税田”十分之一征收，枲田租按十五税一征收，北大秦简《算书》则记录“税田”按十二税一征收，并得到里耶秦简的证实，这为全面认识秦的田租制度提供了极其珍贵的第一手资料。秦代田租率和征收方式问题曾长期困扰学界，通过这些鲜活的材料，我们可以比较详细地知道：秦代田租的确定既有地区差异，如洞庭等所谓“新地”和其他地区，又有农作物区别，如禾、枲、桑等；既按土地面积征收，如十分之一、十二分之一、十五分之一，也按农作物产量和质量征收，如“三步一斗”“廿步一斗”，“大枲也，五之，中枲也，六之，细枲也，七之”。这些材料还证明了秦及汉初的田租征收形式是分成租，而实质却是高低不等的定额租；舆田是全部垦田中实际耕种的土地面积，税田是全部舆田的十二分之一，或十分之一和十五分之一，且并不需要把税田单独划出；在田租的征收方式上，则同时参照两种租率，一种是“税田”的亩数租率，一种是“舆田”的产量租率。从实际租率来看，由于每户的产量不同，所征收禾田租的数量差异很大，每户的租率也的确高低不等。有的低于总产量的10%，有的高于10%，甚至高达20%，但最

① 张家山二四七号汉墓竹简整理小组编著：《张家山汉墓竹简［二四七号墓］》（释文修订本），第137页。

高都明显低于“见税什五”，遑论“泰半之赋”了。可以毫不夸张说，这是秦汉赋税制度研究的一个重大突破，已解决了秦及汉初的田租率和田租征收方式问题。

其次，北大秦简《田书》被里耶秦简所证实，也说明一项曾经涉及广大民众的经济活动是绝不可能完全湮没在历史之中的。只要有大多数群众的参与，就总会留下它的各种痕迹，或多或少，或早或晚，都将被后人发现。从某种意义上说，北大秦简《田书》之所以能得到里耶秦简的证实，这既是它的幸运，也是曾有大量事实存在的必然。反过来说，岳麓秦简《数》、张家山汉简《算数书》的记录虽然暂时没有实例证明，或没有直接证明，但只要“十一之税”和“什五而税一”的“税田”制度曾经在某些地区实行，那么最终得到证实也就是必然的了。真正被历史湮没的，也只能是那些涉及面小并影响甚微的小概率事件。

再次，秦人发明的对田租的征收同时参照两种租率的方法，是当时条件下最为简洁方便而又相对公平的做法。限于技术和人手，在战国秦汉乃至魏晋，要想准确核查每一块农田的总产量都非常耗时，也极为烦琐。而划分“税田”的方法则简化了对农田总产量的核查，并由于税田比例相同也确保了纳税的公平，田多者多交，田少者少交。对“舆田”产量分设不同租率，亦即定额，更是切合实际的做法，也体现了公平原则，产量高者多交，产量低者少交。前揭《史记·商君列传》：“为田开阡陌封疆，而赋税平。”以往对“赋税平”的含义并不清楚，有种种解释，现在看来这就是指税田征收面积比例和按照产量确定不同租率的公平，也说明这种田租征收方式源于商鞅变法。当然，所谓公平实际都是相对的。比如对产量租率的核定，“程禾”主要是依靠经验来预估产量，这只能做到大体准确。《数》的一个算题记载：

> 为积二千五百五十步，除田十亩，田多百五十步，其欲减田，耤令十三【步一】斗，今禾美，租轻田步，欲减田，令十一步一

斗，即以十步乘十亩，租二石者，积二千二百步，田少二百步。(42－43)[①]

就是一个把产量低估的事例。更不用说，无论“程田”，还是“程禾”，都不可避免地出现了种种弊端，如“盗田”“匿田”等[②]。为了更加公平和方便，也为了减轻田租，从汉景帝开始便采用了土地面积和产量都“三十税一”的定额租制度。之所以秦及汉初的田租征收方式从此会脱离人们的视野，并在以后的文献中失去踪影，原因亦在于此。

复次，从产量预估往往存在误差看，以往争议颇多的“益田”或“减田”也并非真要增加或减少农田，而是用计算数字来将错就错地平账。[③]“益田”有两种方法：一是平账时增加舆田和税田的总步数，二是平账时提高产量租率的定额。如前引简（11）就是账面上增加税田15步（舆田增加150步），加上原来的240步，共255步，再除以“三步一斗”(255÷3＝85)，使田租的总数最终等于“误券”的“八石五斗”。再如：“【税】田一亩，租之十步一斗，凡租二石四斗。今误券二石五斗，欲益耎其步数，问益耎几何。曰：九步五分步三而一斗。”(97)[④] 这是不改变税田的总步数，而在账面上把原来的十步一斗改为九步五分步三而一斗，然后二者相除（240÷48/5＝25），也使田租的总数等于“误券”的“二石五斗”。而“减田”则是平账时提高或降低产量租率的定额，如前引简（42－43）将原来的十三步一斗提高为十一步一斗，即20（斗）＝220（步）÷11（步），使之等同于

① 朱汉民、陈松长主编：《岳麓书院藏秦简（贰）》，第8页。

② 中国文物研究所、湖北省文物考古研究所编：《龙岗秦简》，中华书局2001年版，第114、115、117、120、121、122、123、126、127、128、129页。参见晋文《龙岗秦简中的“行田”“假田”等问题》，《文史》2020年第2辑。

③ 参见杨振红《从新出简牍看秦汉时期的田租征收》，载武汉大学简帛研究中心主办《简帛》第3辑，上海古籍出版社2008年版，第336页；吴朝阳《张家山汉简〈算数书〉校证及相关研究》，江苏人民出版社2014年版，第94页。

④ 张家山二四七号汉墓竹简整理小组编著：《张家山汉墓竹简［二四七号墓］》（释文修订本），第145页。

20（斗）≈255（步）÷13（步），在不改变“二石”田租总量的情况下，把舆田和税田的账面总步数分别减少了350步和35步。再如：“取程，禾田五步一斗，今干之为九升，问几可（何）步一斗？曰：五步九分步五而一斗。”（5）[①] 也是把原来的五步一斗降低为五步九分步五而一斗，在粮食晒干后已变成五步九升的情况下，将产量租率的账面定额增加了九分之五步（等于减少舆田的总步数），使之符合田租实际征收的总数。以税田200步为例，即原为200÷5=40（斗），现为200÷50/9=36（斗）。其中“益田”均涉及到多收农户田租的问题，而“减田”则部分涉及到少收农户田租的问题。总的来看，“益田”的原则是多了不退，“减田”的原则是少了不补。

最后，秦代“税田”面积的不同税率规定，也表明秦王朝在经济管理和稳定边远地区方面有着丰富的统治经验。尤其对洞庭等地区实行十二税一的优惠政策，更揭示出秦安抚“新地”、巩固统一的全局视野。东汉末年何夔曾概括指出，自三代以来，就有所谓先王的“远域新邦之典”[②]，也就是针对内地与边疆、“新地”与“旧土”，应采取不同政策。笔者亦多次提出，秦的这种“远域新邦之典”，实际就是中国古代的“一国两制”或一国多制。[③] 可悲的是，“仁义不施而攻守之势异也”[④]。国家的根本战略终究要碾压其他方面。秦朝统治者非但未能审时度势地调整政策，反而内外失措，更加暴虐，终致众叛亲离，使这些精心构建的制度或化为泡影。

三　文景时期田租征收方式的改变

从惠帝开始，对田租又实行十五税一的政策。如《汉书·惠帝

① 朱汉民、陈松长主编：《岳麓书院藏秦简（贰）》，第34页。
② 《三国志》卷12《魏书·何夔传》，中华书局1982年版，第380页。
③ 晋文：《也谈秦代的工商业政策》，《江苏社会科学》1997年第6期。
④ 《史记》卷6《秦始皇本纪》，第282页。

纪》载："十二年四月，高祖崩。五月丙寅，太子即皇帝位，……减田租，复十五税一。"注引邓展曰："汉家初十五税一，俭于周十税一也。中间废，今复之也。"[①] 所谓十五税一，就是征收田租时把农民的实际耕种面积即舆田的十五分之一作为税田，而产量租率则依然不变。大体来说，在产量不变的情况下，比十一之税可减轻三分之一的田租。从时间上看，惠帝由五月丙寅即位，宣布"减田租，复十五税一"，到诏令颁行全国，估计要两个月左右。这意味着基层官吏的程田和程禾都已结束，已进入田租征收阶段。那么如何才能贯彻朝廷十五税一的诏令呢？显而易见，修改农民的舆田和税田的总步数，使之减少三分之一，应是最好的办法。但这种可能性实际却非常之小，主要是改券的工作量太大，短时期内没有那么多的人手，特别是缺乏具有算术技能的乡吏。所以真正可行的操作方式，就是在田租中直接减去三分之一，比如原来田租要交三石，现在按两石征收；已经征收过田租的，则退给农民三分之一（或折算为来年田租）。到了第二年，即惠帝二年，事情就好办了，可以在程田时直接按十五分之一来计算税田。而且轻车熟路，把枲田租的十五税一的计算方法用到禾田租上即可。

文帝时期基本还是十五税一。值得一提的是，文帝十二年（前168年）为了鼓励重农，又"下诏赐民十二年租税之半"[②]。此即汉代三十税一的雏形。从《汉书·文帝纪》来看，此诏的颁布应该是在三月以后。如"三月，除关无用传"，诏曰：

> 吾诏书数下，岁劝民种树，而功未兴，是吏奉吾诏不勤，而劝民不明也。且吾农民甚苦，而吏莫之省，将何以劝焉？其赐农民今年租税之半。[③]

---

① 《汉书》卷2《惠帝纪》，第85、87页。

② 《汉书》卷24上《食货志上》，第1135页。

③ 《汉书》卷4《文帝纪》，第124页。

而诏书的颁布在三月以后，则意味着当年的程田可能正在进行，或有些已经结束。但此后的减半却比较容易操作，在征收田租时把田租减去一半即可。从这个方面来看，文帝在十三年六月宣布“其除田之租税”[①]，应是汲取了以往减免对吏民造成烦扰的教训。

景帝即位后，在承继文帝的基础上，西汉前期的田租征收方式出现了重大变化。这就是景帝元年（前156年）宣布三十税一，如《汉书·景帝纪》载：元年“五月，令田半租”[②]。表面上看，这与文帝的田租减半没有多少区别，在最后征收田租时减去一半即可，但实际执行却有着很大不同。显而易见，在景帝二年征收田租时便不能再用减半的方法了，而必须重新程田。至少丈量每户舆田（可能在汉初即改称垦田）是必不可少的，即使以后授田制瓦解，基层官吏的收租也仍然必须每年丈量农户的耕种田亩。然而契机便也在此显现。按照以往的征收方式，在确定舆田后还必须按面积租率计算税田的步数。如舆田30亩，按十一之税计算，税田是3亩，720平方步；按十二税一计算，税田是2.5亩，600步；按十五税一计算，税田则是2亩，480步。同理，如果采用三十税一，那么舆田30亩就是税田1亩，亦即240平方步。但随着税田的数量越来越少，在产量基本相同的情况下，每亩的平均产量或征收多少田租，已能够大体判断出来。仍以舆田30亩为例，税田是240步，假设产量租率是最低的24步一斗，以及较低的20步一斗、16步一斗，那么田租最终便分别是每亩三又三分之一升（10÷30）、四升（12÷30）和五升（15÷30）。从中可以看出，三者的差距实际相当细微，尤其取四升的话，差距就更小了。正如裘锡圭先生所说：“（三十税一）每亩三、四升的田租额即使不完全符合实

① 《史记》卷10《孝文本纪》，第428页。按，《史记》卷22《汉兴以来将相名臣年表》载，文帝十三年“除肉刑及田租税律、戍卒令”（第1127页），亦可证明要免除全年田租，当时需经过废除原先“田租税律”的程序，而不是仅仅颁布一道诏令。

② 《汉书》卷5《景帝纪》，第140页。按，《汉书·食货志》的记载为景帝二年——“孝景二年，令民半出田租，三十而税一也。”（《汉书》卷24上《食货志上》，第1135页）

际，也不至于相差太多，其误差大概不会超过一升。”[①] 也就是说，在征收16步一斗到24步一斗的田租时，完全可以都采用每亩四升来征收。产量高的则采用几个高的定额来征收。比如十五步一斗、十四步一斗、十三步一斗和十二步一斗，每亩收租分别约为5.3升、5.7升、6.2升和6.7升，可以取其中值六升为定额。这样一来，一种新的更为简单便捷的田租征收方式——定额租便应运而生了。尽管这对产量较低的农户似乎还不太公平，产量稍高的更明显占了便宜，但从几年的租率来看，低的未必每年都低，高的也未必每年都高，因而在几年租率平均以后还是相对公平的。从重农的角度来看，也有着提高亩产量的激励作用。更不用说，原来产量租率的估算误差还要更大。那么酌取几年的平均租率作为田租的定额，就是一种各方都能接受而又非常方便的田租征收方式了。对基层官吏来说，工作量也大为减轻，再也不用年年计算复杂的税田步数和预估误差很大的产量租率，也消除了一些人为造成的弊端。之所以在景帝以后，甚至在文帝时期，比如张家山汉简《算数书》中的“税田”“取程”“并租”“误券”“租误券”等算题，在睡虎地汉简《算术》中已不见踪影[②]，原因正在于此。以往大量出现的“误券”“误租券”销声匿迹，原因也正在于此。从这个方面来说，定额租的最早实施当发端于景帝二年。《汉书·食货志上》把三十税一定在景帝二年也确有道理。

定额租当然也存在问题。它的特点是“挍数岁之中以为常”，优点是便于操作，省却了复杂的产量和租率计算；缺点是产量高低拉平、丰年灾年均等，[③] 对受灾或产量始终很低的农户不太公平。因而通常只能在一个小范围内实行，在更大范围实行就有可能出现几种定额。比如在此地是每亩四升，在彼地则是每亩六升，等等。《汉书·张汤

① 裘锡圭：《湖北江陵凤凰山十号汉墓出土简牍考释》，《文物》1974年第7期。

② 熊北生、陈伟、蔡丹：《湖北云梦睡虎地77号西汉墓出土简牍概述》，《文物》2018年第3期。

③ 王利器校注：《盐铁论校注（定本）》卷3《未通》，中华书局1992年版，第191页。

传》载："（张）延寿自以身无功德，何以能久堪先人大国，数上书让减户邑，又因弟阳都侯彭祖口陈至诚。天子以为有让，乃徙封平原，并一国，户口如故，而租税减半。"① 二地的户口数相同，但田租却减少了一半，其主要原因即在于两地的产量和田租定额不同。但由于在同一片土地上产量一般差别不大，加之三十税一使田租征收量大幅下降，基层官吏为了避免纠纷（人情社会的常态）往往还采用较低的亩产定额，对大灾之年，国家政策也都会普遍减免②，因而各方还是皆大欢喜的。

从景帝开始，定额租便成为汉代通行的田租征收制度。为了保证公平，其最初定额应该分得较多、较细。这多少失却了定额租的本意，也给定额租的确定带来了一些漏洞。这种现象直到东汉章帝建初元年（76 年）时才有了明显变化。具体来说，就是秦彭对定额"差为三品"的改革。《后汉书·循吏传》载：

> 建初元年，（秦彭）迁山阳太守。……兴起稻田数千顷，每于农月，亲度顷亩，分别肥塉，差为三品，各立文簿，藏之乡县。于是奸吏跼蹐，无所容诈。彭乃上言，宜令天下齐同其制。诏书以其所立条式，班令三府，并下州郡。③

显而易见，在秦彭"分别肥塉，差为三品"之前，各地的田租定额都肯定要多于"三品"④，所以"奸吏"才能够"容诈"，并从中渔利。这也昭示我们，无论是传世文献，还是汉代简牍，在推算一个较大范围的田租定额时，若认定田租就是每亩三升或四升、五升、八升、一斗等，实际都是不可靠的。如《汉书·匡衡传》：

---

① 《汉书》卷 59《张汤传》，第 2653—2654 页。

② 晋文：《以经治国与汉代"荒政"》，《中国史研究》1994 年第 2 期。

③ 《后汉书》卷 76《循吏传·秦彭》，第 2467 页。

④ 参见杨振红《从新出简牍看秦汉时期的田租征收》，《简帛》第 3 辑，第 332—333 页。

> 初，衡封僮之乐安乡，乡本田隄封三千一百顷，南以闽佰为界。初元元年，郡图误以闽佰为平陵佰。积十余岁，衡封临淮郡，遂封真平陵佰以为界，多四百顷。……郡即复以四百顷付乐安国。衡遣从史之僮，收取所还田租谷千余石入衡家。[①]

以往多据此认为，用“田租谷千余石”除以“四百顷”，其田租定额应为每亩三升，产量约为每亩一石[②]。这显然是有问题的。且不说提封四百顷并非都是垦田，就是按一半垦田计算，把产量拉平，在多达20000亩垦田中，平均产量也不可能是每亩一石，只有每亩田租三升少半升一个最低的定额，遑论更低的每亩三升了。最新公布的《堂邑元寿二年要具簿》，便提供了一个在西汉末年全县田租平均每亩八升多的实例：

> 凡豤（垦）田万一千七百九十九顷卌七亩半。
>
> 其七千一百九十一顷六十亩，租六万一千九百五十三石八斗二升。菑害。
>
> 定当收田四千六百七顷七十亩，租三万六千七百廿三石七升。（M147：25－1）[③]

其中，因灾害而减免垦田的田租平均每亩约为8.6升（61953.82÷719160≈8.6），而定收垦田的田租平均约为8升（36723.07÷460770≈7.97），合计平均田租每亩约为8.36升（98676.89÷1179900≈8.36）。以平均八升为例，这就意味着有些地区的田租定额要明显低于八升，有些地区的田租定额要明显高于八升，而多数地区的田租定额则为八

---

① 《汉书》卷81《匡衡传》，第3346页。

② 韩连琪：《汉代的田租口赋和徭役》，《文史哲》1956年第7期。

③ 青岛市文物保护考古研究所、黄岛区博物馆：《山东青岛土山屯墓群四号封土与墓葬的发掘》，《考古学报》2019年第3期。

升或八升左右。再如尹湾汉简《集簿》：

提封五十一万二千九十二顷八十五亩二□（1 正）

□国邑居园田廿一万一千六百五十二□□十九万百卅二……卅五（?）万九千六……（1 反）

一岁诸谷入五十万六千六百卅七石二斗二升少 升（1 反）①

以往也有学者认为，用全年的田租总额除以核定的 20622600 亩垦田，东海郡的田租定额应是约每亩三升。② 这同样是有问题的。在一郡千万亩级垦田中是绝不可能只有每亩三升定额的，即使平均也不可能恰好都是三升或四升。③ 反之，若推算一个较小范围的田租定额，通常则比较可信。如凤凰山汉简记西乡市阳里的田租——“市阳租五十三石三斗六升半”④，根据垦田推算，其定额当为每亩四升，便大体符合事实，不会有多大误差。这亦可说是研究汉代定额租的一个重要启示。

在秦彭的建议下，从章帝即位之后，汉代的田租定额便开始改为上中下或高中低三种定额。至于究竟每亩分别定额多少，不得而知。从道理上说，每亩四升应是其中最低的定额。在史书上又再次提到定额租问题时，则是 138 年后的献帝建安九年（204 年）。据《魏书》记载，曹操于此年下令规定：“其收田租亩四升。”⑤ 这是把秦彭的三种定额也完全取消，只保留一种定额，即每亩田租四升。但曹操的规定有着土地荒芜、经济凋敝的特殊背景，以及安抚冀州

① 连云港市博物馆、东海县博物馆、中国社会科学院简帛研究中心、中国文物研究所编：《尹湾汉墓简牍》，中华书局 1997 年版，第 77—78 页。

② 杨际平：《从东海郡〈集簿〉看汉代的亩制、亩产与汉魏田租额》，《中国经济史研究》1998 年第 2 期。

③ 晋文：《张家山汉简中的田制等问题》，《山东师范大学学报》2019 年第 4 期。

④ 裘锡圭：《湖北江陵凤凰山十号汉墓出土简牍考释》，《文物》1974 年第 7 期。

⑤ 《三国志》卷 1《魏书·武帝纪》注引《魏书》，中华书局 1982 年版，第 26 页。

的考虑，是一种权宜之计，与汉代绝大多数时期的定额还不可相提并论。

（作者系南京师范大学历史系教授）

附识：本文为国家社科基金重大项目“秦汉三国简牍经济史料汇编与研究”（19ZDA196）和国家社科基金一般项目“新出简牍与秦汉土地制度研究”（19BZS023）阶段性成果之一，谨以纪念著名的马克思主义历史学家林甘泉先生。

崇尚自然：乌桓鲜卑婚姻观念探源

吴小强

关于乌桓鲜卑族的婚姻习俗与家庭观念，史学界已进行了不同程度的探索，提出了一些颇有见地的观点。[①] 关于乌桓鲜卑民族婚姻制度及社会风俗的研究，尽管前人已经取得了一定的成果，但仍然存在继续研究的空间与价值。本文试在前贤已有的研究基础上，作进一步的深入发掘与讨论。

一 崇尚自然，以爱情为本

乌桓、鲜卑是对中国历史发展和民族融合产生了巨大影响的北方少数民族。吕思勉先生指出："北方游牧之族，大者有四：曰匈奴，曰鲜卑，曰丁令，曰肃慎。匈奴起自上古，极盛于前汉，而亡于后汉。鲜卑继之，两晋南北朝时臻极盛，宇文周灭而亡。"[②] 乌桓与鲜卑两族所处地理位置相近，其语言文化基本相同。《三国志·魏书·乌丸鲜

① 陈顾远：《中国婚姻史》（商务印书馆 2014 年版）着重于汉族婚姻制度的研究，甚少论及少数民族的婚姻风俗。吕思勉：《中国民族史》（上海世纪出版集团 2012 年版）、黄烈：《中国古代民族史研究》（人民出版社 1987 年版）等专著则对乌桓鲜卑族的婚姻习俗作了一定探索。彭卫：《汉代婚姻形态》（中国人民大学出版社 2010 年）第六章"汉代婚姻关系中的原始婚俗"，专门阐述汉代边域婚习，对乌桓鲜卑族的婚习进行了较系统的分析。李金河：《魏晋隋唐婚姻形态研究》（齐鲁书社 2005 年版）对北朝门第婚姻形态进行了论述。李凭：《北魏平成时代》（上海古籍出版社 2011 年版）对北魏早期的后宫制度作了阐释。

② 吕思勉：《中国民族史、中国民族演进史》，上海古籍出版社 2012 年版，第 89 页。

卑东夷传》注引王沈《魏书》："鲜卑亦东胡之余也，别保鲜卑山，因号焉。其言语习俗与乌丸同。"① 乌桓鲜卑的婚姻习俗与观念，既有与匈奴等古代北方少数民族相似的一面，亦有其独特之处，崇尚自然、追求爱情就是其中最突出的内容。

关于乌桓鲜卑婚姻习俗的记载十分缺乏，目前常被学者引用的史料主要来自《三国志·魏书·乌丸鲜卑东夷传》注引王沈《魏书》：乌桓"其嫁娶皆先私通，略将女去，或半岁百日，然后遣媒人送马牛羊以为聘娶之礼。婿随妻归，见妻家无尊卑，旦起皆拜，而不自拜其父母。为妻家仆役二年，妻家乃厚遣送女，居处财物，一出妻家。"② 鲜卑"常以季春大会，作乐水上，嫁女娶妇，髡头宴饮。"③ 乌桓与鲜卑的婚姻习俗略同：青年男女在日常生活中彼此产生爱意，或在聚族大会宴饮中生情，由爱及性，确定性伴侣关系后，采取"抢劫"的方式，将女孩带到男方家中共同生活；同居半年或百天后，由男方家庭委托媒人，带着牛羊等聘礼，正式到女方家求婚。得到女方父母允许之后，男子便带着未婚妻来到女方家中，为岳父母家服劳役两年。女方父母满意之后，则陪嫁女儿大批财物到女婿家，夫妻关系正式确立。在乌桓与鲜卑的婚俗观念中，关键是"其嫁娶皆先私通"。男女双方之所以能够婚前通私情，必然是爱情起决定作用。

私通现象，从西周到两汉，史不绝于书。《周礼·地官司徒·媒氏》："中春之月，令会男女。于是时也，奔者不禁。若无故而不用令者，罚之。司男女之无夫家者而会之。"④《周礼》规定在仲春时节允许成年男女自由恋爱同居，显然是对先民自远古传承而来的社会习俗的尊重。《诗经》中有对私奔的描述，例如《齐风·东方之日》以男

① 《三国志·魏书·乌丸鲜卑东夷传》，中华书局1982年版，第836页。

② 《三国志·魏书·乌丸鲜卑东夷传》，中华书局1982年版，第832页。

③ 《三国志·魏书·乌丸鲜卑东夷传》，中华书局1982年版，第836页。

④ 杨天宇：《周礼译注》，上海古籍出版社2004年版，第205页。

子口吻写到："东方之日兮，彼姝者子，在我室兮。在我室兮，履我即兮。东方之月兮，彼姝者子，在我闼兮。在我闼兮，履我发兮。"[①]这种以爱情为导向的男女自由结合之风，一直延续到春秋战国，乃至于两汉。《史记·田敬仲完世家》载："（齐）湣王之遇杀，其子法章变名姓为莒太史敫家庸。太史敫女奇法章状貌，以为非恒人，怜而常窃衣食之，而与私通焉。……襄王（法章）既立，立太史氏女为王后，是为君王后，生子建。"[②] 文学家司马相如与年轻寡妇卓文君因爱情而私奔的故事更为人们所熟知。"是时卓王孙有女文君新寡，好音，故相如缪与令相重，而以琴心挑之。相如之临邛，从车骑，雍容闲雅甚都；及饮卓氏，弄琴，文君窃从户窥之，心悦而好之，恐不得当也。既罢，相如乃使人重赐文君侍者通殷勤。文君夜亡奔相如，相如乃与驰归成都。家居徒四壁立。"[③] 汉武帝所倚重的名将卫青也为私生子。《汉书·卫青霍去病传》："卫青字仲卿。其父郑季，河东平阳人也，以县吏给事侯家。平阳侯曹寿尚武帝姊阳信长公主。季与主家僮卫媪通，生青。"[④]

乌桓与鲜卑"其嫁娶皆先私通"的婚姻习俗，植根于本民族深厚的自然崇拜价值观念之中。史书记载，乌桓族"有病，知以艾灸，或烧石自熨，烧地卧上，或随痛病处，以刀决脉出血，及祝天地山川之神，无针药。贵兵死，殓尸有棺，始死则哭，葬则歌舞相送。肥养犬，以采绳婴牵，并取亡者所乘马、衣物、生时服饰，皆烧以送之。特属累犬，使护死者神灵归乎赤山。赤山在辽东西北数千里，如中国人以死之魂神归泰山也。至葬日，夜聚亲旧员坐，牵犬马历位，或歌哭者，掷肉与之，使二人口颂咒文，使死者魂神径至，历险阻，勿令横鬼遮护，达其赤山，然后杀犬马、衣物烧之。敬鬼神，祠天地日月星辰山

① 王巍：《诗经民俗文化阐释》，商务印书馆 2004 年版，第 197 页。

② 《史记·田敬仲完世家》，中华书局 1982 年版，第 1900—1901 页。

③ 《史记·司马相如列传》，中华书局 1982 年版，第 3000 页。

④ 《汉书·卫青传》，中华书局 1962 年版，第 2471 页。

川，及先大人有健名者，亦同祠以牛羊，祠毕皆烧之。饮食必先祭。”① 乌桓人对待生死和疾病的态度，透露出浓郁的自然崇拜精神气息，他们自然会把婚前私情视为必不可少的幸福生活的前奏曲。有学者认为，直到南北朝，鲜卑女子婚前私通仍然较为普遍，已婚妇女的婚外性生活没有严格的限制。②

二 敬重女性，妇女主导家庭

有学者指出，在乌桓社会中，女性保留了崇高的地位；这是母系社会转向父系社会漫长演变过程中的现象。③ 乌桓鲜卑属于典型的游牧民族，敬重女性，是其悠久的文化传统。《三国志·魏书·乌丸鲜卑东夷传》注引王沈《魏书》：“乌丸者，东胡也。汉初，匈奴冒顿灭其国，馀类保乌丸山，因以为号焉。俗善骑射，随水草放牧，居无常处，以穹庐为宅，皆东向。日弋猎禽兽，食肉饮酪，以毛毳为衣。贵少贱老，其性悍鷔，怒则杀父兄，而终不害其母，以母有族类，父兄以己为种，无复报者故也。常推募勇健能理决斗讼相侵犯者为大人，邑落各有小帅，不世继也。数百千落自为一部，大人有所召呼，刻木为信，邑落传行，无文字，而部众莫敢违犯。氏姓无常，以大人健者名字为姓。大人已下，各自畜牧治产，不相徭役。”“故其俗从妇人计，至战斗时，乃自决之。父子男女，相对蹲踞，悉髡头以为轻便。妇人至嫁时乃养发，分为髻，著句决，饰以金碧，犹中国有冠步摇也。”④《北史·魏本纪》：“魏之先出自黄帝轩辕氏，黄帝子曰昌意，昌意之少子受封北国，有大鲜卑山，因以为号。其后世为君长，统幽都之北，广漠之野，畜牧迁徙，射猎为业，淳朴为俗，简易为化，不

① 《三国志·魏书·乌丸鲜卑东夷传》，中华书局1982年版，第832—833页。

② 李金河：《魏晋隋唐婚姻形态研究》，齐鲁书社2005年版，第26页。

③ 黄烈：《中国古代民族史研究》，人民出版社1987年版，第229页。

④ 《三国志·魏书·乌丸鲜卑东夷传》，中华书局1982年版，第832页。

为文字，刻木结绳而已。时事远近，人相传授，如史官之纪录焉。黄帝以土德王，北俗谓土为托，谓后为跋，故以为氏。”① 乌桓鲜卑“射猎为业，淳朴为俗，简易为化”的经济生活，形成了“贵少贱老”、以健为长和尊敬妇女、以女性为重的民族文化价值观，女性享有崇高的社会地位，掌握了较大的社会与家庭事务决策权力，“其俗从妇人计”。

乌桓鲜卑敬重妇女，蕴含了远古时期女性生殖崇拜的意识，“终不害其母，以母有族类。”考古资料可以对此提供证据。19 世纪以来，在欧亚大陆所发现的许多旧石器时代晚期的女性裸体雕像，早期的女神像极力夸张女性特征，乳、腹、臀部肥硕突出；稍晚的作品性特征不再突出，但在阴部有清晰的三角纹记号，面部有粗略的表现，反映了由生殖崇拜到祖先崇拜的发展过程。20 世纪 60 年代，在赤峰市西水泉红山文化遗址出土了一件女性特征明显的陶塑裸体女像。更典型的材料是 70 年代后在辽宁东山嘴和牛河梁祭祀遗址发现的大批资料，属于新石器时代内蒙古兴隆洼文化类型的林西白音长汗遗址 19 号房址发现的石雕裸体女神像，腹部微鼓，强调人的面部表情，性器官已降到可有可无的地位，并有固定的安置场所和方式，栽立于室内中央灶的旁边，面对灶坑，“这应该是一件具有神灵属性，即‘火神’的偶像，又因它起源于生殖崇拜，所以也可能是作为生育之神而为人们崇奉。”② 白音长汗遗址女神像可能是体现北方民族家庭生活的灶神和生育之神。乌桓鲜卑妇女地位高，与婚前男子必须到女方家庭服劳役两年、女家提供丰厚的资产馈赠不无关联。“妻家乃厚遣送女，居处财物，一出妻家。”晚于鲜卑族兴起的室韦族也有相近的婚姻习俗。《隋书·北狄·契丹室韦传》：“室韦，契丹之类也。其南者为契丹，在北者号室韦。……妇女皆抱膝而坐。气候多寒，田收甚薄，无羊，少马，

① 《北史·魏本纪》，中华书局 1974 年版，第 1 页。

② 田广金、郭素新：《北方文化与匈奴文明》，江苏教育出版社 2005 年版，第 61—62 页。

多猪牛。造酒食噉，与靺鞨同俗。婚嫁之法，二家相许，婿辄盗妇将去，然后送牛马为聘，更将归家。待有娠，乃相随还舍。妇人不再嫁，以为死人之妻难以共居。”①《旧唐书·北狄》：“室韦者，契丹之别类也。……畜宜犬豕，豢养而噉之，其皮用以为韦，男子女人通以为服。被发左衽，其家富者项著五色杂珠。婚嫁之法，男先就女舍，三年役力，因得亲迎其妇。役日已满，女家分其财物，夫妇同车而载，鼓舞共归。”②

乌桓鲜卑女性勇于掌握自己的命运，在男女性爱与婚姻关系中占据主导地位。北齐奠基之君高欢的初婚是个典型事例。王仲荦先生证实高欢为鲜卑族人，③ 高欢取鲜卑名字贺六浑，系渤海蓨人。“神武（高欢）既累世北边，故习其俗，遂同鲜卑。”④ 高欢之妻匹娄氏亦为鲜卑族人。正史记载：“神武明皇后娄氏，讳昭君，赠司徒内干之女也。少明悟，强族多聘之，并不肯行。及见神武（高欢）于城上执役，惊曰：‘此真吾夫也。’乃使婢通意，又数致私财，使以聘己，父母不得已而许焉。神武既有澄清之志，倾产以结英豪，密谋秘策，后恒参预。及拜渤海王妃，阃闱之事悉决焉。”⑤ 鲜卑富家女娄氏的自主婚姻，颇为生动地诠释了鲜卑族女性在个人终身大事和家庭事务方面所具有的决定性作用。

三　烝母报嫂，维护族群繁衍

乌桓鲜卑族与匈奴等古代北方其他游牧民族相同，实行烝报婚姻制：“父兄死，妻后母执嫂；若无执嫂者，则己子以亲之次妻伯叔焉，

---

① 《隋书·北狄》，中华书局1973年版，第1882页。

② 《旧唐书·北狄传》，中华书局1975年版，第5356—5357页。

③ 王仲荦：《魏晋南北朝史》，上海人民出版社2003年版，第546页。

④ 《北齐书·帝纪·神武上》，中华书局1972年版，第1页。

⑤ 《北齐书·神武娄后传》，中华书局1972年版，第123页。

死则归其故夫。”[①] 司马迁记匈奴人的婚姻风俗：“父死，妻其后母；兄弟死，皆取其妻妻之。”[②] 班固则对匈奴婚姻制度作了进一步解释，《汉书·匈奴传上》载，“汉使曰：‘匈奴父子同穹庐卧。父死，妻其后母；兄弟死，尽妻其妻。无冠带之节，阙庭之礼。’中行说曰：‘匈奴之俗，食畜肉，饮其汁，衣其皮；畜食草饮水，随时转移。故其急则人习骑射，宽则人乐无事。约束径，易行；君臣简，可久。一国之政犹一体也。父兄死，则妻其妻，恶种姓之失也。故匈奴虽乱，必立宗种。’”[③] 匈奴大臣中行说指出，匈奴族实行烝报婚，目的在于延续种族，扩大生育，这是维护族群繁衍和家族生存的需要。《后汉书·西羌传》载：羌族“相与婚姻，父没则妻后母，兄亡则纳釐嫂，故国无鳏寡，种类繁炽。”注：“寡妇曰釐，力之反。”[④]

其实，烝报婚的婚姻形式在春秋时期中原地区的华夏族之间也曾较多地出现过。据统计，《左传》中关于烝报婚的记载有 6 条之多，例如，《左传·宣公三年》：“文公报郑子之妃曰陈妫，生子华、子臧。”[⑤] 陈绍棣先生等认为，烝报婚在当时是正常的婚姻现象，并非伤风败俗的淫乱行为，“烝”所生子女与其他子女有一样的地位与人格，并不受任何歧视。[⑥] 至汉代，烝报婚制度尽管在汉族生活的地区已被视为不合伦理的婚姻，但在汉朝周边的少数民族地区却极为广泛地存在着，以至于汉朝中央政权与匈奴、乌孙等少数民族政权建立“和亲”政治联姻关系时，远嫁异邦的汉朝女子被迫接受和适应所嫁民族的烝报婚规则。广为人们所熟知的汉代宗室女细君公主、解忧公主和良家子王昭君的婚姻故事，即为明证。

《汉书·西域传》：“乌孙以马千匹聘。汉元封中，遣江都王建女

---

① 《三国志·魏书·乌丸鲜卑东夷传》，中华书局 1982 年版，第 832 页。
② 《史记·匈奴列传》，中华书局 1982 年版，第 2879 页。
③ 《汉书·匈奴传上》，中华书局 1962 年版，第 3760 页。
④ 《后汉书·西羌传》，中华书局 1965 年版，第 2869 页。
⑤ 李梦生：《左传译注》（上），上海古籍出版社 2004 年版，第 438 页。
⑥ 陈绍棣：《中国风俗通史·两周卷》，上海文艺出版社 2003 年版，第 256 页。

细君为公主，以妻焉。赐乘舆服御物，为备官属宦官侍御数百人，赠送甚盛。乌孙昆莫以为右夫人。匈奴亦遣女妻昆莫，昆莫以为左夫人。”“公主至其国，自治宫室居，岁时一再与昆莫会，置酒饮食，以币帛赐王左右贵人。昆莫年老，语言不通，公主悲愁，自为作歌曰：‘吾家嫁我兮天一方，远托异国兮乌孙王。穹庐为室兮旃为墙，以肉为食兮酪为浆。居常土思兮心内伤，愿为黄鹄兮归故乡。’天子闻而怜之，间岁遣使者持帷帐锦绣给遗焉。昆莫年老，欲使其孙岑陬尚公主。公主不听，上书言状，天子报曰：‘从其国俗，欲与乌孙共灭胡。’岑陬遂妻公主。昆莫死，岑陬代立。……岑陬尚江都公主，生一女少夫。公主死，汉复以楚王戊之孙解忧为公主，妻岑陬。”[①] 汉元帝竟宁元年春正月（前33年），匈奴呼韩邪单于第三次到长安求亲，《汉书·匈奴传下》：“单于自言愿婿汉氏以自亲。元帝以后宫良家子王墙字昭君以赐单于。单于欢喜，上书愿保塞上谷以西至敦煌，传之无穷，请罢边备塞吏卒，以休天子人民。”[②] “王昭君号宁胡阏氏，生一男伊屠智牙师，为右日逐王。呼韩邪单于立二十八年，建始二年（前31）死。”王昭君与呼韩邪单于结婚仅两年丈夫病死。呼韩邪单于之子“复株累若鞮单于复妻王昭君，生二女，长女云为须卜居次，小女为当于居次。”[③]《后汉书·南匈奴列传》载：“昭君字嫱，南郡人也。初，元帝时，以良家子选入掖庭。时呼韩邪来朝，帝敕以宫女五人赐之。昭君入宫数岁，不得见御，积悲怨，乃请掖庭令求行。呼韩邪临辞大会，帝召五女以示之。昭君丰容靓饰，光明汉宫，顾景裴回，竦动左右。帝见大惊，意欲留之，而难于失信，遂与匈奴。生二子。及呼韩邪死，其前阏氏子代立，欲妻之，昭君上书求归，成帝敕令从胡俗，遂复为后单于阏氏焉。”[④] 汉平帝时，“乃风单于令遣王昭君女

---

① 《汉书·西域传下》，中华书局1962年版，第3903—3904页。

② 《汉书·匈奴传下》，中华书局1962年版，第3803页。

③ 《汉书·匈奴传下》，中华书局1962年版，第3806—3807、3818页。

④ 《后汉书·南匈奴列传》，中华书局1965年版，第2941页。

须卜居次云入侍太后，所以赏赐之甚厚。”①

乌桓鲜卑“父兄死，妻后母执嫂”的烝报婚，与匈奴、乌孙、西羌等民族“父兄死，则妻其妻”的婚俗习惯并无二致。鲜卑族入主中原后，在相当长的历史时期依然保留了这种传统婚姻习俗。例如，北魏权臣元叉“得志之后，便骄愎，耽酒好色，与夺任情。……又曾卧妇人于食舆，以帊覆之，令人舆入禁内，出亦如之，直卫虽知，莫敢言者。轻薄趣势之徒，以酒色事之，姑姊妇女，朋淫无别。”② “叉弟罗，字仲刚，以俭素著称。……叉死之后，罗逼叉妻，时人秽之。或云其救命之计也。”③ 又例如，《魏书·献文六王列传·北海王详传》：“北海王详，字季豫。美姿容，善举止。”④ “嬖狎群小，所在请托。珍丽充盈，声色侈纵。……详又蒸于安定王燮妃高氏，高氏即茹皓妻姊。”⑤ “详之初禁也，乃以蒸高事告母。母大怒，詈之苦切，曰：‘汝自有妻妾侍婢，少盛如花，何忽共许高丽婢奸通，令致此罪。我得高丽，当啖其肉。’乃杖详背及两脚百余下，自行杖，力疲乃令奴代。”⑥ 再例如，东魏权臣高欢与娄后所生两子高澄、高洋兄弟均继承了鲜卑族烝报婚传统。《北齐书·文襄元后列传》载：“文襄敬皇后元氏，魏孝静帝之姊也。孝武帝时，封冯翊公主而归于文襄（高澄）。容德兼美，曲尽和敬。……及天保六年，文宣（高洋）渐致昏狂，乃移居于高阳之宅，而取其府库，曰：‘吾兄（高澄）昔奸我妇，我今须报。’乃淫于后。其高氏女妇无亲疏，皆使左右乱交之于前。以葛为絙，令魏安德主骑上，使人推引之，又命胡人苦辱之。帝又自呈露，以示群下。”⑦ 除鲜卑之外，其他进入中原地区的少数民族也曾保留了烝报婚

① 《汉书·匈奴传下》，中华书局 1962 年版，第 3818 页。

② 《魏书·道武七王列传·京兆王黎附继子叉传》，中华书局 1974 年版，第 405 页。

③ 《魏书·道武七王列传·京兆王黎附继子叉传》，中华书局 1974 年版，第 408 页。

④ 《魏书·献文六王列传·北海王详传》，中华书局 1974 年版，第 559 页。

⑤ 《魏书·献文六王列传·北海王详传》，中华书局 1974 年版，第 561 页。

⑥ 《魏书·献文六王列传·北海王详传》，中华书局 1974 年版，第 563 页。

⑦ 《北齐书·文襄元后列传》，中华书局 1972 年版，第 125 页。

习俗，例如西晋十六国时期匈奴族首领刘渊死后，其子刘聪蒸其妻单氏。《晋书·载记·刘聪》："伪太后单氏姿色绝丽，聪烝焉。单即乂之母也，乂屡以为言，单氏惭恚而死，聪悲悼无已。"[①] 正如学者所指出，烝报婚之俗在魏晋南北朝时期南北各少数民族中均曾盛行，随着汉化程度的提高，烝报婚俗就日渐消亡。[②]

四　与天地合，乌桓鲜卑婚俗价值

从人类婚姻制度演化过程来看，乌桓鲜卑族的婚姻形态具备了对偶婚（嫁娶皆先私通）、劫掠婚（略将女去）、劳役婚（男为妻家仆役二年）、烝报婚（妻后母及兄弟之妻）等形式特征。假如从汉族婚姻伦理的角度去解读，或站在机械的社会进化论立场上，便很容易将其简单地评价为"原始的、落后的"婚姻形态。今天看来，这种评论显然失之于偏颇。我们以人与自然和谐相处的现代自然生态伦理观点来重新审视乌桓鲜卑的婚姻习俗，就会发现其背后所隐藏的自然伦理价值。可以说，乌桓鲜卑婚姻家庭观念与习俗之所以能够长期存在，是因为这种习俗是其民族根深蒂固的自然神灵崇拜理念之下的产物，是全体族群信仰自然、顺应自然、适应环境、天人合一的结果。

乌桓鲜卑属于游牧民族，与匈奴、乌孙、西羌等游牧民族的生产生活方式相近，逐水草而居，其所处的自然环境对民族的生存与发展具有决定性制约作用，其婚姻形式和社会制度必然顺应自然要求，适应种族生存与延续之需要，采取与农耕民族汉族迥然有别的婚姻形态。《后汉书·乌桓鲜卑列传》载："乌桓者，本东胡也。汉初，匈奴冒顿灭其国，馀类保乌桓山，因以为号焉。俗善骑射，弋猎禽兽为事。随水草放牧，居无常处。以穹庐为舍，东开向日。食肉饮酪，以毛毳为

① 《晋书·载记·刘聪》，中华书局1974年版，第2658页。

② 张承宗、魏向东：《中国风俗通史·魏晋南北朝卷》，上海文艺出版社2001年版，第275页。

衣。贵少而贱老，其性悍塞。怒则杀父兄，而终不害其母，以母有族类，父兄无相仇报故也。有勇健能理决斗讼者，推为大人，无世业相继。邑落各有小帅，数百千落自为一部。大人有所召呼，则刻木为信，虽无文字，而部众不敢违犯。氏姓无常，以大人健者名字为姓。大人以下，各自畜牧营产，不相徭役。其嫁娶则先略女通情，或半岁百日，然后送牛马羊畜，以为聘币。婿随妻还家，妻家无尊卑，旦旦拜之，而不拜其父母。为妻家仆役，一二年间，妻家乃厚遣送女，居处财物一皆为办。其俗妻后母，报寡嫂，死则归其故夫。计谋从用妇人，唯斗战之事乃自决之。父子男女相对踞蹲。以髡头为轻便。妇人至嫁时乃养发，分为髻，著句决，饰以金碧，犹中国有簂步摇。”①

乌桓社会“俗识鸟兽孕乳，时以四节，耕种常用布谷鸣为候。地宜青穄、东墙，东墙似蓬草，实如葵子，至十月熟。能作白酒，而不知作麴糵。米常仰中国。大人能作弓矢鞍勒，锻金铁为兵器，能刺韦作文绣，织缕毡毼。”“其约法，违大人言死，盗不止死。其相残杀，令部落自相报，相报不止，诣大人平之，有罪者出其牛羊以赎死命，乃止。自杀其父兄无罪。其亡叛为大人所捕者，诸邑落不肯收，皆逐使至雍狂地。地无山，有沙漠、流水、草木，多蝮蛇，在丁令之西南，乌孙之东北，以穷困之。”② 乌桓鲜卑族所在地区自然环境严酷，生存艰难，基本的生产生活方式是“弋猎禽兽为事。随水草放牧，居无常处”，属于典型的游牧型经济，严重依赖大自然的恩赐，因而，顺应自然是其根本的经济与社会法则，“耕种常用布谷鸣为候”。无论经济活动，抑或社会生活，都必须遵循自然法则的规范，这是族群唯一的生存之道，也是包括乌桓鲜卑在内的众多游牧民族在各自漫长的民族发展历程中所逐渐积累的智慧与文化传统。

与乌桓与鲜卑社会形态相似的匈奴，其婚姻形式也是顺应自然法

---

① 《后汉书·乌桓鲜卑列传》，中华书局1965年版，第2979页。

② 《三国志·魏书·乌丸鲜卑东夷传》，中华书局1982年版，第832—833页。

则、适应“逐水草迁徙”的族群社会需要。《史记·匈奴列传》：“匈奴，其先祖夏后氏之苗裔也，曰淳维。唐虞以上有山戎、猃狁、荤粥，居于北蛮，随畜牧而转移。其畜之所多则马、牛、羊，其奇畜则橐驼、驴、骡、駃騠、騊駼、驒騱。逐水草迁徙，毋城郭常处耕田之业，然亦各有分地。毋文书，以言语为约束。儿能骑羊，引弓射鸟鼠；少长则射狐兔：用为食。士力能毌弓，尽为甲骑。其俗，宽则随畜，因射猎禽兽为生业，急则人习战攻以侵伐，其天性也。其长兵则弓矢，短兵则刀鋋。利则进，不利则退，不羞遁走。苟利所在，不知礼义。自君王以下，咸食畜肉，衣其皮革，被旃裘。壮者食肥美，老者食其馀。贵壮健，贱老弱。父死，妻其后母；兄弟死，皆取其妻妻之。其俗有名不讳，而无姓字。”①

地处西南部的西羌族的婚姻形态与乌桓、鲜卑近似，其经济活动也以游牧为主，“所居无常，依随水草”。《后汉书·西羌传》：“西羌之本，出自三苗，姜姓之别也。其国近南岳。及舜流四凶，徙之三危，河关之西南羌地是也。滨于赐支，至乎河首，绵地千里。赐支者，《禹贡》所谓析支者也。南接蜀、汉徼外蛮夷，西北接鄯善、车师诸国。所居无常，依随水草。地少五谷，以产牧为业。其俗氏族无定，或以父名母姓为种号。十二世后，相与婚姻，父没则妻后母，兄亡则纳釐嫂，故国无鳏寡，种类繁炽。不立君臣，无相长一，强则分种为酋豪，弱则为人附落，更相抄暴，以力为雄。杀人偿死，无它禁令。其兵长在山谷，短于平地，不能持久，而果于触突，以战死为吉利，病终为不祥。堪耐寒苦，同之禽兽。虽妇人产子，亦不避风雪。性坚刚勇猛，得西方金行之气焉。”②

值得注意的是，由于西南地区特殊的自然环境，形成了许多封闭的地理空间，一些古老的婚姻习俗竟然得以保存和延续至今，例如，

① 《史记·匈奴列传》，中华书局1982年版，第2879页；《汉书·匈奴传上》略同。

② 《后汉书·西羌传》，中华书局1965年版，第2869页。

有“女儿国”之称的云南省永宁地区宁蒗县泸沽湖摩梭人的母系社会婚姻形态。1930年，记者庄学本考察泸沽湖，描述了摩梭人的婚姻家庭状况：“婚姻尚自由，但一般女子多不嫁、不赘，而性交极乱。家庭以母系为本位，财产之承继亦为女子，故有女儿国之称。”[①] 据学者宋兆麟实地考察，20世纪80年代初期，四川省凉山彝族自治州木里藏族自治县俄亚村的纳西族仍然实行亚血缘婚，在秋后举行的民族狂欢节“米华登格”（按，“米华”意为妇女，“登格”意为节日）上，成年男女集体野合偶居。[②] 纳西族出自魏晋时期的摩沙夷，《华阳国志·蜀志》：“筰，夷也。汶山曰夷，南中曰昆明，越巂曰筰，蜀曰邛，皆夷种也。县（定筰）在郡（越巂）西，渡泸北，宾刚徼，曰摩沙夷。”定筰县即今盐源、木里一带。[③] 西南纳西族等少数民族能够维持数千年乃至上万年的传统婚姻形式，其根本原因在于他们的婚姻习俗适应并满足了其所在的自然环境和社会结构的要求。这正是我们探索乌桓鲜卑婚姻习俗根源的路径所在。

2015年7月17日初稿
8月30日定稿
于珠江之畔广州大学城

（作者系广州大学历史学教授）

附记：十分感谢臧知非先生、赵国华先生在首届乌桓鲜卑文化国际学术研讨会上对本文观点提出讨论意见和建议！

---

① 参见宋兆麟《伙婚与走婚——金沙江奇俗》，云南人民出版社2003年版，第2页。

② 参见宋兆麟《伙婚与走婚——金沙江奇俗》，云南人民出版社2003年版，第42—50页。

③ 参见宋兆麟《伙婚与走婚——金沙江奇俗》，云南人民出版社2003年版，第22—23页。

循旧布新

——略论荀子群学的二重性

孙 筱

中国学术有自己的体系，中国学问有自己的语境，中国文化有自己的法度。在传统的社会中，中国学人在经史子集的框架中，探赜索隐、钩稽发微，阐明文化价值，总结历史经验。如果以现代西方学科分类观点来看，中国传统学术有点懵懂糊涂；如果以中国传统学术的视角，现代西方学科分类则略显支离破碎。这大概是东西方不同思维方式的结果。就荀子群学而论，或以为群学即西方的社会学，1903 年严复先生翻译斯宾塞的《社会学研究》，即取名《群学肄言》；或荀子的群学与西方的社会学多有神契。但是，荀子的群学是中国原生的社会学说，其旨趣、纲目、内涵与西方社会学并不等同。于是，凭据中国传统学术规范，通过荀子群学，正本溯源，疏浚中国传统社会学说的源流，对构建中国社会学学科体系，无疑大有裨益。[①] 本文拟从荀子所处的时代背景，讨论群学产生的历史条件与学说特色。

一 礼坏乐崩：群学诞生的社会历史背景

荀子的群学是诸子学说的一种，在其创立后两千多年，虽伏脉千

① 参见景天魁《中国社会学：起源与绵延》第一编“总论”，社会科学文献出版社 2017 年版。

里，但草蛇灰线，还是有迹可循。要准确理解群学，确定其内容，诠释其特色，必须要从其产生的时代背景入手。

春秋战国是中国社会急剧变化的历史时期，统一政体的分裂、社会秩序凌乱、国家制度混杂，给思想文化的成长提供了丰腴的沃土。一方面，思想文化是社会现实的镜像；另一方面，社会现实问题需要思想文化给出解决的思路和方法。这便是在礼坏乐崩的残垣断壁中，奏响百家争鸣华章的原因。群学便根植于这段历史之中，是荀子给出社会整合、国家治理的答案。

在中国历史上，春秋战国的社会变革意义最为深刻，无可比拟。史学家经常用“礼坏乐崩”来描述春秋战国社会现状，准确而形象。礼坏乐崩是新旧碰撞的必然结果。新秩序出现了，旧制度却义无旋踵；新的地缘关系已经形成，旧的血缘关系依然附着；家庭要求独立，家族的桎梏仍存；编户制悄悄萌生，宗法制暗暗作祟；军功爵位渐渐流行，世袭爵位迟迟不去；官僚制已渐成气象，世卿制阴魂不散；郡县开始建置，分封存而不废；专制是霸道的志向，自治是王道的理想；变法是趋势，复辟也是选择……所有这些都是新与旧的矛盾，所有社会问题，便是这一矛盾林林总总的展示。

春秋战国时期社会剧变，原因是多方面的。这个时期，气候比较温暖，[①] 适宜农耕。伴随农业规模的扩大和生产的发展，农业技术已有长足进步。就生产工具的改进而言，铁制农具开始普遍使用。考古发现证明，中国在西周晚期已使用人工冶铁制品。[②] 到春秋战国，铁农具使用的地区已经非常广泛。铁制工具的大量出现，标志我国由青铜时代进步到铁器时代。铸铁柔化处理技术也是这个时候发明的，是世界冶铁史上一大杰出成就。就生产技术创新而言，牛耕技术已开始普及。犁是一种先进农具，用牛代替人来拉犁是一项技术创新，是农

① 参见竺可桢《中国近五千年来气候变迁的初步研究》，《考古学报》1972 年第 1 期。

② 参见张宏明《中国铁器时代应起源于西周晚期》，《安徽史学》1989 年第 2 期。

业动力的革命。就农田水利而言，这时诸侯国为国强民富，都十分重视兴修水利工程，中原地区已普遍用桔槔来灌溉农田；古代著名的水利工程如楚国的芍陂（池塘）、魏国的西门豹渠、秦国的都江堰和郑国渠都相继完成。农业的发展与技术的进步，大大提高了劳动生产效率，接踵而至的是人口的大量增殖和社会分工的细化。这时期手工业门类较多，有铜铸、冶铁、漆器、纺织、煮盐、酿酒、陶瓷、玉雕等。青铜铸造成就有春秋中期的珍品莲鹤方壶、错金银技术和雕铸技术；漆工艺已采用夹纻技术。手工业工艺专著《考工记》也在这时完成。

农业与手工业的迅速发展，促进了商贸的繁荣。齐国位于东部沿海，自立国伊始就十分重视商业贸易，出台了“通商工之业，便鱼盐之利”政策。[①] 齐桓公时，丞相管仲深谙经商之道，制定了四民分业、各安所居、开设市场、减轻税收等鼓励措施，使得“海岱之间敛袂而往朝焉”，[②] 齐国因此迅速富强，“九合诸侯，一匡天下”。[③] 楚国商贸场所被称为“市”，政府设“市令”。司马迁说：“陈在楚夏之交，通鱼盐之货，其民多贾。”[④] 晋国的强国地位应该与其重商有关。据《国语·晋语》记载，晋文公即位后，采取了“轻关易道，通商宽农”等重商措施。[⑤] 为保持各国之间商道畅通，这一时期，各诸侯国在会盟中，时常会签约保障商贸活动。公元前651年，葵丘会盟中就有“无曲防，无遏籴”的条款，[⑥] 强调各诸侯国要协同保护商旅，疏通商品流通渠道。

春秋战国时期，文字开始规范，文字承载的信息量也大大增加。文化的进步促进文化的传播，文化的进步使许多生产生活的经验变成知识，文化的传播无疑提升了全社会文明的水平。譬如，与农业活动

---

① 《史记·齐太公世家》，中华书局1982年版，第1480页。
② 《史记·货殖列传》，中华书局1982年版，第3255页。
③ 《史记·管晏列传》，中华书局1982年版，第2131页。
④ 《史记·货殖列传》，中华书局1982年版，第3267页。
⑤ 《国语集解·晋语》，中华书局2002年版，第349页。
⑥ 《孟子正义·告子章句下》，中华书局1987年版，第843页。

密切相关的天文学，已渐成体系。1978 年湖北省随县出土的二十八宿漆箱盖，把文献证据提前到了公元前 5 世纪。[①] 这时期出现了许多天文学家，周室有苌弘，鲁有梓慎，晋有卜偃，郑有裨灶，宋有子韦，齐有甘德，楚有唐昧，赵有尹皋，魏有石申夫，皆掌天文，各论图验。《甘石星经》是这个时期代表作品，系统反映了人们对自然天象的认识。在神和人混沌的远古时代，天文知识的深化，无疑可以明晰神与人之间的界限，有助于人们认知的进化。

所有这些因素，为社会大变革提供了澎湃的动能。就社会秩序来说，旧的以血缘为纽带的宗族社会被撕裂，小家庭裂变为新的社会细胞，从宗族中分化出来，努力成为独立的经济单元。西周时期，同宗兄弟共居共财或异居共财，社会秩序构建于血缘关系之上。关于宗法制，学界一般比较认同《礼记·大传》看法，“别子为祖，继别为宗，继祢者为小宗。有百世不迁之宗，有五世则迁之宗”。[②] 别子是指国君嫡长子之弟，别子分出，自立一家，由其长子继承，称为大宗，所以百世不迁；别子之庶子的子孙，只能继承其父，所以五世则迁。春秋战国时期，自耕农小家庭崛起，社会风气更多体现出独居独产的家庭的观念。生产技术的进步，为这些早期自耕农独立提供了必要条件。自耕农小家庭对私有财产的欲望，使他们极力想脱离血缘宗族或家族的羁縻，渴望建立一种以土地私有为基础的新型的地缘关系。为了适应这一变化，晋国惠公六年（前 645），始“作爰田”，[③] 这样，宗族内的自耕农就有了可以“自爰其处”的永久土地。

从春秋到战国，家庭结构演化的路径是家庭不断缩小。春秋初期，家庭人口较多，到李悝时，“一夫挟五口，治田百晦”已比较常见。[④]

---

① 参见王健民、梁柱、王胜利《曾侯乙墓出土的二十八宿青龙白虎图象》，《文物》1979 年第 7 期。

② 《礼记集解·大传》，中华书局 1989 年版，第 914 页。

③ 参见林甘泉《中国封建土地制度史》，中国社会科学出版社 1990 年版。

④ 《汉书·食货志》，中华书局 1962 年版，第 1125 页。

这一时期的小家庭最为普及的是秦国，因为秦地处西陲，旧的宗法势力较弱，而秦的商鞅变法较其他各国的变法更为全面，也更为彻底。商鞅变法的核心是“农战”，鼓励家庭分户析居是基本方法，商鞅设“异子之科”，规定民有二男以上不分异者倍其赋。

应该注意的是，小家庭的出现，并不意谓宗族、家族的解散；地缘关系的萌生，也不意谓血缘关系的终结。春秋战国的自耕农小家庭并不是蔚然大观，只是长在血缘宗族大树下的青草，所需的阳光雨露，时常被残叶断枝所隔离。比如在《诗经》“豳风”“甫田”等篇目中，我们还经常可以看到家族集体劳动的描述。由于土地制度没有也不可能完全私有化，绝大部分土地仍在宗族或家族的控制之下，个体小家庭决不可能完全脱离血缘关系而存在。地缘与血缘、家庭与家族、公田与私田、自耕农与贵族等等，在对立中演变，就是这个时代社会的二重性特征。

自耕农的大量出现，改写了温情脉脉的血缘宗法社会秩序，必然反映到政治制度之中。规范宗族社会秩序的制度是宗法制，在宗法制度下，“天子建国，诸侯立家，卿置侧室，大夫有贰宗，士有隶子弟”，[①] 形成了一套系统而完整的制度。宗法制的目的在于稳固贵族阶级的等级秩序，其形制是按血亲关系进行管理。但小家庭的独立与涌现，血缘的纽带遭到损坏。

于是，基于地缘关系的新的管理形式——编户制出现了，跃跃欲试，准备代替宗法制。《国语·齐语》记载，管仲在齐国主持的行政改革就是以家庭为基础，家庭既是最基层的行政单元，又是经济上的基本单位，即所谓的编户齐民。管仲规定，居民“五家为轨，轨为之长；十轨为里，里有司；四里为连，连为之长；十连为乡，乡有良人”。[②]

于是，与编户制相适应的赋役改革也被推出。管仲“相地而衰

① 《春秋左传诂·桓公二年》，中华书局 1987 年版，第 213 页。
② 《国语集解·齐语》，中华书局 2002 年版，第 224 页。

征”又是在面对土地关系的新变化时，实施的一项赋税改革，即根据土地的好坏贫瘠征收不同的赋税，实质上是以实物地租取代过去的劳役地租。同样，鲁国的“初税亩”是在宣公十五年（前594年）实行的按亩征税的田赋制度，应该是承认私有土地合法化的开始。

于是，基于有效管理编户齐民的新型官僚制度也蜕变而生。春秋时各国均采取世卿世禄制度，官职一般由世官充任。世官世袭爵位，爵位有卿、大夫、士三等。到春秋末期至战国，世卿开始渐渐被君王的选官即官僚取代。相较于世卿制，在官僚制体系中，国君可以随时任免官员，有利于中央集权；大小官员都凭借官印来行使权力，官印乃君王所授；官员通常领取实物俸禄，以代替过去的采邑，私兵被取缔，地方的独立性被抑制。

于是，在编户齐民所构建的地缘关系基础之上，郡县脱颖而出。郡县制的诞生，在中国政体改革方面具有标志性意义。在郡县出现之前，分封制与宗法制互为表里，紧密结合，在宗族范围内为宗法制，在国家范围内为分封制。天子将土地分给亲属、功臣或前代贵族，所封之地称为诸侯国，统治封地的君主被称为诸侯。此后，诸侯在自己的封域内，又对本国的卿大夫实行分封。卿大夫再将土地和庶民分赐给士。这样层层分封下去，就形成了一个环环相扣的贵族统治政体。郡县的出现打破了这个政体的稳固常态。郡县开始出现在诸侯国的边疆地区，郡的出现稍晚于县。早期，县大于郡。《说文》解释“郡”字：“从邑君声。”① 从字源分析，郡就是国君直属的采邑。“县”字，本意是悬，悬挂，从字源分析，是指对新开拓疆土的称谓。这样我们可知，郡县多是由君王直接管理的区域。② 春秋时，一些诸侯国为了加强直属采邑和新得疆土的管理，就直接任命一些非世袭的官员作为郡县的管理者。到后来，有些国家如晋国还

① 《说文解字》卷六《邑部》，清代陈昌治刻本。

② 参见拙著《两汉经学与社会》第一章第三节，中国社会科学出版社2002年版。

在国内置郡，管理者由国君任免，这种制度可以防止因分封而导致分裂，加强中央集权。至战国时，这种制度多为诸侯国采用，贵族分封的地区逐渐萎缩。

以上所列举的社会秩序与政治制度的种种变化，均反映在这一时期的各国变法之中。从公元前5世纪中叶魏国李悝变法始，风起云涌的变法运动持续了近两百年。秦有商鞅变法，楚有吴起变法，赵有胡服骑射，燕有乐毅改革，韩有申不害变法，齐有邹忌改革等等。综述各国变法与改革的内容，大都以除旧布新为圭臬，承认与固化以编户为基础的地缘社会秩序是变法的基础；颁布成文法、强化王权、弱化旧分封贵族势力是必要手段；奖励军功、保护自耕农利益等是具体措施。从效果看，李悝变法、吴起变法、商鞅变法影响最大。表面上看，变法是为了富国强兵，其实变法是新旧矛盾激化的结果，吴起、商鞅的悲惨结局便是清晰的佐证。

春秋战国大变革是新旧矛盾的表现形态。过去，我们习惯认为，新的出现了，旧的就消亡了。这种非此即彼西方式的逻辑思维，常常使我们在认识中国历史中，跋前疐后，动辄得咎。其实，传统的中国一直是新旧二重性的结合，这种二重性，有时呈现是激烈的冲突，有时则是平静的和谐。地缘关系出现了，血缘关系并未全部退却，春秋战国时期，以血缘为基础的贵族，盘根错节，仍是各国政坛中的主要力量。譬如著名的战国四公子（魏国的信陵君、赵国的平原君、楚国的春申君、齐国的孟尝君），哪个不是倚仗宗族，把持朝政，纵横捭阖？即使战国以降各个王朝，又何尝不是如此？自耕农小家庭开始普及，编户齐民逐渐成为常态，但家族、宗族却改头换面，维护其内部家庭秩序的和谐共处，抵御外来的包括中央集权的压迫。传统社会的编户既是组成国家的基本细胞，同样又是宗族、家族的基本单元，接受同宗同族的护佑与帮助。在社会分裂的战乱时期，宗族是一股强大的政治力量，不然为何会出现“楚虽三户（昭氏、屈氏、景氏），亡秦必楚”；在国家安定时期，宗族又是仕晋的坚实基地，不然为何东汉会出现许多累世三公家族（东汉汝南袁氏便是“四世三公”）。郡县制作为整合社会秩序的新的手段，已是不二选择，这并不说明分封制就必须终结。秦终结了分封制，全面实行郡县制，可是摒弃社会自治的专制行政，无疑是导致秦朝二世而亡的主要原因之一。后人常说，汉因秦制，然而汉代实际是分封与郡县并行，这种新旧政体混合的选择，使汉朝国祚延续四百年之久。

春秋战国的社会变革是深刻的，具有鲜明的新旧二重性特征。毫无疑问，这种特征必然会遗传到秦汉以后的传统社会的机体中，也必然会给荀子所创立的群学，打下深深的烙印。

二　学政辗转：荀子人生际遇对群学建构的影响

相较诸子百家的学说，荀子的群学，自成说以后，虽湮灭不显，但其内容宏富，特色鲜明。要全面解读群学，当然还应该从荀子一生经历来分析。

荀子名况，字卿，时人尊称“荀卿”。西汉时因避汉宣帝刘询讳，又被改称孙卿。荀子的生卒年，后世学者看法不一，大致可以确定为约公元前313年—前238年。司马迁《史记·孟子荀卿列传》对荀子记述虽然比较简略，但还是勾勒出其一生的活动轨迹。荀子是赵国人，五十岁（有学者认为五十是十五的传抄误笔）游学于齐国。齐襄王时，荀子已是齐国稷下学宫里资历最深的“老师”，三次担任稷下学士的祭酒。后来，他遭人毁谤，就到了楚国，担任兰陵令。荀子罢官后，便在兰陵安家，专心著述，死葬于兰陵。荀子的群学学说，应该是在这个时候最终完成的。

荀子置身战国末叶，他死的时候，秦始皇开始亲政，并在李斯等人的筹划下，开启了“灭诸侯，成帝业，为天下一统”大业，[①] 而李

① 《史记·李斯列传》，中华书局1982年版，第2540页。

斯恰是荀子的弟子。春秋战国诸侯争霸，社会分化，民不聊生。战国后期，这种现象更加严重，天下统一的端倪渐现，各种社会矛盾日益激化。春秋战国社会的急剧变化，必然会反映到思想文化领域，百家争鸣便是各个思想家及流派解决社会问题的方案。但是到战国后期，由于矛盾的激化，整个社会对那些缓和矛盾的理论、缺乏可行性的设计已失去兴趣，他们需要的是思想的“急就章”，需要的是言能践行的社会整合方案。

纵观荀子一生，他生活的几个诸侯国，均是战国晚期的强国。荀子生于赵国，赵国是战国七雄之一，赵武灵王二十四年（前302）推行的“胡服骑射”，改革军备和战法，赵国得以强盛。赵北击匈奴，建立云中、九原两郡，又在阴山筑长城以抵御匈奴。公元前296年赵吞并中山国。荀子游学与讲学的齐国，也是当时强国。公元前314年，燕国发生“子之之乱”，齐宣王命匡章率兵大败燕国。齐愍王继位后，兵强马壮，与秦争霸。公元前301年，联合韩、魏攻楚，大败楚国。三年后，又联合韩、魏连年攻秦，入函谷关，迫秦求和。公元前288年，与秦武王相约，分别称为东、西帝。公元前286年，齐灭宋；后又攻楚，夺取了楚淮河以北全部土地；接着又兵入三晋，令卫、鲁、邹入齐称臣，齐国势到达巅峰。愍王还扬言要吞并二周，成为天子。荀子入仕的楚国，堪称春秋战国的第一大国，“地方五千余里，带甲百万，车千乘，骑万匹，粟支十年”。①

然而，这几个与荀子一生关联密切的诸侯强国，在荀子晚年，均由盛转弱，对这一过程，荀子应该历历在目，感怀于心。

赵国强弱变化的分水岭无疑是公元前260年的长平之战。这场发生在长平（今山西省高平市西北）的战役，赵军战败，秦国获胜，秦军共斩首坑杀赵卒约45万，赵国从此一蹶不振。赵国在长平的失败，客观原因是因为国力不如秦国，但也有非客观原因可以探讨，

① 《史记·苏秦列传》，中华书局1982年版，第2259页。

其一，赵王选用自己宗族的赵括替代廉颇为主帅，这也是重要原因。在赵国，有才能的人若非同宗同族，很难得到重用，即使重用也得不到完全信任。根据《史记·赵世家》记载，自赵烈侯以降，赵共有 31 位将军，其中 12 人是赵氏族人。其二，赵国虽然建立了军功爵制度，但很不完善，存在着“亲戚受城，而国人计功”的弊病。[①]赵国封爵中宗室占很大比例。军功爵建立主要是鼓励征战，其次还可用招徕人才。荀子说：“人主欲得善射，射远中微者，悬贵爵重赏以招致之。……欲得善驭速致远者，一日而千里，悬贵爵重赏以招致之。”[②]

齐国是在乐毅破齐后衰败的。公元前 284 年，燕昭王以乐毅为上将军，合燕、秦、韩、赵、魏攻齐，王都临淄被破，连下七十三城，战争相持 5 年，后齐将田单使用反间计，使得乐毅被燕王所废，并以“火牛阵”大败燕军，收复失地。齐虽然复国，但元气已大伤，自此以后无力再与秦抗衡。荀子在稷下学宫任祭酒，当是在这场变故之后，是稷下学宫的最后一个大师。稷下学宫是多元文化汇聚之地，不同学派的思想家，各显其能，聚讼纷纭。司马迁在《孟子荀卿列传》里叙述了这种状况。荀子到了稷下，当时“驺（邹）衍之术迂大而闳辩；(邹）奭也文具难施；淳于髡久与处，时有得善言。故齐人颂曰：‘谈天衍，雕龙奭，炙毂过髡。’”。[③] 同时在稷下学宫，具有鲜明齐文化特征的新兴的黄老学说、阴阳学说，与齐国盛行的旧的巫术神仙信仰也互相糅杂，作为儒学的传承人的荀子，肯定在其中汲取了丰富的学术营养。

战国后期楚国的衰败是拜秦所赐，楚怀王（约前 355—前 296）时，秦楚发生两次大的战争，楚怀王十七年（前 312）秦攻取楚之汉中，取地六百里，仿楚制，设置汉中郡，后一年攻取了召陵。三十年，

---

① 《史记·平原君虞卿列传》，中华书局 1982 年版，第 2369 页。

② 梁启雄：《荀子简释·王霸》，中华书局 1983 年版，第 169 页。

③ 《史记·孟子荀卿列传》，中华书局 1982 年版，第 2348 页。

楚怀王被秦骗去秦国，客死咸阳。楚顷襄王时代，秦国多次伐楚，得西陵、巫、黔中等地。公元前287年，秦攻入楚都郢城。公元前263年，楚考烈王继位后，任用春申君。春申君派兵助赵，解邯郸之围，又领兵灭鲁，楚国一度复兴。楚考烈王死后，楚宫政变，春申君被杀，楚国从此萎靡不振。荀子由齐入楚，做了兰陵县令，便是得到春申君的帮助。我们习惯认为，在战国七雄中，楚是最保守的国家，因为楚国的旧贵族势力最为强大，但我们却忽视了，其实这个最保守的国家，同样最愿意拔新领异，吴起变法便是例证。作为新的地方行政管理机构的县，也最早出现在楚国。荀子做楚国县令，是一次难得的政治实践，对新旧制度的体悟，也肯定会充实到其群学理论之中。

约公元前264年，应秦昭王聘，荀子西游入秦。荀子入秦之事，司马迁没有讲述，但在《荀子》与《风俗通义》多有记叙，应当是可信的。春秋战国时期有“儒者不入秦”的说法，孔孟及其门徒鲜有人到过秦国。荀子没有遵循这个戒律，他到了这个被时人视为虎狼之国的秦国后，看到的是“秦士甚公，秦吏甚察，秦民质朴”，而近乎“治之至也”，对秦国政治予以充分肯定，说秦“四世有胜，非幸也，数也”。[①] 或许这时他把统一中国的希望寄托于秦国。他主张秦国应当“力术止，义术行”，任用“儒者”。秦国政治奉行的是法家的新“霸道”理论，与儒家旧“王道”思想抵牾，荀子的建议未被秦国采纳。应该看到，荀子入秦，新制度所规范的新秩序，足以让他耳目一新，这些无疑会纳入他创立群学的理论考虑之中。

荀子的一生，有强烈的现实关怀，充满事功精神。荀子游学于齐、仕宦于楚、论政于秦等等，无不影响到他的社会治理理论的思考，所有这些是他创立群学的必备的历史条件。

---

① 梁启雄：《荀子简释·议兵》，中华书局1983年版，第195页。

三　新旧之间：群学的基本内容与特色

春秋战国时期，错综复杂的社会问题，必然需要一个系统的解决方案；诸侯争霸，既给百家争鸣提供了演出的舞台，又提出论争的命题。各种流派的思想家，纷纷拿出自己解决社会问题的方案。所有这些方案均与其产生的历史背景密切相关。

孔子身处春秋末叶，宗法制虽已残破，但还相对完整。所以孔子给出的社会整合方案是“尊尊亲亲”，尊尊讲求的是“礼”，礼是旧的宗法等级制度的骨架；亲亲就是孔子所说的“仁”，这是孔子的发明，是新的东西，是从旧的家族亲情推衍出来的概念，是在独立的小家庭逐渐成长的背景下制定的道德规范。孟子继承了孔子的思想，比较偏爱用仁去做政治实践，故多述仁政。孟子的发明是“义”。在孟子的时代，小农家庭已成风尚，宗法制度几近崩塌，义之本身没有多少血缘亲情的成分，作为地缘关系下人们秉持的道德信条，十分适宜。所以后人说“孔曰成仁，孟曰取义”。[①] 道家之学源于楚，楚国旧家族势力十分强大，且地广人稀，无其他国家人口增长带来的压力，故小国寡民作为一种社会理想，自然是其旧贵族的心之所系。法家源于三晋，三晋土地稍嫌褊狭，在人口自然增长较快的压力下，社会矛盾尖锐，故用强制的手段进行社会整合是必要的选择。儒道学说，皆以道德自律为起点，而法家学说，则以道德强制为起点。

战国后期，国家的分崩离析，山河的满目疮痍，人民生活的艰难困苦，新旧矛盾日益尖锐，社会对系统的理论解决方案的需求更为急迫。荀子“于是推儒、墨、道德之行事兴坏，序列著数万言而卒”。[②] 群学便是诞生于这样一个特殊的历史环境之中。

① 《宋史·文天祥传》，中华书局 1985 年版，第 12540 页。

② 《史记·孟子荀卿列传》，中华书局 1982 年版，第 2348 页。

荀子的群学是总结诸子各家理论实践得失形成的。群学不是对前揭理论的简单归纳，而是汲取其精义，并基于当时社会历史条件，打造的一套有完整逻辑结构的学说。群学讲求“明分使群”。荀子认为社会秩序之所以混乱，是因为“群而无分则争”，要想完成社会整合，“救患除祸，则莫若明分使群矣”。[①] 群学的逻辑手段是“分”，逻辑指向是“群”，即通过规范社会秩序，谋求治国理政。

群学所说的“分”，包含诸多内容，层层递进，逻辑清晰。

首先，先明“天人之分”，这是群学逻辑论证的第一步。荀子认为天地与人类各有职分，天归天，人归人，各有自己运行规律。“天有其时，地有其财，人有其治。”[②] 治乱吉凶，在人而不在天。荀子“明于天人之分”的观点可谓是特立独行，确定人类社会的问题与天没有必然的联系，天不再具有人格，也不会主宰人的命运。这与当时儒墨显学、道家及阴阳五行学家的观点迥然相异，为就人世讨论人事划定了范围，确定了原则。毫无疑问，战国时期，古天文学的巨大进步，为荀子“天人相分”的思想的发育，提供了丰富的营养。

其次，再明“性善性恶”。把人与天分开后，人便不具备天的神性。天的神性无法证明，人的本性便可通过其行为验证。在动荡的战争时代，人性丑恶弥足凸显，荀子性恶论证就有了根据，至于仁义，是由后天学习修为所得。其实，后人对荀子的性恶论多有误读，荀子所谈的人性，“本始材朴”，是人的自然之性，可以为恶，也可以为善。只不过“今人之性，生而离其朴”，所以才会有“今人之性，生而有好利焉”。[③] 荀子在论述性恶问题时，反复强调“今人”，足以说明其理论来源于对现实的观察。“人之生固小人，无师无法则唯利之见耳。人之生固小人，又以遇乱世，得乱俗，是以小重小也，以乱得

① 梁启雄：《荀子简释·富国》，中华书局1983年版，第119页。

② 梁启雄：《荀子简释·天论》，中华书局1983年版，第222页。

③ 梁启雄：《荀子简释·性恶》，中华书局1983年版，第327、329页。

乱也。”[①] 要扭转这种倾向，必须制定礼义，进行教化。“化性而起伪，伪起而生礼义，礼义生而制法度”。[②]

复次，再明“人禽之别”“长幼有差”“贵贱有等”，于是“贫富轻重皆有称”。[③] 人之所以可以通过教化，趋善避恶，因为人与禽兽不同，“夫禽兽有父子而无父子之亲，有牝牡而无男女之别”。[④] 这样以人伦之辨为基础，父子、夫妇的人伦关系就清楚了，“长幼有差”也就成为必然结论。既然长幼有差，那么“贵贱有等”也就不难解释。故荀子说：“夫两贵之不能相事，两贱之不能相使，是天数也。”[⑤] 既然贵贱有等，“贫富轻重皆有称”就自然而然在情理之中。荀子“明分”，就是用来解释社会差别、不平等的合理性，肯定人们之间贫富差别的秩序。社会成员各安其所，社会秩序便井然有序。

“明分”以后，便是“使群”。“群”是“分”的结果，荀子说：“故百技所成，所以养一人也。而能不能兼技，人不能兼官，离居不相待则穷，群而无分则争。穷者，患也。争者，祸也。救患除祸，则莫若明分使群矣。”[⑥] 荀子所处的时代，小家庭从家族独立出来，旧的按等级建构的宗法制千疮百孔，新的相对平等的编户制尚难完善，纷争迭起，祸乱频仍。这种乱象引发的社会灾难，荀子记忆犹新。给新的小家庭或个体成员重新定位，“群”无疑是最好的模式。

荀子首先论证了人能分群的理由。《荀子·王制》说：“人，力不若牛，走不若马，而牛马为用，何也？曰人能群，彼不能群也。”[⑦] “水火有气而无生，草木有生而无知，禽兽有知而无义。人有气、有生、有知，亦且有义，故最为天下贵也。”[⑧] 虽然这些都是无类比附，但还是有

① 梁启雄：《荀子简释·荣辱》，中华书局1983年版，第41页。
② 梁启雄：《荀子简释·性恶》，中华书局1983年版，第330页。
③ 梁启雄：《荀子简释·富国》，中华书局1983年版，第120页。
④ 梁启雄：《荀子简释·非相》，中华书局1983年版，第52页。
⑤ 梁启雄：《荀子简释·王制》，中华书局1983年版，第102页。
⑥ 梁启雄：《荀子简释·富国》，中华书局1983年版，第119页。
⑦ 梁启雄：《荀子简释·王制》，中华书局1983年版，第109页。
⑧ 梁启雄：《荀子简释·王制》，中华书局1983年版，第109页。

很强的说服力。荀子的论述着重强调了人与动物的不同，从而比较出人为何能优异于动物，就是人“能群”，人有组织社会的能力。

分群的规则是礼义。荀子对礼十分重视，论述较多，“隆礼贵义者其国治”,[①] 但对于礼，不再强化“礼不下庶人”的社会等级观念。而做出另一种符合当时社会实际的解释。“礼起于何也？曰：人生而有欲，欲而不得，则不能无求。求而无度量分界，则不能不争；争则乱，乱则穷。先王恶其乱也，故制礼义以分之，以养人之欲，给人之求。使欲必不穷于物，物必不屈于欲。两者相持而长，是礼之所起也。”[②] 礼作为分群的规则，“分莫大于礼”，侧重于制度建构，反映在人们意识之中，就是义。“人何以能群？曰：分。分何以能行？曰：义。”[③] 以义分群或侧重于道德教化。群学的分群形式，是采取新的网格化的方式，进行社会整合，这无疑是受到各国变法的启迪。但是，群学所确立的分群的规则却是礼义旧说，或多或少有些复古的味道。向旧寻新也许就是群学的诉求，这种妥协中前进的态度，贯穿其学说的始终。

应该看到，荀子分群毕竟与旧的宗法制度不同，是基于小农家庭为社会单元提出的社会整合方案。在这个方案中，新旧驳杂，互为表里，社会自治与国家专制相濡以沫，王道与霸道同舟共济。比如在人才选拔方面，荀子主张“用人不待次”，即不注重人的原有社会身份；主张“内不可以阿子弟，外不可以隐远人”。[④] 即选官不看血缘关系的远近。但荀子所设计的官僚体系，仍袭用卿大夫等旧称。

应该看到，荀子分群与新的编户制度不同，虽然这时自耕农小家庭大量涌出，各诸侯王为了强化集权，也渴望直接管理居民，但是，由于旧的贵族势力依然强大，编户制不可能成为一个完整制度，并全面推行。所以在荀子的社会分群整合的方案中，还能看到旧的贵贱、

---

① 梁启雄：《荀子简释·议兵》，中华书局 1983 年版，第 192 页。

② 梁启雄：《荀子简释·礼论》，中华书局 1983 年版，第 253 页。

③ 梁启雄：《荀子简释·王制》，中华书局 1983 年版，第 109 页。

④ 梁启雄：《荀子简释·君道》，中华书局 1983 年版，第 169 页。

贫富等级分列的踪影。

应该看到，荀子的群学与儒、墨、道家学说的差异。这些学说，在道德方面，强调自律；在社会方面，强调自治；在政治方面，强调王道。重民而轻君，孟子曰：“民为贵，社稷次之，君为轻。”[①] 虽然荀子也有“水能载舟，亦能覆舟”的论述，并常常为人引用，以证明荀子具有鲜明的民本思想，但是在荀子的学说中，国君其实更为重要。荀子说：“君者，善群也。群道当，则万物皆得其宜，六畜皆得其长，群生皆得其命。”[②] “人君者，所以管分之枢要也。”[③] “君者，何也？曰：能群也……四统者俱而天下归之，夫是之谓能群。”[④] 君者，善群也。国君不但善群、能群，还掌握分群的枢要。荀子讲隆君，多为后学所诟病，认为这是功利主义。其实，功利主义也可以理解为积极的入世精神。荀子隆君观点便为后来董仲舒所继承，两汉经学的鼎盛便是儒学入世的成就。

还应该注意，荀子的群学与法家学说的界限。群学讲究“隆礼重法”，法家的思想与社会实践，对“明分使群”有积极影响。荀子的学生李斯，深谙群学中的法家韬略与隆君的帝王之术，最终助秦始皇统一天下。荀子有自己的原则，群学多讲“重法”，但必须以“隆礼”为前提；虽讲“隆礼尊贤而王，重法爱民而霸”，[⑤] 把王道与霸道并列，但荀子偏爱王道，还是不言自明的。拥有儒学传统的荀子，经常会用儒家的宽容，化解法家的锋芒，消解法家的戾气。

综上所述，我们可以看出，荀子的群学产生于社会分裂、新旧相杂的历史时期。群学自身有鲜明的新旧二重性特征，有创新，也有妥

---

① 清嘉庆刊本《十三经注疏》十三《孟子注疏·尽心章句下》，中华书局2009年版，第6037页。

② 梁启雄：《荀子简释·王制》，中华书局1983年版，第110页。

③ 梁启雄：《荀子简释·富国》，中华书局1983年版，第122页。

④ 梁启雄：《荀子简释·君道》，中华书局1983年版，第164—165页。

⑤ 梁启雄：《荀子简释·天论》，中华书局1983年版，第228页。

协；有引领，也有退却；有旧传统的余绪，更有新前景的昭示。群学实际是循旧以布新的学说。

我们之所以用二重性、不用矛盾来描述群学的特征，因为我们认为，矛盾是对立与冲突，而二重性只是矛盾的两个方面，有时会对立冲突，有时也能和谐共存。群学的二重性，来源于社会的二重性，是其产生历史时代的写真。群学或是荀子继先哲统绪，所撰成的一家之言。郭沫若认为荀子是位集大成的学者，冯友兰认为荀子是中国的亚里士多德。但在古代，荀子多遭贬抑，文献零散。清谭嗣同《仁学》二十九："二千年来之政，秦政也，皆大盗也。二千年来之学，荀学也，皆乡愿也。惟大盗利用乡愿，惟乡愿工媚大盗。"

战国以后，荀子群学虽未被重视，但其影响是实际存在的。经学对中国的影响无需多言，荀子就是经学传承的祖师。汉代经学的五经，《礼》《诗》《春秋》三家均与荀子有关，其中群学的内容应该有迹可循。所以，以群学为纲目，系统整理荀子思想体系，探究中国原生社会学的形态，无疑是非常有价值的努力；以中国传统的逻辑分析中国社会，以中国传统概念对传统正名定分，无疑应该予以积极鼓励。

通过回顾群学创立的社会历史条件和群学的特征讨论，我们又可以管窥中国的传统文化。从一个侧面来看，中国文化其实是"胞衣不下"文化，传统的包袱很重。文化是社会现实的映射，正如前文所言，秦汉以降，小农家庭的兴盛，国家开始按编户制管理居民，但旧的宗法关系并没有终结，在历史长河的风雨中，在中央集权压迫下，独立的小家庭仍然相互偎依在宗族或家族的胞衣里，抱团取暖，互救互恤。血缘关系对维护小农经济发展，防止小农破产，起到积极作用。这样，传统的包袱就转化为对传统的保护。

即使在当代，传统社会二重性的特征并未消除，在广袤的中国农村，星罗棋布的张家村、李家店、王家屯等血缘乡村聚落依然还在。在城镇化过程中，按乡土关系，自发形成的新的聚落，不断出现。在干部选用方面，关系与恩荫的影子若隐若现。在社会分工方面，等级的贵贱声犹在耳。在社会分化方面，贫富的对立余波未消。所有这些，都期待群学给予解读。

（作者系中国社会科学院古代史研究所研究员）

中国简帛学研究体系构建新论

蔡万进

简牍学，或兼包帛书而称简帛学[①]，有学者考虑到日本、韩国及欧洲都曾有简牍的发现，认为为了更为规范和避免歧义，可以称“中国简帛学”[②]，笔者认同并采用这种提法。中国简帛学是 20 世纪形成和发展起来的一门重要学科。百余年来，中国简帛学研究取得丰硕成果，学科建设获得长足进展，但不可否认，目前的简帛研究还存在诸多方面的不足，系统科学的中国简帛学体系亦尚未得到确立、构建，突出表现为迄今所见国内已出版的有关简帛学著作，其研究的内容及体系，仁者见仁，智者见智，各不相同：

台湾学者马先醒撰著的《简牍学要义》（台北简牍学社 1980 年版），是中国台湾地区和国人第一部有关简牍学的通论性著作，正文 12 篇，即“简牍释义”“简牍时代”“简牍踪迹”“简牍初现与朝野倾动”“欧洲学人与汉晋简牍”“简牍本之经史子集”“简牍质材”“笔削与汗青”“简牍形制”“简牍文书之版式与标点符号”“篇卷与竹帛”“简牍之编写次第与编卷典藏”等，针对简帛形制、质材、内容、发现经过、研究概况，提供了全面而系统的新的综合整理。

林剑鸣在其《简牍学概论》讲义基础上，参考日本学者大庭脩

① 李学勤：《序》，载李均明《秦汉简牍文书分类辑解》，文物出版社 2009 年版。

② 刘国忠：《对于简帛学建设的几点思考》，《中国史研究动态》2016 年第 2 期。

《木简》一书，重又编译而成的《简牍概述》（陕西人民出版社 1984 年版），是中国大陆地区最早一部较系统全面地介绍简牍学基础知识的专著，除前言与结语外，另有“解放前简牍出土的历史”“解放后简牍出土的历史”“简牍的形式和名称”“简牍中的法律文书”“简牍中的书籍”“简牍中的遣策”“简牍中的诏书”“简牍中政府下达的文书”“简牍中上呈和同级间的文书”“简牍中的通行证和身份证”“简牍中其它种类的文书”等十一章，重点就简牍出土的历史、简牍的形式和名称以及简牍中出现的各种文体等进行介绍和解说。

高敏先生的《简牍研究入门》（广西人民出版社 1989 年版），是中国大陆地区 80 年代出版的又一部有重要学术价值和影响的简牍学著作，基于当时我国简牍学发展的实际，作者审慎地仅以“简牍研究入门”而未以“简牍学研究入门”或“简牍学概论”等定名。是书共九章，分别为“绪论”“新中国建立前简牍出土的历史”“新中国建立后简牍出土的简况”“简牍文书的类别划分和书写体例、格式举例（上、下）”“云梦秦简的史料价值”“汉简的史料价值（上、下）”“秦简、汉简研究的状况与展望”等，较为全面地介绍和阐述了简牍的本身形制、出土历史、文书种类及其史料价值。

郑有国编著的《简牍学综论》（华东师范大学出版社 2008 年版），系作者《中国简牍学综论》（华东师范大学出版社 1989 年版）的再版，是中国大陆地区首部以“简牍学”冠名的研究出土简牍的专著。全书十章，分别题为“简牍的出土与整理”“简册制度”“简牍的内容”“简牍的整理及考释”“简牍研究的初始时期”“简牍研究的酝酿时期”“简牍研究的新时期”“秦简的出土及研究”“简牍学与诸学科的关系”“简牍研究的回顾与展望”等，系统总结、勾勒出一个世纪以来我国简牍研究的学术发展历程。

李宝通、黄兆宏主编的《简牍学教程》（甘肃人民出版社 2011 年版），作为“西北师范大学历史学本科教材建设工程项目”成果，是我国迄今出版的第一部简牍学教材，全书设为九章，前三章“简牍概论”“简牍出土情况”“出土简牍文字与书法艺术”，集中介绍了简牍学的基础知识；其余六章“简牍中的政治与法律制度”“简牍中的经济制度”“简牍中的军事活动”“简牍典籍与思想文化”“简牍中的民族政策及民族关系”“简牍中的社会生活”，比较全面阐述了简牍资料反映社会历史文化的重要价值。

上述诸家简帛学著作的内容与体系设计，或是对我国简帛研究的学术史回顾与展望，如郑有国编著的《简牍学综论》；或是侧重简帛史料价值的介绍与分析，如高敏先生的《简牍研究入门》，李宝通、黄兆宏主编的《简牍学教程》；或是主要针对简帛自身形制、内容的综合整理与研究，如马先醒撰著的《简牍学要义》、林剑鸣编译的《简牍概述》，它们无疑都是中国简帛学研究的重要成果和中国简帛学体系构建的有益探索，具有重要的借鉴意义，但同时也说明，系统科学的中国简帛学体系至今还尚未定型和确立，仍存在较大分歧，这不仅与当前中国简帛学的国际显学地位极不相称，也严重影响了中国简帛学的理论建设和学科发展。

众所周知，简帛学的研究对象是出土简帛。我国古代历史上曾有过简帛发现的记载，但却无有简帛实物留存下来，近代简牍的发现始自1901年西方探险家斯坦因、斯文赫定在新疆尼雅、楼兰遗址的盗掘，迄今为止，百余年来全国各地出土的简帛总量据统计已达三十余万枚之多。从出土实物的年代来看，上起战国，下迄魏晋，战国、秦汉、魏晋时期是我国古代简帛使用的高峰；从内容来看，书籍类中凡《汉书·艺文志》所列之六艺、诸子、诗赋、兵书、数术、方技等相关内容的文献无所不有，文书类中包括战国、秦汉、魏晋中央至地方官府的书檄、律令、簿籍、录课、符券、检楬等都有发现；从文字来看，有战国楚系简帛文字、战国至秦代的秦系简帛文字、两汉简帛文字、魏晋简帛文字等多种，涉及篆、隶、草、行、楷等汉文字体。中国简帛学应当是把上述全部出土简帛当作一个整体进行纵向、横向研究。至于我国境内出土的历代各类非竹木质类简牍（如玉简、石简、

金简、铜简、铅简等)、非汉文简牍(如佉卢文、婆罗迷文、于阗文、龟兹文、回纥文、吐蕃文、西夏文简牍),以及纸取代简帛作为书写材料后出土的魏晋以降历代汉文简牍,由于它们不是主流,数量少,特征规律不明显也不系统,且其形制、用途、地位、作用等与简帛使用高峰时期的战国、秦汉、魏晋出土简帛不可同日而语,它们应是简帛制度、文化的余绪和影响所及,自然不应纳入简帛学的研究对象范围之内。

简帛学的研究对象是出土简帛,毋庸置疑,以上述地下出土简帛为研究对象的专门之学,则即应是学界所称的“中国简帛学”。关于出土简帛研究,谢桂华先生曾指出:“大体上可分为简帛的基础研究和应用研究两个方面。所谓基础研究主要包括发掘报告、图版、释文、注释、语译、索引、字编、参考文献和论著目录等。而应用研究主要是应用新发现的简帛资料,结合传世典籍研究当时的政治、法律、经济、军事、文化乃至科技、民族关系、中外关系、语言、文字、书法等各个方面。”[①] 骈宇骞先生认为:“目前简帛研究有两种趋向:一种是考古学和古文字的途径,以文字、音韵、训诂、校勘等方法,对简帛文献进行研究、考订、校释;另一种是历史学特别是学术史的途径,对简帛文献的思想内涵作出分析,对其史料价值进行发掘,辨章学术,考镜源流。”[②] 关于简帛研究与简帛学的关系,高敏先生在《简牍研究与简牍学刍议》(《光明日报》2002 年 4 月 30 日)一文中认为:“简牍学研究是任何简牍的基础研究和应用研究都不能取代的”,“简牍研究虽然与简牍学有密切关系,但把它完全混同于简牍学的说法是不可取的。这种说法的危害在于降低了简牍学作为一门学科体系的作用和地位”,“简牍学应当是把全部出土简牍当作一个整体进行纵向、横向研究,从而揭示我国古代简册制度的渊源、内涵、演变及其有关规律

① 谢桂华:《百年来的简帛发现与简帛学的发展》,《光明日报》2001 年 9 月 4 日。

② 骈宇骞:《简帛文献纲要·前言》,北京大学出版社 2015 年版。

的学问。它的内容至少应当包括如下一些方面：简牍的发现史，包括自然发现和科学发掘史；简、牍、方、觚、札、检、楬、遣册等不同简牍名称和涵义及其区别；简牍的制作材料与制作过程；简牍书写时所使用的各种符号及其意义；关于简牍本身按照书写内容不同的长短宽窄的法律规定及其变化发展；编制简册的各种有关规定与做法；书写简牍时按照简牍内容类别不同而产生的各种格式及其变化发展；书写简牍的字体变化及其发展规律，特别是战国简牍与楚简的字体特征与规律值得深究；不同时代的简牍书写时所使用习惯语言的揭示与归纳；整理与研究简牍的基本方法、途径与步骤的总结。”高敏先生所言的上述“系统的科学的简牍学的内涵”，虽然现在看来不无失之于窄之嫌，但其简帛研究不能混同于简帛学的认识和论断，对于厘清简帛研究与简帛学的关系，构建新时期系统科学的中国简帛学体系，却不啻醍醐灌顶，具有重要启发意义。

综观以上所述可以看出，造成当前中国简帛学研究没有一个确定的体系而致言人人殊，最根本的原因在于学界对中国简帛学的研究对象存在模糊认识。我们说中国简帛学的研究对象是出土简帛，这个提法并无任何之不妥，但问题在于中国简帛学是研究出土简帛的文字内容，还是研究出土简帛自身的各种现象、特征与规律，到底哪些方面的研究才是属于真正的简帛学的研究内容与范围？如果说中国简帛学研究的是出土简帛的文字内容，则等于说出土简帛仅是古代文献的一种，而且我们知道，简帛所记内容十分广泛，其学术内容涉及所有人文社会科学和自然科学，按照常识，利用简帛文献资料开展的相关学科与领域的研究，则属于各相关学科的范畴，应由各相关学科总结综述，与简帛学无关，否则简帛学与人文社会科学和自然科学中的其他学科将难分彼此，同时也大大降低了简帛学作为一门学科体系的作用与地位。实际上，把出土简帛文字内容的研究视为简帛学，本身其实也是对于出土简帛的自身属性与特征缺乏科学认识的表现。研究表明，出土简帛本身既是一种古代文化遗物，同时又是一种宝贵的历史文献

和考古发掘出土的珍贵文物，三重属性与特征集于一身，对于出土简帛，不仅需要进行文化学、文献学意义上的研究，而且也需要对出土简帛本身进行文物学意义的研究①。因此，从文化学、文献学和文物学等角度，对出土简帛自身各种现象、特征与规律进行全面、系统、深入、科学地揭示、分析和总结，这才是中国简帛学真正研究的内容和方向，也是中国简帛学区别于其他任何一门学科的所在。

确定了中国简帛学的研究对象是“出土简帛自身的各种现象、特征与规律”这个主题，其理论体系便不难构建，与其他以出土简帛的学术内容为研究范围的学科如哲学、文学、史学等的界限便不难区别，学界长期存在的“简帛研究”混同“简帛学”的不正确认识将得到消除，既往学界有关简帛学的定义、概念和范畴等的研究也将因此而得到修正、补充和完善，有关出土简帛自身的各种现象、特征与规律的诸多方面研究也将在这个主线下似珠串线而不再一盘散沙。如前所述，简帛学是研究出土简帛自身各种现象、特征与规律的科学，出土简帛自身不仅是一种文化遗物（简帛制度），同时又是一种宝贵的文献（简帛文献）和考古发掘出土的文物（简帛文物），简帛学研究的内容与方面自然应紧紧围绕出土简帛自身这一特性和特征逻辑性展开，并在此基础上，对简帛学的概念、定义、范畴等进行探讨，对有关简帛学的理论与方法进行思考，构建严密科学的简帛学研究体系（逻辑和学理）。具体言之，中国简帛学的研究内容可以归纳为以下六个方面、六大板块。

第一个方面是对简帛学概念、定义和范畴的探讨与界定，具体涉及简帛学学科名称、研究对象与范围、内容与体系以及学科属性与分支、简帛使用发现史与学科发展史等，这是中国简帛学成为一门独立学科必须首先直面和回答的问题。关于学科名称，我们以为还是以“简帛学”命名较为准确和符合历史实际；关于简帛学研究的对象和

---

① 蔡万进：《简帛学的学科分支新论》，《中国史研究动态》2016年第2期。

范围，我们认为应是20世纪初以来百余年间中国境内各地出土的战国秦汉魏晋即简帛作为书写材料普遍使用时代的汉文简帛，至于20世纪以前的古代出土简帛、近代以来出土的历代各类非竹木质类简牍、非汉文的少数民族简牍以及纸取代简帛作为书写材料后出土的魏晋以降历代汉文简牍、世界其他国家出土简帛，则不应包括在研究对象范围之内，但可以参与中国简帛学的讨论、比较和建设。关于简帛学研究的内容及体系，我们认为应在厘清确定中国简帛学的研究对象是“出土简帛自身的各种现象、特征与规律”这个主题和出土简帛自身具有文化、文献和文物“三位一体”属性与特征这一认识下逻辑性地展开与构建；关于学科属性，简帛自身“三位一体”属性与现代学科分类都表明，简帛学是史学研究的一个领域，而非史学的辅助学科，应是“历史学”（大类）中“历史学其他学科”（中类）下的一个独立分支学科。有关简帛学的学科分支，我们研究认为出土简帛自身的属性与特征决定了简帛文化学、简帛文献学和简帛文物学是中国简帛学的三个学科分支[①]；简帛学与分支学科的关系是，简帛学重在简帛本体研究，是对简帛自身各种现象、特征和规律的系统、全面、科学揭示，分支学科则是对简帛本体的专题、深入和拓展研究，是对简帛不同属性特征现象、规律和意义的揭示，两者研究的内容虽有交集，但各有自身研究的体系。关于简帛学的学科定义，可以概括表述为：中国简帛学是以20世纪初以来中国境内各地出土的战国、秦汉、魏晋即简帛作为书写材料普遍使用时代的汉文简帛为研究对象，综合运用考古学、语言文字学、文献学、历史学等多学科理论、方法和知识，揭示我国古代简帛制度渊源、内涵、演变及其规律，总结简帛文献文本形式、内容、整理与研究的基本方法、途径与步骤，以及探索简帛文物价值作用、辨伪鉴定、科技保护与开发利用的一门学问。简言之，中国简帛学是研究出土简帛自身各种现象、特征与规律的学问。

---

① 蔡万进：《简帛学的学科分支新论》，《中国史研究动态》2016年第2期。

第二个方面是对简帛学研究理论与方法的总结归纳。任何一门独立的学科都有自己一套严密成熟的理论体系和研究方法论，中国简帛学也不例外。百余年来的简帛学发展历程与研究实践表明，中国简帛学的研究理论与方法，主要地来源于与简帛学关系密切的相关学科，即考古学、语言文字学、文献学和历史学等。第一，出土简帛是考古活动的产物，本身是一种古代遗物，即一种带字的文物，既然是文物，就要遵照田野考古操作规程进行发掘、清理、保护，就要按照考古发掘出土遗物进行考古学意义上的整理与研究，记录留下文字及其他一切相关出土信息，如出土地点、方位（单元）、地层、原状、伴出物、尺寸等等，换句话说，就是考古学的理论方法完全可以引入到出土简帛的整理与研究当中；第二，出土简帛都是由不同时代的文字书写而成，本身是古文字材料，既然是古文字就需要综合利用传统文字学、训诂学、音韵学即语言文字学的理论、方法与知识，对出土简帛文字进行释读与考释；第三，出土简帛本身是古代文献，具有文献的一切属性与特征，既然是我国古代文献的一种，就具有文献学的整理研究意义，就能够利用文献学的理论、方法和知识，对出土简帛文献进行录文、分类、编目、校勘、注释、翻译、索引、编纂、出版等整理和来源、形成、内容、年代、结构、流传、典藏等研究工作；第四，出土简帛本身是史料，是研究和编纂历史所用的材料，而对于出土简帛史料价值的认识、研究、考证等，同样也需要利用历史学的理论、方法和知识。一般地说，出土简帛都要依次经过考古学、语言文字学、文献学的整理过程，最后才能为历史学等学科研究者所方便利用，因此简帛学与考古学、语言文字学、文献学、历史学等相关学科有着密切的关系，正是这种密切关系，决定了上述诸相关学科的理论和方法，同样可以引入到简帛学的研究当中，形成发展为简帛学的理论方法的有机组成部分。本部分旨在通过对简帛学与其他相关学科关系的梳理分析，主要借助考古学、语言文字学、文献学、历史学等学科的理论和方法，结合简帛学研究实际，有所运用发明，总结、归纳、升华、产生出科学的简帛学理论与方法，从而构建简帛学自身的理论体系与研究方法论。

第三个方面是对出土简帛自身各项制度的研究揭示。简帛在长期的使用过程中，形制和使用方式上多遵循一定的规则，形成了一定的制度和规范，此即所谓的“简帛制度”，而这种简帛制度，反过来又深刻地影响着简帛的使用，积淀形成为独具特色的中国简帛文化，对这种文化现象和规律的揭示，自然应是中国简帛学的重要部分。简帛存在制度，自1912年王国维《简牍检署考》首次详考以来，久已成为学界共识，代有学者研究阐发，比较重要的有傅振伦的《简策考》(《考古社刊》1939年第6期)、劳榦的《居延汉简·图版之部》(《“中央”研究院历史语言研究所专刊》第21本，1957年）和《释文之部》(《“中央”研究院历史语言研究所专刊》第40本，1960年)、陈梦家的《由实物所见汉代简册制度》(《汉简缀述》，中华书局1980年版)、马先醒的《简牍形制》(《简牍学报》1980年第7期)及《简牍制度之有无及其时代问题》(《国际简牍学会会刊》第一号)、胡平生的《简牍制度新探》(《文物》2000年第3期）等，从不同的角度对古代的简牍制度进行了多方面的探讨，取得了丰硕的成果，而且随着近年来简牍的不断大量发现和研究认识水平的不断提高，有关简帛制度的研究，不断有新的发现与进展，极大地丰富了简帛制度的内涵，如近年多批战国秦汉简牍背划线及其功能的发现与认识等。目前简帛制度研究工作的重中之重，在于对既往丰富的简帛制度研究成果的总结、系统、归纳、整合，确立科学的简帛制度的内涵、逻辑和体系。我们认为，简帛制度一般应包括简帛形制、简帛编联、简帛版式、简帛题名、简帛符号、简帛文字等诸方面，涉及简帛自身材料应用的规律、编联形式的规律、版面形式的规律、标题格式的规律、符号应用的规律和文字演变的规律等，这些都是简帛自身外在形态和形式的反映，也是基于简帛自身形体由表及里认知的最基础和最基本方面。

第四个方面是对出土简帛文字内容本身的研究。对出土简帛文字内容本身的研究，实际上即是对出土简帛文献的整理研究。简帛首先应该表现为是一种书写载体，继之才是在其上书写文字，形成为一种文献。张舜徽在《中国文献学》一书中曾指出："'文献'既是一个旧名词，自有它原来的含义和范围。我们今天既要借用这一名词，便不应抛弃它的含义而填入别的内容。近人却把具有历史价值的古迹、古物、模型、绘画，概称为历史文献，这便推广了它的含义和范围，和'文献'二字的原意，是不相符合的。当然，古代实物上载有文字的，如龟甲、金石上面的刻辞，竹简缣帛上面的文字，便是古代的书籍，是研究、整理历史文献的重要内容，必须加以重视。至于地下发现了远古人类的头盖骨或牙齿，那是古生物学的研究范围；在某一墓葬中出土了大批没有文字的陶器、铜器、漆器等实物……那是古器物学的研究范围。这些都是考古学家的职志，和文献学自然是有区别的。"① 既然"竹简缣帛上面的文字"是文献，那么在对上述简帛形制、编联等一系列外在形态和制度的研究揭示之后，接下来自然就应该对简帛上的文字内容本身进行文献学的整理与研究，即对简帛自身诸文献特征的揭示，具体应该包括如下一些方面的内容：简帛材料与简帛文字内容的关系；简帛形制与简帛文字内容的关系；简帛文字内容的性质；简帛文字内容的分类；简帛文字内容的结构、体式、格式；简帛文字内容的来源；简帛文字内容的习惯语言表达；简帛文字内容整理的基本方法、途径与步骤；简帛文字内容的数字化等。简言之，就是要从文献学的角度对出土简帛文字内容自身进行诸如性质、内容、分类、属性、价值、整理等文献学意义和方面的现象、特征和规律的揭示研究。至于简帛文字学术内容的多学科具体研究，如前所述，因为不是简帛学研究、总结和综述的范畴，这里不作涉及。

第五个方面是对出土简帛自身的文物学研究。出土简帛本身是文

---

① 张舜徽：《中国文献学》，河南人民出版社 1982 年版。

物，对出土简帛自身进行文物学的研究，自然亦应是中国简帛学的题中应有之义。第一，出土简帛自身的文物学价值是多方面，需要认真进行深入研究揭示，研究表明，出土简帛自身具有独特的艺术、科学和社会价值，如简帛书法价值；简帛绘画价值；简帛考古、文字、文献和历史价值；简帛教育价值；简帛经济价值等。第二，非考古发掘出土的简帛自身需要进行辨伪研究，一是因为出土简帛具有重大价值，利益驱使，社会上不少不法分子作伪手段不断翻新；二是盗掘使大量简帛流散社会，对待非发掘品简帛，鉴定辨伪至关重要，学界需要花大气力对简帛自身各方面的特征规律进行讨论归纳。第三，出土简帛在进行和完成以上各方面的发掘、整理和研究过程之中、之后，简帛文物保护工作至为关键，不仅需要对出土简帛自身的物理、化学等特性进行研究认识，同时还需要探索、研究、制定科学的简帛出土现场、馆藏、库藏的文物保护技术、手段和方法。第四，简帛文物保护是手段不是目的，对于出土简帛文物还需要站在中华优秀传统文化资源的认识和高度，对简帛文物资源的开发利用进行全面研究、科学规划，使之更好地为我国当前社会、经济和文化建设等服务。此外，还有普及推广工作，尤其当下公共考古和公共史学方兴未艾，简帛学的公共普及推广应该引起重视。

第六个方面是对国际简帛学体系构建的可能性探索。简帛的使用与出土，除中国外，同时期或稍晚的世界其他国家和地区，如韩国、日本和欧洲等地，同样也都有使用和发现。在韩国，自 1975 年以来，迄今发掘出土的 6—8 世纪木简近千枚，韩国学者对此进行了多年的整理研究，提出了“韩国木简学”的概念[①]；日本发现木简数量较多，截至 2008 年底，年代属于 7—9 世纪的出土木简总数超过 32 万枚，受到日本学者广泛重视，同样提出了“日本木简学”的概念[②]。自 1973

① 戴卫红：《近年来韩国木简研究现状》，《简帛》第 9 辑，上海古籍出版社 2014 年版。

② 王元林：《日本古代木简的发现与研究》，《出土文献研究》第 9 辑，中华书局 2010 年版。

年以来，英国雯都兰达出土公元1世纪前后的罗马帝国木牍军事文书已达1200余件，据估计在雯都兰达底下可能保存的木牍在1万—10万件之间，这些木牍的形式与内容和中国汉代的居延、敦煌的简牍颇多类似，故有学者将之誉为“罗马帝国的居延与敦煌”；此外，罗马时代的木牍过去在英国、德国、荷兰、法国、意大利南部、埃及、多瑙河中下游北岸以及瑞士等地都有发现[①]。如今，各国简帛研究者已从专注本国简牍研究转向探寻世界各地出土木牍的共性、区别与联系，在努力使本国简牍研究国际化的同时，还试图整合、构建国际简帛学的体系，如韩国学者“东亚简牍文化圈”构想，日本学者“东亚木简学”的提出[②]。中国简帛学以其简帛出土数量大，年代早、种类全、延续久、制度规律显著、学科体系发展完善成熟、研究国际化程度高以及简帛制度、文化在历史上对于汉字文化圈地区辐射作用强等特点和优势，理应在当今国际简帛学体系的构建中占据中心地位，发挥主导作用。

自20世纪初以来，中国简帛学已走过了百余年的发展历程，中国简帛学研究取得了丰硕成果，方方面面，林林总总，内容宏富，不是区区一本几十万字的著作就能加以缕述的。目前首要的不是理论与方法的标新立异，而是要着眼于对百余年来中国简帛学研究成果的总结，并尝试用更为科学的体系加以统括，在此基础上做进一步的研究和创新。本文即是个人在这方面思考的阶段性成果，现提出来，供大家讨论。

（作者系首都师范大学历史学院教授）

附记：本文原刊于《河南师范大学学报》2016年第5期，这次提交纪念文集发表，听取学界同仁意见与建议，题目作“中国简帛学研

① 邢义田：《罗马帝国的居延与敦煌——英国雯都兰达出土的驻军木牍文书》，《地不爱宝：汉代的简牍》，中华书局2011年版。

② ［日］角谷常子：《东亚木简学的构建》，日本汲古书院2014年版。

究体系构建新论”。林甘泉先生是我的博士后合作导师，谨以此文深切缅怀林先生对我在站期间参与、参加额济纳汉简实习整理、居延考古学术研讨会、张家山汉简读书班等学术活动的大力支持，以及多年来在历史学的理论研究方面对我的指导培养，如今先生虽然已经仙逝作古，但我对先生的关怀指导却始终难以忘怀，犹在眼前！愿先生的为人与治学风范永垂不朽！

中华点校本《晋书》勘误举隅

许微微

中华书局点校本《晋书》，以金陵书局本为底本，是古籍整理的典范之作，在史学界影响颇大。该书是笔者案头常用书，因编辑工作需要，得以对其反复翻检、细究，于是在其中发现一些可资商榷处。笔者遂将偶或所得之失校、误校及标点失当处累积缀篇。一是检校宋、殿、百衲等本，除去版本校勘可解决的问题，二是查阅有关该书点校勘误类文章，除去已被前人指出的问题，然后择取尚可阐发者，汇成校勘札记一篇，以求教于读者。

一 标点失当类

1. 帝召百僚谋其故，仆射陈泰不至。帝遣其舅荀顗舆致之，延于曲室，谓曰："玄伯，天下其如我何？"泰曰："惟腰斩贾充，微以谢天下。"帝曰："卿更思其次。"泰曰："但见其上，不见其次。"于是归罪成济而斩之。太后令曰："昔汉昌邑王以罪废为庶人，此儿亦宜以庶人礼葬之，使外内咸知其所行也。"杀尚书王经，贰于我也。（卷二《文帝纪》。本文使用中华书局点校本《晋书》1974 年 11 月第 1 版，1993 年 10 月第 5 次印刷。下同。）

"杀尚书王经，贰于我也"，应放在引号内。甘露五年（260），魏帝曹髦进讨大将军司马昭。太子舍人成济在司马昭心腹贾充指使下，刺死曹髦，后被替罪问斩。司马昭弑君后，尚书王经因未事先向司马昭告急，被逮捕处死。此处“杀尚书王经，贰于我也”是魏明元郭太后被逼为司马昭的弑君行为洗白，下诏痛斥曹髦忤逆不孝，废其为庶人之后说的话。意思是：王经不忠于我，杀之。《三国志·魏书·三少帝纪》亦载：“（甘露五年）五月己丑，高贵乡公卒，年二十。皇太后令曰：‘吾以不德，遭家不造，昔援立东海王子髦，以为明帝嗣，见其好书疏文章，冀可成济，而情性暴戾，日月滋甚。吾数呵责，遂更忿恚，造作丑逆不道之言以诬谤吾，遂隔绝两宫……此儿……自知罪重，便图为弑逆，赂遗吾左右人，令因吾服药，密因酖毒，重相设计。事已觉露，直欲因际会举兵入西宫杀吾，出取大将军，呼侍中王沈、散骑常侍王业、尚书王经，出怀中黄素诏示之，言今日便当施行。……沈、业即驰语大将军，得先严警，而此儿便将左右出云龙门，雷战鼓，躬自拔刃，与左右杂卫共入兵陈间，为前锋所害。此儿既行悖逆不道，而又自陷大祸，重令吾悼心不可言。昔汉昌邑王以罪废为庶人，此儿亦宜以民礼葬之，当令内外咸知此儿所行。又尚书王经，凶逆无状，其收经及家属皆诣廷尉。’”《三国志》此文也证明“杀尚书王经，贰于我也”应放在引号内。

2.（穆帝永和九年）十二月，加尚书仆射谢尚为都督豫、扬、江西诸军事，领豫州刺史，镇历阳。（卷八《穆帝纪》）

“督豫、扬、江西诸军事”，误将江西与豫州、扬州并列为三处不同地理区划。实际上，“江西”是地区名，是隋唐以前对长江下游北岸淮水以南地区的惯称。查《中国历史地图集·东晋十六国南北朝时期》（谭其骧主编，中国地图出版社 1982 年版，第 5—6 页），东晋时扬州辖区包括“江西”地区，主要有庐江、淮南、颍川、义阳、梁等郡。又《晋书》多处记有“都督扬州江西诸军事”一职，亦有“督扬州之江西军事”“监扬州之江西诸军事”“监扬州江西四郡事”“都督豫州扬州之江西宣城诸军事”“都督扬州之宣城江西诸军事”“督豫州之十二郡扬州之江西五郡诸事”等较明确表示辖区从属关系的职官称谓。上述两点可证明《晋书》中多次出现的“扬州江西”应该理解为扬州辖下之江西地区。该句应标点为“督豫、扬江西诸军事”。

> 3. 五帝坐北一星曰太子，帝储也。太子北一星曰从官，侍臣也。帝坐东北一星曰幸臣。屏四星在端门之内，近右执法。屏，所以壅蔽帝庭也。执法主刺举；臣尊敬君上，则星光明润泽。郎位十五星在帝坐东北，一曰依乌郎府也。周官之元士，汉官之光禄、中散、谏议、议郎、三署郎中，是其职也。(卷一一《天文上》)

依乌是星名，包括郎位十五星，在帝座东北。郎府，意为郎官之府。此处是说依乌星是郎官之府，所以后世又将依乌作为郎官的别称。该句应标点为“一曰依乌，郎府也”。

> 4. 怀帝又分长沙、衡阳、湘东、零陵、邵陵、桂阳及广州之始安、始兴、临贺九郡置湘州。时蜀乱，又割南郡之华容、州陵、监利三县别立丰都，合四县置成都郡，为成都王颖国，居华容县。愍帝建兴中，并还南郡，亦并丰都于监利。(卷一五《地理下》)

“又割南郡之华容、州陵、监利三县别立丰都”一句，原标点会让读者以为是割华容、州陵、监利三县合并为丰都县，而据下文“合四县置成都郡”“并丰都于监利”等句，可知此处是以华容、州陵、监利、丰都四县置成都郡，而该句应标点为“又割南郡之华容、州陵、监利三县，别立丰都”。

> 5. 又制户调之式……而又各以品之高卑荫其亲属，多者及九

族，少者三世。宗室、国宾、先贤之后及士人子孙亦如之。而又得荫人以为衣食客及佃客，品第六已上得衣食客三人，第七第八品二人，第九品及举辇、迹禽、前驱、由基、强弩、司马、羽林郎、殿中冗从武贲、殿中武贲、持椎斧武骑武贲、持钑冗从武贲、命中武贲武骑一人。（卷二六《食货》）

此处讲不同品级官员所荫衣食客及佃客人数标准。其中列有举辇、迹禽、前驱、由基、强弩五司马，“强弩”与“司马”不应断开，全句应标点为：“第九品及举辇、迹禽、前驱、由基、强弩司马，羽林郎，殿中冗从武贲，殿中武贲，持椎斧武骑武贲，持钑冗从武贲，命中武贲武骑一人。”

6.（司马）孚虽见尊宠，不以为荣，常有忧色。临终，遗令曰：“有魏贞士河内温县司马孚，字叔达，不伊不周，不夷不惠，立身行道，终始若一。当以素棺单椁，敛以时服。”泰始八年薨，时年九十三。帝于太极东堂举哀三日。诏曰：“王勋德超世，尊宠无二，期颐在位，朕之所倚。庶永百龄，咨仰训导，奄忽殂陨，哀慕感切。其以东园温明秘器、朝服一具、衣一袭、绯练百匹、绢布各五百匹、钱百万、谷千斛以供丧事。（卷三七《司马孚传》）

温明、秘器是两种不同的丧葬用具。秘器是棺材。温明始见西汉（见《汉书·霍光传》），至魏晋南北朝多见，是一种特殊葬器，治丧期间置于死者的尸体上方避光、驱邪，作为礼具温暖死者神明，近年有考古实物发现。此处应作“东园温明、秘器、朝服一具、衣一袭、绯练百匹、绢布各五百匹、钱百万、谷千斛以供丧事”。本书以下卷三九、五九、六四、一一四之“温明秘器”都应该点断。

7.（司马）伦寻矫诏自为使持节、大都督、督中外诸军事、相国，侍中、王如故，一依宣文辅魏故事，置左右长史、司马、从事中郎四人、参军十人，掾属二十人、兵万人。（卷五九《司马伦传》）

“置左右长史、司马、从事中郎四人、参军十人，掾属二十人、兵万人”应标点为“置左右长史、司马、从事中郎四人，参军十人，掾属二十人，兵万人”，这里左长史、右长史、司马、从事中郎共四人，原标点易致读者误认为是置从事中郎四人。

8. 陛下虽圣姿天纵，英奇日新，方事之殷，当赖群俊。司徒导鉴识经远，光辅三世；司空鉴简素贞正，内外惟允；平西将军亮雅量详明，器用周时，即陛下之周召也。献替畴咨，敷融政道，地平天成，四海幸赖。谨遣左长史殷羡奉送所假节麾、幢曲盖、侍中貂蝉、太尉章、荆江州刺史印传棨戟。仰恋天恩，悲酸感结。（卷六六《陶侃传》）

此段出自陶侃表奏文，“幢曲盖”不通。实际上，文中所讲应为“假节”“麾幢”“曲盖”三物。节是一端扎有饰物的杖，朝廷以其授与臣子，表示授与某种特权，分使持节、持节、假节三个等级。假节既可以表示职位，又可表示所假予的节杖。而麾幢是官员仪仗中的旗帜，曲盖是仪仗用的曲柄伞盖。整句应标点为“谨遣左长史殷羡奉送所假节、麾幢、曲盖、侍中貂蝉、太尉章、荆江州刺史印传棨戟”。

9.（张重华）遣使奉章于石季龙。季龙使王擢、麻秋、孙伏都等侵寇不辍。金城太守张冲降于秋。于是凉州振动。重华扫境内，使其征南将军裴恒御之。恒壁于广武，欲以持久弊之。牧府相司马张耽言于重华曰：“臣闻国以兵为强……”（卷八六《张重华传》）

时无“相司马”一职，此时张重华继张骏为凉州牧，张耽为牧府相兼牧府司马。此处“牧府相司马”断为“牧府相、司马”更明确。

10.（刘）曜大悦，使其大鸿胪田崧署茂使持节、假黄钺、侍中、都督凉南北秦梁益巴汉陇右西域杂夷匈奴诸军事、太师、领大司马、凉州牧、领西域大都护、护氐羌校尉、凉王。（卷一〇三《刘曜载记》）

“都督凉南北秦梁益巴汉陇右西域杂夷匈奴诸军事”，该职位所涉管辖范围为“凉、南北秦、梁、益、巴、汉、陇右西域杂夷匈奴”，南秦州、北秦州是东晋十六国时期行政区划，点校本用专名线将“凉、南北秦”断为“凉南、北秦”，误。

二　失校类

1. 起子，为黄钟九寸，一。丑，三分之二。寅，九分之八。卯，二十七分之十六。辰，八十一分之六十四。巳，二百四十三分之一百二十八。午，七百二十九分之五百一十二。未，二千一百八十七分之一千二十四。申，六千五百六十一分之四千九十六。酉，一万九千六百八十二分之八千一百九十二。戌，五万九千四十九分之三万二千七百六十八。亥，十七万七千一百四十七分之六万五千五百三十六。(卷一六《律历上》)

此处讲“三分损益法”下十二辰、十二律的比例关系，其中“酉，一万九千六百八十二分之八千一百九十二”之“一万九千六百八十二”，应为“一万九千六百八十三”。所据有二。一是此段前文已讲：“司马迁《八书》言律吕，粗举大经，著于前史。则以太极元气函三为一，而始动于子，十二律之生，必所起焉。于是参一于丑得三，因而九三之，举

本位合十辰，得一万九千六百八十三，谓之成数，以为黄钟之法”，这里已经有“一万九千六百八十三”之数。二是推算：按照文中所说三分损益法：起子1；丑，三分损一，1×2/3＝2/3；寅，三分益一，2/3×4/3＝8/9；卯，三分损一，8/9×2/3＝16/27……以此类推，酉为4096/6561（申）×2/3，所得分母为19683。点校本此处失校。

> 2. 淮南、京房、郑玄诸儒言律历，皆上下相生，至蕤宾又重上生大吕，长八寸二百四十三分寸之百四；夷则上生夹钟，长七寸千一百八十七分寸之千七十五；无射上生中吕，长六寸万九千六百八十三分寸之万二千九百七十四：此三品于司马迁、班固所生之寸数及分皆倍焉，余则并同。（卷一六《律历上》）

此处讲“五音十二律”，其中“夷则上生夹钟，长七寸千一百八十七分寸之千七十五”之“七寸千一百”，按照本卷前文二月夹钟之律所述“二月，律中夹钟，酉下生之律，长三寸二千一百八十七分寸之一千六百三十一，倍之为七寸二千一百八十七分寸之一千七十五。仲春气至，则其律应，所以出四隙之细也。三分益一，上生无射；京房三分损一，下生无射”，则此处应为“七寸二千一百”，点校本失校。

> 3. 吴戍将邓喜杀猪祠神，治毕悬之，忽见一人头往食肉，喜引弓射中之，咋咋作声，绕屋三日，近赤祥也。后人白喜谋北叛，阖门被诛。京房《易传》曰：“山见葆，江于邑，邑有兵，状如人头，赤色。”（卷二八《五行中》）

本段出自“赤眚赤祥”节。京房《易传》讲六十四卦，不应涉“赤眚赤祥”，查《易传》文本，亦无文中所引之语。而京氏《易妖》讲各种眚祥祸怪，疑此语出自已佚《易妖》。检后世文献征引此条者，

《宋书》卷三二《五行三》、《文献通考》卷二九八《物异考》均作“易妖”。据之应以“易妖”为是。又本书卷二九《五行下》“京房《易传》曰：‘鱼去水，飞入道路，兵且作’”，此处“易传”亦应作“易妖”。

> 4. 和峤字长舆，汝南西平人也。祖洽，魏尚书令。父逌，魏吏部尚书。峤少有风格，慕舅夏侯玄之为人，厚自崇重。有盛名于世，朝野许其能整风俗，理人伦。袭父爵上蔡伯，起家太子舍人。累迁颍川太守，为政清简，甚得百姓欢心。太傅从事中郎庾顗见而叹曰：“峤森森如千丈松，虽磥砢多节目，施之大厦，有栋梁之用。”贾充亦重之，称于武帝，入为给事黄门侍郎，迁中书令，帝深器遇之。（卷四五《和峤传》）

上文有两处错误。一是“庾顗（yǐ）”应为“庾敳（ái）”。庾敳，《晋书》卷五〇有传，颍川鄢陵庾峻之子，初为陈留相，后参东海王越太傅军事，转军咨祭酒。诸本均误作无可查证的“庾顗”，中华本失校。

二是文中庾敳称赞“峤森森如千丈松……有栋梁之用”的“峤”，指温峤而非本卷传主和峤。查卷五〇《庾敳传》：“敳有重名，为搢绅所推，而聚敛积实，谈者讥之。都官从事温峤奏之，敳更器峤，目峤森森如千丈松，虽磥砢多节，施之大厦，有栋梁之用。”再查卷六七《温峤传》：“温峤字太真，司徒羡弟之子也……年十七，州郡辟召，皆不就。司隶命为都官从事。散骑常侍庾敳有重名，而颇聚敛，峤举奏之，京都振肃。后举秀才、灼然。司徒辟东阁祭酒，补上党潞令。”二传相印证，足证庾敳所赞之人是弹奏自己的温峤，而非和峤。

且从和峤、庾敳、温峤三人所处时代来看，和峤主要活动于西晋武帝、惠帝初期：“起家太子舍人。累迁颍川太守……贾充亦重之，称于武帝，入为给事黄门侍郎，迁中书令，帝深器遇之……及惠帝即

位，拜太子少傅，加散骑常侍、光禄大夫……元康二年（292）卒。”庾敳（262—311）主要活动于惠帝末年“八王之乱”时期：“敳字子嵩……为陈留相，未尝以事婴心，从容酣畅，寄通而已……太尉王衍雅重之……迁吏部郎。是时天下多故，机变屡起，敳常静默无为。参东海王越太傅军事，转军咨祭酒……石勒之乱，与王衍俱被害，时年五十。”温峤（288—329）主要活动于东晋明帝、成帝时期：“温峤字太真……年十七，州郡辟召，皆不就。司隶命为都官从事。散骑常侍庾敳有重名，而颇聚敛，峤举奏之，京都振肃。后举秀才、灼然。司徒辟东阁祭酒，补上党潞令……朝议将留辅政，峤以导先帝所任，固辞还藩……而后旋于武昌……至镇未旬而卒，时年四十二。”“（咸和四年）夏四月乙未，骠骑将军、始安公温峤卒。”据上述记载分析，庾敳评价年龄小于自己、起家都官从事的温峤是合乎情理的，而评价年长于自己、起家太子舍人的和峤“有栋梁之用”显然不妥。《晋书》此处舛误实甚。

5.（张）重华自以连破勍敌，颇怠政事，希接宾客。司直索遐谏曰：“殿下承四圣之基，当升平之会，荷当今之任，忧率土之涂炭……”重华览之大悦，优文答谢，然不之改也。（卷八六《张重华传》）

凉州六姓之一的索氏家族在前凉政权中具有举足轻重的地位，本传所述涉及多人。而从上下文看，明确记载此时索遐任别驾从事，索超任司直，此处“司直索遐”应为“司直索超”。点校本失校。

6.（王）敦至石头，欲攻刘隗，其将杜弘曰：“刘隗死士众多，未易可克，不如攻石头。周札少恩，兵不为用，攻之必败。札败，则隗自走。”敦从之。札果开城门纳弘。诸将与敦战，王师败绩。既入石头，拥兵不朝，放肆兵士劫掠内外。官省奔散，惟有侍中二人侍帝。（元）帝脱戎衣，着朝服，顾而言曰："欲得我处，但当早道，我自还琅邪，何至困百姓如此！"敦收周顗、戴若思害之。以敦为丞相、江州牧，进爵武昌郡公，邑万户，使太常荀崧就拜，又加羽葆鼓吹，并伪让不受。还屯武昌，多害忠良，宠树亲戚，以兄含为卫将军、都督沔南军事、领南蛮校尉、荆州刺史，以义阳太守任愔督河北诸军事、南中郎将，敦又自督宁、益二州。（卷九八《王敦传》）

东晋建立后，王敦逐渐掌控长江中上游。元帝永昌元年（322），王敦以诛刘隗为名进攻都城建康，击败朝廷军队。后自任丞相、江州牧，统辖沔水（今汉江）流域州郡，并驻扎武昌遥控朝廷。此处"以义阳太守任愔督河北诸军事"之"督河北诸军事"，应为"督沔北诸军事"，魏晋督河北诸军事多镇邺，与文中所涉及的地理位置不符，而督沔北诸军事统辖荆襄一带，多镇襄阳，地理位置与文中相符，且与王含任都督沔南诸军事相呼应。诸本均误作"河北"，中华本亦失校。

7.（石勒）诡请王弥燕于已吾，弥长史张嵩谏弥勿就，恐有专诸、孙峻之祸，弥不从。即入，酒酣，勒手斩弥而并其众，启（刘）聪称弥叛逆之状。（卷一〇四《石勒载记》）

"已吾"，应为"己吾"，古县名。东汉永元十一年（99）析宁陵县置，治今河南宁陵西南己吾城。《晋书》卷一〇二亦有相关记载："署刘曜为车骑大将军、开府仪同三司、雍州牧，改封中山王，镇长安，王弥为大将军，封齐公。寻而石勒等杀弥于己吾而并其众，表弥叛状。"点校本于此地名失校。

三　校记有误类

1. 卷一八《律历下》详细记载了三国时期杨伟编制的《景初历》。文中载：

> 甲子纪交差，九千一百五十七。甲申纪交差，六千三百三十七。甲辰纪交差，三千五百一十七。

文后校勘记【七九】注“甲申纪交差，六千三百三十七。甲辰纪交差，三千五百一十七”曰：

> 原作“甲申纪交差六千三百四十七”，“甲辰纪交差三千一百一十七”，“四”作“三”，“五”作“一”。按：交差之纪差为二千八百二十，以之减甲子纪交差九千一百五十七，得甲申纪交差六千三百三十七。又减，得甲辰纪交差三千五百一十七。今改正。

此条校记，检核金陵本底本、计算方式、计算结果均无误。唯据推算，文中“‘四’作‘三’”叙述颠倒，应作“‘三’作‘四’”，以合校记“三”误作“四”、“五”误作“一”之意。

2. 卷五九《东海王越传》讲述晋八王之乱中，河间王司马颙部将张方挟持晋惠帝西迁长安，东海王司马越以讨伐张方的名义起兵攻打司马颙：

> （司马）越以司空领徐州都督，以楙领兖州刺史。越三弟并据方任征伐，辄选刺史守相，朝士多赴越。而河间王颙挟天子，发诏罢越等，皆令就国。越唱义奉迎大驾，还复旧都，率甲卒三

万，西次萧县。豫州刺史刘乔不受越命，遣子佑距之，越军败。范阳王虓遣督护田徽以突骑八百迎越，遇佑于谯，佑众溃，越进屯阳武。山东兵盛，关中大惧，颙斩送张方首求和，寻变计距越。

点校本于“遣子佑距之”文后出校勘记【二〇】：

越子未闻有名佑者。据本卷《汝南王传》，汝南威王名佑，“永兴初，率众依东海王越，讨刘乔有功”云云。“子”字疑误。

该条校勘记先将“佑”误作司马越之子，后解释为汝南威王佑，实为误出校勘记，应删去。文中“豫州刺史刘乔不受越命，遣子佑距之”，指刘乔遣子刘佑迎战司马越。结果司马越败于刘佑，后范阳王司马虓击溃刘佑军，司马越阵营才转败为胜，司马颙被迫斩张方首求和。查卷六一《刘乔传》有载：“惠帝西幸长安，乔与诸州郡举兵迎大驾。东海王越承制转乔安北将军、冀州刺史，以范阳王虓领豫州刺史。乔以虓非天子命，不受代，发兵距之……河间王颙进乔镇东将军、假节，以其长子佑为东郡太守……东海王越移檄天下，帅甲士三万，将入关迎大驾，军次于萧，乔惧，遣子佑距越于萧县之灵壁。”此处刘乔遣长子刘佑迎战司马越于萧，正与卷五九传文呼应佐证。

笔者目前参与“今注本二十四史”编辑、校注工作。“今注本二十四史”选取存世佳本为底本，辅以多种参校本，纠正现通行本中的校点错误，并吸纳前人研究成果，进行系统全面地注释。作为二十四史的第三次大整理，其出版无疑是文化界一件盛事。笔者有幸参与了《晋书》今注本相关工作，文中所举各条，均已吸收到今注本《晋书》的校勘注释中，是否妥当，还请读者指正。

（作者系中国社会科学出版社编辑）

明代商人土地经营与雇佣生产刍议

常文相

先前关于明清商人、商业的研究，大体表现为一种找寻传统中国“现代性”道路的学术历程。这种研究取径一般都倾向参照西方社会历史经验，把明清时期看成行将被资本主义代替的旧有“封建”社会末期，同时突显经济因素对于社会形态演进发挥的决定作用。这样一来，发掘传统中国的“资本主义萌芽”，便自然成了明清社会经济史研究所重点关注的课题。以往相关讨论，通常从考察当时商业资本在分解自然经济意义上的积累、运作、流向、转化等方面入手，尤为看重商人与土地的关系及其经营活动中是否存在雇佣劳动情况，乃至将商业资本抽离土地投向生产领域的现象当作“资本主义萌芽”的确证予以特殊强调。然而，传统中国未能自发步入资本主义的事实又很大程度削弱了商人、商业对瓦解既有社会起到革命性作用的说服力，这促使许多研究者不得不掉转视线，反向去论述明清商人最终无法挣脱专制政权的抑遏掠夺而自由发展，或从阶级属性和历史局限上分析其凭借财富结附于固有政治、社会势力的种种保守行径。于是在这些学者眼中，与同时期西方商人相比，中国商人陷入了身份角色既进步又落后，与既有体制关系非对抗即附庸的“变态”纠结中。

究其学术理路，以上悖论形成的背后往往暗含着帝制国家政体构造与社会经济发展天然矛盾的预设，也一定程度夸大了商业经济同现代社会的直接关联。此类研究大都着意从商品经济与传统体制对立冲突的理论视角探讨明清商业资本运作在何种水平上符合资本主义发生的前提条件，而相对淡化了于实证层面所能呈现的当时商人生产经营活动的本来样态。有鉴于此，本文主要以明人文集为中心，重新梳理其中有关明代商人土地经营与雇佣生产的一些记载，试图澄清他们这两种商业活动的历史面貌和意义，并对由此反映出的彼时社会之结构特征及变迁趋势，做出一点解释。

一　土地经营

就明人文集所见，当时经商者中确有不少人占据为数众多的田地，而在传统社会，拥有土地本身便是资产丰裕的象征、保固财富的手段以至货殖盈利的表现。如明中前期山东曹县人纪旺，墓表曰："纪氏之先，田不满三百亩，及处士之身，有田三千，粟万石，金千斤。曹称大家，惟纪氏。"① 内中虽未明言其是否从事商业交易，不过从纪旺的家产规模看，他应该是在开展着广义上的货殖经营。后如南直隶靖江人朱刁之，因农致富，情况颇为类似："劭农处业，刻意振植，菑播概种，谨之以时。发軵输将，规画维审，掇拾完护，手摩而身率之。数年之间，声生势长，日以有赢。膏腴连延，货泉流溢，视其先不替而加隆……"② 时再有浙江长兴人黄轸族居当地丰饶之区而世专其利，"督僮仆耕种树艺，昼夜汲汲……履林麓，穷陵谷，历沟涧、陂池、井塍不为劳"，不数年家大起，"又数倍于前人"。③ 又山西蒲州人周东原家资丰厚，他殖产兴业，"环社膏腴之田，亩以千计，桑麻菽豆果

① 韩邦奇：《苑洛集》卷7《裕庵处士曹县纪君墓表》，《文渊阁四库全书》第1269册，台北：台湾商务印书馆1986年版，第452页。

② 文征明：《文征明集》补辑卷32《古沙朱君墓碣铭》，周道振辑校，上海古籍出版社1987年版，第1572页。

③ 林希元：《同安林次崖先生文集》卷13《质庵黄处士墓志铭》，《四库全书存目丛书》集部，第75册，齐鲁书社1997年版，第685页。

菽蔬稙之属，以岁时而输于其室者，若流也”[①]。以上诸人的经营所得，都有很大一部分来自土地。

农业历来被视为“本富”，乃衣食之源，家国之基，明代商人自也认同这一观念。如明中期徽州人吴佛童，家乡既“以谷量人，尽土之毛，不足以供什一，于是舍本富而趋末富，农为轻”，他对此情状甚不以为然：“自昔王者重农，有土皆有籍，乃今不稼不穑，艳锥刀之末利而走四方，纵自轻，其失得犹辐辏耳。藉令人人贾也，民其无天乎？”故其“孳孳务力田，省耕敛”，且将岁入“时贵贱以为化居，因而积著佐之”，以此“居数十年，富倍上贾”。[②] 而商人若过于看重本末之辨，在由末获赢之余，还会中途徙业，把商业利润直接用于购置田地。如明中期扬州人火城，“早贾鹾益富，视鹾贾华侈，虑不足善后，乃买湖田若干顷，躬蓑获刈之事，如农夫勤”，自是自号“乐稼”，谓“吾勤斯获斯，妻孥食于斯，子孙业于斯，不知其他”，并“大书‘足矣’二字揭于堂，示无他慕”。[③] 稍后河南杞县人杨文秀幼时父母并丧，其由学小贾以成大贾，然即废去曰：“贾乃丈夫贱行也，不若务农力本。”于是“买田沙河之阳，稍稍渐广，晚至数千亩，杨氏之业遂称饶益”。[④] 时浙江湖州人慎祥亦少思亢家，渡江北游，“所至征物之贵贱，而射时以徇，江、淮之间称良贾”，已而叹曰：“行贾，丈夫贱行也。吾闻末业贫者之资，吾其力本乎？”遂归受田，务农勤稼，“耕于苕霅之间”，间以赊贷取息，“居数年，竟以善富称”。[⑤]

可见，受传统“崇本抑末”观念影响，明代商人时有鄙薄末富、

① 张四维：《条麓堂集》卷23《贺周东原序》，《续修四库全书》第1351册，上海古籍出版社2002年版，第652页。

② 汪道昆：《太函集》卷62《明故处士新塘吴君墓表》，《续修四库全书》第1347册，第491页。

③ 顾璘：《息园存稿》卷5《乐稼火君国用墓志铭》，《文渊阁四库全书》第1263册，第521页。

④ 王廷相：《内台集》卷6《明故封奉政大夫刑部郎中杨公墓志铭》，王孝鱼点校：《王廷相集》，中华书局1989年版，第1002页。

⑤ 文征明：《文征明集》补辑卷30《南槐慎君墓志铭》，第1529页。

弃贾返耕之举，不过就当时社会实际情势看，购田务农的商人借助商业资本的有效参与，仍可秉持货殖之道施用其间。这样，与商品经济的持续成长相应，他们与其说继续恪守含带道德评判意味的重本轻末的伦理价值，倒不如说已在尽力将之转化为现实中一种保有并增殖先前财富的经营手段。

除上述部分例证已传达出此一信息外，再如明中期南直隶宝应人范畲自诩治贾有道，“贾有赢，凡增镪若干千，凡拓地若干区，凡买田若干顷”①，家日以丰。嘉靖时南直隶和州人方茂亦富才略，读书不就，“去而操巨赀鬻盐淮阳间，赀大起，又督家僮种作城西南田，岁积谷千百斛”②。时尚有苏州人王处士守愚少年持户，综理有条，会大水溃漫，他“周行田家，出箪食豆羹，咽哺其老弱，募介特使筑堤捍水，贷母钱诸农人”，工赈并举，卒至无患。时米价腾踊，其既“得倍称之息”，复操奇赢，兴废举，转货资，“浸浸隆富矣”。③ 固然，农业生产中若遭遇风雨不调，水旱成灾，经营者也要承受一定损失。即如明末南直隶天长人崇真甫，赠序记：

> 崇祯庚辛间，大旱，饥民多流亡，真甫招来之，使复业。县境内无大川泽，故所凿湖塘多淤，井泉亦少。城东有感唐湖，旁近溉田者、没（汲?）者、饮牛马者皆资焉。真甫之田在其区，时旱甚，湖水少，农欲引以溉田播种。真甫谓：“今播种未卜有秋与否？而一方之人畜且立渴死。其勿溉。”农谓：“即如是，租安从出？且吾侪何赖?”真甫曰：“吾自荒吾田，何言租乎？汝曹乏食，我给汝。”是岁其田尽荒，更出故所储粟给佃者，悉得全济。④

---

① 陆深：《俨山集》卷68《良沙范先生墓志铭》，《文渊阁四库全书》第1268册，第436页。

② 焦竑：《澹园集》卷28《方君西野暨配张氏合葬墓志铭》，李剑雄点校，中华书局1999年版，第415页。

③ 李维桢：《大泌山房集》卷112《王处士墓碑》，《四库全书存目丛书》，集部，第153册，第284页。

④ 归庄：《归庄集》卷3《赠崇真甫序》，上海古籍出版社1984年版，第237页。

崇真甫于大旱之际招徕流民，济众复业，所行自为便益民生的义事，但还应注意到，或许正因适逢灾年米价上涨，同时购买田地、雇佣人力的成本却相对低廉，趁此机会，熟稔“计然之策”的王守愚、崇真甫诸辈扩大自身农业经营规模才愈易达成目的。亦即是说，明代一些以农富家的商人虽名为“力本”，然他们实际上可能是运用资本把农业生产、土地经营同商品市场密切联系起来，故此这种操作方式更多体现的仍是一种求利的商业行为。而他们中一些人凭借财富优势致力于民间赈灾救助，成为维系地方稳定的重要力量，则又显示了明代社会的某种变迁动向。至于有的商人一生遍历艰险，晚年归乡置田，以耕稼自娱，表露出的确是乐得安稳太平的人世常情。

在农业经营之外，商业资本流向土地还常常表现为商人置办义田、义学、义宅、义冢及修建宗祠等情况。如嘉靖年间徽商程沂摄家而贾，“建宗祠，举祠事”，岁祲周恤困乏，“生予粟，死予棺，葬予地，靡不人人餍之”，临终遗言于子：“吾雅欲置田百亩，治屋数十楹，以济举宗之贫，今不逮矣。汝当吾室，其善成之。”[①] 时徽商朱模以贾致饶，即市地修治本支祖墓，“为祖庙定岁时祭祀之礼”。既而其曰“不有吾父族乎”，遂“为义田以食之，为义舍以居之，为义塾以训之，为义冢以藏之”。[②] 后再如福建福清人怀东何翁，老而居乡，“每念身既贾隐，欲使其子姓为儒，先后所割腴田为笔研资者，百四十亩”，故“何氏自是彬彬，益向于文学矣”。[③] 福建惠安朱秀山君寿序同样言：“初行货东西粤，赀稍起，遂挟以归，分散予贫交，给族戚之

① 汪道昆：《太函集》卷58《明故南京金吾卫指挥佥事歙程次公墓志铭》，《续修四库全书》，第1347册，第450页。

② 李维桢：《大泌山房集》卷69《朱次公家传》，《四库全书存目丛书》，集部，第152册，第193页。

③ 叶向高：《苍霞续草》卷2《福庐山房记》，《四库禁毁书丛刊》，集部，第124册，北京出版社2000年版，第619页。

乏……最后广祭田，设儒生之田，以供祭祀，与游黉铅椠者费。”①

由上可知，明代有不少商人尽管将财富投向田地，但也并非视从中获取经济利润为唯一目的，其通过购地设田以承担宗祠祭费、供给家塾学资等方式较大程度介入乡族公共事务，且周赈贫苦，惠济困乏，愈加提高了自身在基层社会的影响力。或可以说，他们对围绕土地经营所产生的社会综合效益的追求，很可能超过了单纯的财富积累本身。

再一方面值得注意的是，当时社会上同时出现了较多不置田产的现象。嘉靖前期林希元就曾表示现今百姓“困于赋役”，“农桑失业”，因以竞相趋末，“天下之田，入于富人之室者十而五六，民之有田而耕者盖无几也”。② 时人何良俊也提到，“正德以前，百姓十一在官，十九在田”，是时“四民各有定业，百姓安于农亩”，然“自四五十年来，赋税日增，繇役日重，民命不堪，遂皆迁业”，弃农从商者益多，“大抵以十分百姓言之，已六七分去农”。③ 两人均指出，由于赋役负担加重及受逐利风气侵染，许多民众业已自发放弃田地耕作，废农投商。而出于同样原因，从事非农经营的商户也可主动选择摆脱田产束缚，仅仅依靠“末业”兴家致富。如明中期苏州一孙姓商人“颇以畜贾致富”，其寿序云：“天下承平岁久，赋繁役重，吴人以有田业，累足屏息；君能超然去其故，而即其所以为安者，故能及时以为乐。”④ 同为苏州人的忆萱李翁，亦以农利微薄，且“往往与县官共之，又不耐役使”，由是“不好为本富”。他业起机杼，为宫廷织作，制备品精，所赢益厚。寿序曰：“君既不名一田，以故无长赋践更之扰。即

---

① 李光缙：《景璧集》卷3《秀山朱君七十叙》，曾祥波点校，福建人民出版社2012年版，第119页。

② 林希元：《同安林次崖先生文集》卷2《王政附言疏》，《四库全书存目丛书》，集部，第75册，第458页。

③ 何良俊：《四友斋丛说》卷13《史九》，中华书局1959年版，第111—112页。

④ 归有光：《震川先生集》卷13《孙君六十寿序》，周本淳校点，上海古籍出版社1981年版，第328页。

有司巧渔猎者毋所迹之，即迹得之，有瞪目坐视而已。君以故得自宽。”[①] 而苏州当地这种“市民罔籍田业，大户张机为生，小户趁织为活”的生产经营模式，早已是“大户一日之机不织则束手，小户一日不就人织则腹枵，两者相资为生久矣”。[②]

与业农之勤苦力耕相比，经商劳省酬厚，人情自然乐从。与此同时，明中期以来的赋役改革逐渐倾向基于土地核算资产，征发徭役，然“工匠佣力自给，以无田而免差，富商大贾，操赀无算，亦以无田而免差”[③]。此举造成的赋役不均——贫弱苦科敛，势豪避重负，也极容易促使更多商民减弃田产以缓解经济压力。如明中期人俞弁曰：“近年以来，田多者为上户，即佥为粮长，应役当一二年，家业鲜有不为之废坠者。由是人惩其累，皆不肯置田，其价顿贱……江南之田，惟徽州极贵，一亩价值二三十两者，今亦不过五六两而已，亦无买主。”[④] 万历时人李腾芳亦道彼时富户：“有积镪堆困，权子母而出之，而其家无田，不名一差；有操艇江湖，转盐积币，而其家无田，不名一差；有专买屯种肥膏，至数千亩，而其家无民田，不名一差。”[⑤] 又时人谢肇淛称：“江南大贾，强半无田，盖利息薄而赋役重也。江右荆、楚、五岭之间，米贱田多，无人可耕，人亦不以田为贵……闽中田赋亦轻，而米价稍为适中，故仕宦富室，相竞畜田，贪官势族，有畛隰遍于邻境者。”[⑥] 以其之言，各地的田产收入及赋税支出状况，实成为社会财富是否集中于土地的风向标。

由是观之，明代商人将资本投向土地与否，实际上很多时候都可视作他们在求利动机驱使下，计较成本投入与收益产出，为顺应现实

---

① 王世贞：《弇州续稿》卷39《寿忆萱李翁七十序》，《文渊阁四库全书》第1282册，第517页。

② 蒋以化：《西台漫纪》卷4《纪葛贤》，《续修四库全书》第1172册，第53页。

③ 余继登：《典故纪闻》卷18，顾思点校，中华书局1981年版，第325页。

④ 俞弁：《山樵暇语》卷8，《四库全书存目丛书》，子部，第152册，第56页。

⑤ 李腾芳：《李宫保湘洲先生集》卷3《征丁议》，《四库全书存目丛书》，集部，第173册，第92页。

⑥ 谢肇淛：《五杂组》卷4《地部二》，中华书局1959年版，第116页。

境况所采取的一种商业化经营手段。对其而言，利多即“率好为兼并，爱地重于金玉，虽尺寸不以假人”[1]；利少则“不置田亩，而居货招商”[2]。此间财富的流动只是反映了社会商品经济及商业关系的扩展，而非代表固有生产关系和水平发生性质变化。传统中国商人财富的本末之辨与资本主义发生学视角下投资取向的落后、先进之别，既非直接对应，也未处于同一个历史语境。

二 雇佣生产

基于生产特点或经销需要，明代有的商人已开始采用雇佣劳动方式，进行具备一定规模化和制度化的运营管理，此在矿冶、纺织、印染等需求人力较多的行业中表现尤为突出。如正、嘉时徽商朱云沾从兄贾闽，“课铁冶山中”，诸佣人以之为长者而“争力作”，其遂至“业大饶”。[3] 再《广志绎》对万历中云南采矿模式的描述，则显示了商人资本的有力参与，俨然成为增进官府收益和带动地方经济不可或缺的要素：

> 其成硐者，某处出矿苗，其硐头领之，陈之官而准焉，则视硐大小，召义夫若干人，义夫者，即采矿之人，惟硐头约束者也。择某日入采，其先未成硐，则一切工作公私用度之费皆硐头任之，硐大或用至千百金者，及硐已成，矿可煎验矣，有司验之。每日义夫若干人入硐，至暮尽出硐中矿为堆，画其中为四聚瓜分之，一聚为官课，则监官领煎之以解藩司者也，一聚为公费，则一切

---

① 张羽：《张来仪文集·芙蓉庄记》，转引自谢国桢《明代社会经济史料选编》上册，福建人民出版社1980年版，第102页。

② 顾炎武：《天下郡国利病书·苏州备录下·吴县城图说（曹自守）》，黄珅等校点，上海古籍出版社2012年版，第496页。

③ 汪道昆：《太函集》卷47《海阳新溪朱处士墓志铭》，《续修四库全书》第1347册，第339页。

> 公私经费，硐头领之以入簿支销者也，一聚为硐头自得之，一聚为义夫平分之。其煎也，皆任其积聚而自为焉，硐口列炉若干具，炉户则每炉输五六金于官以给札而领煅之。商贾则酤者、屠者、渔者、采者，任其环居矿外……采矿若此，以补民间无名之需、荒政之备，未尝不善。①

由此上裕国课，下赡民生，也可以认为，这种商业化雇佣生产将官、商、民三方力量有效整合在一起，以商人及其资本为纽带，彼此形成了良性合作关系。

复有嘉、万时杭州人张瀚记其祖上于成化末年起家机杼的经历："购机一张，织诸色纻币，备极精工。每一下机，人争鬻之，计获利当五之一。积两旬，复增一机，后增至二十余。商贾所货者，常满户外，尚不能应。自是家业大饶。"② 个体机户铢积寸累，循序渐进，在达到相当生产规模后，继而雇佣工匠扩大经营，自在情理之中。即如后来者苏州忆萱李翁，规制章法既备，组织任使益精。寿序云：

> 君所业机杼之制妙天下，三宫、九嫔、六尚之绮锦文绣，岁加新其目，以试吾吴，而独李君应之，沛然有余……君晨起调治，红作轧轧声者，恒数百千指，至暮而毕事，酒炙饭羹皆得所，毋一喧者……诸受君直恒倍，以故争欲归君，然不能私君寸丝片瓦之跆藉以入其橐，又不能自私其手足肩膂之力。③

同样，嘉、万时徽商方大经早岁行贾，稍赢后"自卜一廛，督工人

---

① 王士性：《广志绎》卷5《西南诸省》，吕景琳点校，中华书局1981年版，第121页。

② 张瀚：《松窗梦语》卷6《异闻纪》，盛冬铃点校，中华书局1985年版，第119页。

③ 王世贞：《弇州续稿》卷39《寿忆萱李翁七十序》，《文渊阁四库全书》第1282册，第517页。

织，以帛易粟，因岁丰歉为出入，遂致巨万”[①]。

又正、嘉时徽商阮弼择芜湖为襟带辐辏之地，先以“彼中驵侩分行，独赫蹄莫之适主”，乃认准商机，“鸠其曹敛母钱，躬载橐而规便利，就诸梱载者，悉居之留都，转运而分给，其曹利且数倍”；复察“时购者争得采，利归染人”，遂“自芜湖立局，召染人曹治之，无庸灌输，费省而利滋倍，五方购者益集”；于是转毂遍国中，“又分局而贾要津”，众商倚为首领。阮弼对于属下诸曹，应该不是完全采取雇佣形式，其晚年经理家产，“筑百廛以待僦居，治甫田以待岁，凿洿池以待网罟，灌园以待瓜蔬”，即复“中外佣奴各千指，部署之，悉中刑名”。[②] 此番雇工与役仆的结合，可能正折射出其时商品化产业经营的实态。

至如农田池塘的耕殖、商店货铺的运营也可依靠完善的章法程式，从而产生规模效益。此中典型，莫过于嘉靖时苏州常熟人谈参（谭晓）及万历年间浙江宁波人孙春阳。前者传载：

> 谈参者，吴人也，家故起农。参生有心算，居湖乡，田多洼芜，乡之民逃农而渔，田之弃弗辟者以万计。参薄其直收之，佣饥者，给之粟，凿其最洼者池焉，周为高塍，可备坊泄，辟而耕之，岁之入视平壤三倍。池以百计，皆畜鱼，池之上为梁为舍，皆畜豕，谓豕凉处，而鱼食豕下，皆易肥也。塍之平阜植果属，其汙泽植菰属，可畦植蔬属，皆以千计。鸟凫昆虫之属悉罗取，法而售之，亦以千计。室中置数十匦，日以其分投之，若某匦鱼入，某匦果入，盈乃发之，月发者数焉。视田之入，复三倍。[③]

① 李维桢：《大泌山房集》卷87《征士方君墓志铭》，《四库全书存目丛书》，集部，第152册，第529页。

② 汪道昆：《太函集》卷35《明赐级阮长公传》，《续修四库全书》第1347册，第215—216页。

③ 李诩：《戒庵老人漫笔》卷4《谈参传》，魏连科点校，中华书局1982年版，第153页。

后者则在苏州开设南货铺，“如州县署，亦有六房，曰南北货房、海货房、腌腊房、酱货房、蜜饯房、蜡烛房，售者由柜上给钱取一票，自往各房发货，而管总者掌其纲，一日一小结，一年一大结”。此“店规之严，选制之精”，传于后世二百多年，子孙仍食其利。[①]

需要说明的是，明代商人为扩大经营及扩充财富，一般多会指派、利用同族同乡进行商贸活动。如嘉靖时陕西洛川人碧山公陈君善择人而命事，“凡居货之区，莫不有碧山公使焉”。诸人“轮转而营之，辐奏而效之，考其成，不失尺寸”，是故“山右陈氏遂以财雄于时”，甚至“郊邑子弟分余缗，受成算，以服贾四方而孳殖其产者，无虑百十室焉”。[②] 时再有徽商程君小本起家，“不数年而成大贾”，其寿序曰：“门下受计出子者，恒数十人，君为相度土宜，趣物候，人人授计不爽也。数奇则宽之，以务究其材，饶羡则廉取之，而归其赢，以故人乐为程君用。”[③] 徽商孙从理则业起典当，“慎择掌计若干曹，分部而治”，年满会算即“析数岁之赢，增置一部，递更数岁，又复递增”。[④] 又《广志绎》记山西“伙计”之制：

> 平阳、泽、潞豪商大贾甲天下，非数十万不称富，其居室之法善也。其人以行止相高，其合伙而商者名曰伙计，一人出本，众伙共而商之，虽不誓而无私藏……且富者蓄藏不于家，而尽散之于伙计。估人产者，但数其大小伙计若干，则数十百万产可屈指矣。盖是富者不能遽贫，贫者可以立富，其居室善而行止胜也。[⑤]

---

① 钱泳：《履园丛话》卷24《杂记下·孙春阳》，张伟点校，中华书局1979年版，第640—641页。

② 张四维：《条麓堂集》卷23《贺洛川陈君恩貤荣亲序》，《续修四库全书》第1351册，第638页。

③ 王世贞：《弇州四部稿》卷61《赠程君五十叙》，《文渊阁四库全书》第1280册，第92页。

④ 汪道昆：《太函集》卷52《南石孙处士墓志铭》，《续修四库全书》第1347册，第389页。

⑤ 王士性：《广志绎》卷3《江北四省》，第61—62页。

总体而言，这些听从财力雄厚的大商人差遣而常被称作“掌计”、“伙计”或“门下”者，他们相对于出资方的地位应与前述生产经营中的佣工不尽一致，内中一部分大概接近同伙，而多数人却因本自牵连着乡族因素，身份更似介于同伙和仆役之间。不过就当时记载看，明代商人无论是采用雇佣劳动还是任使同伙仆役，两种商业行为本身的社会属性及其与既有国家体制的关系定位并无本质区别。也即是说，同投资土地与否一样，在此类经营方式的表现差异中，还很难于社会演进的深度辨识出西方资本主义式的现代性导向含义。

另外，明代商人还能通过预付资本的方式，一定程度介入手工业、农业生产领域，此包买之法虽非与直接雇佣等同，然商业资本的支配控制力已从中初见端倪。如成、弘时苏州人钦允言“主总商贾赀本，散之机杼家，而敛其端匹以归于商”。他通明识理，且富才干，前后“计会盈缩”，“刻时审度”，终使“彼此以济，皆信委帖服焉”。[①] 无疑，钦允言在商人与机户间扮演了中介角色，将资本投入同商品生产更切实有效关联起来。农业方面则如明末清初广东制糖情形：“春以糖本分与种蔗之农，冬而收其糖利。旧糖未消，新糖复积，开糖房者多以是致富。”[②] 当然，其时所谓预付资本，可能很多时候仅体现为放债性质，而无法说构成了近于雇佣或包买的生产关系。即如万历《汝南志》载河南地方：“农夫工女，蚤夜操作，无以糊口。或有所督迫，辄向大贾预贷金钱，仅获半值。遂输其货以去，视釜甑依然生尘矣。”[③] 而早在明中前期河南邓州人李贤就已明确指出外地商人对其乡民生产生活的专敛操控：

---

① 祝允明：《怀星堂集》卷19《承事郎钦君墓志铭》，《文渊阁四库全书》第1260册，第635页。

② 屈大均：《广东新语》卷14《食语·糖》，中华书局1985年版，第389页。

③ （万历）《汝南志》卷4《物产》，转引自韩大成《明代高利贷资本的特点及其作用》，《明史研究论丛》第4辑，江苏古籍出版社1991年版，第360页。

吾乡之民朴钝少虑，善农而不善贾，惟不善贾，而四方之贾人归焉。西江来者尤众，岂徒善贾，谲而且智，于是吾人为其劳力而不知也。方春之初，则晓于众曰："吾有新麦之钱，用者于我乎取之。"方夏之初，则白于市曰："吾有新谷之钱，乏者于我乎取之。"凡地之所种者，贾人莫不预时而散息钱，其为利也，不啻倍蓰。①

大致讲来，随着明代商人产业规模的扩张及其资本财力的增长，他们各适所营、各因所需以采取诸如雇佣工匠、任使伙计抑或预付资金的方式开展商业活动，其实都可看成这一群体为开拓市场、提高利润而逐渐演生成的不同生产经销手段，内里能够见到商人资本运作调控能力的显著增强，进而透露出持续延展的潜能与张力。不过，这种资本权力对生产领域的介入和掌控及由此带来人身依附关系的变动大抵依然在社会经济范围内稳步运行并发挥效用，未尝分化为当时国家既有体制的冲突对立面。换言之，尽管当时脱离农业的手工业生产比重有所扩大，且商业资本雇佣人力劳动、支配商品产销亦即向产业资本转化的情形也已出现，但其基本仍是在依从固有社会机制推演前行，属于合乎中国自身历史发展逻辑的常态进程，而与所谓由传统走向现代资本主义的实践经验和理论内涵相去甚远。

三　小议

从明代商人的财富流向看，大体而言，投资土地是他们在当时社会中保有并增殖财富的一种正常选择。部分商人缘于传统本末之辨，虽有罢贾返农之举，但此间的农业生产却已多因商业资本与商业关系

① 李贤：《古穰集》卷9《吾乡说》，《文渊阁四库全书》第1244册，第572页。

的长期浸润渗透，呈现出商品化和市场化经济特征。而受赋役制度或逐末风气影响，当占有土地不再带来实惠反倒损失过大时，旨在赢利的商人便会主动转向不置田产。同时，当时商人除了将土地用于生产经营外，还通过购置义田、义学、义宅、义冢及修建宗祠等方式，广泛参与地方乡族公共事务。这不仅提升了他们的社会声望，也强化了其在民间基层所拥有的组织甚至主导能力，越发显示出这一阶层同既有体制的内在契合性。

至于明代商人把商业财富投向手工业领域，乃至采取雇佣劳动或预付资本形式以扩大产销规模，则依然可视为他们顺应行业需求和特点，合理利用资本运作，而逐渐衍生成的某种提高收益的经营手段。内中能够看到商业资本吸附、操纵劳动生产及扩展、充实商品市场的潜能和活力，但其基本仍是在社会经济层面发挥效用，同社会深层结构上的形态演变亦即是否具备促使传统中国完成西方资本主义式“现代”社会转型的导向性关系不大。也可以说，社会形态的变化毕竟是一种包含政治、经济、文化等多个领域的综合性变化，明代经济领域的变迁虽然提高了全社会的商业化程度，却并未与既有国家体制构成本质冲突。

总的来讲，明代的国家体制和社会环境尽管能够容纳相当数量的商业资本，但实际并未像后来出现机器生产、科技革命的西方一样，为之提供向产业资本转化的足够条件及广阔出路。当时的商业资本虽表现出较为强劲的扩张势头，预示着中国萌生更大规模、更高水平的市场经济前景，然同时其又受帝制国家的权力体系及运行机制所限，不能自由充分延展，由是最终演化成支撑、巩固既有社会的结构要素，益加削弱了商人阶层按照商业规则、围绕资本运作而独立构建新型社会体制的可能。这样一来，所谓明代商人的土地经营与雇佣劳动，无论同资本主义生产方式的表征似异似类，双方原本都不处于同一历史轨道。此外，受经济利益驱动，彼时商人在资金投放使用上固然带有较多获财赢利的诉求，不过在帝制框架内，其还会更多考虑如何利用

财富有效适应且密切融入既有社会体系。或者说，相较于投资生产、增加利润的经济目的，他们对自我综合社会效益的追求，应该要大过纯粹的财富积累本身。

（作者系中国社会科学院历史理论研究所副研究员）

“欲为《论》”与“欲不为《论》”考辨

熊光照

西汉中前期，《论语》以不同的竹简本（以下概称“版本”）在宫廷和民间流传，除去如《燕论》《河间论》等已亡佚的版本外，目前已知可见的有“三家”，即《齐论语》《鲁论语》和《古论语》。西汉元帝曾命安昌侯张禹为太子（即后来的汉成帝）教授《论语》，出于教学的需要，张禹融合各本，编订了《论语章句》，也就是后世所称的《张侯论》。《张侯论》作为目前已知汉代第一个《论语》定本在社会上获得了较为广泛的传播，时人用“欲为《论》，念张文”来表明《张侯论》在当时的地位。

“欲为《论》，念张文”始见于《汉书·张禹传》，该俗语流传甚广，后世多有称引，如《玉海》《恒言录》《两汉三国学案》《古谣谚》《清儒学案》等书。然而阮元刻本《十三经注疏》中有不同记载：“诸儒为之语曰：‘欲不为《论》，念张文’。”[①]“为”前有“不”字。又：“欲不为《论》，念张文。《汉书·张禹传》无‘不’字。〇按，宋板《汉书》有‘不’字。”[②]今查国家图书馆藏北宋刻递修本《汉书》，果如此条按语所言“有‘不’字”。[③]如此，则与今本《汉书》“欲为《论》，念张文”意思不同。注意到这个问题的前代学者有朱一

① 阮元校刻：《十三经注疏》序，中华书局2009年版，第5333页。

② 阮元校刻：《十三经注疏》卷1，中华书局2009年版，第5341页。

③ 《宋本汉书》，国家图书馆出版社2017年版，第19册，第57页。

新及陈邦怀：

> 《论语序》邢疏引《汉书》曰：“欲不为《论》，念张文。”阮氏元校勘记云：宋本《汉书》有“不”字。①
>
> “欲不为《论》”，案：殿本“欲”字下无“不”字，盖旧脱也。宋祁曰：“监本、越本‘欲’字下有‘不’字”，而唐写本有之，与监、越二本合也。②

两位先生仅仅指出这个问题，未加详考。

为什么会出现这两种不同的记载？“为《论》”与“不为《论》”的分歧说明了什么？哪种记载才是原意？李廷先认为：

> 若多一“不”字，不可通，其误甚显，而宋、朱、阮、王皆未指出其误，诚不可解。或曰：此“不”字同“否”，言“欲否为《论》”也。又一说此“不”字乃语中助词，无实意，如《诗经·车攻》“徒御不警，大庖不盈”，《文王》“有周不显，帝命不时”之类，“不”字皆无实意；“欲不为《论》”即“欲为《论》”也。此皆曲为之说耳，《汉书》中无此例。“欲为《论》，念张文。”犹《窦田灌韩传》中之“颍水清，灌氏宁；颍水浊，灌氏族。”之类，皆三字句也。《王莽传》：“长安为之语曰：‘欲求封，过张伯松；力战斗，不如巧为奏。’”“欲求封”句与“欲为《论》”句，句式全同，亦无“不”字。③

---

① 朱一新全集整理小组：《朱一新全集（中）·汉书管见》，上海人民出版社 2017 年版，第 995 页。

② 陈邦怀：《一得集·敦煌写本丛残跋语·唐写本汉书匡张孔马传残卷》，齐鲁书社 1989 年版，第 346 页。

③ 李廷先：《王先谦〈汉书补注〉质疑》，《文献》1982 年第 1 期。

笔者对此不敢苟同，“宋、朱、阮、王皆未指出其误”，说明诸公对此持谨慎态度，不可轻言其误，甚至于“未指出其误”是因为他们并不认为这是个错误。“‘不’同‘否’说”“语气助词说”既已为李氏所不取，笔者亦不加展开。仅简要指明：（一）按照“‘不’同‘否’说”，“欲否为《论》，念张文”未知何解。若解为“不论是不是想要研究《论语》，都应该读《张侯论》”，只怕显得太过绝对，难以服人。（二）“语气助词说”所举《诗经》中加“不”的情况是对称出现的，各加上一个“不”字，至少使得该句符合《诗经》四言一句的常见句式。而在“欲为《论》，念张文”中单加一个“不”字，反而破坏了两句的对仗，且古人惜墨，似乎不会画蛇添足地加一个无实意的助词。

窃以为“欲不为《论》，念张文”更符合原意，因为它出现在目前可见的较早的《汉书》版本以及阮元《十三经注疏》当中。一般而言，更原始的历史资料保存着更真实的历史信息，另外阮刻本以精校著称，其对文字的取舍应当是审慎而准确的。

至于在流传过程中“不”字丢失的原因应该是基于以下两点：（一）上文已指出，“不”字的存在破坏了这句话的对仗，而去掉“不”字，两句对称，一句三言，规整押韵，朗朗上口。也正如上文所引李氏的分析。（二）《汉书·张禹传》云：“禹先事王阳，后从庸生，采获所安，最后出而尊贵。”① 何晏《论语集解序》云：“安昌侯张禹本受《鲁论》，兼讲齐说，善者从之，号曰：《张侯论》，为世所贵。”② “不”字的存在使得该句的意思与“出而尊贵”“为世所贵”的语境不符，于是后世逐渐失脱了“不”字。

那么如何看待“欲不为《论》，念张文”与“出而尊贵”“为世所贵”的语境不符的问题？首先，在《张侯论》出现以前，汉代“三

---

① 《汉书》卷81《张禹传》，中华书局1962年版，第3352页。

② 阮元校刻：《十三经注疏》序，中华书局2009年版，第5333页。

论"甚至"多论"并行的局面使得一般《论语》学习者无所适从，确实不利于《论语》的流传，这样的时代背景和学习需求呼唤一个文字统一的版本。这里所说的"一般《论语》学习者"是就学术水平而言，并非就身份地位而言，即便是贵为天子的汉成帝，也应被归于一般学习者的行列，而《张侯论》编订的直接动机便是服务于汉成帝："初，禹为师，以上难数对己问经，为《论语章句》献之。"① 因此，笔者认为"出而尊贵""为世所贵"并非是"文贵"而是"人贵"，由于这是皇帝所使用的教科书，因而被肯定、被追捧。又由于皇帝也是一般学习者，不是专业的研究者，他所需要的只是一个有较强阅读便利性的本子，不必过于在意其学术源流、版本差异。也即不研究《论语》的人，读《张侯论》就行了，所以"欲不为《论》，念张文"与"出而尊贵""为世所贵"的语境并不矛盾。

其次，从另一个方面说，"欲为《论》，念张文"，根本不符合学术研究的基本情况。研究者唯恐研究材料不原始、不充足，怎么会把一个经过删减、融合之后的版本作为自己的研究对象呢。且"《论语》之始出于秦火后也，曰《鲁论》，曰《齐论》，曰《古论》。篇目不同，文字亦异，学者各守师说，不合不公。"② 汉代学者秉承师说，传《齐论》的坚守《齐论》，传《鲁论》的坚守《鲁论》，完全不需要《张侯论》的存在。

另外，有学者从文学角度指出"欲不为《论》念张文"本身就是一句七字评语，源于对民间谣谚的模仿。③ 除书中列举的"关西孔子杨伯起""难经伉伉刘太常""天下模楷李元礼，不畏强御陈仲举，天下俊秀王叔茂"等例子外，还有"问事不休贾长头（《后汉书·贾逵传》）"等等。不过汉代这种评语性质的文句并非全是七字，也有"五

---

① 《汉书》卷81《张禹传》，中华书局1962年版，第3352页。

② 徐世昌等编纂，沈芝盈、梁运华点校：《清儒学案》卷153《儆居学案上·黄先生式三·论语后案原叙》，中华书局2008年版，第5936页。

③ 余冠英：《汉魏六朝诗论丛》，商务印书馆2017年版，第115页。

鹿岳岳，朱云折其角（《汉书·朱云传》）”“无说诗，匡鼎来；匡说诗，解人颐（《汉书·匡衡传》）”等等，且在所见七字评语的例子中，后三个字往往是人称，而“念张文”与其句式不符。因此笔者未敢全信，聊备一说，或可另作深入探讨。

概而言之，《张侯论》的出现是为了满足一般学习者的需求，因而“诸儒为之语曰：‘欲不为《论》，念张文’。”又由于第一位的一般学习者是皇帝，这个版本便“出而尊贵”“为世所贵”了。臣下亦步亦趋，皇帝读什么书，自己也跟着读什么书，这样才有利于仕进，正如清代论家所指出的：

> 太史公有言：“余读功令至于广厉学官之路，未尝不废书而叹也。嗟乎！诗书岂为利禄设哉？”当是时，武帝允董江都之对，兴学养士，诏列侯郡守岁贡二人，诸不在六艺之科、孔子之术者，皆绝其道，勿使并进。盖六经四子书，取士之制权舆于此矣，而首以儒术，白衣取三公封侯，顾出于曲学阿世之公孙弘，其后蔡义、韦贤、匡衡、张禹、孔光之徒，咸以儒宗居宰相位，而禹为帝者师，乃采《齐论》章句杂入《鲁论》中，学者翕然宗之……是岂劝学设科之初意乎？[①]

孟子曰：“颂其诗，读其书，不知其人可乎？”[②] 张禹的为人更加难以让人看好《张侯论》的学术价值：

> 安昌侯张禹奸人之雄，惑乱朝廷，使先帝负谤于海内，尤不可不慎。[③]

---

① 贺长龄撰，雷树德点校：《贺长龄集·耐庵文存》卷2《序·重刻课士直解序》，岳麓书社2010年版，第494页。

② 阮元校刻：《十三经注疏》卷10下，中华书局2009年版，第5974页。

③ 《汉书》卷60《杜业传》，中华书局1962年版，第2681页。

“今朝廷大臣上不能匡主，下亡以益民，皆尸位素餐，孔子所谓‘鄙夫不可与事君’‘苟患失之，亡所不至’者也。臣愿赐尚方斩马剑，断佞臣一人以厉其余。”上问：“谁也?”对曰“安昌侯张禹。”①

吾每读《张禹传》，未尝不愤恚叹息，既不能竭忠尽情，极言其要，而反留意少子，乞还女婿。朱游欲得尚方斩马剑以理之，固其宜也。②

张禹佞给，卒危强汉。辅弼不忠，祸及乃躬。③

禹当惟大臣之节，为社稷深虑，忠言嘉谋，陈其灾患，则王氏不得专权宠，王莽无缘乘势位……禹佞谄不忠，挟怀私计，徒低仰于五侯之间，苟取容媚而已。是以朱云抗节求尚方斩马剑，欲以斩禹，以戒其余……④

汉成帝信张禹，不疑舅家，故有新莽之祸。臣恐今日亦有张禹，坏陛下家法。⑤

西京张禹、孔光，东都胡广皆以文学著，皆小人之至无耻而享大福者。⑥

禹一邪人，媚世之尤。其为相也，既误汉室；及传经也，又淆孔门。故《论语》于管仲也，忽毁忽誉；于宰我也，毁之无一嘉辞。疑此皆出于《齐论》，而禹合之者也。盖管仲齐人所尊，宰我齐人所仇故也。⑦

---

① 《汉书》卷67《朱云传》，中华书局1962年版，第2915页。

② 《后汉书》卷54《杨赐传》，中华书局1965年版，第1779页。

③ 《晋书》卷38《齐王传》，中华书局1974年版，第1133页。

④ 《晋书》卷48《段灼传》，中华书局1974年版，第1345页。

⑤ 《宋史》卷314《范仲淹传》，中华书局1985年版，第10269页。

⑥ 王鸣盛：《十七史商榷》卷36《后汉书八·刺广寓于褒颂》，陈文和主编：《嘉定王鸣盛全集》第4册，中华书局2010年版，第393页。

⑦ 唐晏著，吴东民点校：《两汉三国学案》卷10《论语》，中华书局1986年版，第495页。

综上，笔者认为“欲不为《论》，念张文”更为准确，意为“想要不研究《论语》（只作一般了解），就读《张侯论》（这样一个整理本）”。因为这是当时的一个定本，且为皇帝所读，能够满足一般学习者的需求，而学者自然应回到“三论”甚至于“多论”的原始材料中去。可见《张侯论》“为世所贵”并非是因其学术价值，而是政治影响和现实需求。

（作者系故宫博物院博士后）

附记：本文受故宫博物院桃李计划和万科公益基金会专项经费资助，本文的写作得到孙晓先生、赵凯先生的指导，一并致谢。

40 年来《三才图会》研究述评

周沙沙

《三才图会》，又名《三才图说》，是一部大型百科全书式图会类书，由明代文献学家王圻及其次子王思义相继纂集而成。《三才图会》成书于明万历三十五年（1607），明万历三十七年（1609）出版。全书共 106 卷，包罗万象，正如周孔教在《三才图会》序中所概括的那样："上自天文，下至地理，中及人物，精而礼乐经史，粗而宫室舟车，幻而神仙鬼怪，远而卉服鸟章，重而珍奇玩好，细而飞潜动植，悉假虎头之手，效神奸之象，卷帙盈百，号为图海。"[①] 正文内容分天文（4 卷）、地理（16 卷）、人物（14 卷）、时令（4 卷）、宫室（4 卷）、器用（12 卷）、身体（7 卷）、衣服（3 卷）、人事（10 卷）、仪制（8 卷）、珍宝（2 卷）、文史（4 卷）、鸟兽（6 卷）、草木（12 卷）共十四类。前三门，即天文、地理、人物由王圻亲自撰写，其后内容则出自其子王思义之手。全书图文并茂，博采诸家图说，每一门类事物前面先列出图像，其后再加以文字说明，图文互证，相互增益，而《三才图会》也正是因其包罗万象、图文并茂而在类书史上占据重要地位。

管见所及，《三才图会》的研究，始于 20 世纪八九十年代。相关研究成果以论文为主，专著数量较少，整体上看研究成果不多，但

① （明）王圻、王思义编集：《三才图会》，上海古籍出版社 1988 年版。

却涉及艺术、图书馆学、历史、地理、文学、医学、音乐、轻工业等多个研究领域，尤以前两者居多。为清晰呈现《三才图会》的研究现状，笔者拟分国内和国外两部分作一梳理，难免有挂一漏万之虞。

一 《三才图会》国内研究现状

（一）文献学角度的《三才图会》研究

《三才图会》一书的类书属性决定了其研究进程与中国古代类书研究密切相关，故有必要从文献学的角度进行学术回顾。

我国的类书研究始于20世纪40年代。张涤华于1943年出版的《类书研究》具有开创之功。我国明代类书研究，始于20世纪50年代初郑振铎对我国历史上最大一部类书《永乐大典》（《文物参考资料》1951年第9期）的介绍。其后，明代类书研究便始终围绕典型类书研究进行，而《三才图会》的相关研究便是这样展开的。

《三才图会》在明代类书研究著作中讨论并不多，且主要是以明代图谱性类书的代表出现，如戚志芬《中国的类书、政书与丛书》（商务印书馆1991年版）。在该书中，作者将《三才图会》和《图书编》一起作为明代图文并茂的图谱性类书举证，并对《三才图会》稍作介绍，认为其中所绘图像对文物修复有着特殊功用。在刘天振《明代通俗类书研究》（齐鲁书社2006年版）中，《三才图会》只是作为明代出版的大型类书中的一种被提及。孙永忠的《类书渊源与体例形成之研究》（花木兰文化出版社2007年版）是目前所见类书研究中对《三才图会》讲述最多的一本专著。作者专列“《三才图会》的体例新创”一节，对其“图文并行的编辑手法”作了细致分析，并充分肯定其图谱价值，提出“《三才图会》是中国图书史上第一部以图像为主体的类书”。与此同时，还出现了一些对《三才图会》稍作介绍的类书研究论文，如郭松年《中文类书的演变》（《图书馆学研究》1987年第4期）、周少川《略论古代类书的起源与发展》（《殷都学刊》

1996 年第 1 期)、范青《从社会文化机制的角度论中国类书之发展》(《图书馆工作与研究》1996 年第 5 期)。

20 世纪 80 年代，张忱石等人曾编了一本论文集，名为《学林漫录》(中华书局 1982 年版)，其中收录了陈文良、李鼎霞二人所写的《两种〈三才图会〉》一文。在这篇文章中，作者着重介绍了《三才图会》及其日本姊妹篇《和汉三才图会略》(一般简称《和汉三才图会》)的基本概况，分析其特色，同时又指出其存在的问题。在文章的第三部分，还提到了以王重民为代表的老一辈学者对《三才图会》的重视和推崇。至 90 年代，张秀芬发表《图文并茂的大型类书〈三才图会〉》(《贵图学刊》1991 年第 2 期)，大体介绍了《三才图会》的内容和作者情况，并与章潢《图书编》比较，认为《三才图会》内容浩繁，远胜于章书。从事上海本地文化研究的张乃清，于 1986 年开始主编《春申潮》(该报是上海闵行本土文化研究刊物)，在该书的邦贤纪事部分有《王圻父子与〈三才图会〉》一文，然仅是对本地古代名人的一种普及介绍。

近年来，随着《三才图会》越来越受到研究者们的重视，与之相伴的是肯定其价值的文章大量涌现。李秋芳《〈三才图会〉及其科技史价值》(《淮南师范学院学报》2009 年第 1 期)认为《三才图会》在中国古代科技史上占据重要地位；何立民《王圻父子〈三才图会〉的特点与价值》(《史林》2014 年第 3 期)极大肯定《三才图会》的重要性，提出它“不仅是图谱类书之冠，更是中国版画史、艺术史、科技史名著”；邹其昌、范雄华的《〈三才图会〉与中华工匠文化体系之建构——中华工匠文化体系研究系列之五》(《首届中国设计理论暨首届全国“中国工匠”培育高峰论坛论文》，2017 年)注意到《三才图会》在构建当代工匠文化体系中的理论重要性；范雄华《论王圻图像观在类书史上的丰碑之功——以〈三才图会〉为例》(《设计》2018 年第 5 期)肯定了《三才图会》在我国古代类书史上的重要地位。

关于《三才图会》版本源流的探讨，最早应该是上海古籍出版社于

1988年出版的《三才图会》上册中的“出版说明”，在这篇说明的结尾处，编写者清楚地提到了《三才图会》的三个版本，且署名时间早至1985年。刘全波《类书研究通论》（甘肃文化出版社2018年版）一书，在第七章——类书的流传部分，对《三才图会》在海外主要是日本、朝鲜的流播做了详细的介绍。而刘耀《日本类书〈和汉三才图会〉初探》（《华中国学》2020年第2期）一文则是近年来笔者所见对《三才图会》日本“姊妹书”《和汉三才图会》比较系统的研究。在文章中，作者不仅对《和汉三才图会》的文本、体例、影响作了细致分析，还反复肯定了《三才图会》在中国类书发展史以及中日书籍文化交流史上的重要地位。

关于《三才图会》的版式设计研究，设计学领域研究著述关涉甚多，如赵农的《中国艺术设计史》（陕西人民美术出版社2004年版）就将《三才图会》列入明清时期必不可少的设计文献之列；邹其昌、范雄华对《三才图会》中设计类文献进行整理（《〈三才图会〉设计文献选编》，上海大学出版社2018年版）。于钊、林迅《中国古代设计思想对社会设计的价值研究——以〈三才图会〉为例》（《创意与设计》2018年第2期）一文则以《三才图会》为中心，分析了中国传统设计思想的伦理属性、人文价值、生态价值和社会价值。岳鸿雁、李钢《中国传统图录式类书〈三才图会〉的信息设计研究》（《中国设计理论与世界经验学术研讨会——第二届中国设计理论暨第二届全国“中国工匠”培育高峰论坛论文集》，2018年）以追溯图录类书源流开始，从设计理念、信息结构、图文关系、视觉语言和阅读体验等几方面分析，总结出《三才图会》具有时空层次化、信息秩序化、视觉形象化等特点，认为《三才图会》对现代电子图书的信息设计影响重大。邹其昌、范雄华《论〈三才图会〉设计理论体系的当代建构——中华考工学设计理论体系研究系列》（《创意与设计》2018年第6期）一文就《三才图会》“文献体系”“设计文献体系”“设计理论体系”三大设计核心问题及其价值进行探讨，认为《三才图会》是“中华考工学设计理论体系的重要组成部分”，也是“当今设计学科构建中国当代设计学理论体系值得借鉴的重要资源”。赵婷《〈三才图会〉辑录中蕴含的造物法则》（《美与时代》2022 年第 36 期）分析《三才图会》中古代造物活动相关的文献辑录、图谱绘制、设计评价以探究当时的造物思想与造物方法。

近年来，关于《三才图会》具体内容的考证研究颇多，具体涉及《三才图会》中的《地理卷》《器用卷》《衣服卷》等。如任唤麟等撰写的《晚明旅游资源类型结构与地域分布——以〈三才图会·地理〉与〈名山胜记〉为数据来源》（《地理研究》2011 年第 3 期）一文根据《三才图会·地理卷》和《名山胜记》所载旅游景点，计算出了晚明景点旅游资源总数；李保江《〈三才图会〉中“乐器、舞器类”音乐学研究》（《山东艺术》2021 年第 4 期）对《三才图会·器用卷》中丰富的音乐图文展开音乐学研究；范雄华《〈三才图会·衣服卷〉设计意蕴探析》（《齐鲁艺苑》2018 年第 2 期）一文则根据《三才图会·衣服卷》，考察了冕服、冠服、丧服和农服的设计特点。

（二）艺术史视野下的《三才图会》研究

《三才图会》中包含有大量的书籍插图，这些插图也引起了研究者从传统艺术史角度对其进行研究，故有必要在此基础上作一梳理。

中国的插图艺术起源很早，大约在汉以前便存在，如屈原被放逐见楚先王庙壁画而作《天问》之故事。至东晋，相传画家顾恺之曾作《列女传》插图。唐时，善作图著的李公麟有《九歌图》传世[①]。宋元时期，话本小说等世俗图书的兴盛大大推动了插图艺术的发展，但宋、元时插图传于今者并不多见。至明清时期，随着市井文化的繁荣，插图艺术达至顶峰。

正式冠以插图之名的研究始于 1927 年 1 月郑振铎发表在《小说月报》第 18 卷 1 号的《插图之话》（《郑振铎艺术考古文集》）。在这篇

① 参见郑尔康编《郑振铎艺术考古文集·插图之话》，文物出版社 1988 年版。

文章中，作者给了插图定义，“插图是一种艺术，用图画来表现文字所已经表白的一部分的意思；插图作者的工作就在补足别的媒介物，如文字之类之表白。”区分了插图和饰图，且回溯了中国插图艺术的发展历史。之后近70年间，关于插图史的讨论几无。直至20世纪90年代末，刘辉煌《中国插图史述略》（《装饰》1996年第6期）一文，简要叙述了自汉至20世纪80年代各个时期插图的发展情况，插图史研究这才重新受到关注。进入21世纪，祝重寿在《应当开创中国插图史的研究》（《装饰》2004年第9期）一文中号召开创中国插图史研究。次年，他的《中国插图艺术史话》（清华大学出版社2005年版）一书出版，叙述了自战国时期到20世纪的插图艺术，且试图打破木板插图和版画一直以来混为一谈的局面，提出“中国古代木版插图不宜称做‘版画’”。此后，相继出现了一批专门针对插图的研究①。

《三才图会》在插图史的讨论中，最早被提及，应是在郑振铎的《文学大纲》（商务印书馆1927年版）的序言中，他提及书中插图时说道，“关于中国的一部分，有许多未注明作者及所从出的书之名者，半为引用《三才图会》者，这部图的书很有趣，是明人绘的，什么都有，从天文地理以至生物、器用，历代名人的图像也占了十几卷。因为未能一幅一幅的注明，故在此总注一下。”至《〈楚辞图〉序》（写于1953年）一文中，评价并不甚好，“至于像《三才图会》里所载的屈原像，却是庸俗化了的，故不采用。”② 但在《中国古代版画史略》一文中，评价却又好转，或许是因为放在较长的历史时段内、置于整个图会类书的发展历史中的缘故，“不说别的，单是古今名人图像就有了好几卷书，比任何书都搜集得多些。关于人民生活的图像，也收入不少，未必是‘无根之谈’。我以为较之章潢的《图书编》是更为有用的。”③ 总的来

① 任蓓：《论中国古籍插图的版式》，《大众文艺》2013年第2期；马箐：《中国古代插图的变迁史及背景分析》，《文物鉴定与鉴赏》2022年第3期。

② 《郑振铎艺术考古文集·〈楚辞图〉序》，第57页。

③ 《郑振铎艺术考古文集·中国古代版画史略》，第375页。

看，郑振铎还是比较肯定《三才图会》的。后来者，如祝重寿，亦持肯定态度，在其著述中对《三才图会》作了简单介绍，并认为“《三才图会》是我们今天研究中国古代文化史的可靠的珍贵的形象资料。”[①] 另外，在颜彦考证《水浒传》插图人物画像视向问题的时候[②]，将《三才图会》“人事”编中十种不同视向的人物面相作为参照，认为“这里视向的处理偏重于人物造型‘像’与‘不像’”的造型功能问题。

实际上，就中国艺术史研究来说，远如唐张彦远《历代名画记》，近如清末民初书画家余绍宋的《书画书录解题》（1932 年），受我国书画鉴定和著录悠久传统的影响，归根结底都还是偏重记事或鉴赏的著录[③]，以上提到的研究亦是如此。而中国插图研究一改这种“鉴赏著录”式的研究风貌，离不开中国艺术史的现代转型，《三才图会》的插图研究亦不例外。

中国艺术史的现代转型起于 20 世纪二三十年代，一批在外留学的学者，以滕固、岑家梧为代表，将国外艺术哲学、艺术史学、艺术社会学[④]等观念引入中国古代书画和史前文化研究中，由此开启了中国艺术史研究的一代新风。其中，滕固（1901—1941）对于中国绘画史的研究（《中国美术小史》，1926 年）一改以往书画史家仅关心作者生平事迹和作品流传的记述传统，第一次呈现出了一部以建筑、雕刻和绘画为专题的史论结合的中国美术通史。而滕固和岑家梧又因都是运用科学观点和方法对艺术史展开研究的先行者，所以理所当然地成为中国现代艺术史学的奠基者，并对中国艺术史的研究产生深远影响。其中，《三才图会》中各卷具体插图的深入研究便是在此基础上展开的。

---

① 《中国插图艺术史话》，第 124 页。

② 颜彦：《中国古代四大名著插图研究》，社会科学文献出版社 2014 年版。

③ 洪再新：《科学的著录与现代艺术史学——从海外的中国书画著录工作谈起》，《美术》1990 年第 5 期。

④ 可参考岑家梧《中国艺术论集 · 论艺术社会学》，上海书店出版社 1991 年版。

1.《三才图会·地理卷》插图的研究。钱国红在《走近“西洋”和“东洋”——中日世界意识形成的比较研究》（商务印书馆2009年版）中通过对《三才图会》和《和汉三才图会》中所载图像的内容差异，探讨了两种版本《三才图会》中的世界意识，进而探析中日世界意识差异性形成的历程。王逸明《1609中国古地图集——〈三才图会·地理卷〉导读》（首都师范大学出版社2009年版）是目前为止较早专以《三才图会》地理图谱为研究对象的一部著作。据作者统计，《三才图会·地理卷》共收录137张地图，并选择其中30幅有代表性的地图进行整理、补绘、校订、释读，力图厘清每张图的来龙去脉。成一农《中国古代舆地图研究》（中国社会科学出版社2018年版）一书以清以前的舆地图为研究对象，搜集历朝历代不同古籍中的舆地图进行释读，其中不可避免地就涉及《三才图会》中的古代地图。在成一农关于古籍中所收舆地图插图的研究中的第二部分：清以前“舆地图”的谱系中，明代大型类书《三才图会》成为作者分析各个舆地图谱系关系极为重要的参考书，在文中大量出现。另外，俞昕雯《〈三才图会·地理类〉图谱源流考》（《中国典籍与文化》2021年第1期），以《三才图会·地理类》中的图谱为研究对象，并对其图像来源与绘作者进行考证。

2.《三才图会·人物卷》插图的研究。钟焓《民族史研究中的“他者”视角——跨语际交流、历史记忆与华夷秩序语境下的回回形象》（《历史研究》2008年第1期）一文试图通过《三才图会·红夷》中所刻画的回鹘人形象，力证回鹘和“回回”混用的这种认知倾向是当时人对回鹘人形象在明朝的重构，并进一步上升到明朝人对于域外的认知层面上。在张西平、马西尼主编的《中外文学交流史中国—意大利卷》（山东教育出版社2015年版）中，为了说明中国文人笔下的意大利形象，有专门的一节内容来阐释《三才图会》中的意大利商人形象，以此作为当时人对意大利人普遍认知的一个形象典范。在徐小蛮、王福康所著《中华图像文化史插图卷下》

（中国摄影出版社 2016 年版）中，作者通过对《三才图会》中所描绘的不真实的外国人到清乾隆时期《皇清职贡图》中惟妙惟肖的外国人画像转变的分析，认为这其实反映了当时人对外国人认知的一个发展过程。程鲲鹏《〈三才图会〉中元代名臣像赞释读及甄选标准研究》（《辽宁教育行政学院院报》2016 年第 2 期）则关注《三才图会》人物卷中所载元代名臣画像，作者认为王圻对元代名臣的甄别筛选主要依据政治功绩、品性德行及文笔书苑，体现了明朝知识分子对前朝功臣的评价准则。

3.《三才图会·身体卷》插图的研究。沈歆《〈三才图会〉身体图像中的晚明人身体知识与观念》（《中国书画》2020 年第 1 期），以《三才图会·身体卷》所收涉及经脉、脏腑、骨度、穴位、医理、病症、道教脏腑神图像以及一般相术知识图像等 428 幅医学图像为研究对象，认为"《三才图会》身体图像所呈现的是晚明人关于身体的一般知识。《三才图会》所收相术图像也是坊间实用性极强的身体图像类型。"在此基础上，作者进一步提出："这些身体图像绝大多数来自当时的医籍，可见时人获知身体知识的主要渠道是医学。"

4.《三才图会·鸟兽卷》插图的研究。鹿忆鹿《人神共处，常异不分——〈三才图会〉对〈山海经〉的图文引用》（《民间文化论坛》2020 年第 4 期）认为《三才图会》人物与鸟兽两卷内容源自《山海经》，且强调这种引用旨在打破虚实界限"表现人神共处而华夷无别的视野，以博物的态度将日常与非常的鸟兽知识详细呈现，并附上相应的图像以供读者参照，是二元的博物知识代表"。

（三）图像学视角的《三才图会》研究

就目前的研究来看，晚明书籍插图是图像学研究中一个尤为重要的研究对象。而《三才图会》一书包含有大量的书籍插图，故有必要在此基础上加以梳理。

西方图像学是一种艺术研究方法，其发展经历了一个漫长的过程。作为“图像学”核心概念的“图像”一词起源于宗教圣像[①]，天然地与宗教信仰关联[②]。随着图像的大量积累，描述和阐释图像的方法：图像志产生。1593 年，西方图像志传统中一部里程碑式的作品诞生，即切萨雷·里帕的《图像手册》（也译为《图像学》），以手册形式归纳了西方抽象概念拟人化的形象，标志着西方人文主义寓意图像志体系的建立。1912 年，德国艺术史家阿比·瓦尔堡在罗马国际艺术史会议上发表演讲《费拉拉的斯基法诺亚宫中的意大利艺术和国际星相学》，首次提出将艺术作品置于广阔的历史场景中进行研究，这种研究图像的新方法被称为瓦尔堡方法。由此，现代意义上的图像学诞生了，而瓦尔堡本人也被认为是现代图像学的开创者。1939 年，欧文帕·诺夫斯基的《图像学研究：文艺复兴艺术中的人文主题》（戚印平、范景中译，生活·读书·新知三联书店 2011 年版）一书在纽约出版，成为明晰图像志和图像学之间关系的重要文本。在潘诺夫斯基看来，图像学是一种源于综合而非分析的解释方法。他对图像的解释包括三个层次：前图像志描述（即风格史）、图像志分析（即类型史研究）、图像学分析（一般意义的文化象征史）。在他的努力和影响下，西方图像研究实现了从图像学阶段向综合图像解释学的过渡。20 世纪 50 年代，受结构主义等理论的影响，图像学发生了转向。贡布里希开始反思图像学研究，并结合心理学与语言学研究图像，以《艺术的故事》《象征的图像》《艺术与人文科学》等论著为代表，开始了图像语言的研究历程。1994 年，W. J. T·米切尔《图像理论》（陈永国、胡文征译，北京大学出版社 2006 年版）出版，标志着西方的图像学发展到了图像理论阶段。在这一阶段，潘诺夫斯基提出的图像学被认为是传统的图像学研究，而米切尔为了与其相区别，提出了

① 韩士连、贺万里：《图像学及其在中国美术史研究中的应用问题》，《南京艺术学院学报（美术与设计版）》2011 年第 5 期。

② ［法］雷吉斯·德布雷：《图像的生与死——西方观图史》，黄迅余、黄建华译，华东师范大学出版社 2014 年版。

“超图像”和“元图像”等概念，并将图像学分为代表过去的图像学 1.0 时代、代表现在的图像学 2.0 时代、代表未来的图像学 3.0 时代三个阶段，试图从认识论和方法论方面重新解读图像学，并明确提出了图像转向的口号。1999 年，尼古拉斯·米尔佐夫《视觉文化导论》出版，一个更加广阔的图像学领域：视觉文化诞生了，而米尔佐夫也被称为视觉文化的开创者。2006 年，米切尔《图像何求：形象的生命与爱》（陈永国、高焓译，北京大学出版社 2018 年版）出版，在这本书中，他尝试将图像学与视觉文化研究相结合，这便为图像学的发展开辟了新的道路。至此，发端于西方图像志传统的图像学便沿着图像理论这条道路不断前进，不断打破图文界限，尝试走向更加广阔的历史场景和社会生活。

20 世纪 80 年代以来，随着以上图像研究方法被相继译介进入国内。更确切地说，图像学实际上最初是进入我国的美术史研究领域中，且最先引进和研究图像学理论知识的也是美术史学者。如，易英的译著《帕诺夫斯基与美术史基础》（［美］霍丽，湖南美术出版社 1992 年版）和常宁生的译著《理解视觉文化的方法》（［英］马尔科姆·巴纳德，商务印书馆 2005 年版）等。范景中是最早将西方艺术史学者及其研究成果与方法介绍到中国的学者，且首次将贡布里希《艺术的故事》（天津人民美术出版社 1998 年版）翻译介绍到国内。曹意强自 1986 年至 2006 年在《新美术》杂志上陆续发表多篇论文，介绍图像证史的理论与方法、中外艺术史学的发展以及欧美艺术史的现状与趋势①。于是，当图像学不断突破艺术的边界，走向更加广阔的历史场景时，图像证史、图像史学便诞生了，如雷德侯、巫鸿、高居翰、柯律格等艺术史家对中国绘画、图像、物品等的研究。

① 具体可参考曹意强《艺术史的视野：图像研究的理论、方法与意义》，中国美术学院出版社 2007 年版。

由于书籍插图在明代最为发展，故关于古代图像书籍的讨论对象也多集中于有明一代。20 世纪末，一些学者开始运用图像学方法研究中国古代小说插图，如美国学者何谷理《明清插图本小说阅读》（1996 年）。2003 年，三联书店结集出版了陈平原对《红楼梦》《金瓶梅》《聊斋志异》等中国古典小说绣像的研究：《看图说书——小说绣像阅读札记》。近年来，关于文学图像的专门论著以颜彦明清小说插图的研究为代表。在颜彦《中国古代四大名著插图研究》（社会科学文献出版社 2014 年版）中，她注意到了小说插图具有绘画性和文学性的双重属性。在对小说图像进行梳理的时候，她着眼于版本类型和图像系统，整体上偏重于回溯小说插图的历史源流，也有涉及图文关系的探讨，但并不多。之后的《明清叙事文学插图的图像学研究》（浙江古籍出版社 2021 年版），她便专注于明清小说插图的图像学分析。通过以上两种中西不同图像路径的探索，作者旨在以此把握明清小说插图发展的脉络，确立起古典文学插图研究的规范。

针对明代类书展开的图像学研究多集中在图文并茂的大型类书《三才图会》上。吕小川《图像证史——解读〈三才图会〉》（《泉州师范学院学报》2012 年第 1 期）一文关注到了《三才图会》一书在图像呈现上所体现出的精英文化与平民文化的非平等交流问题，认为“此书的图像与正统文人画的图式，价值，趣味相去甚远”。李承华《〈三才图会〉“图文”叙事及视觉结构》（《新美术》2012 年第 6 期）以《三才图会》为例，按照“图文观念—图文阅读—图文结构及符号转衍”的研究路径来考察图像流通中图文关系的整体模式。刘亚萍《转译与复现——论“三才图会”“图文”结构之于陶瓷研究的意义》（《陶瓷》2023 年第 4 期）则聚焦于其中陶瓷器皿的图文结构分析。唐伟明《以〈三才图会〉解析仇英〈清明上河图〉（辛丑本）》结合《三才图会》相关内容，对仇英《清明上河图》（辛丑本）进行解读，以图文关系视角切入，论证仇英《清明上河图》（辛丑本）对王圻父

子《三才图会》图谱编纂等方面的影响[1]。此外，还有邵小龙《禽兽之性与蠃虫之相——明代万宝全书诸夷门中图像与观念的互动》（《民族艺术》2017 年第 6 期）关于明代日用类书图像观念的考察。

二 《三才图会》国外研究现状

《三才图会》在海外传播范围多集中在东亚，目前所见研究，以日本、韩国为主。

在明末至清约 270 年间（即日本江户时代，1603—1868 年），大量汉籍通过船只被运到日本，这些书被称作“唐船持渡书”。《三才图会》也正是通过“唐船持渡”传入日本，并对日本图绘书籍的大量出现产生巨大影响。1712 年，日本大阪医生寺岛良安在王圻、王思义父子所编集《三才图会》的基础上，编成《和汉三才图会》，又名《倭汉三才图会》，并于次年出版，这应是《三才图会》在日本最早被研究、改编而成的著述。而《和汉三才图会》对日本文化产生的巨大影响亦不容忽视。被誉为妖怪画师的日本著名浮世绘画家鸟山石燕曾根据《和汉三才图会》中的大量素材，并结合日本民间故事，绘成日本民俗学和妖怪学研究开山之作的《百鬼夜行》系列作品，成为研究日本民俗、传统文化、艺术史的必读之作，同时也为研究中国文化对日本的影响提供了参考。此外，原田信《关于王圻的经历及〈三才图会〉编纂的意图》（《北京大学中国古文献研究中心集刊》第 9 辑，北京大学出版社 2010 年版）在介绍王圻生平及著述的基础上，对王圻编纂《三才图会》的意图进行梳理，认为王圻此举既有为己谋求学术，又有为社会谋裨益的双重目的。

韩国近年来亦有关于《三才图会》的研究成果问世。高仁德《晚

① 单国霖主编：《大明古城苏州之繁华——仇英〈清明上河图〉（辛丑本）研究论文集》，古吴轩出版社 2017 年版。

明图解百科全书〈三才图会〉的意义：图片与文字的结合》（《亚洲文化研究》2012 年第 28 卷）主要侧重于《三才图会》作者王圻图像观的意义分析，并认为该书在当时能够取得成功与王圻对图像重要性的正确认识息息相关。Ko In-duck《从〈三才图会〉到〈和汉三才图会〉：以插图认识为中心》（《中国语文论丛》2016 年第 96 卷）试图从插图入手，分析其对东亚文化的深远影响。Kim Ji-seon 的《十七世纪中国科学与〈三才图会〉（Ⅱ）》（《中国语文论丛》2017 年第 79 卷）一文，认为《三才图会》所体现的强烈科学意识对 17 世纪中国科学的发展意义深远。

三 《三才图会》研究存在的问题及拓展空间

总体上看，目前关于《三才图会》的研究，在研究程度上呈现出从早期仅作为参考资料到成为研究对象的转变，在研究主题上经历了由基本的文献学研究到艺术史研究再到图像学研究的不断细化、深入的历程。现有研究已为《三才图会》的深入推进奠定了良好基础，但亦存在一些问题。

首先，《三才图会》的文献学研究对其版式、版本、知识来源等问题均做了相当研究，但主要专注于文本本身，对文本诞生的社会环境和书籍生态鲜少涉及。作为一部大型图会类书，从类书史视域研究《三才图会》亦是一个新的探研方向。从类书角度看，《三才图会》是可列入官方史书记载中的正统类书，且书中插图远超同期类书，故对其“图”特点成因的分析是很有必要的。20 世纪 90 年代，随着新史学的兴起，一些台湾学者眼光向下，开始关注社会生活史。在此背景下，王尔敏、吴蕙芳、王正华、张哲嘉、许晖林等人开始使用日用类书进行社会生活史方面的研究。与此同时，大陆学者也开始注重日用类书的史料价值，如刘天振对明代通俗类书的研究、王振忠对明清以来徽州民间日用类书的研究等。在此情况下，作为类书的《三才图

会》很难不受以上日用类书研究的影响，但目前的研究却鲜少涉及社会生活史方面。而只有将《三才图会》置于当时的社会背景、图书发展环境中，才能真正增进对其形成过程和社会影响的深入理解。

其次，就《三才图会》艺术史研究来看，针对各个部分的专门性研究较少，且主要集中在地理、人物、身体和鸟兽四卷，其他门类如天文、衣服、器用等卷仍有很大的研究空间。中国古代书籍插图的研究，尤以明代万历以后的小说、戏曲、传奇为主，因为不论是从受市场欢迎程度看，还是从层出不穷的坊肆版本看，它们都更占优势。如若要以《三才图会》中的插图为研究议题，那么从版本学意义上对其差异进行分析意义并不大，因为与小说、戏曲、传奇图像相比，其稳定性似更为突出，故而分析其稳定性、标准性、参考性的形成似乎可以成为《三才图会》艺术史研究的一个出口。在此图文一一相对的意义上来说，《三才图会》插图才是承继中国古代“左图右史”传统的恰当例证，而其插图版式、来源演变都无不体现出中国古代书籍插图史的发展历程。

最后，近年来，受西方新文化史和图像学研究的影响，研究者们对《三才图会》展开了图像学和图像史学的研究，但在具体实践中还存在很大的深入空间。明代大量的图像文字史料表明，对当时人们图像观念的分析，不仅应包括人们对图文关系地位、图像社会功用等较为明确的看法上，还应包含当时人们如何应用图像，如何看待形形色色的图像等诸多层面上。而《三才图会》恰逢其时，它无所不包的图文内容正好为我们提供了一个观察晚明图像世界的窗口。在这个图像世界里，晚明日用类书中所展示的那种吃喝玩乐、婚丧嫁娶的画面是决计看不到的，它更多呈现的是古老的“左图右史”的图文传统以及体例严谨、天文地理无所不包的博物风貌。那么，这样的《三才图会》何以在晚明诞生或许是一个值得思考的问题。

《三才图会》在明代历史上是一部很值得注意的私纂类书，它诞生于中国古代历史上书籍文化和图像文化发展最鼎盛的晚明时代，属于图会类书，而且还是可以列入官方史书记载中的正宗类书，无论是作者身份，还是内容体例，都属于正统之列。故有必要对《三才图会》进行研究，这有助于增进我们对中国古代图像书籍的理解。

（作者系中国社会科学院大学历史学院博士生）

二 回忆文章

深切怀念杰出的马克思主义史学家林甘泉同志

安作璋

2017年10月25日得到林甘泉同志逝世的噩耗，我很悲痛。他的离世，使我失去了一位推心置腹的益友，使史学界失去了一位成就卓著、人脉众多、影响广泛、学界共仰的领军人物，实在是史学界的重大损失！

甘泉同志的大名，我在20世纪60年代就已经知晓了，因为他发表在《新建设》1963年第5期的文章《历史主义与阶级观点》和发表在同一刊物同年第10期的文章《再论历史主义与阶级观点》，在当时的历史学界引起轰动效应，使这一问题成为学界同仁关注的热点之一。当时我正在山东师范学院历史系讲授中国古代史，在拜读了这两篇文章后，也被深深地震撼和折服，曾向系里教师和学生推荐，让他们认真研读。现在看来，这两篇文章尽管也有某些缺陷和不足，但仍不失为阐释马克思主义历史唯物论，特别是历史主义与阶级观点关系的成功之作。因为当时的学术界同仁虽然已经开始学习马克思主义理论并尝试运用这一理论指导自己的教学和研究，但除少数早年就专注马列主义理论的学习和运用的学者之外，大部分人都还处在学习和运用的初级阶段，根本谈不上精通和熟练运用。甘泉同志的文章，无疑对于推动学术界，尤其是史学界深入学习马列主义理论起了积极的促进作用，功不可没！

我读了甘泉同志的文章后，很想认识这位学界新秀，向他请教，与之交流。不过，由于当时各种条件的限制，这一愿望未能实现。很快“文化大革命”爆发，我这个当时只有讲师职称的教师也一度忝列“反动学术权威”的名单，就更没有与甘泉同志相见的可能了。直到“文革”结束后的20世纪80年代初，在组织筹备成立中国秦汉史研究会的时候，我们才初次相见。那时他已年近半百，思维敏捷，精力过人。由于他在史学界众望所归的地位和出色的组织协调能力，将秦汉史教学和研究领域的老中青学者很和谐地组织在一起，极大地推动了秦汉史的研究。他被选为第一任会长，我与林剑鸣为副会长。他主持学会的6年间（1981—1986），充分发挥善于策划、办事民主的作风，乐于听取和采纳各方面的合理化建议和意见，调动各方面的积极因素，形成强固的凝聚力，将学会办得风生水起，得到广大学者的拥护。而今30多年过去，虽然秦汉史学会的领导班子不断更新，但学术为本、民主办会、提携后学、平等争鸣的宗旨和传统得以持续传承和弘扬，使这个学会薪火相传，一天比一天更加兴旺发达。

甘泉同志是新中国成立后成长起来的著名历史学家。他的专著《中国古代政治文化论稿》以及他主编和主持的《中国封建土地制度史》(第一卷)、《中国史稿》(第二、三卷)、《中国古代史分期讨论五十年》、《中国经济通史·秦汉经济卷》、《郭沫若与中国史学》、《中国历史大辞典·秦汉史卷》等，都是具有很高学术水平和影响广泛的著作。

甘泉同志在史学领域辛勤耕耘60多年，在史学理论和先秦秦汉史等诸多方面都取得了辉煌的业绩。他始终坚信并努力学习和运用马克思主义历史唯物论的理论与方法从事历史研究，即使在20世纪80年代因为批判现代迷信和思想僵化，因大量西方史学理论的引进而使一部分人对马列主义产生动摇的情况下，他仍旗帜鲜明地坚持和坚信马列主义。在《我仍然信仰唯物史观》一文中，他深情地写道：“作为一个史学工作者，我愿意多学点西方资产阶级的史学理论，弥补自己这方面的不足。但我也要说，我仍然信仰唯物史观，因为和其他史学理论比较，我认为还是它最正确。”除了论述阶级观点和历史主义的文章外，他还写了《关于史论结合问题》《论历史文明遗产的批判继承》《20 世纪的中国历史学》《新的起点：世纪之交的中国历史学》《世纪之交中国古代史研究的几个热点问题》《关于史学理论建设的几点意见》等文章，比较全面系统地阐发了唯物史观理论和方法的正确性及其在历史研究中不可替代的作用，捍卫了马列主义理论在中国史学研究中的主导地位。

在先秦史领域，甘泉同志发表了《亚细亚生产方式与中国古代社会》《中国土地私有化的具体途径》《领主制与地主制：封建生产方式的两种类型》《对西周土地关系的几点新认识——读岐山董家村出土铜器铭文》《说庶人的身份》《从出土文物看春秋战国间的社会变革》《中国封建土地所有制的形成》《古代中国社会发展的模式》《从〈左传〉看中国古代城邦的政治体制》《云梦秦简所见秦朝的封建政治文化》《中国古代的“民本”思想及其历史价值》《从百家争鸣到独尊儒术——战国至西汉前期儒家思想与封建政治的关系》等文章，比较深入地论述了中国原始社会、奴隶社会与欧洲同类社会不同的发展路径和特点，阐释了亚细亚生产方式的内涵，中国古代社会土地私有化的途径和具体过程，西周庶人的身份地位与当时的社会结构、阶级关系和政治体制以及思想文化的发轫、辉煌和转化等等一系列重要问题，建立起自己的先秦史论述体系。我认为，作为一种学术观点，这些论述在今后相当长的时间内仍然具有一定的启示意义。

秦汉史是甘泉同志用功最勤、着力最重、取得成就最多的领域，他的专著、论文和主编的多种论著，超过三分之二的分量是秦汉史，这些专著和论文建立起了他的秦汉史的体系。他认定，秦汉时期的中国，政治制度是代表地主阶级的专制主义中央集权；经济基础是地主制的封建生产方式，主要是地主土地所有制；阶级基础是地主阶级与农民阶级的对立；思想文化是形式上的儒学独尊、实际上的儒法互补的主流意识形态。从马克思主义经济基础决定上层建筑的原理出发，甘泉同志特别重视秦汉社会经济基础的研究。他在《秦汉封建专制主义的经济基础》这篇重要文章中，批驳了封建专制主义的经济基础是个体小农经济或封建土地国有制的观点，全面论述了地主制的封建生产方式何以成为封建专制主义的经济基础的根本原因。进而从上层建筑为经济基础服务的原理出发，论述了专制主义中央集权的上层建筑是最适合为地主制的封建经济基础服务的政治形式。

> 首先，封建专制主义中央集权国家为地主土地所有制的充分发展创造了必要的条件。……
>
> 其次，封建专制主义中央集权国家在政治上为地主阶级开辟了广阔的仕途。……
>
> 再次，封建专制主义中央集权国家为地主阶级对农民阶级的超经济强制提供了可靠的保证。

这就从经济基础和上层建筑的辩证互动中将中国封建社会经济基础和上层建筑的关系讲清楚了。

在《中国封建土地所有制的形成》一文中，甘泉同志探索了中国封建土地所有制的形成途径、进程和自身特点：“在古代希腊和罗马，紧跟着私有权的脚步而来的，是奴隶劳动‘成了整个社会的上层建筑赖以建立的基础’；而在我国，土地私有权的确立却构成了由奴隶社会向封建社会过渡的一个重要标志。”在《秦汉的自然经济与商品经济》一文中，甘泉同志着重论述了中国封建社会的经济特点及其与欧洲封建社会的区别。他认为，中国古代社会自然经济的本质特征“男耕女织”不是完全的自给自足，而是自给性生产占主导地位，但还必须与市场进行部分生产与生活用品的交换。不仅小农经济生活必须与市场发生联系，就是大土地所有者的自然经济也必须与市场发生联系，社会群体与个体的经济活动和个体家庭的生活才能正常进行。这样一来，就给民间手工业和官府手工业的商品生产创造了必要的前提。所以自秦汉开始的中国封建社会，由于“农业中从事自给性生产的经济单位（一家一户的小农经济以及一部分租佃制的地主经济）占绝大多数，这就决定了自然经济在整个社会的经济生活中占有统治地位。只不过这种自然经济不但不排斥商品经济，反而是和商品经济结为一体”。这种观点是基本符合中国封建社会实际的。甘泉同志主持编写的《中国史稿》第二册，全面系统地论述了秦汉时期的历史，其中对专制主义中央集权的政治制度、以地主土地私有制为基础的经济制度和生产方式以及以经学为形式的儒家思想为主导的主流意识形态，都进行了深入明晰的诠释，概括了他对秦汉史的基本认识和主要观点。这些观点已经在很多大学历史系的教科书中得到体现，说明甘泉同志的基本观点在很大程度上成为史学界的共识。

甘泉同志虽然去世了，但他一生对马列主义历史唯物论的坚定信仰，在史学上创造的业绩，他以论著形式留下的那些学术精品，将永远为史学后辈所铭记。

2018 年 4 月 12 日

（作者系山东师范大学教授）

附图

秦汉史学会第二届年会时，在四川乐山与
林甘泉、朱绍侯教授合影（1984.4）

郑州大学博士论文答辩会上，与林甘泉、张岂之等教授合影（2000）

郑州大学博士论文答辩会期间与林甘泉同志在邙山合影（2000）

我和林甘泉先生的学术友谊

刘家和

我与林甘泉先生是同代人，比他大三岁。改革开放前，我们接触很少，因为所从事的专业不同，他是中国史的，我是世界史的。中国史有很多会，中国古史分期、农民战争等问题，我是不会参加的。同样，世界史的会，他也不会参加。不过，我自己学习西方史里也有东方史，如印度、波斯。我们虽然不见面，但相互知道。

我和林甘泉先生之间有很多相同的地方。第一，林先生学习马克思主义著作，我也很努力学习马克思主义著作。第二，他研究社会经济问题，我也研究社会经济问题。第三，他是搞中国史的，搞社会分期问题，实际是以外国希腊罗马为典型来比较研究的。我研究外国，实际上也是与中国比较起来说的。我搞黑劳士制度，正是因为古史分期问题，郭沫若他们讨论到了黑劳士，我也是借用了他们的翻译。第四，都涉及古代东方问题，也就是亚细亚生产方式问题。它是什么？我们搞世界史，遇到这个问题。当时向苏联学习，说它已经不是原始社会了，是东方社会。主要讲三条：私有制不发达，公社残余很严重；奴隶制不发达，处于家内奴隶制；专制君主制。我遇到这个问题，他也遇到这个问题。当时我在东北师大进修，苏联专家也这么讲。那时候学习苏联，不敢提问题。有一天我送林志纯先生回家，问他：古代东方是农村公社，但看不到材料啊！农村公社就是不发达的，就是君主专制？早期是这样吗？林老先生说，我们现在学习苏联，是通过苏

联学习马克思主义，我现在正在研究马克思主义经典著作。跟着他就翻译了《前资本主义生产形态》。然后老先生继续研究。林老先生最早也是学苏联，后来改了，改革开放后在《历史研究》发表了《亚细亚生产方式——不成其为问题的问题》（1980年第2期）。林老先生批判魏特夫的东方专制主义，我当然也反对东方专制主义的说法。其实，林甘泉先生在历史所做的也是这个。主要的问题是，中国社会长期停滞，所以必须说出个理由来，奴隶社会，封建社会，总得有个发展。他们研究日本人的观点，像老一辈马克思主义史学家吕振羽。林甘泉先生2000年在《史学史研究》（第4期）上发表过一篇文章，里面谈到二三十年代大革命失败以后中国社会性质问题的讨论。吕振羽、李达他们都是日本留学生，吕振羽是李达的学生，他们对日本的东西很熟。那个时候，我也看过那些书。我们虽然做的是一样的东西，但没有交流。

很奇怪的一个事情是，我们的结缘源于一篇文章。70年代末，白先生让我到史学所，我就在中国通史研究室做比较研究，就成了搞中国史的了。1981年，在天津开亚细亚生产方式讨论会，我就写了《〈书·梓材〉人历、人宥试释》这篇文章。这篇文章写得非常怪，讨论亚细亚生产方式问题，我根本没有回答这个问题。表面上这是中国的经学与小学考据文章，又是历史考据问题，讲了许多文字音韵训诂问题，大家看不懂。但参会时，甘泉看懂了。他说，老刘，你不是搞世界史的吗？你是苏联留学的吗？我说我不是苏联留学，就是跟苏联专家进修过。他说，你这篇文章我要了，你给我，我发在《中国史研究》上，你同不同意，我劝你同意。我说好，当然同意。我们两人就汇聚到这一点上了。

这篇文章是讲古代社会的问题，讲社会结构，人历、人宥实际上里面还有贵族的结构。底下呢，就是国人、野人这个问题。我讲的是，还带有城邦的特色，君主对人历、人宥都应该关注，但是两个等级是不同的。这个文章写得很晦涩，别人看不懂。可是，林甘泉懂啊！他看出来了，我实际是在用中国的事实来驳这个亚细亚方式的存在。我为什么搞印度、搞土地关系？也是农村公社问题。搞印度研究，证明农村公社绝不是像经典所说的那样。实际情况很复杂，有公有，也有私有。我要用白乌鸦证伪他们说的天下乌鸦一般黑。在这个问题上，他有三个方面的能力使我吃惊。第一，他有兴趣了解这个，说明他中国史的底子是很专业的，能看出来，不平凡，让我钦佩；第二，他非常敏锐，我根本没说亚细亚生产方式，我觉得过去讨论这个问题，根本讨论不出来，因为没有结合事实。我拿事实说话。这一点我们两个人一样。第三个就是，原来我的第一篇中国史的文章是他给我发表的。把我引入中国史学界的有两个人，一是白先生，他让我从事中国通史研究，参加《中国通史》的编纂工作；第二个就是林甘泉先生，是他发表了我第一篇有些分量的中国史论文。从那以后我们就有了密切沟通，成了讨论学术的好朋友。

后来我们在社科基金一起十几年，每年都会在一起，讨论问题，都很融洽。但是，毕竟他是搞中国史的，需要解决这个问题。我呢，没有参加这个问题的讨论。我看他2000年写的关于吕振羽的文章，我觉得他已经写得很明白了。他讲苏联有问题，也把亚细亚生产方式说透了。我在2009年写了《关于历史发展的连续性与统一性问题——对黑格尔曲解中国历史特点的驳论》(《北京师范大学学报》2009年第1期)，也谈到了这个问题。我找到了这个看法的根源不是魏特夫，林先生讲的是魏特夫。甘泉在讲这个问题的时候，有一个非常重要的观点。他说，把东方看成从古到今不变的，马克思、恩格斯就是这个看法。马克思有两篇文章，第一篇叫《不列颠在印度的统治》，第二篇叫《不列颠在印度统治的未来》。里面谈到，印度的农村公社稳定极了，根本改变不了。英国到印度来，把它的农村公社给破掉了，使得它有可能进步，进入资本主义。甘泉指出，马恩的资料来自西方的传教士、商人、旅行家，他们本人并没有到过印度，所以材料本身并不可靠。日本的马克思主义者秋泽修二借机发挥说，中国与印度一样，只有日本把中国灭亡了，才能前进。这不是完全成了帝国主义的工具了吗？吕振羽先生就严厉批判了秋泽修二的帝国主义论断。我进一步指出，马克思实际是受了黑格尔的影响。黑格尔不是讲，中国的历史就是非历史的历史，中国的统一就是抽象的统一吗？我一直要解决这个问题，文章写出来也送给他了。中国并非是静止不动的，有不同的阶段、不同的周期，后一个阶段或周期是对前一个阶段或周期的否定。林甘泉先生研究中国历史的分期问题，证明中国经历了奴隶制、封建制、半封建半殖民社会，也是要指出后一个阶段就是对前一个阶段的否定，说明中国的历史是有发展的，是在不断的否定之否定中前进的。我的比较研究，如我主编的《中西古代历史、史学与理论比较研究》（北京师范大学出版社 2013 年版），以及我与刘林海教授合作的《3—6 世纪中西历史及文明发展比较研究》（《北京师范大学学报》2019 年第 5 期），也是异曲同工。我们的友谊在这个问题上交叉起来了。我们成为好朋友，我进入了中国史学界，成了“两栖动物”了。我们很默契，我与历史所的关系也很好，经常去参加他们的活动。

我和林甘泉先生所做的，就是要维护中国历史的尊严，守护中国历史的合法性，在世界上的合理性、合法性。在这一点上，我们是殊途同归，也是我们友谊的节点之所在。

（本文是“求真务实——林甘泉史学研究理论与方法座谈会”发言稿，作者系北京师范大学历史学院资深教授）

追忆林甘泉同志*

金冲及

今天开林甘泉的纪念会，叫我这样一个老先生讲几句就行，但我心里面总觉得不但应该来，想说的话也有不少，我就多说几点。

第一，我跟他可以说是一代人，我们的经历也非常地接近，所以跟他有一种特殊的感情。我是1930年出生的，他是1931年出生，我们都是在国民党的统治之下进大学的，我进的是复旦大学，他进的是厦门大学。入党的时间，他比我早一年，是在那么复杂的一个环境下，又是非常热爱自己的专业，但是当时条件不允许，我们是在解放以后才全力投入历史研究的。那么以后我们的工作里面，在一起的时间也不少，包括史学界的活动，还有政协的活动，郭沫若中国历史学奖每一次的评奖会，从第一届开始都有我们。我们现在在一起的照片还不少，所以这么一种情况下，我感到今天不能不来，应该来说几句。

第二，在这里，介绍林甘泉先生生平的时候有两句非常重的话，一句是"林甘泉先生是当代中国最著名的历史学家之一"，还有一句是"林甘泉先生是当代中国最具代表性的和影响力的马克思主义史学家之一"，这两句都是非常重的话，但我想这几句话，对他来说是当之无愧的。我跟他相处年头长，我觉得现在在座的有些年轻的同志未必能够了解，因为他在史学界，特别是解放以后马克思主义史学界产

* 本文为作者在林甘泉先生追思会上的发言，根据录音整理，标题为编者所拟。

生的影响以及他所作出的贡献，肯定应该还更大一点。我们因为相处几十年了，所以我说影响就很深。

其实我们见面的时间很晚，是到 60 年代初才见面的。这一点的话，我想现在的同志恐怕不大容易想象。因为当时有两个情况，那个时候全国史学界一起开会是极少极少的，我长期在复旦大学教书，而且跟史学界是有往来的。但是在“文革”前，也可以说在改革开放以前，我们参加的全国性的学术讨论会一共只有过两次，一次是 1961 年在武汉开辛亥革命的学术讨论会，一次是 1964 年在北京开中国近代史座谈会，除此以外，我一次也没有开过。所以跟现在会是一个接一个，有的人可以排队，去了以后，从这个城市到那个城市不停，那时候是见不着的。

关于刊物，我记得“文革”前史学的专门刊，现在想起来只有三个，一个是《历史研究》，另外两个是很薄的，一个是天津的《历史教学》，一个是河南的《新史学》。所以那个时候不如我们今天史学界那么繁荣，大家现在是习以为常了，或者觉得没什么，那个时候要见一次面，那都是大事情了。另外人家谁发表了什么文章，非常注意，所以当年，我记得是 60 年代初，甘泉同志跟另一位同志关于马克思主义的历史主义展开了一次热烈的辩论，都是写了很长的文章，他们也都是很熟悉的很好的朋友，但是在这些问题上面，大家没有什么客气的，都是说理的，谁也没有“打棍子”。

“文革”结束了以后，人民出版社想编一部新的中国通史，推荐了三个人，一个就是林甘泉，可见他当时就是最有影响力的马克思主义的历史学家之一。所以在历史学界，比如说提到谁是中国史学会的主席团委员，因为这一大堆的委员里面就是那么一个，可能也不是很引起注意，因为大概主持会议的时候，哪次大会请他在台上坐一坐这个就叫主席团委员了，但事实上不是。中国史学会是社会科学方面最早成立的学会，1949 年成立，原来的会长是郭沫若，后来乔木同志要求开史学会第二届代表大会，就想选谁当会长。那个时候会长，好像谁都没有敢想跟郭老平起平坐。我记得那次会议很多老同志都出现了，他们年岁也很大了，不能胜任。那个时候史学会会长推不出来，我们成立一个5个人的主席团轮流当主席，实际上就是等于起了一个全国史学会的领导工作的作用。

这个人选完全是史学界的代表人物推选的，投票选举出来的，不是说预先有什么指定。我印象特别深的是什么？当时大家在会场里面投票，所有的人都走完了以后，夏鼐同志望着那个名单还在那里考虑，最后5分钟，他最后才写下哪几个人的票，可见当时对这个是非常看重的。

第二届的时候，主席团委员是5位，郑天挺先生、周谷城先生、白寿彝先生、刘大年先生、邓广铭先生，他们五位合起来成为主席团委员，主持工作。然后到第三届投票的时候，当时说应该要有一些中生代的人，不能光是年岁大的，所以当时从中青代的就推了两个，一个是戴逸同志，第二个是林甘泉同志。我们当常务理事之类的，主席团中青年人就是他们，在这个投票基础上投出来的，所以我说是最有影响、最受到重视的，那就是马克思主义史学工作者那一代，我说这句话一点都不是虚说的，是大家公认的，是这样子产生出来的。

第三，因为他跟我还是很好的，虽然他搞古代史，我搞近现代史，但是来往还确实挺多，因为共同性的活动还是很多，所以他的《孔子与20世纪中国》，这一本书我拿来一看，说实在的，我都大吃一惊，为什么？这本书里面涉及的主题是从戊戌变法时候讲到改革开放，而且这些时期对孔夫子用的评价都是大起大落，要么就是打倒孔家店、孔老二什么的。在这么一个情况下，始终都能够很冷静的，就是实事求是地来写，这也可以说历史主义的东西，放在历史的各个时期历史的环境里边，哪些是对的，哪些是不对的，怎么取其精华，去其糟粕，我觉得这个实在不容易。而且我看绝大多数内容，他虽然叫主编，我想也能看出关于林甘泉先生的风格，这是他做的，另外他在后记中也交代了一下，还有哪两位同志曾经帮助他写过一些什么，但绝大部分都是他写的，他其实一直做主编才做的事。

我觉得他是搞古代史的，花了那么多年写这一本书，这本书实际上是很重要的。实际孔夫子对近代中国的这种思想也好，政治也好，都产生巨大的影响，又是复杂的影响，要写好这么一本书真不容易，所以我觉得这本书写得是比较客观的，具体问题具体分析，而且有充分的材料。这一点我都感到惭愧，这种书应该是我们近代史学界写的，我们近代史学界没有人写出这种书。也难怪，说实在的，尤其到今天，我们大多数人对孔夫子的研究大概只有一点尝试，并没有深刻理解。

他其实去世前两三个月，给我打了一个很长的电话，今天讲出来，我不知道他那时的身体情况，他就讲当前史学界的情况，讲到一些敏感的问题，讲他的意见，确实是他的看法，我是很赞成他的看法的。好像没有太久，他就去世了。我们的老师辈已经完全没有了，而他代表着我们这一代的中国史学界，现在要找这样的人不容易。

我就不多说了，今天就说这么几句，谢谢大家。

（作者系原中共中央文献研究室研究员）

忆甘泉

胡一雅

我和林甘泉先生是 1957 年春天，在东四头条一号相识的。当时我是刚来历史研究所第二所的研究生。他来得比我早，是 1954 年就随尹达一起，从中国人民大学研究部，调到中国科学院做历史研究所第一所的筹建工作。这时已经是助理研究员，分担起一些独当一面的事情了。

那时历史研究所分为三个所，第一所所长郭沫若，副所长尹达，学术秘书杨向奎；第二所所长陈垣，副所长向达、侯外庐、熊德基，学术秘书阴法鲁；第三所所长范文澜、副所长刘大年，学术秘书刘桂五。

三所建所较早，和考古所一起，设在东厂胡同一座大院里。一、二所还在筹建，暂住东四头条一号的几排平房里，那儿清时是九爷府的马厩，有小门与九爷府大院相通，大院的东隅，有一座小四合院，环境清幽，也归一所、二所使用。

同在九爷府大院办公的，还有中国科学院的综合考察委员会、土壤大队、情报研究所等单位，共有好几百人，大家都在一个大食堂里吃饭，一个大礼堂开会和跳舞。

那时正值周总理号召向科学进军，科学界制定十二年科学发展远景规划之后，大家都热情响应，组织起来制定组室的、个人的规划。

个人的“红专”规划，要求具体，比如如何红透专深，如何锻炼身体，以保证为人民事业健康地工作多少年。讨论时确实都真心实意，尽管保证的年限长短不一。

比起同龄人来，林甘泉成家较早，爱人黄兆群，广东人，能做出我很喜欢的菜。甘泉呢，在家务活上很不在行，记得有一年春节，他约请一些单身者到他家做客，黄兆群忙里忙外，他也出手，拿出面粉和面，为包饺子做点准备。谁知看来容易做时难，怎么加水加面总揉不成团，又不好问人，那时，孩提时的林征摇摇摆摆走了过来，很想帮忙，谁知父亲几次阻拦不成，竟老羞成怒，举起手来："再动，我打你！"孩子毫无惧色，满脸稚气地指着那高抬的手："爸爸，你的手好脏呀！"大家一看，哄堂大笑，那手上水滴和面团纷纷洒落。

大约是快搞"大跃进"了，开会讨论第一所、第二所合并成为历史研究所，与会者彼此相望笑了笑，本就没有多少议题要讨论，两所的筹备是合作进行的，没有分家，何谈合并，写报告请上级批准就是。挂在东四头条一号中国科学院历史研究所第一所和中国科学院历史研究所第二所两块木牌摘下了，后来建国门内贡院二号楼前牌子是"中国科学院历史研究所"。

大约是在讨论两所合并的同时，上边指示历史研究所和经济研究所要到乡村去，做社会调查，滚一身泥巴，于是经济所的孙冶方、董谦、王绍飞；历史所熊德基、林甘泉、胡一雅便分别成立小组，边选拣人员，边联合踩点定点，先是选在丰润县的山区，与农民一起实行"三同"，参加"大跃进"时田间劳动，听老人讲八路军老三团抗击日寇的故事。

大约一月，孙冶方同志驱车相邀，说要重新选点。我们便一同沿冀东走廊查看，选定了昌黎，历史所在城关公社，经济所在韩城公社，两地相距不远，甘泉和我有时也去韩城，经济所有许多人我们原来就很熟悉。外地相聚，分外高兴，喜欢在一起谈天笑闹，说童年，讲初恋，说自己经历过听到过的稀奇事情，有时也谈到思想和政治。记得有一回看完电影《江姐》，谈反动派动用各样酷刑，一位同志感慨地说："到时候我们自己经得住经不住，怕也难说。"在场人听了有片时沉默，甘泉大声笑起说道："现在难说，那时不就好说了吧。"事过多年，我还能记起他那句脱口而出的笑语。

这回昌黎蹲点，历史所编写了昌黎县史初稿，后来束之高阁，无声无息。经济所写出生产队和大食堂的调查报告，掀起了风波，孙冶方、董谦、王绍飞遭到了批判。

1959年，历史所已经从东四头条一号搬进贡院。

一天，甘泉通知我开会，到场的还有刘重日、张一中和近代史所王仲、喻松青。熟人相见，彼此相看，喻松青聪明过人，快人快语，笑着嚷了起来："啊，我说开什么会呢，你，代表尹达，你，代表侯外庐，你，代表刘大年，你，代表编辑部，我代表黎澍。"她遍指诸人之后，也指了一下自己。甘泉笑着传达上边的安排，不出喻女先生之所料，为了展现新中国的成就，各地各界都要向十年大庆献礼，轮到史学界，便产生了"斧打凿，凿入木"的效应。史学界前辈们接上边任务，要甘泉带我们干活了。于是大家便分途抱来报刊书籍，查找史学讯息成果。那十年，思想改造、院校调整、三大改造、抗美援朝，运动接着运动，学术成果真不容易，忙了些时，找不出头绪，后来，半是工作，半是议论说笑，末了各人便写了一纸交差，有的还打趣儿说，谁叫你是头儿，头儿就得领头干！最后是甘泉执笔写出了文章刊出。

年轻的日子总过得快，一天天，一年年，开会散会，散会开会，下放回城，回城下放，我们都从青年到了壮年和老年，在一起谈笑比以前少些了，而隔一段时间，我们总喜欢在一起谈谈，谈各自所见所闻，所得所获，说某人的文章或讲演有新意，某人书房的座右铭写得有味。有一次他从外地回来，一见面就告诉我，陈高华很有才气，他代表与会者写了封给台湾史学界的信，又有感情，又有文采。我有次从外地回来，也一见面就说起和老友张岂之的对话，我笑问岂之："你这位当年会写激情诗句，手无缚鸡之能的书生，做起校长，听说干得不错，有何高招？"岂之苦笑了下，认真地说："费尽了精力，高招？老老实实，真诚耐心地对人对事，一天下来，精疲力竭。回到家里，刚想休息休息，砰砰，敲门了，进来的是熟悉的或半熟悉的和不很熟悉的客人，往往是说评职称、分房子一类的事，你得打起精神耐心地听，听完后要作些说明、交流和劝慰，迎来送走还得注意礼节，要耐心啊，耐心！”说至此，甘泉感慨地说：“岂之做得好，我没有做到。一天下班回家，身体不适，有位多年同在一起的朋友进门，想谈住房的事，我说今天太晚了，明天再谈好吗？朋友说，我再也不会找你说话了。我后悔，来不及了。”

又过了些年，他离开了所长职位，到贡院的次数少了，见面时多谈的是朋友们和自己的健康，手头在做什么事，想做什么事。也有说笑，说得不是那么有趣，笑得也不如从前自在。再到后来，他的健康状况越来越差，面容消瘦憔悴，说自己有各种各样的病。渐渐地我们只好用电话交谈了。

2017 年的秋天，他病重了，约好我去他家，我午后两点多钟到达，想坐谈半小时后离开，他坚持要我留下说话，一留，再留，到晚上八点多钟，才让林征到街头拦出租车送我回家。

这次长谈主要是由他叙说，我们采取了往日习惯，案前并坐，摆好纸笔，边谈边写边画，范围广泛，国事、家事、个人的事，中心常围绕着几十年来追求的出成果、出人才的事业，谈我们想过、说过、策划过，做成和没有做成的事情，惋惜我们自己走过了太多的弯路，欣喜同伴中和后继者做出的成绩。最后他笑了笑说：“大家有成就，我们有成就感。”

此后不久，甘泉离世了，言犹在耳，意犹未尽，诗以咏之：

史学新探费揣摩，开门办所意如何。
工农兵驻文林苑，脱胎换骨九阿哥。
山中涧接蜜蜂涧，栾水河又浉水河。
欣逢改革新时代，济济英才后继多。

（作者系中国社会科学院古代史研究所研究员）

怀念甘泉同志

熊铁基

甘泉同志比我年长两岁，但从开始到最后，无论书信或口头，我始终称他为甘泉同志，既亲切又尊敬。之所以如此，是他的人格魅力。我们相交有四十年的历史。交往中也有一些愉悦的时候，例如 1984 年在成都开第二届秦汉史年会，理事们早到两天，去峨眉山的路上朱绍侯、高敏两先生竞走，甘泉和我当裁判，一路上欢声笑语，其乐融融。早年的交往，没有电话，交通也不易，书信是一种主要的方式。前些时我清理出甘泉给我的七八封信，睹物思人，引起了不少的回忆。我想把这几封信印出来，更是一个很好的纪念。让事实说话，比一般的很难准确的回忆要可靠得多。

读到这些信，使我再一次感受到他的人品：认真负责，谦虚谨慎。

秦汉史研究会是国内成立最早、影响最大、运行最好的学会之一。他被推举为第一、第二两届会长，是众望所归。1996 年在秦汉史研究会略有波动的情况下，在广州开第六届年会，我曾希望他参加并发表讲话。他始终是秦汉史学界同仁所尊敬的人物之一。但在担任会长一事上，他有两封信中表明过态度：

这次成都开会（按：1978 年全国社会科学规划会），我在家留守，没有去。同志们回来说，会上酝酿成立秦汉史研究会。这是一件好事，我辈都应当积极支持。但听说推举我为负责人之一，

这就有些难为情了。你的来信谈到什么“部下”问题，更不敢当。(5月13日)

秦汉史研究会的事，剑鸣同志来信，建议秋天开成立会。本来陈直先生牵头，剑鸣他们做具体工作，是很合适的。陈先生不幸去世，剑鸣很客气，要我多管。但我是力不从心，实在为难。我在给他的信中建议，将来不要搞什么会长、理事长之类的头衔，可设几名理事，轮流当召集人。常务理事（或叫秘书长也可以）就由剑鸣来担任，因为西大得地利，他们为秦汉史研究会的成立已经做了许多工作，以西大为联络点是最合适的。成立会不要流于形式，最好事先准备论文，在会上就秦汉史的一些问题认真讨论一下。(81年5月1日)

[按：秦汉史研究会筹备组由原来成都会上推选的是：陈直、林甘泉、林剑鸣、周乾溁、朱绍侯等五位。后来他们开过一次会，决定邀请安作璋、张荣芳、熊铁基参加。成立会时的理事也不过十来个人，考虑到地区增加了东北的柳春藩和四川的周九香（第二届会准备在成都开）等。成都年会上，增加了林剑鸣、张传玺两位副会长。第三届年会在芜湖召开，在甘泉同志坚辞之下由林剑鸣出任会长，理事早已增加不少，剑鸣一口气提出几个副会长，有黄今言、王云度、熊铁基……等等。]

我认为，甘泉同志的态度，不是一般的客套，而是发自内心的好想法，与后来有些学会“争名”“夺利”大不相同。

甘泉同志的谦虚精神还表现在：

给《秦汉史论丛》的文章，我是遵命赶出来，但因时间仓促，言不及意。请你们按一般审稿原则和标准处理，不要碍于面子而有所照顾。能用就用，不能用等我回来退给我，决无关系的。如有不当之处，请即斧正。如果可发，或许明年我回来后还可在

清样上作斟酌。(1981 年 11 月 22 日)

一般客套，恐怕不用这样详细交代。

来信收到，大作拜读，我觉得写的不错，已转给《中国史研究》编辑部，如何处理，由编辑部直接与你联系。

王瑞明同志的稿子已转到《中国史研究》编辑部，顺告。(1979 年 5 月 13 日)

虽然是私人来往信件，有几封信中涉及工作问题，足见甘泉同志的认真负责精神。

我常和所中同志谈，地方的同志认准一个目标，发奋努力，又没有太多干扰，持之以恒，几年以后可以看到显著成绩。不像我们单位，名不副实，干扰太多，拿不出像样的东西来。就拿我所秦汉史研究室来说，也不过五六条枪，我又因所内杂务多，事实上管室内事情很少，加以水平有限，是很难做出什么成绩的。……

这是太谦虚了，事实上李祖德、谢桂华、田人隆等许多同志工作和科研都是很有成绩的。

寒冰同志回所后，谈到地方同志要求历史所在资料方面予以协助的问题。论理，历史所是应该给地方的兄弟单位一些帮助。但我们这里人力确实有限……比较切实可行的，是你们就某一项具体任务或某一个具体问题，在地方找资料有困难的，可以来信，我们尽量帮你们解决，或者提出一些意见仅供参考。关于国外动态，目前我们那个内部刊物所能做的工作还很少，今后准备逐步加强。

还有两封信具体谈到资料复印问题，当时复印机少，复印纸“不易买”，在条件艰苦的情况下，他尽量设法解决或出主意。

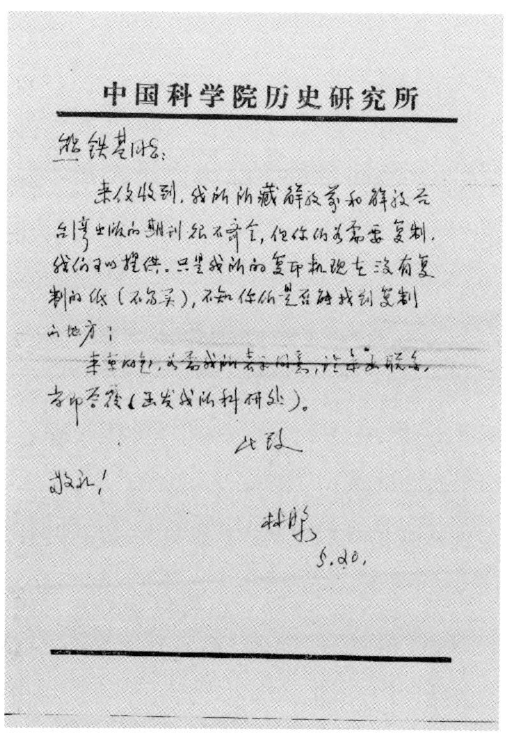

中国科学院历史研究所

熊铁基同志：

来信收到。我所所藏解放前和解放后台湾出版的期刊缺不齐全，但你们如需要复制，我们可以提供。只是我所的复印机现在没有复制的纸（不易买），不知你们是否能找到复制的地方？

寄印签发（函发我所科研处）。

此致

敬礼！

林甘泉

5.20.

图 1

工作上的另一件大事，就是主持《中国历史大辞典》秦汉史分册的编写，他精心策划，多方联络，亲自写信和吴荣曾、宁可、吴树平、安作璋等人和我反复联络。

兹有一事相商：《中国历史大辞典》秦汉史分册本来与战国史合在一起，由王玉哲先生和林剑鸣同志负责，后来决定分开。郑天挺先生（辞典总编）让我和田余庆、林剑鸣负责秦汉史分册。此事我本来没有参加，因为实在分不出身来，但后来还是推不掉。我和剑鸣商量，想请你参加秦汉史分册的编委，还希望你们那里能抽出点力量为辞典撰写条文。其他编委初步考虑想约吴荣曾、宁可、吴树平、安作璋等同志参加。此事尚请鼎力协助，如何，盼复我一信。(6 月 3 日)

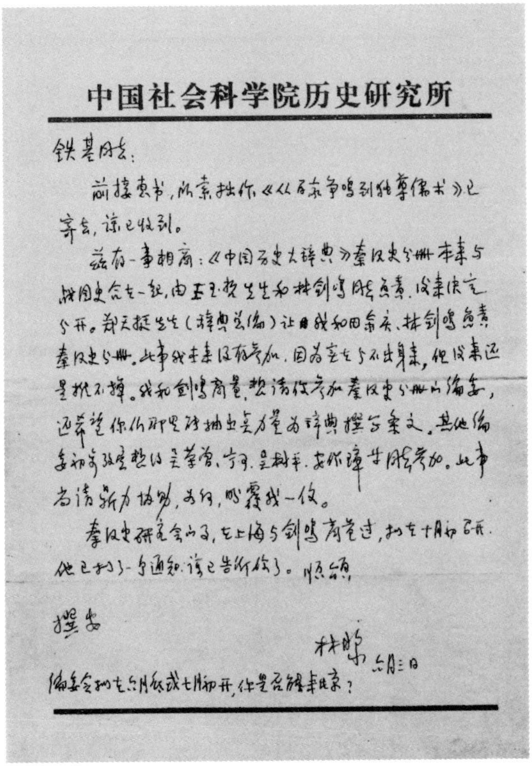

中国社会科学院历史研究所

铁基同志：

前接来书，所索拙作《从百家争鸣到独尊儒术》已寄去，谅已收到。

兹有一事相商：《中国历史大辞典》秦汉史分册本来与战国史合在一起，由杨宽先生和林剑鸣同志负责，后来决定分开。郑天挺先生（辞典总编）让我和田余庆、林剑鸣负责秦汉史分册。此事我本来没有参加，因为实在分不出身来，但后来还是推不掉。我和剑鸣商量，想请你参加秦汉史分册的编委，还希望你们那里能抽出点力量为辞典撰写条文。其他编委初步考虑想约吴荣曾、宁可、吴树平、安作璋等同志参加。此事尚请鼎力协助，如何，盼复我一信。

秦汉史研究会的事，在上海与剑鸣商量过，拟在十月初召开。他已打了一个通知，谅已告诉你了。顺颂

撰安

林甘泉 六月三日

编委会拟在六月底或七月初开，你是否能来北京？

图 2

作为朋友，私人的请托，他也是认真对待的：

来信中谈到在我处见到日本学者所著军事制度史一书事，我这里只有一本阿南惟敬的《清初军事史论考》，并无秦汉军事史的书，不知是否指此书？如果是要此书的目录，当复制寄去，请来信示知。

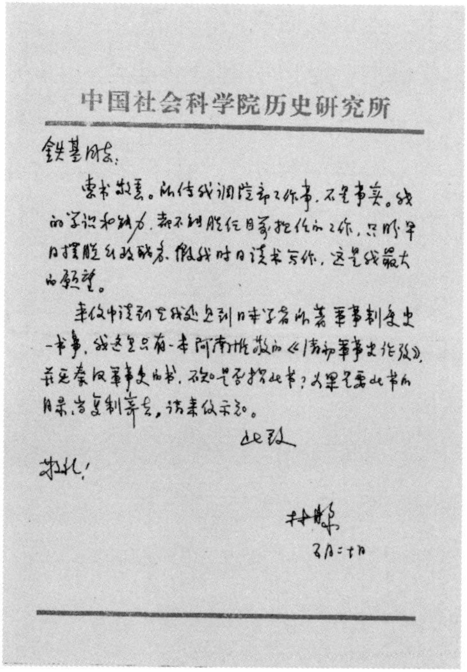

中国社会科学院历史研究所

铁基同志：

　　来书敬悉。所传我调院部工作事，不是事实。我的学识和能力，都不能胜任目前担任的工作，只盼早日摆脱行政职务，使我时日读书写作，这是我最大的愿望。

　　来信中谈到您我还见到日本学者所著军事制度史一书事，我这里只有一本阿南惟敬的《清初军事史论考》，并无秦汉军事史的书，不知您是否指此书？如果您要此书的目录，当复制寄去，请来信示知。

此致

敬礼！

林甘泉

3月二十日

图 3

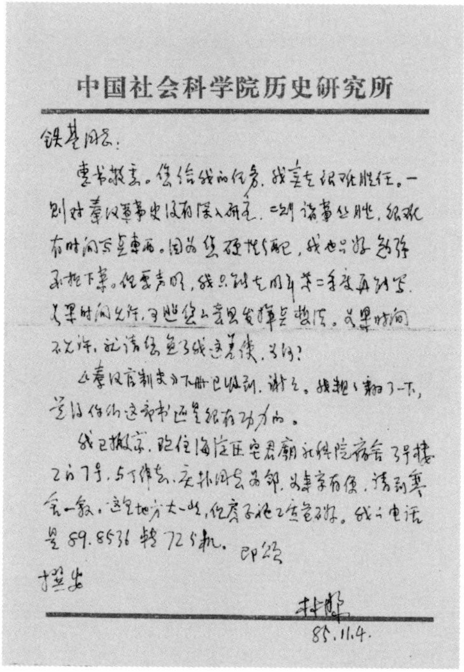

中国社会科学院历史研究所

铁基同志：

　　来书敬悉。您给我的任务，我实在很难胜任。一则对秦汉军事史没有深入研究，二则诸事丛脞，很难有时间写点东西。因为您硬推给我，我也只好勉强承担下来。但要声明，我只能在明年第二季度再动笔。如果时间允许，可照您的意思发挥点想法。如果时间不允许，就请您免了我这差使，可行？

　　《秦汉官制史》下册已收到，谢谢。我粗粗翻了一下，觉得你们这部书还是很有功力的。

　　我已搬家，现住海淀区皂君庙社科院宿舍3号楼2门7号，与作家、文联同志为邻。如来京有便，请到寒舍一叙。这里地方大一些，但离工作地点也不好。我的电话是89.8536转725机。即颂

撰安

林甘泉

85.11.4.

图 4

还有其他要求，他也及时满足。

仅举以上一些事例，足以引起许多思念。信件当不止这几封，交往也不算少，后来有了电话，那就方便多了。前两年还通过电话的，有两次我去北京，也曾登门拜访。“君子之交淡如水”，这句话不知该如何理解。我们之间的交往，在我的印象中是深刻的。

2018 年 5 月 1 日

（作者系华中师范大学历史文化学院教授）

林甘泉先生的学术成就与治学风范（提纲）

黄今言

林甘泉先生是当代著名的马克思主义史学家，德高望重，史林楷模。他博学精思，视野开阔，治学勤谨，成果丰硕。出版著作有《中国史稿》（二、三卷）、《中国封建土地制度史》（一）、《中国经济通史·秦汉卷》（主编）、《中国古代政治文化论稿》、《林甘泉文集》，《孔子与20世纪中国》等11部。在《历史研究》《中国史研究》等刊物发表论文近百篇。论著深受学界好评，在海内外有重大影响。

林先生的学术成就，体现在多个方面，其突出的是：（一）经济史方面，对秦汉时的国家农业政策，土地所有制形式，自然经济与商品经济，社会各阶级的家产、经济地位与消费等有开创性研究；（二）政治史方面，对中国古代的社会形态及其发展模式，政治体制，中央集权，国家分裂与统一，民间社区与民间组织等提出了许多创新的观点；（三）思想文化方面，对中国古代的“民本”思想，孔子学说，从百家争鸣到独尊儒术的演变，传统文化等做了很多有深度又厚重而精彩的论述。此外，史学理论方面也多有建树，并对历史学科的建设和发展作出了积极贡献。

林先生的治学特色和风范，大致上可归纳为四点：（一）坚持马克思主义学说，“信仰唯物史观”，认为马克思主义是在实践中不断丰富和发展的科学，必须以此为指导。（二）坚持“实证”原则，无史不征，强调要在占有大量史料的基础上引出理论性结论。（三）重视历史经验的总结和价值评判，主张“研究历史应面向社会需要”，做到经史致用，为现实服务。（四）关注学术前沿和热点，参与热点问题的讨论，对不同学术观点开展争鸣。

林先生是史学大家，人品、学品都很好，学高德劭，他留下了许多宝贵的精神财富，值得我们学习和传承。

在林甘泉史学研究理论与方法座谈会上的发言

2020 年 10 月 20 日于南昌

（作者系江西师范大学历史文化与旅游学院教授）

关注历史学理论建设的史学家

——为纪念林甘泉先生逝世周年而作

瞿林东

“他是一位关注历史学理论建设的史学家!”——这是许多年来，林甘泉先生留给我的深刻印象。当得知他离去的消息时，悲恸之际，我想到的依旧是这句话。为缅怀这位马克思主义史学家，我就以此为题作一篇小文，以寄哀思。

一

1982 年，在《光明日报》理论部邀集史学界同行参加的一个小型座谈会上，我认识了林甘泉先生。这次座谈会的主题，是讨论有关史学理论发展问题，当议论到中国马克思主义史学产生时，记得有两种意见：一种意见是李大钊和郭沫若分别从理论上和具体研究上，奠定了中国马克思主义史学发展的基础；另一种意见是李大钊在阐释、传播马克思主义唯物史观方面，成就巨大，郭沫若把马克思主义理论同中国历史结合起来，提出了对中国历史的新认识，成为中国马克思主义史学的奠基者。林甘泉先生持后一种认识。在此后的史学论著中，这两种认识都是存在的。

这次座谈会还讨论到培养青年史学工作者问题。记得戴逸先生发言时，提到南方有一家文学刊物叫作《丑小鸭》，专门发表文学青年的作品，戴先生建议史学界也可以办一个类似的刊物，使其成为青年史学工作者的园地。

关于这次座谈会，《光明日报》没有作任何报道，讨论的许多具体问题已经记不起来了，但上述两件事却记忆犹新。在此后的年代里，我也只是在各种会议上和甘泉先生交往，可以这样说：凡白寿彝先生出面组织的学术活动，大多得到甘泉先生的支持，他们之间有很深的学术交往；而我也一度是中国社会科学院历史研究所聘请的职称评定委员会的所外评委。由于这两个原因，我和甘泉先生接触的机会就多了一些，听到他发表学术见解也就多了一些。

使我最难忘的一件事情，是我作为北京师范大学史学理论与史学史研究中心主任主编的《史学理论与史学史学刊》创刊号（即2002年卷）上，刊登了甘泉先生赐予的一篇宏文《关于史学理论建设的几点意见》。他提出的几点意见是："第一，对于历史学的性质和特点应尽可能求得一个共识。""第二，历史学作为一门人文学科，一些重要的问题是不是都要有结论，学科建设才算有成绩、有发展。""第三，马克思主义要发展，必须与各个国家历史和现实的国情相结合，唯物史观要发展也有一个中国化的问题。"[①] 此文后收入《林甘泉文集》[②]。这几个问题不仅重要，而且他都明确地表明自己的见解。比如第一个问题，他提出"历史研究有三个层次"即"事实判断""认识判断""价值判断"，认为在认识判断层面，"历史观和方法论的分歧就呈现出来了"；而在"价值判断"层面，历史研究主体之"个性的色彩就更多一些"[③]。在阐述这些问题时，他都随手拈来，举例说明，给人以思考和启发。我个人认为，在指导硕士生、博士生的过程中，讲清楚历史研究中的三个层次的联系和区别，可以帮助他们避免片面性和盲目性。

---

① 社会科学文献出版社2003年版。

② 上海辞书出版社2005年版，第429—437页。

③ 参见《林甘泉文集》，第429—432页。

又如关于第二个问题，甘泉先生有一个总的认识，他这样写道：

> 人文学科的许多问题，既不能用行政命令来裁决，也不能采取少数服从多数的办法，要求学者们得出一个结论。在认识判断和价值判断的研究层次上，即使有的观点为多数人所认同，但随着研究的深入，或者新的史料的发现，人们的认识就可能又有变化。把长期讨论而没有解决的问题，诸如古代史分期、土地所有制、资本主义萌芽等所谓"五朵金花"问题，说成是"伪问题"，这是对历史学的性质和特点缺乏正确的认识。"能不能得出结论"不能作为判断人文学科"真"、"伪"的标准……我常说，如果没有古代史分期、土地所有制、资本主义萌芽等问题的讨论，就没有五六十年代历史学向深度和广度的发展，也没有今天一些断代史和专门史的繁荣局面。历史学中有不少问题是很难要求得出意见一致的结论的，如果以此来划分"真问题"、"伪问题"，那末"伪问题"也就太多了。①

这段话及其相关分析表明，历史研究是一桩神圣而艰难的事业，对史学家来说，应持谨慎态度，对历史研究中的不同观点要有宽容之心。这样的历史研究氛围，可能更有利于推进历史研究的发展。

关于第三个问题，甘泉先生在联系中国历史上的一些重要问题作了阐述后指出："总之，我的意思是，在对中国古代历史发展的许多重大问题做出理论概括时，我们既不要照搬马克思、恩格斯的有关论述，也不要套用西方学者基于外国经验材料所得出的结论。应该在唯物史观基本原理的指导下根据中国的历史实际，做出自己的理论概括。"② 总的说来，这就是唯物史观"中国化"的根本路径，也就是我

① 《林甘泉文集》，第433—434页。

② 《林甘泉文集》，第437页。

们常说的使马克思主义史学具有中国特色的根本路径。

上面所说的三点意见，涉及关于史学的性质和特点的认识，以及史学在发展过程中呈现出来的种种状态及其估量、评论，还有马克思主义史学“中国化”的路径等，都是史学理论的核心问题。值得注意的是，甘泉先生在论述问题时所举的事例，大多是历史发展中的问题，或是对历史上某一事物如何判断和评价的问题，但是，他提出问题的出发点和着重点，都立足于史学的进退得失，实为史学理论建设中的根本问题。

二

林甘泉先生关注历史学的理论建设，不只是表现在“史学理论”这个领域，也不只是表现在他主攻的秦汉史领域，而且是更为突出地表现在“中国历史”这一恢宏的领域。他撰写的《中国古代的“民本”思想及其历史价值》《夷夏之辨与文化认同》《中国历史上的分裂与统一》（均见《中国古代政治文化论稿》，安徽教育出版社 2004 年版），以及《历史遗产与爱国主义教育》《论历史文明遗产的批判继承》（均见《林甘泉文集》）等论文，都是关乎如何认识中国历史的重大理论问题。我们是否可以这样认为：甘泉先生关于“史学理论建设”的诸多精辟见解，都与这里提到的一些重大理论问题相关联，二者相得益彰。

林先生在《夷夏之辨与文化认同》一文中，论述了中国传统文化中儒家“夷夏之辨”与“四海一家”两种思想渊源及其不同影响，指出：“以儒学为代表的传统文化，除了讲‘夷夏之防’和‘内诸夏而外夷狄’之外，还讲‘王者无外’、‘四海一家’。而正是后一种思想，成了维系和加强华夏族和汉族与少数民族之间联系的重要纽带。尽管‘四海一家’的思想与我们今天所讲的民族平等思想有本质不同，但它对统一的多民族国家的历史发展和中华民族的凝聚力的形成具有重要的意义，是传统文化中值得珍贵的思想遗产。综观历史的发展，应该说儒家思想

在加强中华民族凝聚力方面所起的积极作用是主要的。”[①] 这一认识，在一定程度上可以帮助人们从中国古代民族关系史上的“夷夏之辨”的困惑中走出来，从而看到“四海一家”的新天地。林先生在另一篇文章《历史遗产与爱国主义教育》中，从世界历史的视野，阐释了这样一个基本的历史事实，他写道：“外国有的学者把我们这个统一的多民族国家，完全说成是封建统治阶级武力征服的结果，这是对中国历史的一种歪曲。世界历史上曾经有过一些靠武力征服而建立起来的军事帝国，但后来都崩溃瓦解了。为什么我们这个统一的多民族国家经历了许多世纪，却不断扩大和得到巩固呢？……历史表明，我国历史上的民族关系不仅有互相敌对和战争的一面，还有友好往来和互相融合的一面。正是民族间的友好往来和互相融合，以及汉族先进的经济文化对各少数民族的影响和吸引，使得各族人民在长期发展过程中形成一股强大的凝聚力和向心力，从而缔造了我们这个多民族的祖国大家庭。”[②] 甘泉先生的这些论述，从思想渊源和经济文化上阐明了中国之所以是一个统一的多民族国家的根本道理。

甘泉先生对于中国是统一的多民族国家的研究是多视角、多途径的。他在《中国历史上的分裂和统一》一文中，从具体数字开始，指出中国历史上统一的年代远远超出于分裂的年代，表明统一是中国历史的主流。同时，文章以高屋建瓴之势，评论了历史上的“正统”问题，高度评价司马光对“正统”的看法及其在史书撰述上的大度处置，显示了一个大史学家对历史的全局器识。作者进而指出，统一对于国家的发展具有极为重要的意义。作者总结出三个方面的意义：“首先，只有国家的统一才能够消除各地区之间经济交流的人为障碍，从而为全国范围内的经济发展创造必要的条件。汉、唐、明、清的历史可以说明这一点。”“其次，国家的统一对于我国各族人民精神文化

---

① 《中国古代政治文化论稿》，第 333 页。

② 《林甘泉文集》，第 324 页。

和物质文化的发展也有重大的作用和影响。”这在统一措施、社会改革、文化交流等方面都有突出的反映。“最后，尤其重要的是，只有国家的统一才能有效地防御外国的侵略和维护祖国的独立。”[①] 林先生在简略地回顾了17世纪以来中国人民抗击外国侵略的历史后，指出：“我国人民有着爱国主义的传统，这和中国自古以来就是一个统一的国家并且不断得到发展和巩固，是有很大关系的。”[②] 当然，统一对中国历史发展和社会进步的益处还不止这些，但仅就以上所论的三个方面，其中每一个方面都需要写成大部头专书以至多卷本系统著述才能深入而详尽地论述清楚。

从更加宏观的视野来看待历史，这里还要提到甘泉先生的另一篇文章《论历史文明遗产的批判继承》。在这篇文章中，作者从“文明的起源”谈到“精神文明的阶级性和继承性”，再谈到“我们从精神文明遗产中究竟继承什么东西”等。我认为，此文最有启发意义之处，就在于从理论上提出几个问题。作者写道：“对于历史上的精神文明遗产，我们应当坚持马克思主义的批判继承态度。但是，究竟从精神文明遗产中继承什么东西？怎样批判继承？大家的认识并不是很一致的。就以上引毛泽东同志的那段话来说，如何全面地正确地加以理解，也不是没有问题的。例如，什么是古代文化遗产中的‘民主性精华’？历史文明遗产中的精华能否只用‘民主性’这个概念来加以概括？除了‘精华’和‘糟粕’之外，还有没有中间状态的文明遗产？对于这部分文明遗产我们应当如何对待？如此等等，都需要我们认真地加以研究。”[③] 什么是“民主性精华”？什么是“封建性糟粕”？这是讨论了很多的老问题，今天也还是要进一步不断明确的。此外，“还有没有中间状态的文明遗产”？这是一个很有启发性的问题。学术研究常有这样意想不到的情形，即想出一个问题比论述一个问题更有意义。对于上述问题，作者都作了

① 《中国古代政治文化论稿》，第342、343页。

② 《中国古代政治文化论稿》，第343页。

③ 《林甘泉文集》，第336页。

扼要的解说，只是因篇幅所限未能展开。

上述这些理论问题都是在通观中国历史的基础上提出来的，同时也都有不同程度的阐述，对进一步从整体上认识和研究中国历史，极具参考价值。进而言之，这些问题及相关论述，可以看作是为中国特色的中国历史话语体系的构建提供了思路和素材。甘泉先生重视历史遗产的研究，而今，他的这些研究成果，也成了史学工作者应当重视的史学遗产了。

三

林甘泉先生关注历史学的理论建设，并在这方面提出了和论述了一些重要问题，有主观上的原因，也有客观上的条件。从客观上的条件来看，中国实施改革开放的国策和倡导实事求是的思想路线，给中国的学术事业带来新的发展生机。在史学界也是如此。史学工作者的思想得到新的解放，许多新的学术问题纷纷提出，中国史学界进入一个新的活跃时期。正是这样的历史条件和学术氛围，甘泉先生突显了他自己的学术优长，提出了并论述了一些重要的历史问题和史学问题。

从主观原因来看，甘泉先生具备了几个方面的条件。首先，他有深厚的马克思主义理论修养，这从他在20世纪60年代发表的文章中已经反映出来，不论人们是否同意他的观点，都不能不承认他在这方面的造诣。他在改革开放后撰写的文章，对马克思主义理论、方法的运用更具辩证的色彩，说理性也更加突出，显示出他对马克思主义唯物史观的透彻领悟和实践魄力。这在他论述的民族问题、统一问题、遗产问题以及学科建设等问题，都不同程度地显示出来。由于他在这方面的修养和“天性”，关心历史学的理论建设，就是题中应有之义了。

其次，他具有丰富的历史知识，而尤其是对于中国历史有把握全局的眼光。甘泉先生的学术专长是治秦汉史，而对于古代经济史特别是土地制度史都有深入的研究；他和他的同事合著的《中国古代史分期讨论五十年》（上海人民出版社 1982 年版），是他从全局上了解中国历史进程及综合相关观点的集中展示；他有机会参与郭老主编的《中国史稿》的撰写和后期的审定、修改工作，则是他不断审度、锤炼历史理论中重大问题的过程，等等。这使他在历史知识的储备上不断丰富起来，而在历史知识的布局上也更加合理。因此，他不仅能提出问题而且能阐明问题。

再次，他有强烈的专业责任心，这种责任心既表现在关于历史学之宏观理论的思考方面，也表现在关于历史研究之重大理论问题的阐释方面。对于一个历史学家的这种责任心，自应给予很高的评价，这里我们不妨用“理论自觉”来概括。除上文提到的一些问题，我们还注意到甘泉先生撰写的另外一些文章，如《20 世纪的中国历史学》《新的起点：世纪之交的中国历史学》《世纪之交中国古代史研究的几个热点问题》《五十年的回忆和思考》等（均见《林甘泉文集》），都蕴含着强烈的责任心。

林甘泉先生是一位真诚的、执着的马克思主义史学家，他在《我仍然信仰唯物史观》一文的最后，写了这样几句话：“作为一个史学工作者，要善于用发展的观点来观察问题。一年前，在《史学理论研究》编辑部召开的座谈‘世纪之交的中国史学’的会上，我曾经做了一个题为‘唯物史观生命长青’的发言。现在我仍然坚持这样的观点，并且决心永远用唯物史观指导自己的研究工作。”① 文如其人！甘泉先生虽然离去，而他的研究成果、诸多论断、学术信仰，都会使史学界的同仁记住他、敬重他！

（本文原载《中国史研究动态》2018 年第 3 期，作者系北京师范大学历史学院暨史学理论与史学史研究中心教授）

① 《林甘泉文集》，第 481 页。

鹭水风涛夜　北望思故人

——忆林甘泉先生

杨国桢

林甘泉先生是我国著名的历史学家，也是厦门大学的杰出校友。他在中国社会经济史、秦汉史研究领域造诣颇深。在我的学术征途上，曾几度和先生结缘，留下弥足珍贵的记忆。

林甘泉先生是闽南石狮市人，1931 年生，1949 年 4 月厦门大学历史系肄业。我早闻先生的大名，如雷贯耳，又是厦大同门，倍感亲切。但我们的交谊，确切地说是改革开放之后。1979 年 6 月至 9 月，我赴京协助傅衣凌教授准备赴美讲学事宜，并修改《林则徐传》书稿，当时住在朝阳门内大街 166 号人民出版社招待所。有一段时间，我们到中国社会科学院历史研究所读书，出门在外，办事不易，一开始就拜访了时任历史研究所副所长的林甘泉老校友，说明来意。他二话不说，慨然答允，立即通知资料室做了周到的安排，并交代将珍藏的徽州契约文书向我们开放。由于他的关照，在前后两三个月的时间里，我们成了历史所资料室的常客，他也不时到资料室看望我们。徽州契约文书装在七个大铁箱里，叠堆在资料室的角落。我们到后，资料员会帮我们一起抬一个大铁箱出来，任由我们查看抄录。看完一箱，再抬一箱，毫无怨言。傅衣凌先生把有用的挑出来，偶尔抄录几张，大部分由我全文抄录在人民出版社的稿纸上。我争分夺秒，边读边录，几个月的时间，积累了好几万字。正是这次难得的读书经历，让我与林甘泉先生从相识到相知。

1980年10月26日至11月1日，“自宋至一九〇〇年中国社会和经济史”中美学术研讨会在北京举行。会上，我运用土地契约文书写成的论文《试论清代闽北民间的土地买卖》引起与会中美学者的关注和讨论，林甘泉先生盛情约我投给《中国史研究》发表。很快地，11月底，我就收到《中国史研究》编辑部的通知，决定在《中国史研究》1981年第1期刊出。如此待遇，当然是林甘泉先生大力举荐的结果。

1982年，林甘泉先生任中国社会科学院历史研究所所长，又是全国哲学社会科学历史学科规划小组成员，他在把“中国古代经济史区域研究”与“中国古代经济史断代研究”的两个系列工程列为全国哲学社会科学“六五”、“七五”规划（1983—1990）的重点项目上，发挥了重要作用。当年10月18—24日，我和傅衣凌教授出席在广州中山大学举行的“中国封建经济结构、特点和发展道路学术讨论会”。林甘泉先生向我们介绍这一宏大构想：中国古代经济史区域研究由广东区域经济史研究、福建区域经济史研究、江南区域经济史研究三个项目组成；中国古代经济史的断代研究分为先秦、秦汉、魏晋南北朝、隋唐五代、宋、辽夏金、元、明、清九个项目。并嘱咐我们加紧制订研究计划，以便在明年召开的全国哲学社会科学规划会议上通过。由于他的通报，我们回去以后认真组织论证，制订研究计划书，最终顺利地通过立项。1986年12月，林甘泉先生邀我到北京西山参加《中国古代经济史断代研究》编委会第二次会议，讨论章节设计和全局性、共同性问题。这实际上也为中国古代经济史断代研究与区域研究的同仁，提供一次对话与沟通交流的机会。我有幸聆听各个断代经济史的领军人物的高论，受益良多，也让我对断代经济史与区域经济史的关系有新的思考。

1980年4月，中国史学会恢复重建，林甘泉先生被选为第二届常务理事。1983年4月，被选为第三届常务理事、主席团成员。1984

年，中国史学会与中国出版协会联合举办了全国首次爱国主义优秀通俗读物评选活动，在全国53家出版社推荐的233种著作中评选出28种优秀读物，授予“全国爱国主义通俗历史读物优秀奖”。陈碧笙教授和我合著的《陈嘉庚传》在获奖之列。1984年6月13日，我乘机从厦门到北京。14日，出席在北京国际俱乐部举行的颁奖大会。林甘泉先生作为史学会主席团成员出席，并和获奖者座谈。这是我们在中国史学会主办的会议上的第一次见面。1993年11月，林甘泉先生被选为中国史学会第五届理事、副会长，我也被选为理事。1998年9月，我们又同被选为第六届理事。见面的机会就更多了。

1988年至1997年，我和林甘泉先生都成为第七届和第八届全国政协委员。这十年间的每一个阳春三月，我们进入“两会时间”，相聚北京，参政议政，虽然不在一个小组，每年总会在人民大会堂相遇几次，把握畅谈。1988年3月26日，在列席第七届全国人民代表大会第一次会议时，我和林甘泉（右）、郑晶莹（中）委员在人民大会堂照了下面这张照片。

与林甘泉、郑晶莹在人民大会堂

1997年，为迎接香港回归祖国，我受命主编林则徐大型画册，作为福建省的献礼。京中一些老前辈托林甘泉先生向我索书，而我在7月1日香港回归之日飞往新加坡，未见此信，8月18日归来后始复。9月13日，林甘泉先生来信致谢外，还表露出浓浓的思乡之情："身在异乡，对故乡的一切还是很想多知道一些情况的。"

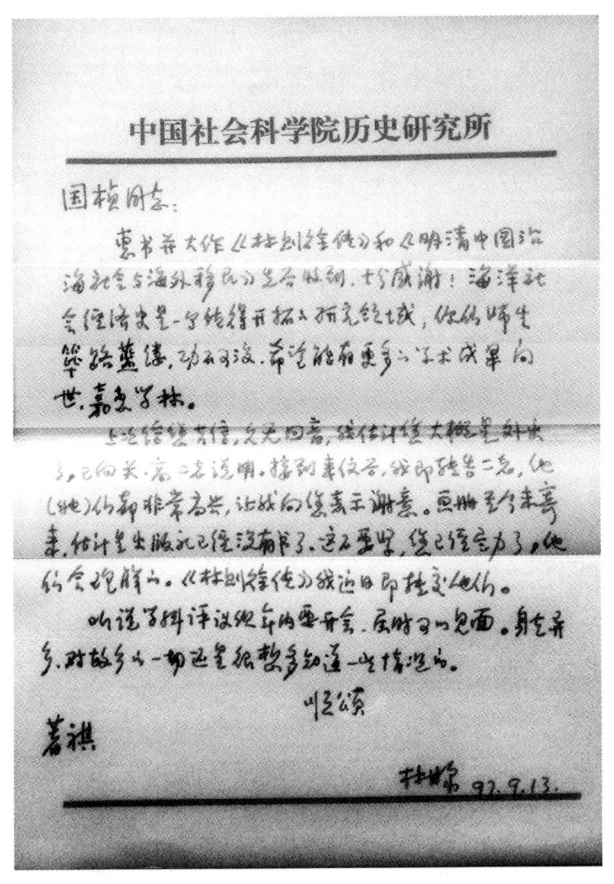

中国社会科学院历史研究所

国桢同志：

惠书并大作《林则徐传》和《明清中国沿海社会与海外移民》先后收到，十分感谢！海洋社会经济史是一个值得开拓的研究领域，你们师生筚路蓝缕，功不可没。希望能有更多的学术成果问世，嘉惠学林。

上次给您去信，久无回音，我估计您大概是外出了，已向吴、商二老说明。接到来信后，我即转告二老，他（她）们都非常高兴，让我向您表示谢意。画册至今未寄来，估计是出版社已经没有了。这不要紧，您已经尽力了，他们会谅解的。《林则徐传》我近日即转交他们。

听说学科评议组年内要开会，届时可以见面。身在异乡，对故乡的一切还是很想多知道一些情况的。

顺颂

著祺

林甘泉 97.9.13.

林甘泉1997年9月13日的来信

我们都是国务院学位委员会第四届历史学科评议组成员。1998年5月19—23日，在京西宾馆召开的国务院学位委员会学科评议组第七

次会议上，我们和李文海、龚书铎、姜伯勤、何芳川、邹逸麟、朱凤瀚、朱雷、林沄、钱乘旦、赵毅一起讨论当时历史学科建设的大事，制定规范历史学各个二级学科的领域和内容的文件，评选博士学位授权点，贡献了自己的绵薄之力。

1999 年，浙江大学礼聘金庸先生为人文学院院长，为振兴文科，下“英雄帖”邀请国内顶尖高手齐聚杭州西湖的刘庄，于 10 月 28 日举行“浙江大学人文学科建设高级专家咨询会议”，历史学界受邀的有田余庆、李文海、龚书铎、林甘泉、杨国桢、钱乘旦、朱雷、赵毅等。会后，金庸先生在楼外楼设宴款待，夜游西湖。我们难得一起徜徉于山水之间，陶冶情操。29 日，上午参观刘庄毛主席读书处，周总理与基辛格会谈处，在汪庄西子国宾馆午宴。下午乘车前往千岛湖，31 日上午，返回杭州，在山外山酒楼宴别。

从左二起：林甘泉、龚书铎、杨国桢、李文海

2008 年 9 月，拙著《瀛海方程》出版。当年 10 月，我寄赠林甘泉先生斧正。12 月 20 日，他复信说：“这些年您为中国海洋社会和海洋史研究的开展做了许多工作，筚路蓝缕，成绩可观，精神可佩。您

所做的研究，大有前途，希望有更多的成果问世。”那时，某单位拟创办《海洋发展研究》的刊物，约我为创刊号撰写论海洋发展基础理论研究的文章，因刊物的对象是海洋经济、海洋管理的人员，所以略去对海洋历史学的论述。这个刊物没有办成，我把文章原封不动地收到这本书里。林甘泉先生一眼看穿漏掉“海洋历史学”的错误，指出：“海洋历史学”的研究，应是重要的基础研究学科，其重要性不下于“海洋经济学”、“海洋管理学”和“海洋社会学”。我十分佩服他的见解，准备在再版时补充论证，可惜他已经看不到了。

中国社会科学院历史研究所

国桢同志：

惠赠大作《瀛海方程》收到，谢谢！

这些年您为中国海洋社会和海洋史研究的开展做了许多工作，筚路蓝缕，成绩可观，精神可佩。您所做的研究，大有前途，希望有更多的成果问世。

我略为翻阅一下尊著，对您主张海洋文化既具有地域特征、又是社会文化的观点十分赞同。您认为研究要“从海洋经济和海洋社会与资本主义社会经济划等号的旧观念摆脱出来”，这个意见也是很中肯的。但您在《论海洋发展的基础理论研究》一文中，对于上述主张和观点似乎并未展开论述。依我拙见，“海洋历史学”的研究，应是重要的基础研究学科，其重要性不下于“海洋经济学”、“海洋管理学”和“海洋社会学”。也许我没有理解您文章的主要意思，说的是外行话。好在是老朋友，说错了请勿见怪。

顺颂

著祺

林甘泉

2008.12.20

林甘泉关于《瀛海方程》意见的来信

我们最后一次见面，是2011年10月10—11日，在京西宾馆出席2011年度国家社科基金重大项目（第二批）招标评审工作会议上，我们一起参加第13组评审，他是组长，我是组员。耄耋之年的他，精神尚好，只是腰腿疼痛，不便于行，我邀他回母校看看的计划只好作罢。心想来日方长，讵料这一别竟成永诀！

回顾我与先生的学术情缘，既得先生之关照与赐教，又得与先生畅游山水、相与论道，发怀古之幽情，抒人生之感慨，真是“文章知己友兼师”。如今先生遽然驾鹤西归，中国史学界顿失泰斗级人物。正所谓“鹭水风涛夜，北望思故人。故人西去也，那堪泪沾巾”！

（作者系厦门大学历史系教授）

为学严于律己，修身宽以待人

——我所理解的林甘泉马克思主义史学的品格

张荣芳

我于1964年南开大学历史学系毕业，分配到中国科学院哲学社会科学部历史研究所（现中国社会科学院古代史研究所）工作。当时林甘泉先生已是历史所的骨干力量，负责学术秘书工作。我是刚分配来的大学生，自然与林先生没有多少接触。后来开始了“文化大革命”，我是逍遥派，但对“文革”初期林先生受冲击之事，觉得他很委屈。1973年10月，我调来中山大学历史学系工作。在历史所工作了10年，关于林甘泉先生是年青一代的马克思主义史学家，理论素质高、生活朴素、诚恳待人，办事公道、严于律己，是所里的笔杆子，后起之秀，中宣部有什么大的理论问题、重要文章的写作，他或参与其事，我这个“小字辈”都略有所闻，对他十分崇敬。

我来中山大学工作，将近50年，林先生出版的著作，几乎都赠送给我，计有《中国古代史分期讨论五十年》、《中国史稿》（第二、三册）、《中国古代政治文化论稿》、《林甘泉文集》、《中国封建土地制度史》第一卷、《中国历史大辞典·秦汉史》、《中国经济通史·秦汉经济卷》、《孔子与20世纪中国》、《文坛史林风雨路——郭沫若交往的文化圈》、《从文明起源到现代化——中国历史25讲》等等，每本在扉页都写上“荣芳同志指正，林甘泉”题辞，这令我十分感动。我对林先生的著作，大部分都认真拜读。随着我知识面的扩大，从林先生的著作中，汲取马克思主义唯物史观养分，理论素养逐渐提高。在林先生逝世三周年时，举办“林甘泉史学研究理论与方法座谈会”是很有意义的，对今天我们学习贯彻习近平新时代中国特色社会主义思想，建设有中国气派、中国特色、中国风格的历史学理论体系、学科体系、学术体系、话语体系都是十分必要的。我以《为学严于律己，修身宽以待人——我所理解的林甘泉马克思主义史学的品格》为题，谈谈我的学习体会。

一　为学严于律己

（一）坚持马克思主义唯物史观

我们知道，马克思主义传入中国之后，1919 年，李大钊在《新青年》第 6 卷第 5、6 号上连载《我的马克思主义观》，系统地介绍马克思主义唯物史观。并归纳唯物史观有两个要点：其一，人类社会生产关系的总和，构成社会“经济的构造”。这是“基础构造”，一切政治的、法制的、伦理的、哲学的，凡是精神上的构造都是“表面构造”，喻之为建筑中的上层。“表面构造常视基础构造为转移，而基础构造的变动，乃以其内部促他自己进化的最高动因，就是生产力。”其二，生产力和生产关系（或称“社会组织”），二者中，生产力是最活跃、最革命的因素。“生产力一有变动，社会组织必须随着变动。”自 1920 年起，李大钊先后在北京大学等高等院校讲授“唯物史观研究”，阐明了唯物史观的基本原理。1924 年，李大钊（署名李守常）著《史学要论》，由商务印书馆出版。讲述什么是历史、什么是历史学、历史学的系统、史学在科学中的位置，史学与其他相关学问的关系、现代史学的研究及于人生态度的影响六个问题。他认为“历史不是只纪过去事实的纪录”，“历史是社会的变革。再换句话说，历史是在不断的变革中的人生及其产物的文化。”“今日的历史学，即是历史科学。”历史科学必须具备三要义：（1）社会随时代的经过发生进化，人事的变化推移，健行不息。（2）就实际发生的事件，一一寻究其证据，以明人事发展进化的真相。（3）今日的历史研究，不仅以考证确定零零碎碎的事实为毕乃能事；必须进一步寻求一个普遍的理法，以明事实与事实之间的相互的影响与感应。这部仅有 4 万字的著作，是中国马克思主义历史学理论的奠基之作。①

自李大钊之后，所有的马克思主义史学家，无不以唯物史观为指导，致力于"寻求一个普遍的理法"，即历史规律的探寻。在他们看来，是不是以唯物史观为指导，承不承认历史运动规律和承不承认经济的归根到底的决定作用，是衡量一切史学是否具有科学性的最高标准。

我们检视林先生的所有历史学著作，都是以唯物史观为指导而创作的作品，每部著作都闪烁着唯物史观的光辉。他不但在自己的著作中运用唯物史观，而且撰写专文，阐明唯物史观的科学性，尤其是在各种历史观泛滥，或有人贬低、诋毁唯物史观的科学性时，他总是理直气壮地站出来，坚持自己的理论观点。20 世纪 80 年代中期，史学界曾经一度有过关于"史学危机"的讨论。有人认为在"左"倾思想的长期束缚下，指导历史研究的理论和方法公式化、简单化，历史观念陈旧等，因此存在一种淡化马克思主义理论指导的倾向。林甘泉 1996 年发表《20 世纪的中国历史学》，1997 年发表《新的起点：世纪之交的中国历史学》两篇重要文章，总结20 世纪的中国历史学，并对新世纪的历史学寄予厚望。1997 年又写了《我仍然信仰唯物史观》，2003 年写了《关于史学理论建设的几点意见》和《世纪之交中国古代史研究的几个热点问题》。在这些文章中，他阐述一个重要问题，未来世纪中，历史学究竟怎样才能保持自己的科学品格？他说："我仍然信仰唯物史观。因为和其他史学理论比较，我认为还是它最正确。"他认为历史研究是对历史认识的一个过程。按照历史认识逻辑和历史

---

① 参考谢保成《增订中国史学史（四）》，商务印书馆 2016 年版，第 1737—1740 页。

的发展，它大致可以分为记述、实证和诠释三个层次。“史学从记述、实证到诠释，是一个认识不断深入和提高的过程。记述和实证可以复原历史过程的某些表象，但历史的本质、价值和规律只有通过阐释才能得到说明。历史的阐释反映了一个史学家的历史观，所谓唯心史观和唯物史观的对立，通常就是在历史认识的这个层次上表现出来的。”历史的记述和实证，是历史研究的基础性工作。“马克思主义唯物史观的产生使历史研究真正成为一门科学，指的是唯物史观为历史的阐释提供了一个最科学的理论和方法。”“唯物史观是一种开放的、发展的学说。”“（它）吸收和改造了两千多年来人类思想和文化发展中一切有价值的东西。就唯物史观的这种本质来说，它永远要随着时代的发展而发展，而不会使自己陷入落后于时代的危机。全部问题的关键在于我们怎样对待它、掌握它，是把它当作研究的指南，还是把它变成公式和教条？”“唯物史观生命长青。”[①]

（二）坚持实证求真的史学精神

林甘泉在总结20世纪的中国历史学时，指出近代实证史学的创立，是中国近代史学的重大成果。王国维运用近代科学方法研究中国历史所做的大量工作，标志着近代实证史学在中国创立。王国维继承了乾嘉学者无征不信的优良传统，又吸收了近代西方史学的观念和方法，开创了历史研究的新局面。他创立的“二重证据法”，以地下实物与文献记载互相释证，一直被治古代史的学者奉为圭臬。[②] 他多次说过马克思主义史学必须以实证研究为基础。说：“马克思主义史学并没有轻视史料，也不排斥实证，老一辈马克思主义史家比如郭老，他关于中国古代社会研究的具体观点有些后来都修正了，但他最大的贡献是把马克思主义唯物史观与实证研究结合起来。郭老在实证研究

---

① 林甘泉：《我仍然信仰唯物史观》，《林甘泉文集》，上海辞书出版社2005年版，第469—481页。

② 林甘泉：《20世纪的中国历史学》，《林甘泉文集》，第350—351页。

方面的功力，即便非马克思主义的史学家也是承认的。”[①] 以马克思主义为指导的史学家，如果说在实证方面有其优越性的话，那就是马克思主义可以帮助他们在研究工作中避免出现无谓的烦琐考证的偏向，通过实证研究可以从一些历史现象发现它深处和背后的历史内容和意义。

林甘泉在秦汉史研究领域，取得丰硕成果，在该领域“有积极引导和统筹组织之功”，在中青年学者中，“起到榜样和典范的作用”。[②] 他运用“二重证据法”，将考古资料与文献记载结合研究，得出令人信服的结论，就是一个榜样实例。1975 年 12 月，湖北云梦发掘了十二座战国末至秦始皇时期的墓葬，其中 11 号墓出土了一千多支秦代竹简。林甘泉写了《云梦秦简所见秦朝的封建政治文化》一文。[③] 本文根据秦简对秦朝政治文化、政治制度的考证，引起学术界的重视。

林甘泉运用“二重证据法”研究中国封建土地所有制的成绩是卓越的。他 1963 年在《历史研究》上发表《中国封建土地所有制的形成》一文，[④] 在文中肯定了中国封建社会存在封建国家土地所有制、封建地主土地所有制和自耕农土地所有制三种形式。20 世纪七八十年代，随着出土文物资料的发表，他的研究更加深入。1975 年 2 月，陕西岐山县京当公社在董家生产队发现了一批珍贵的西周青铜器。其中《卫鼎》甲、乙和《卫盉》的铭文，记载了周共王时期出租和转让土地的事实，这是研究西周土地关系的重要资料。《文物》拟发表这批铜器，编辑部就铜器上铭文约林甘泉写一篇文章，林写了《对西周土

---

① 邹兆辰、江湄：《正确看待马克思主义史学的历史发展——访林甘泉研究员》，《史学月刊》2000 年第 1 期。

② 王子今：《政治史的文化考察——简评林甘泉教授著〈中国古代政治文化论稿〉》，载《史学理论与史学史学刊》，北京师范大学出版社 2005 年版，第 352 页。

③ 见林甘泉《中国古代政治文化论稿》，作者在“后记”中说：这篇文章原题为《云梦秦简与法家路线——读云梦出土的秦简》，发表于《文物》1976 年第 7 期。收入《论稿》时，改了题目，“内容也作了大大的扩充和修改”。

④ 林甘泉：《中国封建土地所有制的形成》，《历史研究》1963 年第 1 期，收入《林甘泉文集》，第 125—159 页。

地关系的几点新认识——读岐山董家村出土铜器铭文》一文，[①] 与发掘简报同时发表。林先生认为，这批铭文中都有关于土地转让的记载，但是不是土地自由买卖的证据呢？他认为只能说明西周中叶以后，土地私有化的过程已经日益明显，但这种土地交换还带有相互馈赠的性质，并不是属于商业行为的土地交易。“我们从《卫鼎》甲、乙和《卫盉》的铭文中，还看不出裘卫有采用封建生产关系的迹象。”[②] 1986 年文物出版社出版《文物考古论集》，收入林甘泉《中国古代土地私有化的具体途径》长文，[③] 他运用出土文物结合文献记载研究认为“中国古代土地私有化历史过程的肇始可以上溯到西周中期甚至更早一些。它经过了漫长而曲折的道路，终于形成了非劳动者和劳动者两种不同的土地私有制。秦始皇统一六国之后，‘使黔首自实田’，这在一定意义上可以看作是全国范围内土地私有化过程的完成。”“土地私有制的确立及其在全社会中成为支配的形态，意味着获取地产财富已成为人们最重要的生活目的之一，而土地买卖和土地兼并也就成了扩大地产的重要手段。此后二千年中国封建社会的土地关系，基本上就是沿着这一轨道向前发展的。”[④] 林甘泉这一研究成果，获得学术界相当多学者的认可。

林先生还写过《从出土文物看春秋战国间社会变革》一文，[⑤] 这篇文章运用中国科学院考古研究所编的《新中国的考古收获》和文物编辑委员会汇编的《文物考古工作三十年（1949——1979)》所公布考古资料，结合文献记载，研究春秋战国间的社会变革。他的结论注释了郭沫若一派主张的春秋战国之际是中国封建社会开始的学说。当

---

① 林甘泉：《对西周土地关系的几点新认识——读岐山董家村出土铜器铭文》，《文物》1976 年第 5 期。收入《林甘泉文集》，第 85—94 页。

② 《林甘泉文集》，第 94 页。

③ 《文物考古论集》，文物出版社 1986 年版。收入《林甘泉文集》，第 24—63 页。

④ 《林甘泉文集》，第 59—60 页。

⑤ 林甘泉：《从出土文物看春秋战国间社会变革》，《文物》1981 年第 5 期，收入《林甘泉文集》，第 103—124 页。

然，这个问题是中国史学界长期争论而至今仍未解决的问题，但林甘泉力图运用“二重证据法”来证明自己的观点，其精神是可嘉的。

我们还可以林甘泉主编《中国经济通史·秦汉经济卷》为例，说明他是如何在马克思主义唯物史观指导下，通过广泛搜集资料，进行实证研究，从而得出符合历史实际的结论的。该书引证的历史文献，包括前四史、诸子、政书、类书及编年体史料，考古资料包括各种简牍、刻石、画像砖、壁画、考古发掘报告，以及历代和现当代学者的研究论著等 210 余种，出注共计 2530 多条，对资料可谓一网打尽。而作者使用这些资料时，长于辩证分析、严密考证、独立思考、求真求实。例如对汉代人口的统计数，史籍记载有三种不同的数字。这三个数字，究竟哪一个是正确的？作者说：“要考证这三个数字哪一个可靠，是很困难也是不必要的。因为古代户口统计的可靠性只能说是相对的。即使三个数字完全一致，它也不可能是十分精确的。上述三个人口数字最高至最低相差仅 200 多万，三个数字记载均近 6000 万。考虑到其他各种增减因素，我们大体上可以估计，汉代人口数高数已达到 6000 万。”[①] 可见这 6000 万人口是经过对众多材料的审辨、推敲之后确定的，而不是凭空妄论。

又例如关于秦的傅籍标准问题，古代学者孟康、颜师古等人往往以汉代的情况推测前代制度。认为秦的傅籍标准是 20 岁或 23 岁。湖北云梦睡虎地秦简出土，论者乃多以《编年记》所载喜的傅籍年龄为依据，认为秦人的傅籍标准是 15 岁或 17 岁。随后，有学者又提出，秦的傅籍标准是身高，而不是年龄。作者经过一番认真考证之后，采用了秦汉傅籍最初是以身高为标准的看法。秦始皇十六年（前 231 年）“初令男子书年”后，傅籍的标准才以年龄制代替了身高制。[②] 本书论证的方法，

① 林甘泉主编：《中国经济通史·秦汉经济卷》（上），经济日报出版社 1999 年版，第 121 页。

② 林甘泉主编：《中国经济通史·秦汉经济卷》（下），第 701—708 页；“本卷后记”，第 1004—1005 页。

是列举大量事实作为依据从而得出结论的实证法。所以著名经济史学者黄今言评论说，本书是“一部开拓创新，求实崇真的力作”①。

吴承明先生在《中国经济通史·总序》中说：“本书各分卷各专题的研究方法不尽相同，但都是以实证主义作为基本原则的。‘实证’原是‘确实’的意思。历史研究首先是求实，无征不信，故实证主义可说是史学的第一原则。”②《秦汉经济卷》实践了吴承明在“总序”中的要求。

（三）坚持关注现实的经世致用思想

林甘泉在《20世纪的中国历史学》一文中说：

> 史学是联结现实和历史的一门科学。不仅近现代史的研究与现实有密切关系，而且古代史研究的视角和价值判断也不能不受现实的制约。正因为如此，我们不认为史学可以脱离现实而躲进象牙之塔，而且主张史学应该为现实服务。但历史研究如果完全按照现实的需要来剪裁历史事实，这实际上就取消了史学作为一门科学的存在。历史学从根本上说来，必须从学科建设的需求出发，在马克思主义指导下贯彻百家争鸣的方针，鼓励史学家进行创造性的研究，才能得到健康发展和繁荣。③

林甘泉这段话对历史与现实关系的道理说得十分透彻。第一，肯定史学与现实有密切关系，受到现实的制约，应该为现实服务，因为一门学科的兴衰，归根结底取决于它是否能够满足社会的需要，而史学也是如此。第二，历史学是一门科学，历史研究不能完全按照现实

---

① 黄今言：《一部开拓创新，求实崇真的力作——评林甘泉主编〈中国经济通史·秦汉经济卷〉》，《中国经济史研究》2000年第4期。

② 吴承明：《中国经济通史·秦汉经济卷》（上），“总序”第3页。

③ 《林甘泉文集》，上海辞书出版社2005年版，第370页。

的需要来剪裁历史事实。第三，历史学要健康发展和繁荣，必须在马克思主义指导下贯彻百家争鸣的方针。

林甘泉十分关注现实，注意从当代中国现实需要选择研究课题。林先生2003年10月28日在《光明日报》发表《中国古代的“民本”思想及其历史价值》一文，从“民本”思想的历史渊源，说到贾谊“牧民之道，务在安之”以及“为富安天下”的政治设计，到近代“民本”思想的演变，进行梳理和辨析，他认为“民本”思想是中国传统文化中源远流长的珍贵历史遗产。“中国共产党批判继承历史遗产，赋予‘民本’思想以全新理论内容，梳理‘民本思想’的文化内涵及其发展衍变的历史脉络，对于建设有中国特色社会主义的政治文化有重要的借鉴意义。”“中国共产党是一个代表中国最广大人民根本利益的党。建设有中国特色的社会主义文化，需要我们以马克思主义理论为指导，对古代和近代的‘民本’思想加以批判继承，吸取治国安邦的历史经验教训。‘以民为本’的思想，将在社会主义中国真正焕发出其历史的光辉。”① 这篇文章的致用思想是十分鲜明的。

1985年5月27日，林甘泉在《人民日报》发表《中国历史的分裂和统一》，指出“国家的统一始终是历史的主流”。他引用孙中山先生的话：“中国是一个统一的国家，这一点已牢牢地印在我国的历史意识之中，正是这种意识，才使我们能作为一个国家而被保存下来，尽管它遇到了许多破坏力量。”林先生说，“当我们今天讨论中国的前途时，这是不可忽视的一个重要历史背景。”“回顾我国历史上统一和分裂的局势变迁，我们从中可以得出一个认识：中国这个伟大的国家是不会长期处于分裂状态的，统一的历史潮流是不可阻挡的。凡我史学同仁，如何顺应历史潮流，为祖国的和平统一作出应有的贡献，笔者有厚望焉。”② 这篇文章具有十分重要的现实意义。

---

① 林甘泉：《中国古代政治文化论稿》，安徽教育出版社2004年版，第224、234页。

② 林甘泉：《中国古代政治文化论稿》，安徽教育出版社2004年版，第337、304页。

1995年，林甘泉在《传统文化与现代化》第3期发表《夷夏之辨与文化认同》一文，认为近年来，在弘扬传统文化的讨论中，论者对于传统文化增强中华民族凝聚力的作用作了充分的肯定，“但多数文章似乎偏重于汉族自身的凝聚力立论，对于汉族和各少数民族之间的凝聚力问题注意不够。”“本文拟就传统文化中的夷夏之辨与各民族文化认同的关系，进一步作一些探讨。”① 文中认为儒家思想在历史上对民族关系既有消极作用的一面，也有积极作用一面。以儒学为代表的传统文化，除了讲“夷夏之防”“内诸夏而外夷狄”之外，还讲“王者无外”“四海一家”。“正是后一种思想，成了维系和加强华夏族和汉族与少数民族之间联系的重要纽带。尽管‘四海一家’的思想与我们今天所讲的民族平等思想有本质不同，但它对统一多民族国家的历史发展和中华民族凝聚力的形成具有重要的意义，是传统文化中值得珍贵的思想遗产。”② 这篇文章对我们今天正确认识和处理汉族与各少数民族的关系，加强各兄弟民族之间的凝聚力，具有现实的借鉴意义。③

以上几条马克思主义史学的基本素养，林甘泉在几十年史学研究实践中，始终坚守，学问日益提高，逐渐到了炉火纯青的地步，使他成为著名的马克思主义史学家。这就是他为学严于律己的体现。

二　修身宽以待人

老子《道德经》第四十八章中，有一句话说：“为学日益，为道日损。”“为学”主要是指向外追求和拓展经验与知识，这是需要通过积累才能逐渐达到的；“为道”主要是指向内追求和反省并提升精神境界，这是需要摒弃自己内心的偏执、妄见和机巧，使这种“智巧”

① 林甘泉：《中国古代政治文化论稿》，第311页。

② 林甘泉：《中国古代政治文化论稿》，第333页。

③ 参考卜宪群《林甘泉史学研究的理论与方法》，《学术界》2018年第11期；卜宪群《林甘泉先生的学术经历及治学特点》，《邯郸学院学报》2008年第1期。

一天比一天减少，精神境界达到“为道”的要求。[①] 林甘泉为学严于律己始终坚守马克思主义理论。“为道”就要进行自我修身。儒家讲修身、齐家、治国、平天下，修身是根本，从自身的道德修养开始，才能实现齐家、治国、平天下的理想。

林甘泉长期在中国社会科学院历史研究所工作，比较长的时间任所长，所内同志都称他为老所长，曾任中国史学会副会长、中国秦汉史研究会会长等职。他是当代中国史学诸多重要活动与规划的组织者、参与者、亲历者，为当代中国史学的繁荣发展作出了重要贡献，在史学界有很高的威望。这除了他马克思主义史学理论深厚、学问渊博之外，与他高尚道德修养、谦恭礼让的人格也有很大关系。谦恭，包含着对群体和他人智慧、能力、贡献的肯定和对自己学问的永不满足。礼让，是谦恭的外部表现。谦恭礼让的美德，带来了人际关系的和谐、群体的团结和事业的成功。

2004 年，历史所成立 50 周年，林甘泉写过一篇《五十年的回忆和思考》的文章[②]，这篇文章只有五六千字，但对历史所的学术传承、集体协作、努力学习马克思主义理论、为新中国历史学领域作出的开拓性贡献，叙述得淋漓尽致。这篇文章是他带着对历史所的深厚感情写的，也是他虚怀若谷、谦恭精神的具体体现。

他是“建所初期到所而尚幸存的一名工作人员”。他引用《庄子·养生主》“指（脂）穷于为薪，火传也，不知其尽也”，说“学术的传承也如同薪尽而火传一样，烛薪的燃烧是有穷尽的，但已经点燃的火却会传续下去。当我们庆贺历史所建所 50 周年时，不能不怀着深深的敬意，想念那些在建所初期点燃起来学术薪火的前辈学者。”[③] 然后如数家珍一样，讲述郭沫若、范文澜、陈垣、尹达、侯外庐、熊

① 陈鼓应：《老子注译及评介》（修订增补本），中华书局 1984 年版，第 245 页。

② 原载中国社会科学院历史研究所编《求真务实五十载》，中国社会科学出版社 2004 年版。后收入《林甘泉文集》，上海辞书出版社 2005 年版。

③ 《求真务实五十载》，第 1 页。

德基等老一辈领导，披荆斩棘，扫除前进中的困难和障碍，艰苦创业的精神。接着以崇敬的心情，讲述早期来所的著名老专家如顾颉刚、杨向奎、胡厚宣、张政烺、贺昌群、王毓铨、谢国桢等在所里的研究任务，以及特邀一批著名史学家如蒙文通、唐长孺、谭其骧、白寿彝、翁独健、韩国磐、李埏、邱汉生等参加所的研究工作和指导青年同志。这就创造了一种良好的学术氛围。

他说："在历史所工作50年，我所接触的前辈学者给我留下了两点很深刻的印象，一是他们严谨扎实的治学精神，二是他们学习马克思主义理论的强烈厚望。""正是马克思主义的理论指导，使他们开拓了自己的历史视野，对中国历史的认识比先前深入了。"他举例说，杨向奎组织青年同志学习社会经济形态理论，用来指导古代史的研究。还和青年同志一起赴少数民族地区参加调查，主持曲阜孔府档案和乾隆刑科题本的整理，目的在于了解明清时期的阶级关系和剥削形态。[①]王毓铨（1910—2002）是较早接触马克思主义经典著作的学者，他认为中国封建社会存在人身依附的超经济剥削。这是遵循马克思主义社会经济形态理论的一种探讨。孙毓棠（1911—1985）研究宋代的赋役制度，指出在中国封建社会中，地租和赋税分化了，地主阶级获取地租，而封建国家获取赋税，但他们往往用各种方法把法定应由他们承担的田赋转嫁到农民头上。农民被迫为封建国家从事的徭役不是劳役地租，而是代表地主阶级的封建国家对农民的一种超经济剥削。"毓铨先生和毓棠先生的不同见解表明，在马克思主义理论指导下，并不是要求史学家对中国封建社会经济形态的特点作公式化或没有个性化的理解。他们在研究工作中仍有足够的求同存异的学术空间。"[②]

林甘泉对贺昌群怀有特殊的感情。2003年，贺昌群的女公子贺龄华不辞辛劳，四处搜求，基本上把贺昌群的论著收齐，出版《贺昌群

---

① 《求真务实五十载》，第5页。
② 《求真务实五十载》，第6页。

文集》，以纪念贺先生诞辰100周年。贺龄华请林甘泉为《文集》作总序。林先生在《总序》中说：

> 昌群先生来历史研究所后担任秦汉魏晋南北朝史研究室主任，我除了在他指导下从事研究工作之外，还协助他做一些研究室的科研组织工作。无论在业务上或待人接物方面，我都得到了贺先生的许多教诲。时至今日，我对他一直怀着深厚的感激之情。我还想起了贺先生在患病期间，仍然不辍笔耕，时刻牵挂着他未完成的研究课题。他曾经严肃地对我说："像我们这样的人，应该是伏案而死的。"这句话使我受到很大震动，使我懂得做学问是应该如同战场上的士兵一样，生命不息，战斗不止的。正是基于对先生的深厚感情和对他精神的敬仰，我才接受了龄华同志的嘱托，并借此机会把贺先生的论著全部拜读了一遍，对先生道德文章的风范又有了进一步的认识。[①]

这段话对贺先生的感恩和敬仰之情跃然纸上。林甘泉评价贺先生说：

> 昌群先生学贯中西，兼治文史，著述甚丰。文集的出版可以使我们比较全面地了解这位笃实学者的学术成就和贡献，使后学者从中得到教益。文集中还收入一些政治性文章，有助于我们认识昌群先生在近代中国社会变迁中的心路历程。他曾经倾向于走中间道路，寄希望中国实现欧美式的资产阶级民主政治。但国民党统治的极端腐败使他的这种幻想彻底破灭。在光明的中国和黑暗的中国两种命运决战的前夕，他终于勇敢地站出来抨击国民党当局，支持进步的学生运动。贺昌群先生政治态度的这种转变，

① 林甘泉：《贺昌群文集·总序》，《贺昌群文集》，商务印书馆2003年版，第1—2页。

在老一辈的知识分子中是颇有代表性的。[1]

林甘泉继续说：

> 贺昌群在解放前对马克思主义理论接触不多，解放后他用了大量时间认真攻读马克思主义的经典著作，并且力图把马克思主义的理论指导和实证研究结合起来。马克思主义理论可以帮助一个学者在观察一些历史现象时，找到这些历史现象之所以产生的深层次的原因。……新中国成立不久，贺昌群就把中国封建土地国有制作为自己的一项重要研究课题。他先后发表多篇论文，并于 1964 年结集出版《汉唐间封建土地所有制形式研究》一书。……这部专著不但为国内众多学者所称引，而且也为外国汉学家所重视。《剑桥中国隋唐史》的主编英国学者崔瑞德（Denis Twiteheft）在他的《唐末的商人、贸易与政府》一文中，就对贺昌群此书非常推崇。[2]

由此可见，作为历史所的领导林甘泉，对一位从旧社会来的贺昌群的学术成就和严谨治学的精神的景仰，对他学习马克思主义理论并运用于自己的研究实践，所取得的进步，由衷的高兴。这是何等高尚的情操，何等谦恭的态度。

顾颉刚先生（1893—1980）是新中国成立初期，由上海调入历史研究所工作的。林甘泉说："这是中央决定的，是经过毛主席、周总理批准的。1953 年，为了贯彻毛泽东主席提出的'百家争鸣'的方针，中央决定成立历史问题研究委员会，创办《历史研究》杂志和在中国科学院成立三个历史研究所。从中央到科学院，对顾先生都是很

① 《贺昌群文集·总序》，第 1 页。
② 《贺昌群文集·总序》，第 10—11 页。

尊重的。他被定为一级研究员，工资标准是300多元。顾先生说家里开销大，他家子女多，过去生活条件好，再加上喜欢书，开销确实大。后来想怎么办呢？尹达、刘大年与科学院领导商量，因为工资级别是国家统一规定的，无法变化，只有采用其他补救办法，好像是中华书局出一部分钱，请顾先生替他们审理稿件，这样给顾先生凑满每月500元。500元的工资水平在50年代学者中很少有，可以说是相当高的。"① 虽然顾先生调来历史所工作及其相关待遇，不是林甘泉能够决定的，但从叙述的文字看，林先生对顾先生是相当尊重和熟悉的。

1996年，林甘泉在《20世纪的中国历史学》的论文中，总结20世纪的中国历史学。他认为对中国近代实证史学作出重大贡献的学者，应该包括顾颉刚。顾颉刚最初受康有为和崔述著作的影响，对古书古史产生了怀疑，开始用一种新的眼光看待中国的古史。提出"层累地造成的中国古史"观，"对传统古史系统产生了极大的冲击，对廓清远古历史的迷雾是有功绩的。顾颉刚注意用民俗学和神话学的材料来研究历史，这个方法是可取的"②。2001年12月24日上午，林甘泉接受采访时说："顾先生自己也承认，他做的是盖房子打基础的工作，主要考证史实和古书的真伪。1932年，他在《古史辨》第4册的'序言'里就曾说过，我自己决不反对唯物史观，但感觉到古史年代、人物事迹、书籍真伪，需用于唯物史观的甚少。我现在做的基础性工作，然后由唯物史观的人来构筑大厦，这个思想很难得。每个人都在寻找适合自己的学术定位工作，顾先生所作的就是考辨古书的真伪，'古史辨'主要是疑古，但并不是对一切古史都怀疑，现在也不能说'古史辨'都错了，有的怀疑错了，但许多怀疑是正确的。""顾先生在20年代学术成就很高，考辨古史，提出一系列富有创见性的观点。他在30年代发起成立'禹贡学会'，创立《禹贡》半月刊。抗日战争爆发

① 沈颂金：《论古史辨的评价及其相关问题——林甘泉先生访问记》，《文史哲》2003年第2期。

② 林甘泉：《20世纪的中国历史学》，《林甘泉文集》，第353—354页。

后，他又辗转西北、西南等地，宣传抗日，后又开办书局，经商做生意，学术研究受到很大影响。倒是在新中国成立后，他脱离了一切干扰，专心致力于《尚书》研究，校勘、注释、翻译、评论，不仅对《尚书》字词作了疏证，而且对其每篇产生的历史背景也进行了细致考订，取得了可观的成绩。可惜这一工作没有完成，……但这也是《尚书》研究一笔极为宝贵的遗产。”[①] 可见林甘泉对顾颉刚学术成就的评价是客观的，也得到学术界的认可。

在这里我还要特别强调林甘泉对张政烺著作的分析：

> 张先生在史学界素有“小王国维”的美誉，以实证功力见长。但刚出版的《张政烺文史论集》，却为我们展现了他用马克思主义理论指导历史研究所作的努力。……他在1998年为《学林春秋》所写的《我与古文字学》中仍然坚持要把古文字考释与古代社会形态的研究结合起来的方向。文中说：‘五十年代时我曾将商代社会视为氏族社会末期，到六七十年代，此种看法已有所转化，我已确认商代已有国家。且是奴隶制国家，已有阶级分化。但商代社会形态中的许多问题，如生产关系的实况，社会组织结构等都是需要探讨的，只有将具体的史实搞清楚，才有可能对社会形态、社会性质有较清楚的科学的认识。’这是一个求真务实的严肃的史学家对待古史研究的科学态度。张先生是主张从史料的实证入手的，但他从不排斥马克思主义社会经济形态理论对历史研究的指导意义。[②]

林甘泉对历史所老一辈学者新中国成立前的学术成就十分尊重并

---

① 沈颂金：《论古史辨的评价及其相关问题——林甘泉先生访问记》，《文史哲》2003年第2期。

② 林甘泉：《五十年的回忆和思考》，载中国社会科学院历史研究所编《求真务实五十载》，中国社会科学出版社2005年版，第6—7页。上述林甘泉对历史所的回忆，均见此文。

表示敬意，对他们新中国成立后努力学习马克思主义理论并运用于自己的研究实践所取得的进步给予充分肯定，这是一种谦恭的态度。对历史所以外的老一辈学者也一样谦恭。例如对西北大学的老教授陈直（1901—1980）就是显例。陈直出生于江苏镇江一个贫困的读书人家庭，自少年就开始阅读《史记》《汉书》。抗战时期逃离沦陷区，转辗于陕西、甘肃地区，开始收购瓦当、货币、玺印、陶器等文物，作为研究秦汉史的资料。1949 年后进入西北大学历史系任教。1980 年以前出版了《汉书新证》《两汉经济史料论丛》《三辅黄图校证》等名著，在学术界享有盛誉。1979 年 3 月，中国历史学规划会议在成都召开，会议呼吁建立中国史的各种学术研究会，以调动和组织各方面的研究力量。林甘泉是这个会议的组织者和领导者之一。在这个会议上，林甘泉推举陈直为中国秦汉史研究会筹备小组组长，1980 年陈直逝世之后，由林甘泉继任筹备小组组长。对吕思勉（1884—1957）、蒙文通（1894—1968）、徐中舒（1898—1991）也一样敬重。他说：

> 吕先生治学广博，重视综合研究，他虽然以撰写通史和断代史为史学界所称道，但他的通史和断代史也是建立在实证研究的基础上的。蒙文通先生的治学也很广博，他的著作既有专门的考证，也有义理的发挥。他和徐中舒先生解放后都在四川大学教书，我曾经有一个不一定恰当的比喻，说徐老是“汉学”的路数，蒙老是“宋学”的路数。这两位老先生，解放后都重视学习马克思主义，在他们的文章中可以看到唯物史观的影响。①

据笔者所知，1983 年，中国秦汉史研究会在四川大学召开第二届年会时，林甘泉曾请四川大学的秦汉史研究会理事陪同他去探望蒙文

① 邹兆辰、江湄：《正确看待马克思主义史学的历史发展——访林甘泉研究员》，《史学月刊》2000 年第 1 期。

通和徐中舒先生。

修身宽以待人的另一表现，就是坚守持节和廉洁的道德品格。持节的道德规范内容涉及对待富贵贫穷、生死福祸、荣辱功名、权位爵禄、人己家国的态度。其基本精神就是孟子所说“富贵不能淫，贫贱不能移，威武不能屈”的浩然之气和大丈夫精神。廉洁也是中国传统道德的一个基本规范。所谓廉洁，指的是不贪财货，立身清白，循礼行法，见利思义，是“为政之本”“为官之宝”。关于林甘泉持节、廉洁的道德品格，举几个我经历的例子。

1. 1995 年，中山大学出版社出版我的《秦汉史论集》，这是我的第一本论文集。林先生是我景仰的老领导，德高望重的前辈学者，中国秦汉史研究会会长，我请他为该书写序，他爽快地答应了。有一次我出差到北京，去拜访林先生，说中山大学出版社托我转 300 元（或 200 元，具体数字忘记了）给他，作为写序的酬劳，他婉拒不收，并说为老朋友著作写序，是愉快的事，怎能收稿酬呢。

2. 1999 年，经济日报出版社出版林先生主编的《中国经济通史·秦汉经济卷》（上下册），他签署赠我一套。我写了《勇于探索新理论，勤于开拓新领域——读林甘泉主编〈中国经济通史·秦汉经济卷〉书后》的评论文章。文中说“这部巨著无论是在研究的深度，还是在广度上均超过以往的有关秦汉经济史的著述，是一部富有特色的高水平的秦汉经济史著作”，“把秦汉经济史的研究提高到一个新的阶段”，“是到目前为止有关秦汉经济史研究最优秀专著之一”。林先生当时是历史所所长，我想通过他，能在《中国史研究》发表。他在电话中告诉我这套书是经济史断代研究之一，其他各卷，都是历史所各研究室和经济研究所与其他高校的人员集体编撰的，如果在《中国史研究》发表你对“秦汉卷”的评论文章，其他各卷不好处理。这说明他胸怀全局，严于律己的精神。我知难而退，本文后来收入 2005 年中华书局出版我的《秦汉史与岭南文化论稿》书中。

3. 大概是 20 世纪 80 年代末，林先生与历史所的两位老先生赴香港参加学术会议，回程在中山大学住了两天。我当时任历史系副主任，历史系主任陈胜粦教授指示我用系里的经费接待这几位老先生。林先生婉言谢绝，说不能增加你们的麻烦。

4. 我每次出差去北京，只要有时间，我都去拜访林先生。他住在皂君庙社科院宿舍，面积不大，房子老旧，家里的椅子、地面上都摆满书，每次去，他和家人都要把椅子上的书搬走，他夫人用干净抹布抹一抹，才让我坐下，有一次我与我夫人一起去看望他，我夫人事后对我说，林先生这么高级的干部，这么有地位的学者，还住这样破旧房子，真是艰苦朴素，令人感动。我对夫人说，林先生是一位老共产党员，给我们树立了廉洁的榜样。

林先生逝世几个月之后，《中国史研究动态》编辑部组织了“笔谈：纪念马克思主义史学家林甘泉先生”一组文章。其中有一篇中国社会科学院学部委员、历史所原所长陈祖武先生写的《楷模：永远的甘泉同志》，我摘录其中一段，作为本文的结束：

> 甘泉同志在新中国成立前就参加革命，是一位德高望重的老党员、老前辈、老领导。他数十年如一日，严于律己，宽以待人，从不因个人利益而向组织伸手。晚年多病，每次到医院，往返数十公里，从不向研究所要车，悄然而来，悄然而去。“甘泉同志”这四个字，是榜样，是楷模，是共产党人平凡而崇高的精神。这是一种什么样的精神？就是对党的事业的无限忠诚，对马克思主义的坚定信仰，对人民的赤子之心。一言以蔽之，就是为人民服务的永恒宗旨。①

2021 年 1 月 5 日完稿

（作者系中山大学历史学系教授）

---

① 陈祖武：《楷模：永远的甘泉同志》，《中国史研究动态》2018 年第 3 期。

与甘泉先生三十五年的学术交往

谢保成

最初知道甘泉先生是在读北大时，1963 年他一连发表两篇文章与宁可先生讨论阶级观点与历史主义问题，知道甘泉先生有较高的马克思主义理论水平。

认识甘泉先生是 1978 年读研后不久，通过尹达先生认识的。我与甘泉先生同在一个支部，每次开会见面，甘泉先生总要向我问尹达先生的情况。

从 1982 年 12 月接受甘泉先生布置任务，到 2017 年“五一”前甘泉先生最后一次打来电话，差不多整整 35 年，交往主要围绕四个方面，一是尹达先生的一篇文章，二是史学理论，三是郭沫若研究，四是 20 世纪学术文化。

一

1982 年 12 月，甘泉先生接任历史研究所所长不久，因为尹达先生一篇文章的写作，我开始了与甘泉先生的学术交往。

1983 年 5 月 5 日马克思逝世 100 周年，要召开全国性“纪念马克思逝世一百周年学术报告会”，尹达先生需代表历史研究所写出一篇有分量的学术报告，但因病住院，不能捉笔，连口授都没有气力。甘泉先生找我，告知院部的意思，让我到医院与尹达先生商议，说“恐怕还得由你来起草”。当晚，经过一番思考，我形成一个设想。第二天到医院，尹达先生表示宣传马克思主义义不容辞，问我有什么想法，我就说想围绕《马克思主义与中国历史学的发展》这个题目，根据读研期间先生讲课的内容和对编写《中国史学发展史》谈话的内容，整理出一篇文章来。先生表示同意，让再跟所里议定。回所即向甘泉先生通报，甘泉先生认为“这倒是一个可行的办法”，问我多长时间能写出来，我说三个星期左右。1983 年元旦过后，我把用大稿纸写好、抄清的稿子交给甘泉先生，请他审阅后转交尹达先生审定。大约半个来月后的一个星期六，尹达先生叫我到医院去取文章，同意作为全国“纪念马克思逝世一百周年学术报告会”论文印发，并在稿子上签了名，同时叮嘱我继续修改。我看稿子没有改动，不用重抄，就直接交给甘泉先生上报了。尹达先生因病未能亲赴“学术报告会”作报告，该文作为“学术报告会”论文铅印后发到所里，甘泉先生让我给尹达先生送去，尹达先生再次叮嘱我继续完善，可以考虑作为《中国史学发展史》的前言。随后，尹达先生病情加重，不能探视，7 月 1 日病逝，这篇铅印出来的“学术报告会”论文就成为一篇未经尹达先生最后定稿的遗作。1985 年河南师大恢复校名为河南大学，《河南师大学报》改版为《河南大学学报》。河南大学是尹达先生的母校，校方一再希望将这篇印发的文章交由他们正式发表，派专人来找我，一起去见甘泉先生，甘泉先生让我根据尹达先生的意见再完善。当时《中国史学发展史》已交付出版，我结合书的编写又作了一次修订，写了一则按语：“尹达同志这篇遗作，曾作为全国‘纪念马克思逝世一百周年学术报告会论文’印发过。此后，又作过修改。现按照修改稿发表。”文末《河南大学学报》加附言“此稿由中国社会科学院历史研究所谢保成同志整理惠寄。”就这样，甘泉先生同意将《马克思主义与中国历史学的发展》一文交由《河南大学学报》正式发表，配合《中国史学发展史》的出版。一篇文章（《马克思主义与中国历史学的发展》）、一本著作（《中国史学发展史》），成为尹达先生在史学史学科建设方面的代表。

在此前回忆尹达先生的文章中，提到这篇文章都是用“历史研究所交代给我”，“征得历史研究所领导同意”等比较笼统的写法。现在回想起来，如果没有甘泉先生最初把写作任务布置给我，没有甘泉先生后来同意文章正式发表，很可能就埋没了尹达先生关于“马克思主义与中国历史学发展”的思想观点，就没有这篇论文编入尹达先生文集传世了，这是要借此次机会说清楚的第一件事。

在这之后一年左右，与甘泉先生有一次意外的见面和“闲聊”。那是 1984 年 10 月 30 日晚，在护国寺人民剧场观看“梅兰芳诞生九十周年纪念演出”，半场休息时与甘泉先生偶遇。这天晚上是上海京剧院演出梅派名剧《廉锦枫》《宇宙锋》，我主要想看多年不见于舞台的《廉锦枫》（李炳淑主演），甘泉先生的上海亲戚主要想看童芷苓主演的《宇宙锋》，甘泉先生是陪他亲戚来剧场的。休息过后，正是童芷苓主演《宇宙锋》，我就请甘泉先生的亲戚到 5 排 6 号我的座位观看，我和甘泉先生一起坐在 22 排通道左侧的座位。甘泉先生问我怎么买的票，我说是京剧票圈的朋友代买的，他才知道我喜欢京剧。边看演出，边小声聊，从梅派谈到京剧流派和我的喜好，并告诉他说我是在成都读中学时开始喜欢京剧的，看过根据郭老剧本改编的京剧《蔡文姬》，上北大时看过根据郭老剧本改编的京剧《武则天》。由此他知道我不仅喜欢京剧，而且懂得不少戏剧方面的知识，这才有六年之后他命题让我写郭沫若史剧创作与史学研究关系的那篇文章。

二

1985 年受《中国历史学年鉴》编辑部委托，编写《建国以来史学理论与史学方法问题讨论简介》（《中国历史学年鉴》1987 年版，以下简称《简介》），涉猎了甘泉先生 60 年代至 80 年代史学理论的相关论述。因为是简要介绍有代表性的各家基本观点，采取文摘方式，未必与原文一一对应，不能完整反映甘泉先生的史学思想、史学理论。这里按《简介》顺序摘录出来，仅为有兴趣的同仁提供一点线索或素材。

（一）关于史学的功能

对于这个问题的认识，当时有六种不同意见，甘泉先生认为：历史学要充分发挥它的社会功能，就应当面向社会需要。社会需要是多层次和多方面的组合，最重要的是应当考虑我们国家经济、社会、文化发展战略向历史学提出的要求。1. 应该对我国的历史特点作出回答；2. 进行爱国主义教育、历史唯物主义教育以及理想和道德教育；3. 为唯物史观的发展提供新的成果；4. 发挥我国历史学的优势，改变我们某些具体研究领域比较薄弱或空白的落后状况。①

（二）历史遗产问题

甘泉先生在《论历史文明遗产的批判继承》（《中国史研究》1983年第2期）中的论述，主要涉及三个方面：

其一，如何理解历史遗产。甘泉先生认为，我们通常所说的历史遗产，主要是指人类文明的遗产。文明遗产作为人类认识和改造世界的成果，有它本身所固有的历史继承性。这种历史继承性不仅表现在每个时代的文明都要以先前时代的文化知识资料和思想资料作为前提，而且表现在某些文明遗产具有相对的稳定性。

其二，如何批判地继承史学遗产。甘泉先生不同意以“民主性”和“真理性”作为解决文明遗产继承问题的标准，认为历史文明遗产内容错综复杂，企图用一两个简单的标准来决定取舍或区分其中的精华和糟粕，显然要遇到许多难以解决的困难。如果不事先树立什么标准，而是遵循历史唯物主义的观点和方法，实事求是地作具体分析，

---

① 《历史研究应当面向社会需要》，《光明日报》1986年1月8日。

倒有可能比较容易把问题说清楚。

其三，应当批判地继承哪些历史遗产。甘泉先生的意见是：凡有利于我们建设社会主义文化、提高我们民族自信心的文明成果，都应当视为珍贵的遗产加以批判继承。对历史的认识永远不可能结束，对历史文明遗产的批判继承也永远不会有终结之时。

（三）亚细亚生产方式问题

《亚细亚生产方式与中国古代社会》（《中国史研究》1981 年第 3 期）是甘泉先生发表的一篇重要理论文章，主要针对梅洛蒂《马克思与第三世界》一书中关于中国是"'亚细亚'社会的最典型例子"等观点进行驳论，涉及问题多，在历史发展的共同性和多样性的关系，五种生产方式依次更替是不是社会发展的普遍规律，对亚细亚生产方式的理解，马、恩发现原始社会有没有一个历史过程，人类社会发展规律究竟是"单线"还是"多线"等问题上，都提出了自己的认识和意见。

既看到不同国家或民族经过奴隶社会和封建社会的共同性，又看到它们之间奴隶制和封建制类型不同的多样性。我们赞成这一种研究方法。人类历史的发展有着共同规律，而这种共同规律是通过各个民族和国家历史发展的多样性表现出来的。

把亚细亚所有制和作为特定社会经济形态的亚细亚生产方式完全混为一谈，或者否认亚细亚生产方式是属于阶级社会的范畴，或者把亚细亚生产方式看作亘古不变的特殊社会，这是争论长期得不到解决的一个重要症结。只要把亚细亚所有制和亚细亚生产方式这两个概念作适当区别，分歧是可以得到解决的。

梅洛蒂归纳的马克思关于亚细亚社会的特点，就中国的情况来看，那就是西周的奴隶制社会。至于西周社会的实际情况，要比马、恩的论述复杂得多。马克思、恩格斯关于亚细亚生产方式的一些论述，古代中国的历史实际不尽符合，这是不奇怪的。如果它们完全合辙，那倒不合情理了。

马、恩关于原始社会的认识有一个历史发展过程，五种经济形态依次更迭的学说也是逐渐形成的。马克思最初提出亚细亚生产方式的概念时，是把它当作原始的社会形态来看待的，但它和今天所理解的原始社会（即氏族制）是两回事。及至70年代读了摩尔根的《古代社会》后，对原始社会的认识有了重大改变，马、恩不再把亚细亚生产方式看作人类历史上的原始社会形态，而恩格斯写了《起源》后，马克思主义创始人关于社会经济形态的理论才形成了一个完整的体系；并且确定了资本主义社会以前社会经济形态发展的顺序。

用“多线论”或“单线论”的对立来概括在这个问题上的不同认识，并不恰当。因为无论是“多线论”或“单线论”都可以作不同的理解，“多线论”可以理解为否认不同国家和民族历史发展的共同性，“单线论”的提法则容易被误解成单一的模式，从而忽视不同国家和民族历史发展的多样性。

（四）关于中国封建社会的几个问题

1. 封建社会阶段划分

关于中国封建社会阶段划分，有两分、三分、四分等认识，以主张三分的学人居多，但具体分法又各不相同，多达九种意见。甘泉先生的意见最为简明：中国封建社会的上升阶段相当于战国到西汉前期，从西汉后期到明中叶是封建社会的迟缓发展阶段，明代中叶以后由于资本主义萌芽产生，封建社会开始进入它的衰落阶段。[①]

2. 封建土地所有制形式

《中国封建土地所有制的形成》（《历史研究》1963年第1期），是甘泉先生的又一篇代表作，探讨中国封建土地所有制形成的具体途径问题，主要考察封建地主土地所有制和自耕农的小土地所有制的形

① 林甘泉：《论中国封建地主阶级历史地位的转化》，《社会科学战线》1979年第4期。

成过程。结论性的观点是：中国封建社会基本的土地所有制形态是封建地主土地所有制，封建土地国有制是它的补充形式，自耕农的小土地所有制则是它的附庸。至于封建土地国有制，可以把它看作古代的公社土地所有制（即奴隶主土地国有制）在封建社会中的延续。

3. 小农经济、地主经济与中国封建社会长期延续的关系

研究中国封建社会长期缓慢发展的原因，要注意中国封建社会是属于地主制而不是领主制形态。小农经济是受地主经济支配的，它时刻处在分化之中，这种分化逃不出封建的经济关系和阶级关系。把本来就不居于主导地位的小农经济看成是封建专制主义的经济基础，并把它说成是中国封建社会长期延续的“重要原因”或“总根源”，不仅根本违反历史唯物主义关于经济基础的起码常识，而且在史实上和逻辑上都说不通。[①]

（五）民族英雄问题

《历史遗产与爱国主义教育》（《光明日报》1983 年 10 月 26 日）一文，涉及当时讨论的两个问题，一是民族英雄内涵，甘泉先生认为，只有那些坚决反抗民族压迫和外国民族侵略，在斗争中表现出威武不屈的英雄气概、作出重大贡献的杰出人物，才能称为民族英雄。至于那些和反抗民族压迫无关，而只对本民族乃至整个中华民族历史发展作出重大贡献的人物，我们尽可以给予充分的肯定，却不必把他们称为民族英雄，以免把杰出人物和民族英雄混为一谈；二是存不存在代表各民族共同利益的民族英雄，甘泉先生的意见是，随着历史的发展，我国各族人民早已形成了中华民族大家庭，既然我们承认汉族和少数民族的历史都是祖国历史不可分割的部分，也就应该承认不论汉族或少数民族的民族英雄都是祖国珍贵的历史遗产。

---

① 在 1979 年 11 月北京“批判封建主义学术讨论会”上的发言，《批判封建主义学术讨论会纪要》，《光明日报》1979 年 11 月 13 日。

（六）阶级观点与历史主义

这是60年代讨论的一个热点问题，包括马克思主义历史主义的内容、历史主义与阶级观点的关系，甘泉先生一连发表了两篇论文——《历史主义与阶级观点》《再论历史主义与阶级观点》（《新建设》1963年5月号、10月号），基本观点如下：

在马克思主义的理论中，历史主义和阶级观点是完全一致的、统一的。它们虽然是两个不同的概念和术语，但并不意味着它们是不同的或是互相排斥的两种观点。脱离阶级观点和阶级分析方法，实际上不可能真正历史主义地看问题。任何对阶级观点和阶级分析方法的背离都只能导致非历史主义。

马克思主义的历史主义不仅是辩证的，而且是唯物的。如果离开了阶级关系和阶级斗争去考察问题，显然谈不上什么真正的历史主义态度。只有与阶级观点相统一，历史主义才能真正成为马克思主义的历史主义。这两个方面是互为条件、互相依存和互相渗透的。它们的统一的联系是由现实的历史过程决定的，因为阶级斗争的历史本身是一个辩证过程，而历史辩证法的基本内容离不开阶级斗争，它们是同一历史过程在观念形态上的反映，按其实质说来就不能不是统一的。

再次声明，这里只是摘录《简介》中涉及甘泉先生的有代表性的观点，不代表甘泉先生的全部史学理论论述。

三

我从事郭沫若研究固然是“执行”导师尹达先生的遗愿，但我在郭沫若研究领域能够取得今天的成就，却与甘泉先生的鼓励与支持、督促与“共勉”有着直接关系，这是要借这次机会说清楚的第二件事。

我与甘泉先生在郭沫若研究方面的交往，自1991年参加他主编的《郭沫若与中国史学》撰写，至2011年协助他主编的《郭沫若年谱长

编》结项，前后整整 20 年，分两个方面来谈。

第一方面，甘泉先生对郭沫若研究的贡献。

甘泉先生主编了三部关于郭沫若的著作，一是《郭沫若与中国史学》（中国社会科学出版社 1992 年版），二是《文坛史林风雨路——郭沫若交往的文化圈》（浙江人民出版社 1999 年版），三是《郭沫若年谱长编》（中国社会科学出版社 2017 年版），均为郭沫若研究领域的重要编著。

由于学科原因和历史原因，郭沫若研究长期存在研究文学多、研究史学少的状况。1986 年黄烈先生组织召开过“郭沫若史学讨论会”，出版了会议论文集。1987 年我呼吁过“应当改变郭沫若研究的现状”，但在郭沫若逝世后 10 多年间，在郭沫若诞辰 100 周年前，却没有一本系统研究郭沫若史学的论著。鉴于这一状况，在郭沫若百年诞辰前夕，甘泉先生与黄烈先生组织 13 位学人，分 15 个专题撰写成《郭沫若与中国史学》这一论著，第一次系统、全面、生动地评述了郭沫若的史学思想发展历程和郭沫若在中国史学诸多领域的杰出贡献。甘泉先生撰写了书中的两个专题，其中《传统思想文化的继承与超越》一篇论述了主编《郭沫若与中国史学》的指导思想，是反映甘泉先生认识郭沫若思想的一篇重要文章，但当时却未受到重视。两年以后，甘泉先生为我写的《郭沫若评传》作序，重又提到此文，才引起我和读者的注意，下面再述。《郭沫若与中国史学》一书的出版，在改变郭沫若研究格局方面起到了重要作用，正如出版者的评述那样，这本书“为广大史学研究者和爱好者提供了一部内容丰富、生动具体、极有教益的学习参考资料，具有重要的学术价值和永久的纪念意义”。

1992 年 11 月在新万寿宾馆召开纪念郭沫若百年诞辰大型国际学术研讨会，我作为参会代表，甘泉先生特别交代一项任务，不少参会者是与郭老有交往的老先生，会议工作人员不认识，要我协助会务组接待好史学界的这些代表，包括白寿彝、吴泽、胡厚宣、张政烺等诸位先生。

郭沫若百年诞辰过后，诋毁郭沫若者改变了方式和内容，不再只纠缠郭沫若的私人生活或政治倾向，而是采用学术问题或与学人交往来进行诋毁，一是说郭沫若《十批判书》抄袭钱穆《先秦诸子系年》，一是用郭沫若与陈寅恪的交往“做文章”。1995 年底《陈寅恪的最后二十年》出版，出现了陈寅恪《论再生缘》完成后“曾直接受到政治压力”，“郭沫若的‘辩难’或与此有关”，郭沫若与陈寅恪之间有着“不可能磨平的‘龙虎斗’痕迹”等说法。甘泉先生一面安排翟清福、耿清珩撰写《一桩学术公案——评余英时〈《十批判书》与《先秦诸子系年》互校记〉》（发表在《中国史研究》1996 年第 3 期），证明余英时“对《十批判书》的攻击根本不能成立，其手法完全背离正常学术批评准则”，“完全出之于他对郭沫若的偏见”，一面要我写一篇全面反映郭沫若与陈寅恪交往的文章，说“你来写最合适，在北大学隋唐史你是汪篯的学生，读过陈寅恪的书，这些年对郭沫若又有研究，读过王国维的书，应该对郭沫若与陈寅恪的交往有一个全面的认识”，并表示时间可以等我出国回来以后，而且跟郭沫若纪念馆打好招呼，提供必要的馆藏资料和郭沫若日记。与此同时，甘泉先生本人开始组织编写“郭沫若交往的文化圈”一书，至 1998 年 7 月《文坛史林风雨路——郭沫若交往的文化圈》全书完成，如实地反映了郭沫若与 19 位文化名人的交往，包括与并非朋友的胡适、陈寅恪的交往。7 月 8 日定稿的代序《“嘤其鸣矣，求其友声”》21000 余字，是甘泉先生认识郭沫若人生道路的一篇力作，通过郭沫若不同历史时期（四个时期）与文史各界名人的交往，勾勒出郭沫若的人生道路和某些轨迹，反映郭沫若的思想和性格，反映半个多世纪文坛史林的风风雨雨。这篇代序，在澄清被歪曲的事实、批评一些奇谈怪论的同时，客观分析了 1949 年以后郭沫若“地位变化”给他带来变化的原因：

> 作为一个担负国家领导工作的共产党员，他不能随意发表自己的政治见解，而只能坚决贯彻执行中央的方针、路线和政策。

> 在历次政治运动和思想战线的斗争中，他不能不按照统一的口径表态，甚至违心地批评别人或作自我检讨。文学领域，是最需要发挥作家个性和感情张力的。当一个作家只能按照一种集体的声音说话，甚至这已经变成他自觉而真诚的内在要求之后，他的作品也就很难再显示出自己的个性特色和具有感人的力量了。郭沫若在建国以后之所以没有能再写出像《女神》那样令人倾倒的诗篇，原因固然比较复杂，但缺少真正的激情不能不说是一个重要原因。

正因为此，这篇代序被认为“全面地多角度地向我们介绍了郭沫若，这是一篇负责的、严肃的、有分析的人物评论”[①]。总而言之，在澄清事实、批驳谬论、公正评价郭沫若方面，甘泉先生发挥了重要作用。在随后的一些年，用学术问题或与学人交往来“做文章”诋毁郭沫若的情况，逐渐减少。

从郭沫若100周年诞辰到110周年诞辰，经过整整10年的努力，郭沫若史学研究队伍不断壮大，而且是在与诋毁郭沫若的学术论辩中壮大起来的。在2002年郭沫若诞辰110周年之际，甘泉先生主持的第三部关于郭沫若的编著——《郭沫若年谱长编》正式立项为院A级重大课题，至2011年10月以“优秀”等级通过结项。随后，经蔡震与郭沫若纪念馆仔细加工，至2017年10月出版，实际见书是2018年1月，甘泉先生没有能够见到书就离去了。关于《年谱长编》的编纂，蔡震已有详细说明，这里不再赘述。

第二方面，甘泉先生对我的鼓励与支持、督促与“共勉”。

1992年纪念郭沫若百年诞辰之际，甘泉先生要我写郭沫若史剧创作与史学研究关系的文章，说之前谈郭沫若历史剧，多是从事文学研究的人，郭老是史学家写历史剧，应该由从事历史研究的人来写这个

---

① 《公正评价郭沫若》“编者的话”，中央党校出版社1999年版。

题目，你喜好京剧，对戏剧熟悉，正好写这个题目。这是甘泉先生在郭沫若研究领域第一次给我布置任务。我接受了这一命题，交稿时题为《郭沫若再现历史画卷的成就》，编入《郭沫若与中国史学》时甘泉先生改题为《史剧与史学关系的探索》。不久，被成都出版社出版的《郭沫若纵横论》收入，改题《剧作依赖研究，历史需要艺术——郭沫若史剧论研究》。中国艺术研究院因此邀我去作过一次演讲，还有两家杂志进行过访谈。

1994 年年初，“国学大师”丛书策划者拿着一份“国学大师”名单征求我的意见，名单中没有郭沫若。我说根据你们的“经史子集会通合和、造诣精深者，则可称为大师，即‘国学大师’”的定义，郭沫若经部有诗、书、易研究，史部有甲骨、金文研究，子部有先秦诸子研究，集部有屈原与楚辞研究，而且参加过 20 年代关于“国故”问题的讨论，提出“要跳出‘国学’的范围，才能认清国学的真相”的论断，难道不是“会通合和、造诣精深”？为什么丛书名单没有郭沫若？于是，他们让我赶写一本收入丛书。根据规定的体例和字数，我用了三个月左右的时间写出一本 17 万字的《郭沫若评传》，请甘泉先生写序。6 月 15 日将打印好的稿子交甘泉先生，7 月 12 日甘泉先生将写好的序和修改意见一并转给我，22 日书稿最后改定，交付出版。甘泉先生的序文不长（1900 余字），摘录有关文字如下：

> 在纪念郭沫若诞辰一百周年之际，我曾经以郭沫若对“传统思想文化的继承和超越”为题写过一篇文章，指出“中国传统思想文化对郭沫若早年的世界观和人生观，以及对他的史学思想都有重要的影响”。同时强调，“郭沫若既继承了传统，又超越了传统。他用理性的目光审视传统，对传统思想文化的价值作出了富有时代特征的判断。这一切，都值得认真加以研究和总结。”我与黄烈同志主编的《郭沫若与中国史学》一书，正是以上述认识对郭沫若的史学作出系统评述的。

前文提到，《郭沫若与中国史学》没有直接表明主编的指导思想，甘泉先生将主编的指导思想清楚地写在给我的这篇书序中，显然是对我的一种支持和鼓励。

序文称我写的《评传》总体构思“足见作者用心之良苦”，说其中某些篇章“都有独到的研究心得”，“这样的研究是不多见的”等，更是支持和鼓励。序文最后写道：

> 短短两三个月的时间，能够在原有基础上再填补自己研究的“空白”，固然不易。倘若能够深涉卜辞和彝铭，定会有意想不到的新收获。莫说写这本《评传》是自己研究的总结，应当说这是新起点。让我借用郭沫若的一名句，以为共勉：
>
> 只顾攀登莫问高！

让我以这本《评传》为“新起点”，用郭沫若“只顾攀登莫问高”与我“共勉”，显然含有督促之意，不让我放弃郭沫若研究。

四年后，我以这本《评传》作为“新起点”，“补充其不足、修订其疏漏”，扩充为 30 万字，新成一本《郭沫若学术思想评传》，为我研究郭沫若的代表作。交付出版之前再请甘泉先生写序，他不但表示无需再写，而且让我帮他仔细推敲《文坛史林风雨路——郭沫若交往的文化圈》的代序《“嘤其鸣矣，求其友声”》，其中有五分之一的篇幅是谈郭沫若与陈寅恪的关系的。甘泉先生的这篇代序和让我写的《郭沫若与陈寅恪：“龙虎斗”与“马牛风”》，后来同时被收入《公正评价郭沫若》一书，一篇以“评论”为主，一篇用“材料”说话，相辅相成，这或许就是甘泉先生所说“共勉”。

因为这样一些原因，甘泉先生担任郭沫若研究会副会长时要我担任研究会副秘书长，甘泉先生担任研究会会长后要我担任研究会副会长，协助他分管研究会史学研究方面的工作。

就这样，在甘泉先生的鼓励与督促下，我们在郭沫若研究领域一同走过了整整 20 年的历程。下面是我与甘泉先生的唯一一张合影，2000 年 8 月 3 日召开“郭沫若与二十世纪中国思想文化学术研讨会”期间，在长白山银环湖畔拍摄。

与林甘泉先生在银环湖畔

四

尹达先生逝世 10 周年刚过，尹达先生在历史研究所创建的史学史研究室被撤销，新成长起来的一支研究队伍，退的退，病的病，调的调。接下来的数年间，作为尹达先生在历史研究所史学史学科的唯一学生，我以个人微薄之力，坚持古代史学、近现代史学研究。甘泉先生虽然早已不再担任历史研究所所长和党委书记，但他却以可能的方式支持我坚持史学史研究，尤其是对近现代史学的研究。我主编的三卷本《中国史学史》（截至清末）结项出版（2006 年）之后，接着申请了“20 世纪中国史学”的课题。在随后的六七年间，我与甘泉先生的交流最为频繁。一是甘泉先生正在主持《孔子与 20 世纪中国》的课题，二是 20 世纪后半纪即新中国成立以后的史学，甘泉先生是亲身经历者和见证者，有许多问题需要向他请教，希望得到他的指点，而且他已经发表了《20 世纪的中国史学》《世纪之交的中国历史学》等文章。这段时间，与《郭沫若年谱长编》编写交叉，开《年谱长编》讨论会、审稿会、定稿会，成为我和甘泉先生见面交谈 20 世纪学术的极好机会。我的总体设想，甘泉先生表示赞同。我特别提出，写 20 世纪后半纪史学，一定请他做顾问，共同完成。

2008 年甘泉先生主编的《孔子与 20 世纪中国》出版，签名送了我一册。同时，转送我一本俞旦初著《爱国主义与中国近代史学》，书前有甘泉先生写的一篇代序。甘泉先生对我说："你和二翟（翟清福）去过他家，看过他收集的 20 世纪初的材料，这本书对你可能有用。"俞旦初先生研究近代史学史，重点是 20 世纪初的史学，我与他开会时见过面，1993 年 3 月病逝。记得 1994 年 10 月的一天，甘泉先生打电话给我，说俞旦初夫人曹琴华希望派人去看看她家中留下的材料，让我和二翟去一趟。曹琴华接待了我二人，除 20 世纪初的图书、期刊外，书架上主要是用纸袋或档案袋装着的剪报和复印材料，满是尘土。袋子上大部分写着年份和期刊名，有的袋子装有同一年份的几种期刊。另有一部分袋子以期刊为主，同一期刊装在一个或几个袋子，袋子里的剪报或复印的报刊大体按年代先后摆放，夹杂着一些复印的图书资料。我和二翟用一个上午时间看了个大概，回到所里写了个简单的情况交给甘泉先生。甘泉先生在《爱国主义与中国近代史学》代序中强调俞旦初"为了尽可能掌握更多的资料，他不辞辛劳，'上穷碧落下黄泉'，从大量的报章杂志和各种书籍中，把许多一向不被注意又极其分散的材料挖掘出来"。我在写 20 世纪初史学时，想起这段往事，便采用了"走捷径"的做法，直接引用俞旦初先生用过的材料，加注说明"本节资料，沿引俞旦初……收入俞旦初著《爱国主义与中国近代史学》"。

至 2010 年 6 月，我写完 20 世纪前半纪史学，感觉完全可以独立成编，便请甘泉先生作鉴定，将原先《20 世纪中国史学（立足于古代的考察)》的课题，改为《二十世纪中国史学（1901—1949)》结项。6月16日甘泉先生写了“鉴定意见”，给予这项成果极高评价：“用力甚勤，其搜集的材料是我所看过的已有同时段史学史著作中最丰富的”，“论述很有条理，观点也比较实事求是，纠正了以往研究中的一些错误认识。总体而言，堪称一部佳作”。同时，提出两点不足和修改建议，其一，“相对而言，对二十世纪史学发展与时代背景和社会思潮关系的分析就嫌不足”；其二，《清史稿》“本纪、志、表、列传细目及执笔、修改人员似无必要全部胪列，而洪煨莲主持编纂的经史子集各种引得，在当时很有影响也有用，书中却未见提及”。不久，在审查《年谱长编》稿时见面，我说第二条建议完全接受，做了修改和增补，第一条建议基本没有采纳，原因是对20世纪史学大都喜欢分思潮、分派研究，但并不完全符合历史实际，我是用史家活动和史学著作来反映20世纪史学发展的，新增加了一篇《绪论》来说明这样的一些问题。一年以后（2011年11月)，这一成果以《民国史学述论稿》的书名由上海人民出版社正式出版，成为我的一本代表作。

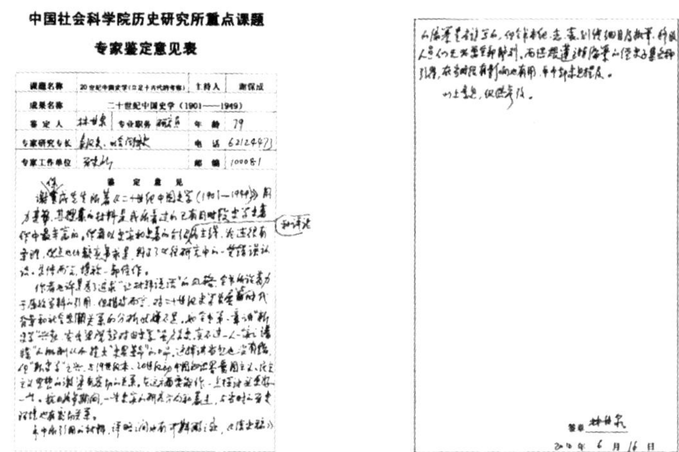

中国社会科学院历史研究所重点课题

专家鉴定意见表

课题名称	20世纪中国史学（立足十六代的考察）	主持人	谢保成
成果名称	二十世纪中国史学（1901——1949）		
鉴定人	林甘泉	专业职务	研究员
年龄	79	电话	62124473
专家工作单位	历史所	邮编	100081

鉴定意见

签章 林甘泉

年 6 月 16 日

林甘泉填写《专家鉴定意见表》复印件

20世纪后半纪史学的续写，根据甘泉先生的建议，2013年以“中国马克思主义历史学”为题，申请了院老年科研基金课题。课题拟分三个部分：第一部分，中国马克思主义历史学的发展历程与取得的成就，第二部分中国马克思主义历史学探讨的历史问题与研究方法，第三部分中国马克思主义历史学存在的问题与面临的挑战。准备请甘泉先生做顾问，写一部分请他看一部分。第一部分基本完成，他没有多少异议。第二部分刚刚开始写作，便因卧病而中止，课题没有能够完成。

最后，说一说甘泉先生打来的最后两个电话。

2015年6月我因贲门癌做开胸手术，养疴在家。11月的一天晚饭后接到甘泉先生打来的电话，问我怎么得的病、治疗情况、恢复情况如何，我如实告知后，特别告诉说，民国史学与先前三卷本《中国史学史》经过个人独自修改、增补，已经统编为《增订中国史学史》（三卷四册），正在排印。幸亏民国史学提前结项，才有这套从史的起源到1949年的贯通性中国史学史。甘泉先生问，现在还能写东西吗？我告诉说，刚刚交出一篇《马克思主义与历史考据》的文章，是生病前的约稿。他一听题目，很感兴趣地问内容，我说主要根据马克思写《资本论》“是显微镜下的解剖所要做的那种琐事”以及恩格斯写《起源》《反杜林论》《德国农民战争》和给康·施密特的信为理论依据进行论证的，他让发表后一定寄给他看。2016年4月收到样刊即转给他一本，《人大报刊复印资料·历史学》转载后又转去一本。

另一次电话是2017年“五一”前，也是晚饭过后。2016年10月《增订中国史学史》出版，召开了纪念尹达先生诞辰110周年暨新书发布会，给甘泉先生寄赠图书一套。这次电话问询病情之后，甘泉先生告诉说收到这套书，认为《导言》写得有特色，表示赞同我所说研究近代史学不光要懂得近代史，还必须懂得古代史，因为近代史学讨论的问题基本都是古代史问题。问我最近做什么，我告诉说《郭沫若全集补编》中的两卷《再生缘》，他随即问起前不久一次陈寅恪会的情况。总之，谈兴很浓，像是久未跟人交谈，总想找话说似的，不由想起“嘤其鸣矣，求其友声”。他甚至问我还看戏不看，我说不去剧场看戏，但经常听唱段和看录像，告诉他去年看《文姬归汉》录像，听到唱胡笳十四拍，突然想到《文姬归汉》剧本是 1926 年写成的，比郭老写《蔡文姬》剧本要早 30 多年，而且胡笳十二拍、十三拍、十六拍都被用作唱词或对话，特别是用“二黄慢板”唱的十四拍已成为程派名段，表明程砚秋及其编剧认定《胡笳十八拍》是蔡文姬的作品，这也比郭老要早好多，所以郭老写《蔡文姬》的“动机”须得再思考。甘泉先生说可以写出来，我告诉他已成文寄给《郭沫若学刊》，估计年内能够发表。就这样，交谈了一个多小时，我觉得时间有些长了，表示等再恢复一段时间去家里看他。不想这一挂电话，就再也听不到甘泉先生的声音了。

甘泉先生三年祭，谨以此文作缅怀！

（作者系中国社会科学院古代史研究所研究员）

林甘泉先生与郭沫若研究

蔡　震

林甘泉先生是历史学家，在历史学研究领域成就卓著，但他在郭沫若研究这一学术研究领域所做的工作似乎不大为人所知。我曾在林先生领导下工作，也曾与林先生共事过，藉这次“求真务实——林甘泉史学研究理论与方法座谈会”举办之际，回忆一些林先生在郭沫若研究学术领域活动的往事。

谈及林甘泉先生与郭沫若研究的关系，首先得说到他工作经历中一些工作岗位的安排。

1988 年 10 月，经中共中央宣传部批复（1988 年 9 月），中国社会科学院任命林甘泉先生为郭沫若著作编辑出版委员会副主任委员。郭沫若著作编辑出版委员会是在郭沫若去世后，为出版他的著作全集而设置的机构，当时直属中国社会科学院。周扬任编委会主任，石西民为主持日常工作的副主任，但因年事已高，此时他们二人均已不再参与编委会工作。林先生被任命为编委会副主任委员，实际上是主持编委会工作。11 月起，他又兼任郭沫若故居馆长，编委会即在此办公。故居对外开放后改名郭沫若纪念馆。

此时，《郭沫若全集》三编中“历史编”已经出版，“文学编”完成编辑注释工作，陆续在出版中，“考古编”亦已完成大部分编辑注释工作，并开始逐卷出版。所以，郭沫若著作编委会第一阶段的全集编辑出版工作，可以说基本完成，下一步转入建立纪念馆的工作，林先生的任命恰逢此时。林先生那时在历史所还有任职，但他为筹建纪念馆做了大量工作，虽是兼任故居馆长，馆里办公会议他都来参加。（编委会日常工作由办公室负责，工作事项都由办公会议决定）1992年，郭沫若纪念馆正式开馆，林先生为第一任馆长。

1990年2月，林甘泉先生被增补为中国郭沫若研究会副会长。中国郭沫若研究会成立于1983年（当时称中国郭沫若研究学会），周扬为首任会长，林林继周扬之后任会长。2002年，在林林辞任会长之后，林甘泉先生在第四次会员代表大会上被推选为会长。中国郭沫若研究会是全国性的民间学术社团，学会成立的宗旨主要是促进郭沫若研究的学术活动、文化活动。前两任会长周扬、林林，都是与郭沫若同时代的人，且都担任过重要领导职务，林甘泉先生则主要是以历史学家身份而担任研究会领导的。事实上，从此之后，担任研究会领导工作的，主要都是各个学术领域、文化领域的专家学者。中国郭沫若研究会一直以来在同类学会中都是开展学术研究和学术交流工作做得比较好的（这倒不是自夸，是其他学会认可的），林甘泉先生功不可没。

可以说，林甘泉先生开始是由于工作安排，而直接与郭沫若研究联系起来的，但林先生出任领导，无论是在编委会，还是在郭沫若纪念馆，以及在中国郭沫若研究会，他都并不仅是一位行政领导或主持工作的领导者角色。作为学者，林先生直接进入到郭沫若研究的学术领域，是参与者，尽管这并不完全是他的历史专业领域。

郭沫若是跨学科领域的文化巨匠，郭沫若研究也在不同的学科领域展开。历史学是郭沫若学术研究和学术活动最主要的领域，他在中国近现代史学史上是一位大师级的人物，所以从历史学角度研究郭沫若，当然是郭沫若研究的重要方面。相较于文学领域的郭沫若研究，郭沫若史学研究一直以来比较薄弱。林先生与历史所同事黄烈先生任主编，组织13位历史学者撰写了《郭沫若与中国史学》一书。该书分上下两篇15个专题，从历史学角度，系统、全面地评述了郭沫若的

史学思想发展历程和他在中国历史学诸多领域的杰出贡献。林先生撰写了其中两个专题："早期的史学思想及其向唯物史观的转变""传统思想文化的继承与超越"。

林甘泉曾参加了郭沫若主编的《中国史稿》撰写工作，他是第二册、第三册的主要执笔人。有这样的学术经历，他来评说"郭沫若与中国史学"这样的问题，自然有其精到的见解。该书是郭沫若史学研究方面一部颇有分量的著作。

1992 年逢郭沫若百年诞辰，文化学术领域举行了一系列纪念活动，郭沫若纪念馆主要承办了"郭沫若与中国现代文化"国际学术研讨会。在这个研讨会上将由胡绳院长做主题报告。馆里把起草报告的事交给我，胡绳本人就是历史学家，又是全国政协副主席，为他起草学术报告，压力当然很大。

于是，林先生事先联系好胡绳院长，带我直接去了他的办公室，听胡绳院长讲他对于学术报告要点的思考。胡绳讲了五六点，其中心内容是关于郭沫若的创造精神。这与我当时为参会准备的论文主题不谋而合，我就把这一内容写进起草的报告中，后来另外准备了一篇参会论文。学术报告起草得很顺利，林先生应该是对我的学术能力认可的，所以并未具体过问报告的起草。完稿后我交给林先生，他直接作了一些修改，并未再让我修改，即交给胡绳院长。在胡绳那里也一次通过，题目定作《踏着一代文化伟人的历史足迹》。该文会后收入《郭沫若百年诞辰纪念文集》。胡绳院长大概比较满意这篇报告文稿，后来他自己修改后编入《胡绳全书》，并在文末注明我作的起草工作，但没有提到林先生，可见林先生只是在默默地做工作。

1999 年，林先生组织撰写了《文坛史林风雨路——郭沫若交往的文化圈》一书，10 月由浙江人民出版社出版。全书侧重人物传记的写法，但以学术研究为本。撰稿者均为各个研究领域的专家学者，从文化史的层面，以 20 世纪中国 19 位文化精英人物，鲁迅、胡适、茅盾、老舍、田汉、郁达夫、傅抱石、容庚、侯外庐、尹达、刘大年、夏鼐等与郭沫若交往的人际关系，围绕郭沫若在不同历史时期，与文学界、艺术界、史学界这些人物的交往，勾画出他人生道路的轨迹，使读者对郭沫若的思想、性格获得更多的认知，也得以了解半个多世纪文坛史林的风风雨雨。林先生以“嘤其鸣矣，求其友声”为题，撰写长文，全面叙述、评价了郭沫若的一生，并以其作为“代序”。

这本书的编撰，当时应该还有这样的背景：丁东编辑了《反思郭沫若》一书，借“反思”之名，行攻击、污名化郭沫若之实。辑录的文章主要有余英时《〈十批判书〉与〈先秦诸子系年〉互校记》，余杰、谢泳等人的散文随笔。该书当时在学人中有不小影响。林先生在研究会组织学术活动时专门说到需要学人著文驳斥，特别是针对余英时的文章（余的长文认为郭沫若抄袭钱穆）。历史所翟清福随即撰写了《评〈《十批判书》与《先秦诸子系年》互校记〉》反驳余文。

林先生此时组织撰写这样一本书，显然有意针对郭沫若研究领域的这股浊流。后来曹剑编辑《公正评价郭沫若》一书（中共中央党校出版社 1999 年版），针锋相对“反思”一书，书中第一篇便选了林先生的《“嘤其鸣矣，求其友声”》。

在研究会的学术活动中，林先生也会撰写文章，数量虽不多，毕竟这不是他的专业研究领域，但他应该是很重视郭沫若研究的。他将自己的论文《从〈十批判书〉看郭沫若的史学思想》，收入《林甘泉文集》（学术委员文库），在他的《主要著作目录》中也列出了《郭沫若与中国史学》一书。

2003 年，《郭沫若年谱长编》作为中国社会科学院“A 类重大课题”立项、启动，由林先生与我主持课题。林先生是时已经不担任馆长了。这是《郭沫若全集》出版后，郭沫若纪念馆立项的最重要的一个课题项目，也是郭沫若研究领域一个非常重要的课题项目。

林先生对“年谱长编”的编撰有全面的考虑，他强调秉持严谨、认真的学术态度，重视史料的完备性和可靠性。整理考订文献史料，做到无征不信，孤证不立。对于史实的把握、解读，遵循实事求是原则，坚持历史唯物主义的态度。他还特别强调谱文撰写的学术性。

林先生起初自己也承担了一个时间段的谱文撰写，后因科研工作的繁重，请了所里其他同志协助。但每一次（每年）撰稿会，他都参加、主持讨论。

在《郭沫若年谱长编》编撰期间，史学界曾有过一阵对于郭沫若《中国古代社会研究》的不以为然，以及对于郭沫若所代表的马克思主义史学派的轻忽，林先生则一直秉持马克思主义的学术立场。他说："我仍然信仰唯物史观"。

"年谱长编"是个集体项目，协调各个编撰者的撰写和文稿工作是个很费心力的事情，特别是在通稿阶段。有时一条谱文不满意，林先生亲自改写，几百字密密麻麻写在打印稿上。他曾提出退出课题组，实在是因为时间精力有限。我知道这是实情（当时历史所挂在林先生名下的课题还有好几个），我说能做多少做多少，我尽量多做。林先生的原则是如果他不能具体参与做课题，他就不会署名，他不做挂名的主编。后来通稿，我说他看一半就行了，结果我发现他还是看了全部稿子，而且有些错别字他都仔细地改正。

《郭沫若年谱长编》的编撰延续了十年，我也算是与林先生共事十年，对林先生有了更深的了解。我会用三个词来评说我所认识的林甘泉先生：认真、严谨、务实。无论在工作上，还是学术研究上。

"年谱长编"交稿之后的出版事宜延宕了几年，因为出版社希望申请到"国家出版基金项目"。那个红色华表的小标是申请到了，但出版社编辑告知我该书稿开印的同时，也传来了林甘泉先生逝世的消息。他终是没能见到耗费了十年心血主持编撰的五卷本《郭沫若年谱长编》出版成书。不过，郭沫若研究将记住林先生所做的这一切。

壬寅　仲夏

（作者系中国社会科学院郭沫若纪念馆研究员）

大德深恩：追思林甘泉老师

王子今

第一次见到林甘泉老师，应该是在他来西北大学主持黄留珠、周天游、张廷皓、吕苏生、余华青硕士论文答辩的时候。他们是陈直先生指导的硕士研究生。在读期间，陈直先生 1980 年 6 月 2 日去世。于是由林剑鸣先生指导完成学业。1981 年 9 月，中国秦汉史研究会在西安成立，林甘泉先生被推选为第一任会长。中国秦汉史研究会在成都召开学术研讨会之后，在安徽芜湖举办的第三届年会上，林甘泉老师坚辞会长职务，随后在学会领导层面形成了或许可以称作动荡的变化。大家都对林甘泉老师辞职深感钦佩，知道他是一位值得尊敬的学者，与有的前辈比较看重名利权位不同。我们作为青年学人，了解一些学会下面的情况，特别希望林甘泉老师能够继续承担学会的领导责任。记得一次在会场附近途中偶遇，想向林甘泉老师说说自己的意见，但终于没能鼓足勇气。这样的想法，好几年之后才有机会在林甘泉老师家中当面表达。他表示，因为肠胃不适等健康方面的原因，不便于外出参加会议。对于中国秦汉史研究会后来的领导人选，他的意见，始终都是公允妥当的。

我硕士研究生毕业后在中共中央党校工作。起初就职，在政治经济学教研室，为马洪谟老师拟成立的经济史研究中心收容。不想这个机构迟迟未能成功组建，我所在的经济史教研组领导安排我转行做共和国经济史，我不愿从命，于是争取调到了文史教研室，后来改称文史教研部。这样，仍然可以进行中国古代史的教学与研究。不久，林甘泉老师主编《中国经济通史·秦汉经济卷》，我受命参与工作，承担了其中第六章“林业和渔业”，第十九章“交通运输”，第二十二章“少数民族的经济”。后来又接受安排，在第一章“绪论”中补写了第一、三节，即“秦汉的地理环境与生态状况”和“秦汉的基本经济区”。参加这一合作项目，直接接受林甘泉老师指导，与李祖德、田人隆、陈绍棣、李孔怀、马怡、孙晓、杨振红等先生合作，多有讨论切磋，受益匪浅。林甘泉老师在“本卷后记”中写道：“全书由林甘泉统一修改定稿，有些章节作了较大的改动。”《中国经济通史·秦汉经济卷》作为“中国古代经济史断代研究”的部分，属于国家社会科学基金“七五”重点科研课题，列入国家“九五”重点图书，经济日报出版社 1999 年 8 月出版，后来又列入“中国社会科学院文库”，2007 年 5 月由中国社会科学出版社出版。这部书 2002 年 7 月获中国社会科学院第四届优秀科研成果奖专著类二等奖，2002 年 10 月获第二届郭沫若中国历史学奖二等奖。我当时就职的单位，属于被史学学术主流边缘视之的地方，承林甘泉老师信任，得到参与这一课题的机会，深心以为幸运。

在林甘泉老师指导下一次失败的工作经历，是参加了中央组织部组织编写的全国干部学习读本《从文明起源到现代化——中国历史 25 讲》一书的写作。我承担的任务是写《“其兴也浡”，“其亡也忽”：中国历代王朝盛衰兴亡的周期律》一篇。我在中央党校任教前后 18 年，进行过涉及中国古代政治史与中国传统政治文化方面的思考，做过一些专题讲座。在调任北京师范大学之前，我在秦汉政治史之外，出版过《毛泽东与中国史学》（中共中央党校出版社 1993 年版）、《权力的黑光：中国封建政治迷信批判》（中共中央党校出版社 1994 年版）、《“忠”观念研究：一种政治道德的文化源流与历史演变》（吉林教育出版社 1999 年版）这样的书。发表的相关文章有《嵇康反名教思想的历史意义》（《安徽史学》1986 年第 1 期）、《中国古代的意识形态管理》(《政治学研究》1988 年第 2 期)、《台湾意识形态管理的体制与政策》(《政治学研究资料》1988 年第 3 期)、《祭政合一制度与中国古代政治迷信》(《世界宗教研究》1990 年第 1 期)、《中国传统文化的泛政治主义特色》(《学术界》1993 年第 1 期)、《毛泽东历史观的形成及其影响》(《毛泽东邓小平理论研究》1994 年第 2 期)、《毛泽东的历史观对中国史学研究的影响》(《毛泽东思想研究》1996 年第 1 期)、《〈资治通鉴〉中的政治伦理与政治道德教义》(《学术界》1996 年第 1 期)、《历史节奏与文化节奏》(《历史教学》1996 年第 6 期)、《“忠”的观念的历史轨迹与社会价值》(《南都学坛》1998 年第 4 期),也讨论过《中国历史上“盛世”的形成》《中国古代王朝的政治危局与战略对策》《古代统治者的自律与行政规范》等问题,论文收入《中外历史干部学习读本》(中共中央党校出版社 2000 年版)。甚至还曾涉足近现代史,著文《傅斯年〈故书新评〉的文献学意义》(《聊城师范学院学报》2001 年第 1 期)、《宋庆龄社会改革思想的文化基点》(《史志研究》2001 年第 1 期)、《站在东西方文化的交点:宋庆龄的新文化观》(《中华女子学院学报》2001 年第 2 期)等。现在回想起来,不禁诧异当初怎么会用那么多时间精力做这些远离自己主要研究方向秦汉史的文章。总体的政治史与政治文化问题,除了前面说到的关注点之外,还写过《“德治”的历史回顾》(《博览群书》2001 年第 11 期)、《中国古代“德治”思想的宣传与实践》(《中共中央党校学报》2002 年第 1 期)、《中国古代的政治笑话》(《中国党政干部论坛》2002 年第 5 期)等论文。这当然是基于和党校教学任务相关形成的思维倾向。甚至还确实探索过“周期率”这一政治史的主题。发表过《中国古代王朝盛衰兴亡的“周期率”》(《理论学刊》2002 年第 1 期)一文。

不过,承林甘泉老师吩咐完成的《“其兴也浡”,“其亡也忽”:中国历代王朝盛衰兴亡的周期律》,却没有使组织者和审定者满意。后来竟然劳累林甘泉老师重新改写,《“其兴也浡”,“其亡也忽”:中国历代王朝盛衰兴亡的周期律》是《从文明起源到现代化——中国历史25讲》的第16讲。由林甘泉、张海鹏、任式楠主编的这本书2002年2月由人民出版社出版时，这一讲作者署名为“中国社会科学院历史研究所林甘泉、中共中央党校王子今”。这是生平唯一一次和林甘泉老师联名发表文章，却是这样的尴尬的“合作”。这本书明确标注“全国干部培训教材编审指导委员会组织编写”，张岂之老师可能参加了书稿的审定，他后来说：“子今完全不适合写这样的文章嘛。”记得田昌五老师1990年曾经动员我去山东大学读博，也说：你理论上比较薄弱，到我那里，给你补一补。

想来我虽然曾经在政治史和政治文化研究方面有过点滴心得和片段发现，但是面对林甘泉老师等理论界的高士大师，自己的学术水准真的同之尘芥。

每次拜见林甘泉老师，都会从他那里得到鼓励，得到指导。谈土地制度史研究，谈王朝更替的规律，谈出土文献研究，谈《居延新简》出版，甚至涉及图版的清晰度，是否值得个人购买等等。诚恳、谦和与宽厚，形成我对林甘泉老师印象的永恒的定格。

就个人而言，林甘泉老师的大恩大德，还在于对我工作环境和学术条件的关心。我在一场政治风波之后，人生进程受到一些挫抑，对我有所关心、有所爱护、有所扶植的老师，有北京师范大学何兹全先生，中共中央党校马洪谟先生、刘景录先生，中国社会科学院历史研究所李学勤先生、田昌五先生，清华大学张岂之先生等。而政治立场和学术风格并不一定非常一致的几位老师，都对我表示殷切的关心和切实的爱护，至今想来，依然十分感动！田昌五老师希望我去山东大学攻读博士学位，他给从中国社会科学院哲学研究所调任中央党校副校长的邢贲思教授写了亲笔信，希望允许我就读济南。我托他的秘书，朋友李小兵将田昌五老师书信转上，随后杳无音信。不过，中央党校还是有一种健康的、公正的学术力量在起作用。我虽然1990年试图破格申报副高职称未遂，但是1993年开始享受政府特殊津贴，1994年破格晋升教授职称。有前辈学者在授予证书时当面对我说，这是对我的学术工作的肯定。我多年考虑，希望调任中国社会科学院历史研究所。跟林甘泉老师谈过之后，他恳切地说，这个愿望现在是不可能实现的，我们过段时间再看看吧。在相关政治压力稍微缓和之后，我完全没有想到，林甘泉老师亲自打电话来，说现在希望来历史所的事，可以提上议事日程了。随后请历史所负责人事的刘荣军联系我。

荣军详细了解了我当时受到处分的来龙去脉，表示了充分的关心和理解。只是当时中央党校文史教研部执意拒绝放行，组织局坚持不允许中国社会科学院的工作人员看我的档案，于是希望破灭，这个机会终于丧失。承荣军告知：他们无法看到档案，没有办法进行下一步的工作。但是林甘泉老师几次谈话指示我调入历史所工作之后的研究方向，说到不能仅仅只作秦汉简牍研究，视野要更宽一些。谆谆嘱命，至今深铭我心。

林甘泉老师临近八十大寿的时候，孙晓好心提醒，我应该去看望老师。这次拜见，可能是我们最后一次长谈。呈上了几册新出的拙著，聊了秦汉史学术动向。印象比较深的，是他愿意了解哪些中青年学者有较好的学术潜力和学术前景。我感觉到，他虽然在咨询我的判断，其实心中已自有定见。怎样庆贺八十岁生日，我建议可以开个学术会议，应该出本纪念文集，他说没有意思。我说大家一起聚会吃饭，可能您会比较劳累的。没想到他却说：这个可以。

林甘泉老师离世的噩耗传来，我在外地，不能回京送行。2020 年 10 月 25 日，林甘泉老师逝世三周年纪念日，中国社会科学院古代史研究所秦汉史研究室、郭沫若纪念馆、中国国学研究与交流中心、中国秦汉史研究会、中国历史研究院海外中国历史文献研究中心联合举办“求真务实——林甘泉史学研究理论与方法座谈会”，几代学者一起纷纷表达追思纪念之情。我做了一点准备，但是因为要出差，中午提前离会，匆忙赶往机场，也没来得及发言。想到这里，至今心存遗憾。

心中深怀坚定的马克思主义学术信念，是林甘泉老师作为杰出历史学者的品质。我们晚辈学生对此既理解，又敬佩。他的道德文章，显现出一种高大，同时又有绝对平易的风格。他绝不以自己所长久坚持的学术原则强求后学遵循。这种宽厚，是符合马克思主义学说崇尚自由的思想的，也是符合五四以来中国倡起革命的前辈们的原生追求的。我们缅怀林甘泉老师，也应当肯定并继承学术的公正理念、开放胸怀和宽容精神。我们应当学习林甘泉老师的榜样，努力营造历史学适宜于百家争鸣的学术气氛。因为这才是史学学术创新、学术升格的基本条件。

作为现在服务于西北大学的史学工作者，我也愿意代表西北大学史学方向的师生们，感谢林甘泉老师多年来对西北大学历史学学科建设的指导与支持。

（作者系西北大学历史系教授）

学界巨擘　长者风范

——回忆林甘泉先生

李华瑞

一　在林先生领导下评审国家社科基金项目

我能拜识林甘泉先生，是缘于国家社科基金的评审。1993 年下半年，林先生曾到河北大学征询全国社科基金中国历史课题。当时漆侠师让我迎送林先生，此前虽然早闻林先生的大名，但这是我第一次近距离接触林先生，林先生和蔼可亲、温文尔雅的行止给我留下深刻的印象。林先生与漆侠师都是著名的马克思主义史学家，在当时很多学术问题上观点相近，且都以中国古代经济史为主要研究对象，林先生在河北大学调研中，了解到漆侠师在出版国家社科基金“七五”规划课题《宋代经济史》《辽夏金经济史》后，学术研究重点开始转向宋代学术思想史方面，感到很惊异，遂私下向我询问漆侠师新近的研究进展，我回答说，大纲性的长篇论文《宋学的发展和演变》已经完稿，并经过邓广铭先生过目。我还向林先生介绍说漆侠师所做的研究是邓广铭先生嘱托的多年夙愿。林先生感到这是一个很好的选题，遂在离开河北大学的途中，嘱咐我向漆先生报告，并提请河北大学向国家社科基金办汇报漆侠师研究《宋学的发展和演变》的学术意义和研究进展情况。河北大学科研处据此上报后不久，漆先生的《宋学的发展和演变》1994 年被批准为国家社科基金年度项目。

2000年，国家社科基金办扩大社科基金项目会议评审专家，适当吸纳青年专家，河北省社科规划办推荐了我。2000年4月我与马敏、郑炳林第一次参加社科基金评审，当年我刚满42岁，是历史学科最年轻的评委。当时的评委都是史学界大咖，李文海先生和林甘泉先生任中国历史学科的正副组长。林甘泉先生任古代史组长，组员有戴逸、张岂之、刘家和、陈高华、朱雷、朱士光、王天有、郑炳林和我，李文海先生任近代史组长，组员有龚书铎、张海鹏、隗瀛涛、陈之安、张磊、陈其泰、马敏。孙喆是秘书。

从2000年起，我在林先生领导下总共参加了7次评审会。2000至2005年，除2004年我申请了课题，按规定应当回避，没有参加外，每年都参加。2003年以后规划办出了新规，连续担任三届和年过75岁的老评委不再担任，但是林先生和李文海先生因长期负责中国史评审，且口碑很好，是故规划办一直延聘两位先生。2005年规划办又改革评审程序，增加通讯评议环节，会议评委两年轮流参加一次。故我只参加2007、2009年的评审。2011年林先生年届80，虽然规划办极力挽留林先生继续参加评审，但之后林先生没有再参加，而2011年因又增加了新评委，我没有参加林先生主持的最后一次评审。2012年我参加评审时，就再未见过林先生。

2000年我第一次参加评审会，因我是从保定来的，开会前一天就住在京西宾馆。当时住宿的评委都是京外学者，在京学者只有林先生一位住宿。后来才知道，林先生每次参加评审会都是提前一两天报到，主要是因为每次评审的古代史材料差不多都在280份左右，而作为古代史组长的林先生为了做到心中有数，几乎都要通看古代史组的所有项目材料，并且记下阅读笔记，记下申请者的姓名、单位、课题名称，分析论证的长处和不足，以及对课题价值的判断。每次评审会在小组和大组讨论时都可看到林先生手持记得密密麻麻的笔记本。

由于会议评审时间有限，每个评委不可能详细阅读所有材料，只能根据材料的专业属性，分成若干小组，每位评委采取通览和主审若干份材料的方式进行评议，然后汇总交由大组集中讨论分析每个课题论证能否达到立项标准，提出古代史组推荐立项名单。最后再由“中国历史”全体评委成员无记名投票投出建议立项名单。

以林先生为代表的前辈学者，总是站在维护对国家社科基金高度负责的立场，评审每一个课题，尽最大努力评出能代表国家社科基金水平的课题。虽然绝大多数评审专家评议课题都是认真负责的，但是如林先生一样认真的还是不多见。对此，在我参加的最初几次评审会上感受特别深刻。

林先生还怀着对每一个课题申请者认真负责的态度评议每一份材料，很令人感佩，我记得两件小事很能说明问题。2000 年，河北大学刘秋根申报青年自选课题《中国古代合伙制研究》，这个问题日本学者较早注意，但是国内很少涉猎，合伙制有资本与资本的“合伙”，也有资本与劳动之间的“合伙”，是股份制的萌芽状态，属于新的经济现象，对此在评审中能理解者不多，而且刘秋根介绍学术前史用了近五千字的篇幅，大大超过了申请书填表规定的字数，因而古代史组汇总讨论时，大多数评委倾向不推荐，因为我来自河北大学不便发表申辩意见，只有林先生力排众议，他说他认真看了两遍材料，认为评述虽长却详尽，说明申请者对这个问题有充分的准备，并指出“合伙”“合本”在中国古代出现较早，但在宋元之前多系零星状态，因而对于宋元出现的较为成熟的“合伙制”应当鼓励和加强研究。林先生的意见中肯有据，得到众评委的认可，刘秋根的课题遂得以立项。翌年，刘秋根将课题研究的部分内容《十至十四世纪的中国合伙制》投给《历史研究》，编辑部审稿时遇到与申请课题时相同的遭遇，不被多数人认可，恰好当时在编辑部工作的仲伟民向我征询意见，我就把社科基金立项时林先生的意见复述了一遍，编辑部不再犹疑，2002 年第 6 期《历史研究》刊发了刘秋根的文章。由此不难看出，林先生评审国家社科基金不仅仅着眼于评审程序和书面论证，而是从课题所蕴含的内在价值，通过课题立项来推进史学发展和提高史学研究水平，那种强烈的学术使命感跃然纸上。

林先生不仅从申请材料中发现具有潜在研究价值的项目，而且很注意支持对学术研究有较大贡献的学者，譬如 2005 年，古代史组集中讨论时，对汪圣铎申请的项目《宋代政教关系研究》有不同意见，林先生则说，虽然汪圣铎所讲的政教关系与过去的政教概念有出入，但是系统梳理宋王朝与佛教、道教的关系，是有进一步开拓空间的必要。更为重要的是林先生说据他了解汪圣铎近十多年来出版两部 70 余万字的著作《宋代财政史》（上下册）和《两宋货币史》（上下册），说明作者有很强的研究能力和很高水平，给这样的申请者立项能够保证高质量完成国家社科基金项目，于是统一了认识而立项。2010 年汪圣铎与课题同名的著作《宋代政教关系研究》由人民出版社出版，得到宋史界的好评。

林先生主持国家社科基金中国历史项目评审，最大特点是坚持原则，坚守学术底线，公正客观，不徇私情，与人为善。从评审课题这个侧面，真实反映了林先生坚持真理、严谨治学的马克思主义史学大家的风貌。

二　林先生与“中国经济史论坛”

除了社科基金评审之外，我与林先生有较多接触是参加“中国经济史论坛”。据李根蟠先生回忆，“中国经济史论坛”是以中国社会科学院经济所、历史所、首都师范大学等单位为中心，由京内外学者自行结合、自由讨论的开放式研讨。它的肇始可以追溯到 1993 年。从这一年开始，《中国经济史研究》编辑部与其他研究和教学单位合作，以“中国传统经济与现代化”为总主题，陆续召开了一系列小型学术研讨会。1997 年，在林甘泉、方行、宁可等先生的倡导和推动下，中国社会科学院历史所、经济所、近代史所、世界史所、首都师范大学等单位的学者正式组成“中国经济史论坛”。论坛规模不大，但议题比较集中，准备比较充分，参加会议的有不同断代、不同学科的学者，大都有较好的研究基础，也很投入，因而能够比较深入地探讨一些长时段的、全局性问题，使得研讨会有较高的学术含量，对推动学科的发展起了一定的作用。[①]“中国传统经济再评价”是中国经济史论坛的中心议题之一，论坛分别于2001年12月、2002年9月和2004年5月召开以此为主题的三次学术研讨会。林先生都参加了，2004年12月7日举行的第四次讨论会，林先生因故没有参加。虽然当时漆侠师刚去世，但是以漆侠师为代表的河北大学宋史研究中心一直是国内学界瞩目的宋代经济史研究的重镇，因此四次会议都邀请河北大学宋史研究中心参加。林先生作为中国经济史论坛的主要发起者和组织者之一，三次到会都积极参与讨论和发言。三次会议的主题都是围绕中国传统经济再评价展开，特别是在讨论有关如何看待运用或汲取西方经济理论认识和研究中国古代经济史中的大问题，如何正确看待20世纪50年代以来在讨论“五朵金花”过程中形成的理论范式，如何评价中国古代商品经济的发展方向，以及“资本主义萌芽是个伪问题吗?”等等，对此林先生都发表了掷地有声的一家之言。2016年6月25—26日，首都师范大学历史学院曾举办“第五届传统经济再评价暨农商社会/富民社会学术研讨会”，作为主持人的我曾搜集前四次中国经济史论坛的资料，此次追思会的名称是“林甘泉史学理论与方法座谈会”，故我将林先生在三次会议上的发言摘引如下，以作纪念。

第一次会议，在讨论中西方在明清时期中国经济发展状况、“西方中心论”等方面的问题时，林先生说：

> 我认为在经济学的研究中怎样应用经济学的理论与方法是很重要的。经济史的研究要有所突破，还是需要经济学的理论与方法。这几年来，西方对我们经济史的研究的影响和冲击还是很大

① 详见李根蟠《“中国传统经济再评价”讨论和我的思考》，《中国史研究》2005年增刊。

的，开拓了我们的视野，更新了一些观念。但也存在一个问题，它经常涉及一些模式，我个人认为这些模式是很必要的。在此基础上，要有所突破，如果没有一定的理论方向和模式加以概括和验证，研究就很难有大的进展。西方的这些研究还是有很大的好处的。对于中国十八世纪到鸦片战争前经济发展的轨迹，我不赞成过分的夸大。经济史的研究，需要对事实的判断，这是一个基础的条件。我倒希望从事经济史专业研究，以实证作为基础，同时也需要一定的理论研究，不能完全被动的接受西方，要有自己的特点。对于传统经济的评价，一个是事实判断；一个是价值判断。经济史中的计量问题，我觉得应该做一些扎实的工作。对于西方学者经济数据的计算方法的优缺点，我们过去重视不够，值得讨论的环节，可以通过国际对话来解决，这是我们应该作的。我希望经济所等有关单位通过对材料的事实判断，对西方学者所引材料中片面、错误的部分应该予以指出，这对于中国学术和学者是大有好处的。①

第二次会议，讨论运用“早期工业化概念”认识中国传统经济，与20世纪50年代讨论“资本主义萌芽”的关系时，林先生强调指出：

早期工业化的概念对于前近代中外经济的比较或者近代中国社会经济转型问题的研究具有重要意义。早期工业化不同于产业革命后的近代工业化，它究竟是封建经济的延续，还是不同于封建经济的另一个阶段，应该有一个明确的界定。从中国历史看，较普遍的观点认为秦汉以后经济先进地区与市场的关系密切，但我们不能因为地主经济和农民经济都与市场关系密切就认为已进

① 石涛、毛阳光：《“中国传统经济再评价”研讨会纪要》，《中国经济史研究》2002年第1期。

入早期工业化阶段。要判断近代的工业生产在国民经济中的地位何时赶上或超过农业，恐怕实证研究较难。世界各国早期工业化在16—18世纪发展不平衡，不能忽略其与前近代的关系。早期工业化与资本主义的萌芽问题：产业革命是早期工业化与近代工业化的分水岭，早期工业化的理论提供了理论规范；不是所有早期工业化的地区都会产生产业革命，这可以修正我们过去认为封建商品经济的发展必然导致资本主义因素产生和发展的思维定势，但早期工业化的理论只是修正而没有颠覆封建社会中有资本主义萌芽的事实。①

第三次会议，讨论关于劳动生产率及商品经济问题时，林先生对与会学者所论中国封建商品经济是自然经济有益补充的意见表示赞成和支持。在讨论彭慕兰、黄宗智争论与经济史研究方法时，林先生指出：

赋税虽然可以成为消费的一大项，但有些朝代的赋税主要是实物形态，实物赋税的征收是加重了男耕女织的自然经济的生产方式，还是瓦解了这种生产方式促进了商品经济的发展呢？值得讨论。

尤其是讨论“劳动生产率”和地主经济中的“剥削率”，也就是如何看待“生产力”与“经济关系”的关系时，林先生以为：

不能完全否定过去的研究成果，如地主阶级和封建国家对农民的残酷剥削妨碍了中国社会发展。在研究方法上不能盲目追随

① 李军、刘洋、袁野：《“中国传统经济再评价”第2次研讨会会议纪要》，《中国经济史研究》2002年第4期。

西方，人家提出一个范式我们就一窝蜂地拥护。词汇已经变了，但问题的实质没有得到解决。资本主义萌芽与经济转型是不相关的问题。经济转型不能完成不在于萌芽的问题，不能用单一的原因来解释为什么萌芽没有发展起来。应该将封建社会的结构看成是一个网络结构如政治的、经济的、文化的网络结构，我们要探讨的是整个中国封建的网络结构对旧的封建生产方式的瓦解和新生的资本主义萌芽起什么作用。

方行先生认为中西比较不应该只比较农业，从人类经济发展的历史来看，革命性的突破发生在第二产业，所以16到18世纪的中西比较应该比较中西的第二产业，比较为什么中国的第二产业没有往西方大规模的工场手工业的道路上走。农业的基础作用是存在的，但是这个作用是有弹性的。中国的手工业是一个多层次的结构，应该认真研究。林先生对方行先生的观点表示赞成和支持。①

尤值得一提的是，林先生每次见到来自河北大学的我、姜锡东和刘秋根都很热情跟我们打招呼，当讨论议题围绕如何看待中国封建社会后期经济发展中的“宋代高峰论”和“明清停滞论”时，林先生鼓励我们积极发言。对我们的关心溢于言表。

三　关怀与奖掖

自1987年我跟随漆侠师学宋史后，我得到漆侠师诸多同学、朋友、同道的关照和抬爱。林先生就是其中一位。2000年4月第一次参加国家社科基金评审会，我去拜见林先生，林先生还记得我，林先生很关心漆侠师《宋学的发展和演变》的进展情况，我说漆侠师已写到

① 宋永娟、贾海燕：《“中国传统经济再评价”第三次学术研讨会纪要》，《中国经济史研究》2004年第3期。

南宋的演变了。第二天分组的时候，林先生首先点名把我分在社会经济史组，说我是跟漆侠学宋代经济史的。林先生也在社会经济史组，此后参加评审，我都是主审社会经济史方面的材料，而且一直跟林先生在一个小组。2002 年开评审会时，林先生又让我做社会经济史组的召集人。我当时有点诚惶诚恐，因为评委都是我的前辈和学长，好在有林先生的鼓励和指导，使我打消了顾虑。做召集人使我有更多机会聆听林先生的教诲。看材料间歇林先生差不多都要招呼我到他的房间，让我汇报哪些材料论证得好，哪些材料有新意，而且要说出判断的根据。尽管我常有与林先生意见不同的看法，林先生也是平心静气与我讨论，并让我坚持自己的意见，到古代史组集中讨论时让我畅所欲言，然后说出他自己的意见，由其他参会评委商议。其后只要我参加评审会，我都能聆听林先生的教诲，特别是通过林先生对社会经济史申请书的评议和针砭使我增长很多经济史理论方面有益的知识。

2001 年 11 月 2 日，漆侠师因保定医院的庸医所致医疗事故，遽归道山，在史学界引起很大震动。2002 年 4 月 21 日，在国家社科基金项目评审会上，林先生见到我，随即询问漆侠师逝世的经过，林先生说去年 9 月在北京师范大学为何兹全先生举行的百岁华诞庆祝会上，京内京外许多著名史学家都到会祝贺，漆侠先生在聚餐时频频举杯给何先生和同桌的诸位好友敬酒，看上去精神和身体都很好，怎么不到两个月就走了？我给林先生仔细叙述了漆先生因哮喘每年冬春之际和秋冬之际都要输液消炎，去年 11 月 2 日早上输液时，在换用新的青霉素系列药时，医生没有按规定给漆先生做皮试就直接打点滴，导致药物过敏，加上抢救措施不当，几分钟时间漆先生就停止了呼吸。林先生听完之后，歔欷良久。后来林先生见到我还问过我两次。是呀，不到两个月前还活生生的人，突然就走了，林先生总是感到难以置信。

林先生很关心漆先生身后河北大学宋代经济史研究的发展，林先生曾语重心长地对我说，漆先生不在了，但是漆先生的事业要继承和光大。2005 年开评审会时，当林先生得悉我已调入首都师范大学工作后，一再追问我为什么要离开河北大学，漆侠先生身后的事业由谁继承，我很忐忑地告诉林先生由于内子的双亲都已年届七旬，身旁没有子女，我调入北京可以带内子进京。我离开河北大学不会影响宋史研究中心的发展，因为有漆侠先生的高足姜锡东、刘秋根、王菱菱等传承薪火，近期又调入了汪圣铎先生，是故请林先生放心，尽管听完我的话，林先生表现出了少许宽慰，但是对我离开漆先生开创的宋代经济史重镇，总有点遗憾。其后，每次见我都要过问河北大学宋史研究中心的发展，并询问我的研究状况，当我告诉林先生我在研究王安石变法研究史和宋代救荒史时，林先生说这些问题固然都很重要，但是还是特别嘱咐我不要轻易放弃对宋代经济史的研究，最近几年我的研究偏重宋代经济问题，就与听从林先生的教诲分不开。有一点不能不提及，虽然每次我都对林先生说河北大学宋史研究中心发展得很好，事实也是规模、人员都比漆先生生前有所扩大，但是河北大学宋史研究中心的宋代经济史研究的确有点式微，这一点我没有敢对林先生说。

我不是林先生的入室弟子，搞的专业方向也与林先生不尽相同，但在心里我一直把林先生视作亲老师。三年前林先生仙逝，我在外地开会，得悉讣告后虽然给卜宪群所长发了唁电，但终不能赶回来为林老师送最后一程，心中不免怅惋，今天借此机会向林先生三鞠躬，表达内心的崇敬之情和深深的怀念之情。

斯人已去，风范长存。

回忆林甘泉先生

彭　卫

初见林甘泉先生是1980年夏秋之交的一个下午，当时我是西北大学历史系三年级本科生。历史系主任张岂之先生为让局狭于西北一隅的学生们开阔视野，制定了一个很好的措施。他陆续延请了一些国内外名家来西北大学授课，我记忆中的学者有赵俪生、王利器、李约瑟、林甘泉、李学勤、田昌五、唐德刚等先生，林甘泉先生就是在这一年也是最早来到西北大学讲学的老师之一。那一年酷暑难熬，老人们都说他们很少经过这样的夏天，可能就是因为这个原因，历史系把讲座移至校园东树林。这个地方后来成了教学楼，也就不会再有露天讲座了。林先生讲座题目是“中国封建社会土地所有制形态的基本特征”（只记得大意），他语速不疾，音调不亢，提到不同观点时绝无厉色。“平和”就是林先生留给我最初的印象，也是至今最深刻的印象之一。

再见林先生是在1981年10月西安举办的中国秦汉史学会筹备会议期间，这个后来被“追认”为“中国秦汉史研究会第一届会员代表大会”的会议，是西北大学历史系、中国社会科学院历史研究所，以及其他一些高校历史系联合举办的。我被系里抽调做会议工作人员，自不可能当面向林先生请教。会后我听我的老师林剑鸣先生说，在会上林甘泉先生多次赞扬陈直先生对秦汉史研究的重要贡献，提出陈直先生的研究风格是历史研究的一个发展方向。我想这个往事似可作为研究林甘泉先生史学思想的资料。

1985年3月，我研究生毕业后分配到中国社会科学院历史研究所，成为林甘泉先生的部下兼同事，一直到他去世为止，历时三十二年。遥远和陌生的林甘泉先生就在这个过程中，成了邻近和熟悉的林甘泉先生了。

林先生对我人生的影响主要在两个方面。

一个方面是我的具体工作。我来历史所原本安排在战国秦汉史研究室，因为《中国史研究》编辑部缺人，所里决定让我去杂志社工作。看到我很不情愿，林先生专门找我长谈了一次。他先问我不去编辑部的理由，我说在学术事业上我想当冲锋陷阵的战士，不想做输送物资的后勤兵。林先生说，他年轻时一开始也没有去研究室，组织安排他在《历史研究》编辑部工作，那时必须服从组织安排，不会有个人的选择自由。现在环境好多了，每个人都可以提出自己的想法，只要于理于情都说得过去，个人应该有选择的自由。他又说，编辑工作和研究工作不完全一样，但它是大的研究工作的一部分，没有理由瞧不起编辑工作。编辑为他人作嫁衣裳，需要奉献和付出，但编辑和研究也可以相互促进，一个有心人可以把编辑在时间上的失变成研究中的得。他以自己的经验为例，说他的研究之所以注重学界关注的前沿问题，就是那几年在《历史研究》当编辑开阔了学术视野后得到的收获。最后他告诉我，你的想法合情合理，在编辑部工作两年后，回到研究室。说实话，当时的我并没有完全被林先生的说“理”说服，是他的平易、温和，不说套话，没有丝毫官架的长者风范，让我非常感动。我最终服从组织安排去编辑部工作，在很大程度上是被林先生的人格征服的。

现在的我早已过了耳顺之年，对人生的看法不再那么幼稚了。人是在对经验的自觉反思中成长的。我个人就是在包括林先生言传身教在内的所有经历中成长的。我在想，人的生命产生于自然，生命之存在来自于它所应有的自然与社会的结合，因此它就是一个整体。在这个整体中，每个部分都是必要的；只有单一的部分，这个整体就是有缺陷的整体。如果说，一个整体部分之总和应该大于整体，那么最完美的整体就应该是各个部分的存在和彼此之间的和谐。对一个追寻知识的人来说，那就是他的行动和他的写作同样重要，同样有价值：他的行动就是无字的论文，他的论文就是有字的行动。我还在想，这也许就是我们描述和评价一个历史人物尤其是读书人时，总是将其所思、所著和所行联系起来的原因吧。

另一个方面是我的学术研究。我偏爱史学理论，20 世纪 80 年代末以后，中国的史学理论研究由盛转入沉寂。其中的原因很多，在我则主要是理论思考到了一个瓶颈时期，深感无力创新；因此默念着要调整研究方向。这个时期，有几次返所，林先生见到我后总是问我对一些理论问题的看法。有一次他说，他不赞同将史学理论哲学化，认为史学理论要研究历史的“中观”问题，而不是形而上学的问题，否则就会使史学理论流于空谈。他还说这也是他将历史所“史学理论研究室”更名为“史学史研究室”的原因。我当时提出的反对理由是，史学理论不能哲学化不意味着要取消对形而上学问题的关注，因为所有的理论问题，如果没有形而上学的根据和高度，理论的自身逻辑就不会坚实，理论视野也不会高远。史学理论不应该哲学化却要有哲学性，就如哲学思考要有历史性一样。林先生的看法的确很有道理，它是对以往研究中“以论代史”错误思潮的反思，这种学风破坏了理论研究和具体历史问题研究的进步，应当彻底抛弃。而且也如他所说的，思想和学术的不同领域都有其边界。两千多年前荀子持有与林先生相似的看法，荀子说“错（措）人而思天，则失万物之情”，如果“舍其所以参，而愿其所参”，其结果就是“惑矣”（《荀子·天论》）。现在看来，如果将这两个方面结合在一起，即“以其所可参，参其所能参”，可能就是一种理想的境界了。

那时，我们谈到的问题不少，林先生的许多教诲我都没有记录下来，可惜了。在讨论中，除去领悟到林先生的真知灼见，激发了我在落寞中重获了“思想着”的快乐，还有一点就是切身感受到林先生的

学术精神，这种精神可以概括为“尊重、宽容与坚守”。“尊重”指对不同观点者优缺点的理性看待，“宽容”指对不同观点的同情理解，“坚守”指对自己观点立论原则的永不放弃。我和林先生在一些方面有不同看法，林先生总是能包容我的唐突，最多的情形是听而不言。有时也说：“你的这个说法怎么和你以前说的不一样了”；或者说“这个说法你再想想，不大能说得通”；或者说“我们以后再谈吧”。20 世纪 90 年代文化史风行，并进而出现了“文化决定论”，林先生肯定了文化史的研究，也肯定了“文化”在历史上的重要性，但是他认为“文化决定论”是错误的。当时有一位华裔学者在海内外都有影响，林先生不同意他的观点，他对这位学者的评价是：聪明，有理论素养，文笔好，也了解马克思主义；缺点是史料根底不够扎实，先入为主。

在总结自己一生的思想历程时，晚年的林先生说得最多的话是：“我仍然信仰唯物史观。”在我上面概括的林甘泉先生学术精神的三元素中，“坚守”是他最根本的元素。历史所有的老人说：“林甘泉是真正的马克思主义者。”他们指的是他的信仰真诚和他为官时的廉洁自律。我同意这个说法，需要补充的有两点。其一，林甘泉先生在信仰与研究的联系上，在主张和行动上，真正做到了知行合一；他不因时尚和潮流的变化而改变自己的基本观点，因此我们看到的林甘泉先生是一以贯之的。其二，与前者相应，他坚守的是唯物史观的基本原则，而不是唯物史观的全部。一次，我请教林先生：是否在任何情况下经济活动都是历史进程的决定性力量？恩格斯的历史合力决定说如何能与经济基础决定说相洽？对于后者林先生当时好像没有回答，对于前者林先生的回答是：不是在所有情况都是经济基础决定一切，但是从根本上说，只有经济基础以及由此发展起来的社会关系能够决定其他。

“知行合一”与“和而不同”都是中国传统文化赞扬的美德，美德之所以是美德，就是因为它之于人性是困难的。林甘泉先生兼有这两个美德。

林先生晚年对我说，我调你进历史所工作，是因为你做理论研究。

你也不年轻了，你要坚持下去，不要放弃对中国历史最重要问题的思考。马克思主义是迄今为止最科学的世界观和方法论，但是要发展，你要争取在马克思主义历史理论的研究上有所突破。我是大学毕业后分配到历史所而不是调动来的，林先生可能因年迈记忆不大准确。我复述的是林先生原话，虽不是字字确切，但基本内容和意思无误。此后不久林先生就住院直到去世，在医院里，我见到的林先生已经不能多说话了。对我来说，这些话就是林先生的遗言，它饱含着先贤对后辈的鼓励和期盼，我铭记终生。

学界已有多篇论文系统论述了林甘泉先生对历史学的贡献，为研究林先生学术和思想打下了基础。我想，这个工作没有结束。林先生在现当代历史学领域的重要性是多方面的。从他漫长的一生涉及的领域看，有学术的，有思想的，有行政的，这些既可分开来看，更应该综合研究。他参加了新中国成立前中国共产党领导的地下活动，且幸免于难；经历了新中国成立后60多年的不平凡岁月。与许多与他同时代的知识分子相比较，他兼学者、思想家和政治活动家等身份于一身，这是有典型意义的。考察林甘泉先生的学术研究和他的思想，需要与他的经历结合在一起，需要与他所处的时代结合在一起，需要与他的个人理想结合在一起，更需要我们以历史主义的态度对所有这些内容加以分析。全面研究并撰写一部《林甘泉传》，对于当代史学史和思想史是一件极有益的工作。

（作者系中国社会科学院学部委员、古代史研究所研究员）

怀念林甘泉先生

曹旅宁

听到林甘泉先生因病去世的消息，我正在日本京都访学。我从未见过林先生本人一面，但他作为匿名评审人，对我研究秦律的博士学位论文颇说过一些鼓励的话，用科举时代的话来说，也是我的一位恩公。而林先生又是最早从事睡虎地秦简研究的先行者之一。

林先生晚年的回忆文章我看过若干篇，如回忆《历史研究》以及历史所五十年，其叙事缜密，可读性强，且客观公正，深具唐刘知几所言史才。如叙述科学院与陈寅恪先生的关系、1949 年后史学的成就等，深以未完成一部完整的中国农民战争史为憾！

十几年来，总想去北京时去晋谒林先生一次。记得 2007 年初在北京中国社科院出席简帛论坛时，曾与林先生的弟子于振波兄相约去海淀皂君庙晋谒林先生，但不知何缘故没能成行。以后虽有几次赴京机会，但想起林先生高年不便打扰且乏人引见，也就没有登林府造访，今天想起来，真是无限遗憾！

我与林甘泉先生的弟子杨振红女士相识且都研究秦汉法制史。我曾写过一篇从张家山《二年律令》谈秦汉庶人的文章，杨女士在某次学术会议上告诉我，其中观点在日本、韩国受到相当的重视。其实，这是一篇与林甘泉先生《论庶人》立异的文字，正是与林先生的对话使这篇文章的视角与众不同。

最后我还要说的是，凡是有探望长者之心，就一定要赶快付诸实行，否则历史就会与我们擦肩而过，留下终生遗憾！

林甘泉先生千古！

（作者系华南师范大学法学院教授）

致林甘泉先生

崔文科

中国共产党优秀党员、著名马克思主义史学家、中国社会科学院学部委员、中国社会科学院历史研究所原所长、离休干部林甘泉先生，因病于2017年10月25日逝世。有感于林先生生前经历及在史学界、思想界作出的贡献，遂赋小诗以示悼念。

您走了
干干净净
一尘不染
忠实践行了一名共产党人的誓言

您走了
带着您的追求
带着您的思想
以及您那诙谐的语言

您走了
从此
史学界少了一位大师
思想界少了一个声音

您走了
把创造的一切
想到的一切
无私地奉献给了
您所挚爱的事业

您走了
但您的精神
您的品行
您的学问
如松长青
与天共存

2017 年 10 月 29 日

（作者系中国社会科学院古代史研究所离退休干部办公室主任）

主义致高洁，甘泉润后学

——怀念恩师林甘泉先生

黄金山

恩师甘泉先生仙逝已经数月，抢救时的忙乱与送别时的哀痛已渐渐淡去，但对老人家的思念却并未减退。静坐窗前，遥望西天，回想与先生34年的师生情分，感慨万千，幸之，痛之，敬之，仰之。

1982年，林甘泉先生担任中国社会科学院历史研究所所长。翌年，与李祖德先生合招第一届秦汉史硕士研究生，我有幸成为他的第一个学生。那时，我就读的山东曲阜师范学院是全国唯一一所地处农村的高等院校，自己又是农村出来的孩子，除了读书，其他懵懵懂懂。当时对于先生的情况并不太了解，只读过他的几篇学术论文，也没见过照片，想象中是一位学问通达、不怒自威的年长学者与领导，心中便多了几分敬畏。待与先生见面后，原来的想象便要进行不少的修正：矮矮的个子，略显文弱的身体，半新半旧的蓝布中山装，带着南方口音的普通话，语气和蔼而慈祥，就是一个典型的知识分子，看不出一个高等研究机构领导的模样。倒是他那宽高的额头与稀疏的头发、镜片后面那双透着睿智的目光，给我留下了深刻印象，他让我有一种自然的亲近感。其后三十多年，学生时跟随先生读书、毕业后每年的看望相聚，听他讲往事，听他谈思想，听他评人物，看他工作生活起居应对等，对先生的各方面理解逐步加深，其思想、品格、为人与学问追求，像一座高山，让人既亲近，又敬仰。他对我的培养与教诲，也对我的人生道路产生了重要影响。

先生是福建石狮人，当代中国著名的马克思主义史学家，青年时期就追求进步，在厦门英华中学读高中期间，加入中共厦门城工部并正式加入中国共产党。1949 年厦门大学历史系肄业后，由香港转赴平津解放区，服从组织安排，先后在中国人民大学研究部出版处、北京大学教务处、《历史研究》编辑部、中国科学院哲学社会学部历史一所、中国社会科学院历史研究所工作，大半辈子与新中国历史科学相伴，取得了令人敬佩的学术成就。先生治学特点鲜明，史学功底扎实，理论基础深厚，强烈的现实关怀和爱国情怀，铸就了他大视野、大问题、求真务实的学术研究风格，在史学理论和中国古代史，在先秦秦汉史、经济史、史学史等领域，成就斐然。尤其可贵的是他始终坚持马克思主义理论和辩证思考，并以此来指导中国历史研究，他在晚年“八十自述”中说：“用马克思主义理论指导历史研究，是我坚定的信念。”他是这么说的，也是这么做的，新中国成立后的数次史学问题大讨论如中国古代土地制度、中国古代封建专制主义评价、中国传统文化认识、“中国中心论”与“欧洲中心论”、马克思主义的历史主义等，他都撰文发声，参与讨论，有力推动了相关问题的研究。在数十年来社会激荡、各种学术思潮暗流涌动的情况下，先生始终保持定力，科学主动发声，举旗指向，成为今天如何坚持和发展马克思主义史学的生动例证。不管是赞同还是反对其学术观点的人，大家都公认他是当代中国最具代表性和影响力的马克思主义史学家之一。

在潜心研究学术的同时，先生还长期从事学术组织与管理工作。20 世纪 50 年代初，即参加中国科学院历史研究所筹建工作，为中国科学院及历史研究所、中国史学会、中国秦汉史研究会、《历史研究》杂志及相关学科的建设发展，作出了重要贡献。从 80 年代初起，先后担任中国社会科学院历史研究所所长、分党组书记、党委书记、郭沫若著作编辑出版委员会副主任兼郭沫若纪念馆馆长、中国社会科学院学部委员、第七和第八届全国政协委员、国务院学位委员会历史学科评议组成员、国务院古籍整理出版规划领导小组成员、全国哲学社会科学历史学科规划小组成员、中国史学会主席团成员、中国秦汉史研究会会长和顾问等职。长期的组织管理工作，彰显了先生襟怀坦白，办事公道的品格，也为中国历史学科的建设作出了重要贡献。但大量的行政事务性工作，也占去了他大部分宝贵的科研时间，以至于部分学者和学生们都觉得先生本应取得更多更大的个人学术成果，并为此感到惋惜。对此，先生心里是清楚的。但他重视个人的学术修为，却对名利看得比较淡，他都是利用领导主持集体项目和繁忙行政管理的点滴空闲及夜晚进行研究写作的（他的科研成果在此不赘述）。2015年离休后，年事已高，身体状况不佳，记忆力已大不如从前，但仍老骥伏枥，关心学术。两年前还和我们学生说：假如老天能给我五年时间，我要写一部新的中国史。

由于先生工作繁忙，他早年具体指导学生的时间比较少。记忆中，只给我讲过一次学习研究方法课，然后就是专题课。讲课时备有提纲，比较简单，大量史料都装在脑子里，需要佐证其观点时，随口而出，史料典型而扎实。就像读他的学术文章一样，论点鲜明，论据典型，论证思路清晰，语言练达而不浮华，让人很受启迪。上课主要在所里，偶尔也在家里。上完专题课，收获最大的不是一个个具体专题的内容把握，而是做历史研究的态度与风格。先生认为历史学是人类进入文明社会以后对自身历史发展的认识成果。历史研究有三个层次：第一个层次是事实判断，这是历史研究的基础和出发点，要解决的是史料和史实的可信性问题，研究工作需要占有尽可能多的真实的史料。第二个层次是认识判断，是对诸多历史现象的前因后果以及历史规律性的认识和探讨。第三个层次是价值判断，即对各种历史事件和人物、各种制度和思潮在当时所起的作用及其对后代的影响所作的判断。三个不同层次的历史研究，都可以百家争鸣。受先生的影响和指导，我选择了汉代的家庭与家族研究作为毕业论文的写作方向，当时该领域可供参考的研究成果较少，先生鼓励我不要怕吃苦、怕麻烦，静下心来，多读书，广搜罗，占有尽可能多的真实史料，在此基础上归纳提炼，探究规律。我为此光摘抄的史料卡片分门别类就装满了五大卡片盒，得到先生的赞许。先生很重视我毕业论文的写作，亲自调整写作框架，仔细修改论文内容，对于他认为引用的史料不典型或存疑的，一概去除。我的毕业论文能顺利通过并在刊物上部分发表后得到学者的肯定，先生的鼓励、鞭策和细心指导起了很大作用。

先生待人真诚宽厚，涵养很高，从不强人所难，学术开明，奖掖后学，无私关爱学生。30 多年来，从未见他因何事而勃然大怒，声色俱厉。即使有不高兴的事，也只是微露愠色，用文明语词表达心中不满。我研究生毕业时，本可以留在所里从事研究工作，可自己当时偏偏想要到社会上闯一闯。先生与我谈话，语重心长，希望我留下来工作。见我态度坚决，便转而希望我去一个与历史研究有关联的单位，不要轻易丢掉所学。正好当时《中国历史学年鉴》编辑部设在人民出版社（后随着三联书店的分离而转去了三联），我自己想去，他只好勉强同意。自己培养的第一个学生，毕业不愿意留所，先生心里作何感想？为此，我内疚了若干年。但先生并没有因此怪罪学生，依然关心关爱。从事出版工作的头几年，每次见到先生，他都关心地问最近看了什么书啊？不要把专业和外语丢了。我有时答得上来，有时答不上来，内心忐忑。再后来，他看我出版工作实在太忙，便也不再追问读书的事，倒关心地问一些出版方面的事情，因为他对出版并不陌生，早在 20 世纪 50 年代初，便在中国人民大学研究部出版处工作过。对于出版行业一些不良现象，先生也曾予以批评，并给我指导性建议。从事出版工作以来，如果说取得了一点点成绩，也与先生的教诲与影响分不开。1988 年 4 月，中国秦汉史研究会第四届年会暨国际学术研讨会在江苏徐州召开，那时先生已是会长，日本学术代表团应邀参会。我向先生表达希望有机会赴日留学的愿望，能不能请他推荐一下，他当即表示支持，并于会议期间专门拜托东京大学教授尾形勇先生。日本学者对先生的品格与学问也非常尊重，日本东洋史学界不少著名学者如西嶋定生、宫崎市定、大庭脩、尾形勇、永田英正、谷川道雄等，都是他的学术好友。有先生的力荐，尾形先生慨然应允，使我顺利地于1989年秋天进入东京大学大学院人文科学研究科读研究生。东大的学习经历，使我得以初步了解日本学者关于中国古代家族制度研究成果，提高了外语水平，并翻译出版了一批日本学者中国古代史研究论文，收获较大。像这样无私的帮助，不仅仅体现在我身上，其他师兄弟妹也有不同程度受先生恩泽的经历。对于史学界的后起之秀，或是来信求教的青年学子，先生或主动写信予以鼓励期许，或认真回信予以指点，有的甚至约请到所里、家里进行交谈。我虽然离开学界多年，接触的学者不多，但也知道不少现已颇有成就的历史专家学者，早年因先生的鼓励而坚定自己的学术研究道路。

先生对己要求严格，淡泊名利，清正廉洁，虽然多年来担任行政领导职务和学术职务，但从不为个人争什么。他所交好的朋友，皆君子之交，决不掺杂个人功利于其中。党的培养教育与个人的修为涵蕴，已使他臻至随心所欲而不逾矩的境界，说他“干干净净，一尘不染”，绝非过誉。公生明，廉生威，先生之所以得到学界和同事们的肯定与尊敬，其公正与廉洁是有目共睹的。处理单位内各种纷争自有同事评说，据我所知，凡由他担纲或深度参与的科研项目，他都倾心投入，一丝不苟。凡是请他挂名而自己没有参与的项目或出版物，他都予以谢绝。晚年，曾有一家著名的出版单位慕名请他担任一重要历史出版项目总主编，来家中商请的出版行业领导还是多年的老朋友，但先生是一个极其认真的人，既然署名，便当负责，而自己的身体与精力已不允许，便明言谢绝。对于悻悻而去的朋友，他特意打电话让我向人家致歉并做好思想工作。先生是学术上的强者，生活上的弱者。他不讲究吃、穿、用，家中除了图书杂志，没有一件高档电器，也没有汽车。去医院看病，本可以向单位订车，但他更多的是自己乘坐公共汽车或出租车。除了出席重要会议、出国学术访问交流，穿一身得体衣服外，平时的穿戴极其普通，晚年甚至连普通都谈不上，让学生们心疼得要流泪。2001 年，先生 70 寿辰，学生们为他设宴祝寿，面对桌上的龙虾，竟不知如何下箸，提箸径直夹向龙虾生壳。见此情景，我心头一震，事后回想心酸落泪。由于常年的神经衰弱，先生每晚需要服用药物辅助入眠，药多伤胃，食量减少，人日渐消瘦，听力、记忆力下降，加上跌倒摔伤，更加羸弱。看着先生清瘦失色的疲倦面容，回想其五六十岁的奕奕神采，心中无比伤感。“春蚕到死丝方尽，蜡炬成灰泪始干。”先生的一生就像不断燃烧的蜡烛，照亮了别人，燃烧了自己。他的离去，是中国史学界的重大损失，更是家属与学生们巨大的痛。从此以后，学生们再也不可能在每年的生日会上，听他讲述念念不忘的厦门城工部地下党故事了。但令先生欣慰的是，他的学生们几十年来一直紧密团结在这颗明亮蜡烛的周围，勤奋工作，得学术之乐，得师生之乐，得师门友爱之乐，这种良好门风，必将继续发扬下去。

（作者系中国盲文出版社社长）

马克思主义史学中国化的践行者

——忆林甘泉先生

靳　宝　卜宪群

林甘泉先生是当代中国著名马克思主义史学家。在60多年的学术生涯里，他坚持以马克思主义为指导，密切联系中国历史实际，围绕时代发展，关注中国史学发展的重大理论问题，在中国古代经济史、政治文化史、史学理论以及秦汉史等许多领域积极思考和深入研究，提出了诸多富有启发性与建设性的真知灼见，为构建中国特色马克思主义史学理论体系孜孜不倦、毕生求索。

一　学术成就与理论贡献

林先生的史学研究总体架构是建立在秦汉史研究基点之上的。他对秦汉社会的宏观考察，对秦汉历史的综合分析，对秦汉文化的理论深思，表现出自有的学术个性①。他对中国经济史的研究，关注重点同样在周秦两汉社会经济史、秦汉土地制度史方面，系统探讨了中国封建土地所有制的形成、演变及特点，从社会经济形态入手，认识中国古代发展模式。这些实证研究和理论探讨，推动了中国经济史研究，

① 参见王子今《政治史的文化考察——简评林甘泉教授著〈中国古代政治文化论稿〉》，载瞿林东主编《史学理论与史学史学刊》2004—2005年卷，社会科学文献出版社2005年版，第352页。

尤其是土地制度史研究向纵深发展。

林先生对中国古代国家政治体制、政治权力与经济发展的关系，学术思想与政治文化的关系，历史经验的总结，中国古代民本思想，夷夏之辨与文化认同，中国历史上的统一与分裂，中国传统文化性格等主题作了深入考察，提出了诸多很有学术价值的观点，这是他学术硕果中的一个重要方面。

林先生关注和总结中国 20 世纪历史学发展道路，深思 21 世纪中国史学发展走向，指出 21 世纪马克思主义史学依然能在中国保持自己的主流地位，这是由马克思主义史学的科学性和我们国家的社会性质所决定的。他针对史学理论体系建设所提出的建议，关于史学性质和特点的认识，关于中外史学思潮的评析，以及对马克思主义史学中国化路径等问题的思考，涉及史学理论建设的根本问题，彰显出深邃的理论见解。

二　坚定信仰与执着追求

林先生是一位真诚而坚定的马克思主义史学家。他在《我仍然信仰唯物史观》一文中写道："我仍然信仰唯物史观。因为和其他史学理论比较，我认为还是它最正确。"① 他所言的"永远用唯物史观指导自己的研究工作"，绝不是一句空话、套话。他明确指出："坚持唯物史观的理论指导，用中国的历史经验来丰富和推进唯物史观理论，这才是我们应该采取的正确态度。"② 这显示了他对唯物史观与中国历史研究之间关系的科学认识态度。

林先生受前辈学者影响和启迪，较早踏上了马克思主义史学中国化的学术道路，逐渐形成了自身的方法论与特色。第一，要考察马克

① 《林甘泉文集》，上海辞书出版社 2005 年版，第 469 页。

② 林甘泉：《世纪之交中国古代史研究的几个热点问题》，上海辞书出版社 2005 年版，第 420 页。

思主义基本原理的历史形成，不能断章取义，不能采取简单化和公式化的理解。在讨论亚细亚生产方式与中国古代社会关系这一重大问题时，他指出："如果我们不是根据马、恩在不同场合所说的片言只语，而是从马克思主义社会经济形态学说的形成过程，对亚细亚生产方式作历史的考察，也许就可以在认识上找到一些共同点，从而有利于这个问题的解决。"① 第二，要辩证地看待马克思主义与中国历史实际的关系。他认为："在研究中国古代社会的时候，我们既不能削足适履，按照马、恩的论述来套中国的历史；也不能因为二者不尽符合，就忽视马、恩的论述的指导意义。"② 第三，要在世界史视野下对具体问题进行具体分析。在探讨封建生产方式的类型时，他强调："不仅要研究中国的历史实际，也要研究其他各国的历史实际。没有这种比较研究，既探索不出世界各国在从奴隶社会向封建社会过渡中的共同规律，也发现不了它们在这一过渡中所表现出来的各自的特点。"③ 第四，坚持历史主义与阶级观点的统一。他指出："在马克思主义的理论中，阶级观点和历史主义是完全一致的、统一的。"④ "正确理解历史主义与阶级观点的关系，不但是认识和掌握唯物史观的一个重要问题，而且直接关系到历史研究工作的实践。"⑤ 第五，坚持史与论的统一。他指出："在历史研究中运用历史唯物主义的原理原则是完全必要的，可是如果不结合特定对象的具体情况进行具体分析，那末这些原理原则就只能是一些抽象的社会学的公式而已。而我们如果不能通过历史研究使历史唯物主义的一般规律具体化，也就谈不到真正掌握了历史

---

① 林甘泉：《亚细亚生产方式与中国古代社会》，见《林甘泉文集》，上海辞书出版社 2005 年版，第 2 页。

② 林甘泉：《亚细亚生产方式与中国古代社会》，见《林甘泉文集》，上海辞书出版社 2005 年，第 12 页。

③ 林甘泉：《领主制与地主制：封建生产方式的两种类型》，《林甘泉文集》，上海辞书出版社 2005 年版，第 82 页。

④ 林甘泉：《历史主义与阶级观点》，《林甘泉文集》，上海辞书出版社 2005 年版，第 277 页。

⑤ 林甘泉：《再论历史主义与阶级观点》，《林甘泉文集》，上海辞书出版社 2005 年版，第 305 页。

发展的客观规律。”①

马克思主义史学中国化，离不开一代代史学工作者的坚持与探索。林先生指出，“马克思主义在历史学中指导地位的确立，只能靠信仰马克思主义的学者用自己的实践来证明这一理论的科学性，赢得人们对马克思主义的信任。舍此没有别的办法”。② 对构建具有中国特色的马克思主义史学理论体系，他充满信心：“我觉得今天我们应该说有条件、也有义务，建设一个从中国历史实际出发，又是在马克思主义指导下的，有中国气派的史学理论体系。”③

三　学术担当与人格风范

林先生是一位使命意识强烈、富有学术担当的史学家。他主编《孔子与20世纪中国》一书，正是出于一位正直学者强烈的社会责任感和使命担当意识，驱使他接受这一挑战④。在一次学术采访中，他说：“中国的土地制度既不同于西欧，也不同于东方其他国家。所以，在马克思主义理论的指导下，在详细占有材料的基础上，对中国土地制度的发生、发展和变化的历史，进行深入系统的考察，并且能作出科学的理论概括，我感到是十分有意义的事情，所以我用了很大的精力和时间来研究中国土地制度史。”⑤ 林先生曾表示：“从这些年来的研究工作和学术交往中，我深深感到，我们这一代史学工作者尽管有

---

① 林甘泉：《关于史论结合问题》，《林甘泉文集》，上海辞书出版社2005年版，第312—313页。

② 林甘泉：《新的起点：世纪之交的中国历史学》，《林甘泉文集》，上海辞书出版社2005年版，第399页。

③ 林甘泉：《关于史学理论建设的几点意见》，《林甘泉文集》，上海辞书出版社2005年版，第435页。

④ 参见陈其泰《使命意识和创新精神——林甘泉〈孔子与20世纪中国〉一书的启示》，《中国史研究动态》2018年第3期。

⑤ 林甘泉、邹兆辰：《以马克思主义为指导研究中国古代历史——访林甘泉研究员》，《历史教学问题》2006年第3期。

许多不足，但责任重大。我们这一代承上启下，应该和比我们年长的，以及比我们年轻的史学工作者共同努力，为我国历史学的发展多作贡献。”①

林先生一生树立了学术与人生的双重楷模。对年轻学者的学术成长，给予无私帮助和精心提携。他指出：“今天我们正面临第三次挑战，可以说涉及到唯物史观如何发展的问题，怎样用现代科学的最新成果来丰富和发展唯物史观。站在挑战的前列的，是一批年轻的同志，他们很有才华，但又有不足。我们应该用自己的切身体会，帮助年轻的同志选择正确的道路，尽快成长。”② 他对自我严格要求，正如陈祖武先生所言，“‘甘泉同志’这四个字，是榜样，是楷模”，“这是一种什么样的精神？就是对党的事业的无限忠诚，对马克思主义的坚定信仰，对人民的赤子之心”。③ 林先生的诸多理论思考及相关论述，为中国特色历史学话语体系构建提供了思路和素材，他的这些研究成果，也成了史学工作者应当重视的史学遗产④。作为后辈学人，我们应当认真学习、研究和继承先生留下的这份珍贵史学遗产。

（本文原载《光明日报》2019 年 9 月 9 日第 14 版，作者分别系中国社会科学院历史理论研究所副研究员，中国社会科学院古代史研究所研究员）

---

① 陈其泰：《秦汉史研究的回顾和史学工作的创新——访林甘泉先生》，《史学史研究》1989 年第 3 期。

② 陈其泰：《秦汉史研究的回顾和史学工作的创新——访林甘泉先生》，《史学史研究》1989 年第 3 期。

③ 陈祖武：《楷模：永远的甘泉先生》，《中国史研究动态》2018 年第 3 期。

④ 参见瞿林东《关注历史学理论建设的史学家——为纪念林甘泉先生逝世周年而作》，《中国史研究动态》2018 年第 3 期。

桃李不言，下自成蹊

——师门问学琐记

于振波

最早知道林先生是在内蒙古民族师范学院大一年级修《中国古代史》课程时，主讲先秦秦汉史的高景新老师向我们介绍中国古代史分期各家观点，并推荐林甘泉、李祖德、田人隆先生合著的《中国古代史分期讨论五十年》一书。我当时初涉史学领域，对历史知识的了解仅限于中学历史课本所赐，可以说毫无根基，因此读这部著作颇感吃力，只是囫囵吞枣地看了一遍。

那时我喜欢翻阅《文史知识》，其中的“治学之道”栏目，经常刊发著名学者撰写的文章，谈如何读书，如何做学问，或谈他们亲身的治学经验，读来很受启发。在阅读《史记》的过程中，我逐渐对秦汉史感兴趣，但对于如何治秦汉史，不免茫然。林先生在 1983 年第 2 期发表的《研究秦汉史从何处入手》一文，列举了秦汉史研究的主要问题和主要资料，给我留下深刻印象。

1990 年，我考入北京大学历史系，师从张传玺先生攻读硕士学位。在此期间，我重新阅读《中国古代史分期讨论五十年》，对这部著作有了较多的认识。中国古代社会史分期的学术论争，主要探讨从上古到魏晋各个历史时期的社会性质，而社会性质是由从生产力到生产关系、从经济基础到上层建筑诸多因素决定的，因此学者们对这一问题的讨论，既涉及理论的探索，也涉及史实的分析。由于所掌握的理论不同或对同一理论的认识不同，加之史料不足的局限，不同学者对史料的解读、对史实的认识也各不相同，因此，侧重点不同，角度各异，以至观点纷纭，迄无定论。然而，围绕着社会史分期问题而展开的讨论，带动了经济、政治、思想文化等众多相关问题的研究，所涉及的历史内容异常广泛而复杂。《中国古代史分期讨论五十年》全面而系统地总结了1929年至1979年这50年间的研究成果，既有理论高度，又客观准确。书中以介绍马克思主义史家观点为主，也对其他理论观点客观叙述；作者尽管持“战国封建论”，但绝不党同伐异，对各家的成就和不足都一视同仁，不偏袒，不回护；作者对与社会史分期相关的学术成果的梳理，包括经济、政治、社会、思想等各方面，条分缕析，层层深入，正如本书《前言》所指出的：“为了把这场讨论提高到一个新的水平，有必要对以往讨论的历史进行认真的总结：分析一下在各个时期的讨论中提出过哪些问题？不同意见的分歧何在？哪些问题随着讨论的深入或新材料的发现已经逐步得到解决？哪些问题还没有得到足够的重视？如此等等。”正是站在这样的认识高度，才使得本书的学术价值历久不衰。我在后来的教学与研究中，时时翻阅这部著作，并向我的学生推荐。相信凡是认真读过此书的人，都会有所收获。

在此期间，我还认真阅读了林先生与童超先生合著的《中国封建土地制度史》第一卷，以及林先生的一些论文。我的感觉是，作为著名的马克思主义史学家，林先生的论著，对史料的解读与运用非常严谨，真正做到“论从史出”，言而有据，而且语气平易近人，绝不高谈阔论。林先生正是以深厚的理论素养和严谨的治学态度而受到学界的尊重。

在硕士研究生学业即将结束时，我报考到林先生门下。报考前，有人提醒我，说林先生是“搞理论的”，写论文从来不查阅资料。我想，林先生理论水平高，我是知道的；论著所引用的资料那么翔实、准确，如果从不查阅资料，岂不说明林先生有超强的记忆力？我问他是否读过林先生的论著，得到的回答是“没有”。我觉得没必要与他争辩什么了。

直到面试时，我才第一次见到林先生。蒙先生不弃，1993 年我被中国社会科学院研究生院录取，攻读博士学位。

历史所每周二坐班，但林先生事务繁忙，无暇顾及我，所以与我约定，每两周到他家里去一次。鉴于我的理论基础太差，第一学期，林先生主要向我讲授史学理论。有时，师母还特意准备可口的菜肴，留我吃饭。课程结束时，林先生还嘱咐我，除了加强唯物史观的培养外，还要多了解西方各种史学理论，眼界要开阔。

林先生当年的招生方向是“秦汉社会史”。大概是第二学期，有一次林先生问我如何理解“社会史”，我回答说，社会史既涉及研究对象，也涉及研究理论与方法：就研究对象而言，比如衣食住行、婚丧礼俗等社会生活方面的内容，就属于社会史的内容；而诸如政治制度、经济制度等等，如果用社会学的理论与方法进行研究，也可以称为社会史。当时学术期刊上有关于什么是“社会史”的讨论，林先生建议我多加留意。我想，这一方面是让我及时了解学术动态，提高理论水平，另一方面可能也希望我参加相关讨论吧？可是，直到今天，我也没有写出这方面的文章，甚感惭愧。

第二学年在繁忙而平静的读书中度过。在两周一次的面谈中，有时我会提交一篇小论文，请林先生批阅；有时只是就读书中遇到的问题向林先生请教。有一次，林先生谈到，有一套大型丛书没有征得他的同意，就把他列入编委。我说，丛书编著者把有名望的学者列为主编或编委，无非是为了扩大影响，而有些学者很愿意到处挂名，这也算是惯例吧。林先生说他不赞同这种做法，只有确实参与编著才可以署名，他是一直坚持这么做的。这种严谨的态度，令我肃然起敬。

第三学年开始写毕业论文。我每写完若干章节，就交给林先生，以便随时获得指正。第一次提交了大约近万字，因为不赞同某位学者的观点，几乎通篇进行反驳。林先生看过后，对我说，如果不同意别人的观点，只要充分论证你自己的观点就好，不要写这种驳论文章。只寥寥数语，却让我马上意识到自己的问题：花大量的篇幅反驳别人的观点，自己的观点并没得到很好的论证，徒劳无益。回来后，废弃原稿，重新撰写。至今，每当撰写学术论文，这一教诲都时刻在提醒着我。

附带指出的是，我的毕业论文选题“秦汉法律与社会”是在《文物》杂志公布张家山汉简《奏谳书》之后确定的，当时以为律令类简牍释文也会很快公布。然而，直到我毕业几年以后，毕业论文已经修改付梓，我所期待的资料才正式出版。在资料不足的情况下，毕业论文不免显得单薄，但其中的绝大部分观点迄今仍能成立，这与林先生的严格把关密不可分。

作为学业导师，林先生言传身教、一丝不苟的治学态度，让我不敢放任自己；他能够充分发挥学生的主动性，又在关键的时刻加以指点，要言不烦，点到为止，让我受益匪浅。

临近毕业时，林先生和谢桂华先生都希望我留在历史所工作。从学术发展方面考虑，这个建议对我非常有利；然而从生活条件方面考虑，如果留在历史所，每月工资 400 余元，而且没有职工宿舍——一个床位也没有，非常艰难。考虑再三，我还是希望生活能过得安逸一点，因此没有接受两位先生的建议，决定离开北京。当我把自己的想法告诉林先生后，林先生又建议我去山西省社科院，说那里收藏有大量晋商的资料，很值得研究，曾请他推荐相关人才。我表示不想去，林先生也没表现出任何不满，始终尊重我的选择。我自己先后联系了湖南大学岳麓书院和东北师大历史学院，都是院方很热情，积极争取，而校方有关部门态度冷淡，所以我最终决定去了吉林文史出版社。

出版社的工作并不顺利。作为一名编辑，除了专业基础外，还需要了解市场，更需要良好的人际沟通能力——与作者沟通，与社领导沟通，而这恰恰是我最不擅长的。一年以后，我写信给林先生，谈了我的工作情况，表达了想去高校工作的愿望。林先生回信，建议我去岳麓书院，并帮我联系了书院的老所长陈谷嘉先生。接下来，朱汉民、彭爱学、章启辉等书院领导向校方积极争取条件，我于1998年年初顺利到书院报到。

经过近一年的修改，我的毕业论文《秦汉法律与社会》获得湖南省社会科学学术著作出版资助。我打电话把这一消息报告给林先生，并请求他为我写一篇序。林先生为我的论文即将出版感到高兴，但告诉我，他通常情况下不为别人的书作序，当然也不会为我的书作序。他说他只写过三篇序，并详细解释必须写那三篇序的特殊原因。虽然带着些许遗憾，却让我对林先生严谨、低调、坚持原则的处世态度有了更深的了解。

2002年，我曾撰写《走马楼吴简佃田制度考略》一文，这是我开始接触走马楼吴简所写的第一篇论文。我将此文寄给林先生，很快得到回复。在复信中，林先生对我的观点详细点评，并提出自己的看法。按照林先生的指点，我将此文详加修改，发表在《湖南大学学报》2003年第6期，并附上了林先生的评语。

2004年下半年，有人谣传我研究走马楼吴简的某篇文章有抄袭行为。翌年年初，谣言更变本加厉。我怒不可遏，着手反击。消息不知怎么传到林先生耳中，2005年2月16日，我突然接到林先生电话。林先生一方面对我的遭遇表示安慰，一方面劝我平息怒气，专心做自己的科研。

2006年，随着拙作《走马楼吴简初探》的出版，有人进行莫名其妙的攻击，即对我的观点进行曲解，然后再加以批评。我于11月下旬在网上发文驳斥。12月初，林先生来信，劝我对那些不合理的批评不必过于计较。

这两年麻烦不断，让导师为我操心，令我深感愧疚。在我最沮丧的时刻，林先生总是给我以关怀和指导，也让我感激在心。

林先生带的学生不多，硕士、博士，再加上两名博士后，总共只有8人。除了我主动离开北京外，师兄弟们都在北京工作。我偶尔利用出差的机会，去看林先生，先生和师母总是热情地留我在家里吃饭，或到他家附近的餐馆。师兄弟们为林先生举办的小型生日聚会，我只参加了很少的几次。林先生为他的学生们在工作中取得的多多少少的成绩而高兴，兴之所至，经常会讲一讲他早年由中共闽浙赣城市工作部地下党转而从事历史研究的曲折经历，以及对某些学术问题的看法（包括史学理论、史书编纂以及我们所关心的具体问题）。师生欢聚，其乐融融，聆听史学大家的教诲，感受其人格魅力，令人难以忘怀。

来到岳麓书院以后，林先生除了关心我的工作与生活情况，对岳麓书院的学术发展也提供了力所能及的帮助。受朱汉民院长的委托，我曾几次邀请林先生来岳麓书院参观、讲学，先生均以身体欠佳为由，婉言谢绝了。事实上，自从我进入师门以来，很少听说林先生离开过北京。

林先生一直住在没有电梯的旧楼房，家在四楼，上下楼梯极不方便。据说根据社科院政策，林先生本来可以换成有电梯的新楼房，但他坚持住在旧楼房中。

在我的印象中，林先生一直是那么低调，深居简出，谦逊和蔼，襟怀坦白，坚持原则，其言其行，令人景仰。林先生之道德文章，一直为学界所称道，可谓“桃李不言，下自成蹊”。

（作者系湖南大学岳麓书院教授）

我的老师林甘泉先生

杨振红

初次见到林先生是在1986年10月安徽芜湖召开的中国秦汉史研究会第三次年会上。中国秦汉史研究会1981年成立，林先生是第一任、第二任会长。此次年会，林先生从会长职位上卸任，被聘为研究会顾问。当时我22岁，正在北京大学历史系读硕士研究生，即将进入二年级课程。对于我这样一个初入史学之门、蒙昧无知的青年学生而言，林先生是高山仰止的大家，故不敢冒昧拜谒求教。会后游览黄山，途中，我们一行数人遇到林先生一行。林先生身着中山装，风度儒雅，笑呵呵地和同行的唐赞功先生打招呼，这一印象深深地定格在我的记忆中。

1988年8月，我从北京大学毕业，分配到历史所工作。林先生时任历史所党委书记。一天，林先生让我去他的办公室，说有事要跟我谈。我怀着忐忑的心情来到林先生办公室，林先生态度平易，让我坐，我顿时便没有了紧张感。他谈到，1986年国家社会科学基金“七五”计划重点课题“中国经济通史”立项，他负责“秦汉卷”工作。因为我的专业方向是秦汉经济史，硕士论文题目为《两汉时期的铁犁牛耕与“火耕水耨”》，因此希望我参加这个项目，负责“农田与水利”“农业生产”“畜牧业”三章的撰写。他简单介绍了课题的基本设计和要求，以及参加人员。当时已参加这个项目的有李祖德、田人隆、陈绍棣、李孔怀、王子今、马怡、孙晓先生。我当时虽不十分清楚这个项目的重要性和艰巨性，但刚刚参加工作，便得到这样一个学习提高的机会，自然十分高兴地应允了。林先生说，这个课题组你最年轻，课题组的事情你也帮忙做一下吧。

我来所时不满 25 岁，无论哪方面都不成熟，对于自己今后的发展甚至都没有规划和设想。林先生给了我这样一个任务，又能和我的硕士阶段衔接起来，一下子让我有了方向感。现在想来，这对我的成长帮助至大，不仅提高了自己的研究能力，而且避免了转型期的迷茫，节省了为寻找新的研究方向所耗费的时间和精力。

然而，这项工作最初进展得并不顺利。我首先选择了“畜牧业”一章，开始搜集资料。当时没有电子检索工具，面对浩如烟海的史籍，颇有些渺无头绪、不知所措的感觉。现在想来，实际上是当时自己对于历史研究方法还没有完全掌握，以致茫然失措。在懵懂状态下完成初稿。林先生看过之后找我谈话。他先给予肯定，然后建议我多参考前人研究成果，并给出一些具体意见。林先生虽然说得委婉，但我明白他对我写的不满意。我便按照他的指引，重新选择较为熟悉的“农业生产”一章，认真查阅前人论著，借助各种工具搜检史料。在这一过程中，我对历史研究的基本方法有了进一步的认识，并逐渐清晰了秦汉时期农业生产的基本状况和写作思路。将完成的一章交给林先生后不久，林先生打电话给我，说除了个别词句还需要斟酌外，整体写得不错。但是有一条材料可能有问题，他说你是否使用的是二手资料，没有回查。我听了十分羞惭。当时我从别人论著中见到这条材料，因为不是常见史料，一时查不到，就偷懒直接转引了，没想到一下子就被林先生慧眼识破。下星期上班时，我到林先生办公室去取稿子，看到林先生在我的稿子上密密麻麻修改了很多。后来我了解到，但凡林先生主编的书，都经过他逐字逐句地审读、修改。我拿回去，认真读了几遍，发现只要是经林先生改动的，无论是对观点的阐释还是材料的把握都更为稳妥，逻辑更为清晰，语句也更为流畅。有了林先生批阅的稿子为样板，我开始撰写“农田与水利”一章。写作过程中，认真核查每一条史料，不敢有半点懈怠。这次，林先生改动明显少了。“畜牧业”一章，林先生几乎没有什么改动。在这样一个写作过程中，我学习、成长了很多。

在这期间，我曾去日本一段时间。其间曾给林先生写过一封信，一是汇报自己在日本的情况，二是告诉他我延长了留日时间。我知道林先生身为历史所领导，事务工作和研究工作都很繁忙，本没有期待他回信，但没承想不久就收到了他的回信。信不长，嘱我好好利用这次机会，了解日本学界的研究状况，学习日语。这让身在异乡的我十分感动。

经过这些年的接触，林先生成了我最熟悉的老先生。林先生理论水平高，思维敏捷，思想深刻，常常能够透过现象看本质，一针见血。所以我非常喜欢和他聊天，聊自己在学问中的心得和想法，希望得到他的点拨、理解和支持。林先生虽是德高望重的大家，又是所领导，但为人平易，心胸开阔，完全没有架子。他也很喜欢与年轻人聊天，希望了解年轻人的想法。我性格比较急躁，有时为了阐明自己的观点，常常忘了礼节，不等他说完便抢过话头，噼里啪啦说一通。他从来不生气，若是不同意我的看法，等我说完，才阐明自己的态度。若是同意我的看法，他就不再说什么。向林先生请教学问，是我到历史所后最重要的精神寄托之一。

1998 年我有了读博的打算，读博的一个初衷就是能够跟随林先生系统学习。2000 年我通过了博士生入学考试。那一年考林先生的学生最多，有六七位。面试时，林先生问了一个很有意思的问题：你们认为汉代有没有社区？改革开放后，社会学重新兴起，“社区”概念和西方社区管理模式开始得到重视。1993 年北京开始在西城区试点社区建设，对于当时的中国而言，“社区”仍是一个新鲜事物。“文革”时期历史学的八股化十分严重，我们阐释历史的理论、方法、视角甚至语言基本上是一个模式。改革开放后，虽然主张解放思想、开拓创新，但是真正做到这一点并不容易。不仅是当时，即使是现在也少有以

"社区"为题研究中国历史的。林先生的问题一出，我们开始都有些发愣，回答五花八门，比较靠谱的是谈到汉代的"父老僤"和"社"。

后来我才知道，这正是当时林先生思考研究的课题。他为此撰写了《秦汉帝国的民间社区和民间组织》一文，发表于《燕京学报》新8期（2000年5月）。林先生认为，秦汉时期的乡里是从此前的聚落共同体演变而来，具有基层行政组织和民间社区的双重属性，民间社区有一定自治功能。秦汉社会中，除了民间社区之外，还有"父老僤"、游侠、豪强等民间组织，它们分为制度内和制度外两种属性，并由此规定了它们与国家秩序的关系。

林先生这一研究可以很好地反映林先生治学的特点：第一，将历史研究与现实紧密结合。从现实出发寻找历史研究的新视角、新问题，通过历史研究探寻今日中国的历史渊源。第二，关注宏观、理论问题。秦始皇统一中国，建立专制主义中央集权国家后，除了皇权控制的乡里组织之外，是否还存在其他民间组织；乡里除了承担国家赋予的行政管理职能外，是否还负有自治、互助功能；秦汉时期，以血缘为中心的家族公社或农村公社虽然瓦解了，但是血缘关系并没有因此消失，那么，它在秦汉基层社会中到底占有怎样的地位？这一系列问题都是中国历史中的大问题，是探索中国历史发展道路和特色的关键。第三，视野开阔，兼容并蓄。林先生的这篇文章并不长，但却参阅了大量前沿研究成果，包括法国年鉴学派费尔南·布罗代尔，日本学者增渊龙夫，中国学者俞伟超、宁可等先生的论著，并经过长时间的深入思考撰写而成。

2000年9月，我正式进入博士课程，跟随林先生学习。和我同时入学的还有现在也在历史所工作的赵凯。林先生是一位十分负责的老师，他当时已69岁，仍坚持给我们两人授课。当时我们已从日坛路六号搬回到原来的小楼（后来拆了建成现在的食堂）。因为办公室紧张，林先生也没有单独的办公室，就借了二楼礼堂讲台后面的小储藏室进行授课。房间里除了堆放的桌椅等杂物外，只能放一张桌子，几把椅子。林先生即使是给我们两人上课，也认真写教案，在四百字的稿纸上整齐地按格书写。授课的主题是“秦汉时期的国家秩序与民间秩序”，这是《秦汉帝国的民间社区和民间组织》研究的进一步拓展。这样的选题和视角带给我很大的冲击和新鲜感。在林先生影响下，我选定了博士论文题目：秦汉社会基层组织与秦汉社会结构研究。虽然后来因为其他原因，改了题目，但我一直认为这是一个非常有价值、有意义的课题，我希望今后能在林先生的基础上进一步展开这一研究。顺带提及，目前历史所正在开展的创新工程项目“中国古代的国家与社会”，实际上也是受了林先生的影响和启发。

2001 年底，学界期盼已久的张家山汉简释文公布，其中《二年律令·户律》关于田宅制度的律文引起我的极大兴趣，甚至可用震惊来形容。众所周知，战国秦汉时期土地制度的形态及其性质，自 20 世纪 20 年代社会史论战以来一直是学界关注的焦点，长期争论不决。林先生是战国封建地主土地私有制说的主要代表人物之一，所著《中国封建土地制度史》（第一卷）是中国土地制度史研究的集大成之作，在学术史上占有重要地位。长期以来我的思想深受这一学说的影响。然而，读了《二年律令》后，我的看法有所改变，于是开始撰写《秦汉“名田宅制”说——从张家山汉简看战国秦汉的土地制度》一文。我认为，商鞅变法至汉文帝时期实行的是以爵位名田宅制，以二十等爵划分占有田宅的标准，以户为单位名有田宅，田宅主要通过国家授予、继承、买卖等手段获得。秦始皇三十一年“使黔首自实田”，只是以承认现有土地占有状况为前提，对全国土地占有状况进行的一次普查登记，而非在全国推行土地私有化的举措。土地的继承、转让和买卖都不能视为土地私有制的标志。西晋占田制和北魏至隋唐的均田制无论是从观念上还是制度设计上，都直接渊源于名田制。

在文章的撰写过程中，我曾和林先生谈到《二年律令》的内容，以及自己的初步感觉。林先生听了后，嘱我帮他买一本《张家山汉墓竹简〔二四七号墓〕》，他要看一看。我大约花了三个月的时间完成论文，然后投给《中国史研究》杂志。投稿之前并没有给林先生看，大概的心理还是有些顾虑自己的观点与老师相左。数月后，时任主编的辛德勇先生告知我，稿子已通过专家审稿。一次跟林先生聊天，林先生提到，《中国史研究》编辑部让他审一篇关于秦汉“名田宅制”说的文章，问是不是我的，我说是的。林先生对我说，希望我能够充分结合传世文献，作进一步的讨论。我十分感动，学者对自己的研究都十分珍视，很少有老师心胸能够如此宽阔，不仅对学生持异说不生气，反而给予最大的支持和肯定。林先生让我真正领略了虚怀若谷、兼容并包的大家风范。

进入21世纪后，林先生虽然已是古稀之年，但仍然精神矍铄，笔耕不辍。发表了一系列重磅文章：《世纪之交中国古代史研究的几个热点问题》（《云南大学学报》2002年第2期）、《中国古代知识阶层的原型及其早期历史行程》（《中国史研究》2003年第3期）、《从“欧洲中心论”到“中国中心论”——对西方学者中国经济史研究新趋向的思考》（《中国经济史研究》2006年第2期）、《孔子与20世纪中国》（《哲学研究》2008年第7期）、《“封建”与“封建社会”的历史考察——评冯天瑜的〈“封建”考论〉》（《中国史研究》2008年第3期）等等。这些文章均是针对目前学界热议的重大宏观、理论问题以及历史认识所写，与历史学的发展关系至大，在学界产生了广泛影响。

林先生在论文发表前，有时会把文章给我们这些学生看，让我们提意见。这对我们来说，不仅是极好的学习机会，而且可以先睹为快。年轻时读林先生的文章，尚不能完全领会其奥妙精髓，近年来随着年龄增长，才逐渐体会到其思致之高远，以及强烈的人文、现实关怀。林先生的文章逻辑性极强，语言晓畅准确，一般很难提出意见。但师命难违，我们还会提出一些意见。例如《“封建”与“封建社会”的历史考察》一文，林先生第一段引用了冯天瑜《“封建”考论》“题记”所写旅行德国莱茵河中游时联想到“封建”概念之事作引子，我认为删去为宜，没想到林先生居然采纳了。后来听赵凯说，他也提了一点意见，认为文章的语气可以和缓些，也被林先生采纳了。

林先生和我们聊天时，最喜欢谈的是两件事，一是学生时期参加中共闽浙赣省委（区党委）城市工作部（简称“城工部”）地下党的经历，二是对于当今历史学发展趋向的看法。1947 年 9 月和 1948 年 4 月城工部曾两次遭受“左”的思潮的严重破坏，许多成员冤屈而死，林先生侥幸生存下来，并因此经香港北上，走上学术研究之路。林先生常常感慨，现在我们的生活的确是无数革命先烈用生命和鲜血换来的，我们应当珍惜。他也感慨命运的力量，如果不是因为这段经历，他这辈子很可能不会从事历史研究。林先生是如此热爱历史研究，他一生没有任何爱好，除了行政工作外，他把所有的时间都奉献给了历史研究，像一个清心寡欲的清教徒。林先生时刻关注着历史学的发展态势，近年来对于历史学的碎片化、去理论化现象尤其感到忧虑。他认为历史研究应该多一些现实关怀，历史所这样的单位应该多组织一些与现实关系密切的集体课题，发挥历史所“国家队”的优势和作用。他还常常设计一些课题，建议我们去做，例如历史上的“三农”问题、城镇化问题、城乡关系问题等。

时间飞逝，历史所马上就要迎来建所六十周年庆典。林先生也已进入耄耋之年。近两年，他的脊椎病加重，对他的工作和生活造成一定影响。他开始时很着急，对我们说，若不能工作，活着也没有什么意义。这让我想起，他曾经多次给我们讲到，贺昌群先生说：“像我们这样的人，应该是伏案而死的！”林先生之所以一再提及贺先生这句话，一定是因为他怀有强烈的认同感。现在他仍然坚持每天伏案，哪怕是一刻钟、半个小时。每每想起此事，就不由得让我肃然起敬，心生怜惜。

衷心祝愿老师健康长寿，在学术事业上继续绽放光彩。

（本文撰写于 2014 年）

回忆和林老师在一起的日子

赵　凯

林甘泉先生离开我们已经好几年了，可是他的音容笑貌还时常浮现在脑海中。翻检旧录，回忆和老师在一起时的点点滴滴，想到老师的教诲和提命，感念不已。

一

今年春天，因为要撰写《建所七十年来的秦汉史研究》，我给曾在20世纪80年代后期担任历史研究所秦汉史研究室主任的吴树平先生打电话，请教“室史”诸事，说及林老师，吴先生非常感慨地说：“甘泉先生不是一个普通学者，他了解那么多学界和单位的事情，没有记录下来，真是遗憾。”吴先生和林老师共事多年，彼此了解。我相信，他的感慨，也是很多人的感慨。

林老师是见证了新中国史学发展的“活化石”。自20世纪50年代投身历史研究事业以来，始终活跃于史学研究领域，对新中国史学发展历程有着清晰而准确的认识。作为新中国史学的见证者，他对重要史林掌故的记忆和理解，具有无可替代的史学意义和史料价值。

林老师是《历史研究》1954年创刊的参与者。2013年，为庆祝《历史研究》创刊五十周年，编辑部的周群先生向林老师约稿，希望写一篇回忆文章以资纪念。当时林老师刚刚经历了腰椎受伤之痛，无法正常伏案写作，亲友们也劝他不要勉强。可是林老师说，《历史研究》是第一个由党中央创办的全国性的历史类学术刊物，是承载新中国史学发展的最重要的刊物，自己又是创刊诸人中的唯一健在者，对这个刊物具有非常特殊的感情，怎能不写？于是，他把学生叫到家中，亲自口授内容；学生整理成文后，他又反复校改，撰成《在〈历史研究〉创刊初期的日子里》一文。文章详细回顾了《历史研究》的创刊过程，以翔实的资料和有力的论证揭示了一些不为人知或者因讹成讼的重要内情，比如“百家争鸣”这个办刊方针的来龙去脉，比如新中国成立之初史学家陈寅恪与中国科学院及院长郭沫若等人的真实关系，钩沉往事，辟讹存真，读来令人耳目一新。文章于2014年1月8日、22日连载于《中国社会科学报》，又被反复转载，反响很大，有不少老朋友、普通读者打电话给他，说如果没有这篇文章，许多史林往事会谜沉大海，一些史林聚讼也难盖棺论定，因而鼓励他多写几篇这样的文章。

林老师最初大概也有这样的想法。2006年11月21日，大家在翠微大厦的一家餐厅聚会，庆祝林老师75岁生日。在座的除了几个学生，还有史学史与历史理论研究室的赖长扬先生。赖先生年龄比我们大，和林老师共事也早，说话没那么拘束，极力鼓动林老师开笔忆旧。那天林老师心情极好，说如果自己能活到80岁，“就从80岁开始动笔，写一些回忆录性质的东西”。

第二年，社科院为庆祝成立30周年，组织青年学者采访学部委员，最终结集成《学问有道：学部委员访谈录》一书。我按照所里安排采访林老师，专门设计了这样一个问题：“您从事历史研究五十多年，又长期从事组织工作，与许多老一辈史学家有较多接触，对于学术界的掌故趣闻一定知道得很多。这些信息本身就是重要的史学研究材料，而您在这方面有得天独厚的条件，有没有将这些信息以回忆录的形式整理出来的打算？”林老师略加思索后回答说，1994年纪念历史所建所四十周年时，曾经写过一篇《四十年的回顾》，就自己在历史所四十年工作的感受，从研究所的研究任务、集体协作、学习马克思主义理论、保持原有的研究优势和开拓新的研究领域等角度，谈了些意见，也作了些回忆。2004 年，在建所五十周年大庆之际，又写了一篇《五十年的回忆和思考》，增加、补充了一些新的内容，也作了一些新的思考。“也有同志建议我对史学界的见闻做系统的回忆和整理。这个问题我不是没有考虑，但是现在并不打算作这件事。一来现在手头还有科研项目，二来我始终认为，写回忆录无论是自己的经历、见闻、治学和心路历程，既要真实可靠，又不能像写工作日记流水账，要有思想，见真性情，并不容易，何况一个人的记忆有时也会失误。以后如有可能再说罢。”

现在想来，林老师当时对于开笔忆旧之事既审慎又乐观，他很想整理学界往事，从一个新的角度为史学史的研究做出新的贡献。80 岁那年，他认真写了一篇《八十自述：我的历史和史学研究生涯》，打印出来，郑重地签名赠送给友朋和学生。然而一年后的 2012 年，他的健康状况下了一个大台阶，在这件事上似乎有些力不从心。其后除了上面提及的《在〈历史研究〉创刊初期的日子里》，再未撰写其他“回忆录性质的东西”，留下吴树平先生所说的“遗憾”。

二

“城工部”事件是林老师经常说起的话题，听得多了，我们几个学生差不多都能大差不差地复述下来。

1947 年，尚在厦门英华高中读书的林老师加入了中共厦门城工部组织，成为一名地下党员。两年后的 1949 年 4 月，就在新中国成立前夕，福建城工部受到错误肃反，部长、副部长和一百多位同志被诬害错杀，一千多名党员蒙受不白之冤。当时林老师正在厦门大学历史系读书，被迫和四名同学一起离开厦门，乘海轮取道香港，北上北平。

福建城工部案件在新中国成立以后很快就得到昭雪，但这件事对时年不满十八岁的青年林老师冲击力之大，可想而知。每次师门聚会，“城工部”事件几乎都是雷打不动的保留话题。记得有一次聚会，不知怎么就聊到了“左”的问题，林老师动情地说，“其实我这个人最有资格反‘左’，因为我有切肤之痛。在解放前夕，‘城工部’案一百多人被杀，真是痛心疾首。自己侥幸躲过，后来每每看到‘红色记忆’，看罢久久心情不佳。有那么多人没有来得及享受革命成果就离去了，甚至连名字也没有留下来”。这一事件对他的触痛，由此可见一斑。他的《八十自述：我的历史和史学研究生涯》将近万字，其中“加入中共厦门城工部”部分就占了四分之一篇幅。

“城工部”事件对林老师的影响非常大。一方面，这一事件改变了他的人生轨迹，如《八十自述》所言：“如果没有发生城工部错案，我肯定会继续留在厦门参加地下工作，迎接全国解放。之后我可能被分配在这个或那个岗位工作，但恐怕不会到北京来成为从事历史研究的专业人员。”另一方面，革命斗争的复杂性使他的个性和党性得到锤炼而更有韧性，也使他对来之不易的新中国事业具有了书斋学者难以体悟的深沉感情。2007 年 11 月 27 日，大家庆祝林老师 76 岁生日，餐厅特意给加了一碗长寿面，领班的服务员还唱了生日歌，请老人家吹烛许愿。林老师满怀诚挚地说：“祝我们的国家繁荣富强！祝你们生意兴隆！”接着又说，“这个生日有一个特殊的含义：我入党已 60 年”。热爱祖国，热爱人民，忠于信仰，短短的生日愿语中，饱含着博大而深沉的感情。

三

据说林老师担任所领导时处事谨严，不苟言笑，但我 2000 年考入社科院研究生院历史系读博士时，他已经年近古稀，讲课时的严肃认真似乎有往日遗风，日常生活中却完全是和蔼可亲的长者，说话也时见幽默或者机锋。

2003 年的一次聚会，大家说师母最近稍胖了些，林老师便说“饱食终日，无所事事”。师母马上反击，说老师“剥削者，不下厨”。

林老师家的早饭比较简单，冲一碗黑芝麻糊了事似乎也是常有的事，有几次我分明闻到了咖啡味，原来是他在黑芝麻糊里加了雀巢速溶咖啡，既饱腹，又提神。我说从来没有见过这样喝芝麻糊，林先生笑着说这是“中西合璧”。当时我觉得那咖啡黑芝麻糊很像林老师的治学之道：马克思主义理论与传统实证研究融通碗中。

2006 年 11 月 7 日星期二，中国社会科学院简帛学国际论坛结束之后，我们师兄弟几个陪同来京参加会议的于振波、蔡万进两位学兄去看望林先生，并共进午餐，席间林老师吟打油诗一首：“三国纷争未销兵，红楼夜宴庆升平。西游满目尽黄沙，水浒又见忠义厅。”所为何事，我已经记不清了，只是觉得出自一本正经的林老师之口，甚是好玩，故记了下来。

四

每次忆及林老师，不知为什么，脑海中总是浮现出皂君庙居室那间色调幽暗的客厅。客厅里堆满了书，东、北、西壁都是书柜，旧杂志整齐地码在边角处，方尖碑般高高耸立，因为太高了，以至于我老是担心它们会突然倒塌。客厅南面通向阳台，算是开阔，不过各种书本还是像爬山虎一样从南窗延伸到放电视的大桌子上。这一大摞书严重影响了采光，在我的印象里，老师家的客厅总是光线幽暗，有时大白天还得开灯。2004 年夏天，屋里换了一件红色的沙发，颜色鲜艳，总算有了一点新意，不过留在我记忆中的主色调还是幽暗。

林老师住在海淀区皂君庙东里的社科院家属楼，自 20 世纪 80 年代迁入，一住就是三十多年。楼房总共六层，没有安装电梯，林老师住在四层，上楼下楼殊为不易。每周返所，他通常是先打出租车到西直门，然后换乘地铁 2 号线到建国门。所里担心他的安全，要安排车辆接送，他总是婉言谢绝。我在2006年7月17日星期一的日记里找到这么一条：“晚照例给林先生去电，问询明日是否返所。……先生明日到所，照例要先打车到西直门，然后换乘地铁到建国门。想到西直门地铁站居高临下的台阶，我真为他担心，叮嘱他一定要小心，先生却并不在意，说‘没问题’。”

“没问题”的状态延续到2012年终于出现了问题。林先生体形消瘦，但精神状态其实一直不错。2012年国庆节，我去看望林老师。因为有一阵子没有见面，感觉他明显瘦了。林老师说三个月前，感觉腰痛，医生说脊椎第九节处有裂纹，左侧有骨裂，压迫所致，疼痛难忍，加上胸腔、腹腔俱受影响，呼吸憋屈，小腹胀滞，体重现在不到四十公斤了。他的听力也下降得厉害。我在来时路上至少六次打电话，都无人接听，让我担心没人在家，或者担心电话有故障。我在客厅里坐下来之后又拨打电话，分明听到有电话铃声从两个卧室传来，林老师却毫无反应，看来他的听力真是成问题了。家里给他买了助听器，他说嗡嗡响，不方便，干脆就不用了。听力变差，或多或少会影响到他和别人的交流，有些工作也只好停止了，比如不再参与国家社科基金项目评审，对于日常生活和家国社会的困惑似乎越来越多。听力变差也有好处，只要林老师打开话匣子，别人就很难打断，他可以顺畅而清晰地发表演讲。

2012年腰椎积劳受伤之后，林老师行走能力大不如前，深居简出，越来越接近于“何妨一下楼主人”。但是他仍然笔耕不辍，《在〈历史研究〉创刊初期的日子里》一文就是克服病痛困难而完成的。我清楚地记得，2013年12月10日，文章提交之后，林老师久违地来所里“上班”，中午还约了李祖德先生、田人隆先生两位老友聚餐，心情甚好，因为这是他生病一年以来完成的第一篇文章。

古稀之年，对于有些学者来说，似乎是学术生涯的休止符。但是对于林老师来说，却是一段盛年的开始。他说，现在没有行政职务了，总算可以静下心来做点学问了。70岁之后，林老师撰写了《世纪之交中国古代史研究的几个热点问题》（2002 年）、《关于史学理论建设的几点意见》（2002 年）、《中国古代知识阶层的原型及其早期历史行程》（2003 年）、《论中国古代的“民本”思想及其历史价值》（2003 年）、《五十年的回忆和思考》（2004 年）、《从“欧洲中心论”到“中国中心论”——对西方学者中国经济史研究新趋向的思考》（2006 年）、《“封建”与“封建社会”的历史考察——评冯天瑜的〈“封建”考论〉》（2008 年）等具有重要影响的学术论文，主编了《孔子与 20 世纪中国》（2008 年）、《郭沫若年谱》（2017 年），出版了《中国古代政治文化论稿》（2004 年）、《林甘泉文集》（2005 年）两部论文集。80 岁之后还撰写了《中国传统政治文化对“软实力”的另种解读》（2011 年）、《帝国兴亡与文明传承》（2011 年）等文章。我有幸恭逢林老师至纯至真的人生化境和古稀盛年的学术奇迹，且愧且惭，且感且奋。

（作者系中国社会科学院古代史研究所秦汉史研究室主任、副研究员）

门下忆往

庄小霞

2008年8月我从北大历史系博士毕业后，承历史所卜宪群、杨振红两位老师推荐，通过面试，进所跟随林甘泉先生读博后，此后我就在林先生门下，有幸亲炙门下将近九年多。这些年来，与先生认识以来的点滴在心头，一时想起，不禁思绪万千。

2008年我入门时，先生当时七十多岁，已经不招收博士生了，在我之前他还曾招过一位博士后，是首都师范大学的蔡万进老师。我是先生的第二个博士后，也是先生最后招收的博士后。我入站时，林先生已不常到所里来，当时所里的卜宪群老师、杨振红老师等都嘱咐我说先生年纪大了，有些跑腿的事，让我多做点。所以在和先生相处的时间中，很多时候是趁着跑腿的时候在先生位于皂君庙社科院小区的家中聆听教诲。特别巧的是，我自2005年以来就常在中国政法大学研究生院参加徐世虹老师组织的读书班，2008年正好徐老师开始组织睡虎地简读书班，所以我自然几乎每次都参加。法大研究生院位于蓟门桥，距离先生皂君庙家比较近，读书班的固定时间基本上都是每周五下午，先生晚年的作息时间通常是上午九点半后、下午三点半后待客，所以我经常是趁着课前或课后去先生家，先生也知道我每周五的活动，所以有时嘱咐我做什么事也是打电话让我周五到家里，这些小事如代先生转交党费、一些信件的交付，以及有时借阅书籍、下载资料等等。关于借书，先生以前经常是拿着一个灰白色布袋自己从单位图书馆借书，2013 年的时候他有次书借得有点多了，然后就有点累着了。后来我去先生家里他就跟我提及这事，感叹自己年老了，听了颇令人心酸。我就说，我要跟先生您强烈提一个请求，您一定要答应我，就是以后借书的事就让我来给先生借书带书。林先生就答应了这个请求，此后我就承担了先生的借书任务。有时先生想看某些方面的文章，我也从单位下载打印后再带到先生家。

林先生是学问大家，同时退休前一直担任所里的领导职务，但我认识的先生、在我心中的先生更是一位慈祥、睿智、幽默、善良、平易近人的老人。每次去先生家，先生都会问我最近的学习工作情况、问起所里的情况，有时看到一些书或者社会新闻，先生都会顺便就聊起来。先生是福建泉州石狮人，虽然在北方待了大半辈子，但是乡音依旧，我却畅听无碍。我虽然是浙江人，但往上追溯父辈母辈的先祖是清朝时从泉州迁移过来，我母亲这边许姓还在泉州石狮寻到过族谱，我从小说的也是闽南话，且与泉州话最接近，所以先生带着些乡音的普通话，对我来讲不仅听着不费力，而且还特别亲切。记忆中在先生家的小客厅里，先生有时坐在沙发上，有时坐在一个小板凳上，我们一老一小、一问一答，更多是聆听先生的教诲，是我很多个周五愉快的记忆。每次在先生家聊天的时候，先生谈起某某事或者某某人，我常常因为“无知”，被先生“鄙视”“嘲笑”，先生一边呵呵笑着，说哎呀这个你竟然不知道呀，一边又不嫌其烦解释，现在回忆起来一切都很温馨。我可以说是“无知者无畏”，而先生则是非常宽厚，谆谆教诲。有时候我能猜到，先生就非常高兴。有一次先生的老朋友金冲及先生送了一本书给林先生，我将书带给林先生时，因为金冲及先生是复旦大学出身，林先生就顺便跟我谈起旧事，说起他年轻时曾去复旦大学办事，当时复旦大学方面派了朱维铮先生来接洽，林先生记得第一次见朱先生是朱先生骑着自行车在复旦大学门口见面。林先生当时说这事时，一时忘记了朱维铮先生的名字，只记得是周予同先生的学生和助手，然后我猜到先生说的应该是朱维铮，先生大喜，开心笑说就是就是。每次去见先生，除了闲谈，先生一般还会问我所里近况，最近学习情况，以及自己最近看书情况，常常等到华灯初上，为了怕影响先生休息，我才向先生告辞，离开先生家。

先生长我差不多快半个世纪年龄，我在入先生门下前，对先生本人了解并不多，读研究生时只看过先生关于秦汉史方面的著作，以为先生只是秦汉史方面的专家，入门以后陆陆续续才知道先生不仅是秦汉史专家，还是一位杰出的马克思主义史学家，他从年轻时就熟读马列经典，理论精深，对许多事物的认识和观察都让我佩服不已。我入门时，先生虽然年事已高，但其仍保留对学界的关心，不仅如此，他对时事和社会热点都有自己独特精到的看法。平时在和先生接触中，他也会经常借机教导我。关于读书，先生也曾经跟我提过自己的看法，他主张还是要广泛阅读，比如他向我多次提到过贡德·弗兰克《白银资本：重视经济全球化中的东方》。像这样的书，从做秦汉史断代的一般人的角度来看，通常认为是不在阅读范围，但林先生却很感兴趣，这本书就放在他家书架比较好拿的地方，从中可见先生的趣旨。他认为如果看的书很专、很窄，虽然也可以不断地有成果出来，但始终还是会受到限制。先生曾经对我说，其他方面的书你都要看看，会有些好处，可以帮助想些问题。林先生曾经在历史所做过一个讲座，讲历史学的古今中外法。在私下的时候，林先生又跟我重申，说这是对的，搞历史应该讲点古今中外法，不能做得太偏，比如说简牍研究，这里出来一个简牍，那里又出来一个简牍，确实你是可以做一年两年，人家都做完了，那你以后怎么办？林先生之所以这么说，他是希望我们做学问能多联系，做一些大问题出来。实际上林先生并不是不关注新材料，相反他的一些论著熟练使用出土资料，可以称得上经典之作，如《汉简所见西北边塞的商品交换和买卖契约》（《文物》1989年第9期）。先生说的这些话，到现在都让我铭记于心。林先生在秦汉史研究领域，尤其经济史方面着力最深，先生曾经多次询问我有关简牍中的经济资料，说有没有可能做一下这方面的工作，很遗憾的是，最初几年我的兴趣一直未在经济研究领域，但是先生一直也没有说什么，只是还是经常询问并建议我多多关注简牍中的经济资料。在先生的潜移默化下，我竟然真的开始关注简牍中的经济资料，可以说正是因为林先生一直以来的谆谆叮嘱在我心中扎根发芽吧。2016 年我终于使用里耶秦简的资料写了一篇有关秦代度量衡制度的文章，总算是与经济史有关了，所以文章发表后我就拿给先生看，先生仔细看了我的文章，看到我引用到丘光明等先生所著《中国科学技术史·度量衡卷》，就微微一笑，说要考一下我，说你知道丘光明是位女先生吗，然后我果然不知道，于是又被先生“嘲笑”了一下，先生哈哈笑说自己以前跟丘光明一起开过会，并还说起经济史学界的一些老人，如吴承明先生，说他们都是老朋友。这几年来感怀林先生的教诲，我也想在秦汉经济史方面做些工作，可是再也得不到林先生的教导了，只是希望先生在天之灵能够宽慰一些。

在我印象中，先生淡泊金钱的品格尤令我敬重钦佩。由先生主编的《孔子与 20 世纪中国》2012 年获人大吴玉章学术奖，当时主办方通知有 2 万元奖金，但是过了很久都还没寄到账户，大家也就忘了这事。等到 2013 年春节正月里，我去先生家探望先生和师母，先生一见面就哈哈大笑，跟我说他自己最近犯了一个大乌龙，原来前些日子他发现银行账户多了 2 万，他以为这就是奖金，于是就把钱拿出来迅速分发给了该书的其他作者，等到发完钱后不久，他查看当月工资条才知道是自己弄错了，原来先生是把自己的年终工资当奖金发出去了。先生之所以会发生这样的“乌龙”，主要还是与先生一向淡泊金钱的品性有关。还记得某年有一个文集编委会给先生来信，邀请先生做评委和编委，先生让我联系对方婉拒邀请，因为先生多次跟我们说过“不能做空头主编”，所以他让我打电话让我跟对方说他自己“年老体衰”，以此回绝邀请。然而我跟对方单位打电话后，又过了一些日子，我从收发室那里仍然又收到这个编委会的一张给林先生的三千元汇款单，写明是编委费用，于是我在周五又去了先生家，把汇款单交给先生，先生就又让我联系对方退钱。于是我又电话联系了对方，对方却表示为难，说钱已经寄出了，再收回来不好处理。于是我只好又和先生汇报，先生很坚持，一定让退回去。后来我就和对方联系说，就不去领，让汇款单过期自动退回去吧，这事才算完结。我留所以后，先生也特别关心我的个人生活，先生经常说，虽然社科院工资不高，但是确实是个做学问的好地方。先生日常生活中非常节俭，在家里穿的衣服都有补丁，但先生丝毫不在意，安贫乐道说的就是林先生这样吧。

2012 年应院里相关部门邀请，林先生撰写《八十自述：我的历史和史学研究生涯》，在这篇文章中先生回顾了自己过往的人生和学术经历，对于了解先生的个人历史应该是非常重要的一篇文章。文章中提到“1949 年 4 月 21 日，我与厦大、英华的四位同学一起离开厦门，从香港乘船赴平津解放区”。当时先生撰写这篇文章，是先生手书之后，由我再逐字录入电脑，先生审核校定，所以我对全文印象深刻，其中具体细节还曾向先生请教确认过，我记得先生曾告诉我当时船上还有郭沫若的夫人于立群等人。所以后来我偶然看到《亲历者的记忆：协商建国》（生活·读书·新知三联书店 2009 年版）一书，里面有一篇《民主人士和社会贤达秘密北上》讲述 1949 年以前在香港的民主人士如何北上，我发现文章中提到的第七批次北上人物、时间等等与先生所说比较吻合，由该文我就猜测推断林先生于 1949 年 4 月 21 日与同学一起离开厦门，然后是在 1949 年 5 月 5 日乘坐太古船务公司的“岳州”号客货轮北上。之后我把自己这个发现告诉先生，先生确认说他就是乘坐“岳州”号北上，并笑说当时自己只是穷学生，所以坐的是三等舱。林先生来到北京以后，生活工作中对他影响比较大的是尹达和郭沫若先生。林先生晚年经常跟我们说起郭老及一些过去的事，常常去书柜翻自己主编的《文坛史林风雨路——郭沫若交往的文化圈》一书，有次林先生说可惜这书我这也只有一本，要不然就送你一本。先生逝世以后，遵先生遗嘱，把先生的藏书全部捐献给了家乡图书馆，家属建议学生可留一本先生的藏书，我其实是很想向先生的儿子林征大哥申请这本书的。

2017 年 9 月中旬，在协和医院的重症监护室，我和先生小梁两个人一起见了先生生前最后一面，当时先生在重症监护室躺在病床上，已然很艰难，却还跟我们俩开玩笑。先生在病床上努力微笑着开玩笑的样子，深深烙印在我脑海里，也是先生留给我的最后印象，一个多月后先生就去世了。先生去世后半年多，师母也仙逝了。师母留给我的最后印象也是健健康康、开开心心的样子。我每次去先生家，师母都要给我递上一瓶饮料，然后再回里屋看电视，有时候她老人家还在电脑前玩扫雷游戏，留下林先生和我一老一小在客厅聊天，等到离开时，跟师母告别，师母总是要坚持站起来送我一下，我都很过意不去。我最后一次见师母是在 2018 年 5 月 15 日上午，当时我去先生家里看望师母，师母精神甚好，开玩笑说自己过了年后就是 90 后，意思说自己已经是 90 岁的人了，然后跟我说想要看先生的几位老学生的照片，我手机中当时没有各位老师们的近照，于是就当场用手机上网在网上找各位老师的照片给师母看，师母还一直询问他们的近况，我都尽量告知。过了一个多月，我正在国家博物馆看一个展览，忽然接到杨振红老师的电话，杨老师告诉我说师母在端午期间过世了，当时我就呆住了，想起和师母的最后一面，心中阵阵难过……先生和师母两位老人竟然在差不多半年多的时间里都走了，两人相伴六十多年，先后而逝，实在令人唏嘘，唯愿二老千古！

（作者系中国社会科学院古代史研究所助理研究员）

附记：本文部分内容见于《懿范长存启后学：怀念林甘泉先生》（《求真务实七十载——古代史研究所同仁述往》，中国社会科学出版社 2024 年版）。

怀念林甘泉先生　倡导求真务实精神

张沛林

林甘泉先生是蜚声中外的史学名家，长期在中国社会科学院历史研究所（今古代史研究所）工作，他在中国古代经济史、政治文化史、史学理论和先秦秦汉史等诸多领域取得了卓越成就，受到学术界普遍关注，并产生了广泛的社会影响。他是当代中国史学诸多重要活动和规划的组织者、参与者和亲历者，为当代中国史学的繁荣和发展作出了重要贡献。

2020 年 10 月 25 日，时逢林甘泉先生逝世三周年纪念日。由中国社会科学院古代史研究所秦汉史研究室、郭沫若纪念馆、中国国学研究与交流中心、中国秦汉史研究会、中国郭沫若研究会、中国历史研究院海外中国历史文献研究中心联合举办的“求真务实——林甘泉史学研究理论与方法座谈会”在北京召开。来自中国社会科学院、中央党史和文献研究院、中国人民大学、北京师范大学、郭沫若纪念馆等十余家单位的七十余人参加了座谈会。与会代表深切缅怀林甘泉先生的生前事迹，全面总结林甘泉先生的史学研究理论与方法，并对他的学术成就和他在推动历史学科发展与建设方面作出的重要贡献予以高度评价。

中国社会科学院古代史研究所党委书记赵笑洁回顾了林甘泉先生的生平与学术成就。林甘泉先生哲嗣林征回忆了父亲往事，重点讲述了林甘泉先生与尹达先生在工作中的交往。中央党史和文献研

究院研究员、中国史学会原会长金冲及，中国社会科学院原历史研究所所长、学部委员陈祖武，中国郭沫若研究会会长蔡震，北京师范大学教授刘家和（书面发言）分别回忆了自己与林甘泉先生在工作、生活中的交往，高度评价林甘泉先生推动20世纪中国史学发展以及在马克思主义史学、郭沫若研究等方面的卓越贡献与历史地位。金冲及强调，林甘泉先生是当代中国最著名的历史学家之一，也是当代中国最具代表性、最具影响力的马克思主义史学家之一。古代史研究所所长卜宪群阐述了林甘泉先生史学研究的理论与方法，强调总结林甘泉先生在史学研究方面的理论与方法，不仅有助于认识20世纪后半期中国史学的发展演变，也有助于推进当前中国史学理论体系与话语体系的建设与发展。

林甘泉先生的生前同事、好友，中国人民大学教授戴逸、河南大学教授朱绍侯、华中师范大学教授熊铁基、江西师范大学教授黄今言、北京师范大学教授瞿林东、北京师范大学教授陈其泰、中山大学教授张荣芳等以视频发言的形式参加会议。原历史研究所党委书记刘荣军，离退休研究员胡一雅、吴树平、田人隆、谢保成、陈绍棣以及北京师范大学历史学院史学研究所副所长张越、首都师范大学教授邹兆辰等，分别回忆了他们与林甘泉先生的交往过程，从不同角度阐述了林甘泉先生缜密严谨、求真务实的治学态度与平易晓畅的文风，对历史研究所的发展和历史学科的建设作出的努力与贡献，以及他作为一名坚定的马克思主义者勤奋俭朴、严于律己、平易待人的优秀品德。中国社会科学杂志社副总编辑李红岩、中国人民大学明德书院院长王子今、中国人民大学历史学院副院长朱浒等也出席了会议。

座谈会由中国社会科学院学部委员彭卫、古代史研究所秦汉史研究室主任邬文玲主持。中国社会科学院中国历史研究院副院长杨艳秋作会议总结，指出林甘泉先生是坚定的、有着深厚马克思主义理论素养的史学家，高度重视中国的史学理论建设，一生热爱历史研究，每部著作都闪烁着唯物史观的光辉。“求真务实”是林甘泉先生的思想精华，是古代史研究所的精神，也是史学研究应该秉承的精神。

（本文原载《中国社会科学报》2020 年 11 月 9 日第 5 版，作者系中国社会科学院古代史研究所助理研究员）

回忆林先生

梁俊斌

林先生过世已经三年多了，难忘的是关于先生的一点点回忆，现如今提笔将这一缕缕勾勒出来，以表思念和敬仰。

听我爱人跟我说起林先生，我很难想象一个人生阅历如此丰富的人竟然如此幽默，平易近人。非常幸运我爱人引见我们相识，给我第一印象就是先生确实非常和蔼可亲。可能我们都是南方人，而且我们还都会讲闽南话，即便言语上还是有些不通，或许是爱屋及乌，老先生对我特别关照。有时候见面我请教他一些问题，好比一个小学生向学富五车的先生提问，他总是很耐心地解答，我从中受益颇多，但更多还是敬仰。聊起他的一些看似非常平常的往事，实则在革命的年代又何其凶险。如此释怀却又如此坦荡，这是我当初的感觉。先生还非常节俭，在70平方米没有电梯的家里除了书籍还是书籍，很难想像在如今现代社会，一个学部委员家里除了干净就是书香味。大隐隐于市，与世无争。这就是一个老共产党人给我的震撼。80多岁的高龄还在心心念念着研究中国的土地史，不停修改自己文章，还教导我们为这社会做点贡献，莫要辜负青春华年，老先生的勤奋自律是一个共产党员的基本素养，而这个素养伴随他一生。

在随后的日子里我们非常有幸常去看望林先生和他夫人黄师母，他们幽默自嘲相互调侃，神仙眷侣也不过如此，而生活总是在不经意间跟你告别。2017 年 9 月份，爱人跟我说林先生住院了，病情还比较严重。我在医院见到了林先生，他还在医院的候诊大厅，因为医院的人太多了，没能及时安排住院。先生就在大厅输液，他人不知道是睡着了还是昏迷，当时先生小腿肌肉已经有些萎缩，非常得瘦，看上去很是让人心疼，让人感慨哪怕是曾经风云岁月里的弄潮儿也经不住时光的波动。因为长时间一个姿势半躺着会麻痹，我曾经跟罗氏正骨传人的姜大夫学过一阵子按摩技术，看到这一幕，我就想帮林先生按摩一下，按了几下，先生醒了，当时先生醒来后眼睛微张，努力保持微笑，我忘了当时他说了什么，只记得在医院嘈杂的气氛中，老先生的乐观感染了我们。当先生的儿子林大哥问他我们都是谁的时候，他都能记起来。后来，先生的学生也多来了，社科院的人也在帮忙联系住院事宜，最后终于安排住进了协和的 ICU 病房。过了几天，听林大哥说老先生病情有所好转，我跟我爱人又一起去 ICU 看望林先生，医生嘱咐我们别大声说话。我们进去的时候老先生还在调侃着，还跟我们开着玩笑，嘱咐我不要欺负我爱人。先生我可哪敢啊，很希望再听您说说话，可惜那是我在您生前见的最后一面，从此以后再也不能聆听您的谆谆教诲。很感谢生命里遇见了您，还有黄师母，你们都是高尚的人，充满革命的乐观精神，学术的钻研奉献精神，无私为这个社会燃尽生命。是您让我坚信这个社会总有那些为了民族大义，为了人民，总会出现像您这样的时代逆行者，更让我坚定了不管这是不是末法时代，相信总有像您这样的共产党员随时为了点亮人心而义无反顾。

八宝山告别厅是跟您最终告别的地方，我们在工作人员引导下，看到您化完妆的遗体就静静躺着，一个有趣的灵魂虽然离开了人世，但您留在这世间的不仅仅是您的音容笑貌，还有您的鸿篇巨著，更重要还有您对这个社会的期盼，您所留下的财富让我们受益匪浅。虽然您已经与我们告别，但我们还念着您在世时的每时每刻，继续为您见证这个时代的伟大，而这样的伟大正是因为有像您这样的共产党员在默默地耕耘，感谢您！并致敬所有时代的逆行者，我们这样的岁月静好是因为有你们负重前行。

写于 2021 年 3 月

（作者系新北洋信息技术股份有限公司北京分公司工程师）

我和爷爷

林令宜

爷爷是在2017年10月25日辞世的。收到消息时，我正在上一节市场营销的课。那节课对多数中国学生来说很难抓住重点，对我来说也是一样。所以当我看到微信弹出了消息时还有点为之一震，以为是同学发来的对上课内容的抱怨。然而当看清内容时，我瞬间感到自己全身都僵住了。我没有想到事情发生得竟然这么快。

10月8日我利用reading week（学校不上课，时间用来给学生自己安排）的时间回国看望爷爷。当时爷爷病情已严重到住重症监护室，而我又已经将近一年没有回国，于是认定如果有假期的话一定要回国探望爷爷。回国第二天在医院看到爷爷的时候，我瞬间就哽咽了。比起之前未生病时的样子，躺在病床上插着呼吸器、打着点滴甚至还绑住手腕的爷爷简直像是变了一个人：瘦得皮包骨头、神志不清，任何人跟他说话都没有反应，只有眼皮在微微颤动。现在想起那个画面我还是忍不住鼻子发酸。我从没想到过一年时间未见，再见时竟会是在医院，竟会是以这样一种状态。

过了两天，再去看爷爷的时候，爷爷处于比较清醒的状态。他看到我的时候明显很惊讶，应该是没有想到我会突然回国吧。爷爷当时插着呼吸器，嗓子里也有痰，说话不是很清楚，但我还是听出来他应该是在问我怎么突然回来了吧。接着爷爷说起了别的事儿，我就一边听一边猜，然后回他的话。其实平时跟爷爷聊天也不多，现在这样虽然不能算作严格意义上的聊天，但我觉得至少爷爷在最需要别人陪伴的时候看到了自己的亲人在关心他，是会感到欣慰的。同时，我也感到一丝放心。爷爷还能认出我，还能正常地与人交流，思维还是清楚的，这样就证明爷爷比起之前几天有了好转，病情是在往好的方面发展。

接下来的几天情况也不错，爷爷都处于清醒的状态，也还保持着他曾经的脾气。由于自尊心的缘故，不愿意住院、想赶紧起来回家、不愿意让护士吸痰，就如曾经他生了病经常不愿意采取医生建议的疗法。虽然非常担心这种固执会影响治疗，但我们还是尊重爷爷意愿，没有强迫他。

爷爷本人是个自尊心很强的人，这种要强也或多或少影响了他教育晚辈的方式。爷爷对我很好，在我上幼儿园的时候接我回家、给我讲国外和外地的区别、陪我扮演动画片里的角色——然而作为孙女我很少感到过现在爷爷奶奶辈宠溺孙辈的那种感觉。爷爷似乎从来没有因为我是他孙女就过分溺爱我，而是经常通过教导的方式来让我知道什么能干什么不能干，也经常告诉我以后应该做一个什么样的人。这让我一度有些苦恼——总感觉自己像是爷爷的学生。尤其是上完小学之后，一起做游戏的环节已经没有了，剩下的就是指导和建议。不过现在看来，虽然少了一些爷孙之间的温情与乐趣，但也让我获得了非常宝贵的东西——任何时候我总是觉得有无名的一股力量在鞭策我，告诉我不能浑浑噩噩地生活，也一定不能丢失自己的原则。这也是直到最近我才发现的——我始终潜移默化地遵守着爷爷教导我的东西，这应该就是所谓的家教的力量吧。也正因如此，我也必须继续遵守下去，而且也要把这些宝贵的东西传递给下一代，让爷爷的精神永远活下去。

写到这里，我回想着爷爷留给我的其他财富，比如那种即使已经从工作岗位退下来却依然不放弃学习、也不放弃跟上时代的生活态度。几年前，爷爷身体还健康的时候，曾经要求我和爸爸教他上网。当时爷爷也是一把年纪了，学习的速度慢了下来，记忆力也已经衰退了不少，但在我和爸爸的指导和辅助下还是能津津有味地上网搜索自己的名字、看主流网站的新闻和评论以及浏览一下社科院的官方网站。当时没觉得有什么了不起，但现在想来，一直保持着对流行事物的好奇和探索欲是件宝贵的事情；面对不了解的事物，在高龄状态下还能拥有想要去学习去掌握的能力也是难能可贵。还有一点有些令人意想不到的小事，也能体现爷爷紧跟时代潮流、时刻关注新闻热点的态度——比如突然有一天问我好像听说王菲和李亚鹏离婚了？我当时很惊讶，没想到一向严肃又正经的爷爷也会在意娱乐新闻呢。现在想来，感觉有点接地气的可爱。

回到正题，我想拥有这种紧跟时代的学习精神与能力应该与爷爷高度的自律有关系吧。从我记事开始，我就记得家里的晚饭时间永远是7点，非常规律，从不曾改变过。而吃晚饭的时候看新闻联播也是必须的，以至于有一段时间我认为所有人都会在晚上7点准时打开电视看新闻联播并且同时开始吃晚饭。在这一点上爷爷的影响力特别大，例子就是爸爸也保持了相同的习惯，而我也屡次跟别人约着吃晚饭时必须要约在7点才不会感觉不对。吃完晚饭，爷爷永远要散步半个小时，不管是夏天在户外遛弯，还是冬天在屋里从客厅走到卧室，晚饭后散步这个环节从未停止过，直到几年前爷爷的健康状况不允许为止。我印象里小时候我经常跟在爷爷后面一起散步，走得多了之后，也渐渐养成了认为晚饭后散步半小时才是理想生活状态的观念。所谓潜移默化，就是我曾经并不在意的这些细节，让我逐渐活成了相同的样子。

另外一个关于爷爷自律的事情，应该就是他永远停不下来的看书和写东西吧。爷爷身体还不错的时候，很大一部分时间都是在书桌前度过的，而他的书桌上除了书就是用来写东西的草稿纸。对于爷爷的晚年生活，笔耕不辍可谓是非常贴切的形容。以前我不知道这是习惯还是对自己的高要求，直到现在我才感觉到，在生活里一直坚持读书写字是一件对自律能力要求特别高的事情。普通人可能会选择比较放松的方式度过闲暇的一天，而对自己要求特别高的人或者有着极强目标的人才会选择坚持学习。爷爷虽然没有说过为什么要这么做，但他一直非常重视学习，对我也经常强调学习的作用。出国之后每次视频，爷爷还是会问我学习怎么样，督促我好好学习，以后好好找工作，我想能顺利读完研应该有爷爷的功劳吧。

再过两个星期我的研究生课程就要结束了，在读研的过程中付出了很多也收获了很多，最大的遗憾就是没能陪在重病的老人身边陪着走完最后一程。希望我的硕士学位能够安慰爷爷奶奶的在天之灵吧，也希望天堂没有病痛的困扰。

三 访谈

让史学研究热络起来

——访林甘泉研究员

邹兆辰

问：林先生您好！我们这是第三次访谈了。第一次在20世纪90年代末，当时主要是请您谈一谈对当代中国史学思潮的看法；第二次在2006年，那是请您就您的整个学术经历做一次系统的回顾。这次我想主要还是请您就当前史学的状况谈谈您的看法。多年没有和您交流了，不知您现在的身体状况怎样啊？

林：我是1931年出生的，今年已经85岁了。以前身体还不错，一年半前摔了一下，脊椎受了伤，痛得很厉害，躺了几个月。现在情况好一些，但是精力不行了，比以前差得多了。

问：既然这样，那我们的谈话就尽量简短一些。编辑部希望请几位老先生谈一谈对当前史学现状的看法，那就请您先谈谈自己的看法吧！

林：现在我看经济学、社会学的讨论都比较活跃，哲学界也有不同意见的讨论。文史哲经四大学科中，史学是比较沉寂的，不知您有没有这个感觉。一个时期以来，史学界没有大家都很关心的问题，显得有些沉寂。历史研究中存在一些分歧不是没有意义的，多少年统一不了其实也没什么，没必要大家在这些问题上都有一致意见。历史的发展本来就有统一性与多样性的问题。无论研究中国史或世界史，都要重视统一性和多样性。这也是马克思主义史学进步的地方。

问：现在史学界是不是有一种现象，某些问题事实上是有不同意见的，但许多人觉得意见不可能统一，也就不愿意讨论了，甚至对一些有争议的问题自己也不愿意研究了。

林：是啊！关于史学方面有些深入一点的问题，不应该出现一点争论，就不去研究了。有些问题要讲清楚一些，是需要深入展开讨论的。关于“五朵金花”的问题有人提出这些问题是假命题，于是就没有人再谈了。一个时期以来，一些人都把注意力集中在考古发掘的简帛和文献史、制度史的一些具体问题的考证上，结果又有人说历史研究现在存在着“碎片化”的毛病。究竟要研究和讨论一些什么问题才不算是发空论和“碎片化”，有些史学工作者可能觉得无所适从，也就不愿意多讨论了。

关于社会经济形态问题，即中国历史上有没有奴隶社会、封建社会的问题，以及中国历史为什么没有进入资本主义社会的问题，我觉得是可以也应该讨论的，但是不要停留在字面上、概念上，要深入一些、实际一些。前些年，有的学者认为中国没有奴隶社会，最近几年又有学者认为说中国存在封建社会也不妥，应该说是宗族社会、专制社会等等。也有人沿用中外学者原先的说法，用上古社会、中古社会、近世社会等等，认为这就不需要争论什么了。其实有分歧也是好事，存在分歧，正显示中国历史的特点。马克思主义的社会经济形态理论，按照生产方式的发展变化，经济基础和上层建筑的发展变化来划分历史阶段，这的确比中国封建社会和西方资产阶级学者的分期标准要科学。

问：关于封建社会的问题确实是一个大问题。几十年来，大家都沿用这个概念来研究中国历史，也涉及现实的很多问题。我看到前几年您曾经发表文章，对这个问题提出自己的看法。

林：关于封建社会的形成，史学界有一种观点，认为“封建”的“本义”是西周初年的“封邦建国”“封爵建藩”，离开这个“本义”而讨论封建社会的形成是一种“泛封建观”，乃是受政治干预的结果。

我对主张“西周封建论”的学者是很尊重的，因为他们也是在马克思主义社会经济形态理论指导下得出的一种认识。但我对上述“封建本义”说却不敢苟同。传统文献中的“封建”词意，诚然是“封邦建国”，但是我们讨论的“封建社会”并非只是指一种“政制”，而是社会经济形态。何况就传统文献中关于周初“封建”所涉及的历史内容而言，也远不是“封邦建国”的“政制”所能概括的。

有学者论证我们今天讲的“封建”与马克思说的“封建”的本义不符合，认为中国的泛化封建社会是由陈独秀始其端，经过共产国际的影响至中共的“六大”做出了决议，才提出了反帝反封建的任务，此后毛泽东把“封建”内涵又加以固定化了。我觉得这种推论方法也是不恰当的。在某些学者看来，无论什么理论观点，只要跟一定的政治力量联系在一起，就是不可接受的。这种倾向不可取。不能把五种生产方式的发明权归在斯大林的名下。谈到“亚细亚生产方式”，过去苏联肃反的时候把一些讲亚细亚生产方式的人当成托派，甚至在肉体上加以消灭，成了苏联史学界的一个禁区。但在中国并非如此，20世纪20年代社会史论战以后史学界照样有人在研究亚细亚生产方式。“六大”提出的反帝反封建任务与历史学界对秦至清的社会性质的研究要有适当的区分。讲中国是封建社会，在中共“六大”以前就有人提出来了，怎么能说是由于“六大”决议并经毛泽东著作加以肯定，遂使其成为历史学界的主流呢？现在有这样一种风气，把中国共产党人接受和采用的一些理论观点说成是政治强权的产物，我觉得这不符合实际，也不是一种“百家争鸣”的态度。一部史学史说明，有些问题的意见分歧纯粹是学术性的，与政治无关；但也有些理论提的问题确实与当时的政治形势有关。从周秦至明清的社会性质和阶级关系，作为学术问题和理论问题是可以有不同意见的，不能把人家的观点都往政治上靠，戴上“左”或“右”的帽子，这是不利我们学术研究中的“百家争鸣”和学术发展的。

问：您谈到“五朵金花”的问题也是可以讨论的，关于中国古代历史分期的问题是一个，资本主义萌芽的问题也是一个。

林：是的。近代以来，中国有没有资本主义萌芽的问题，也是一个统一性与多样性的问题。对于中国有没有资本主义萌芽的问题看法不一。有的人说，中国自春秋战国时候起就已经有了资本主义萌芽，有的则认为中国不存在资本主义萌芽。傅筑夫曾说战国以后中国就出现了资本主义萌芽，这个观点很多人反对，我也不同意。中国与世界的接触在明清时期进入了一个新的阶段。比较多的学者认为明清之际中国已有资本主义的萌芽。我也是这个观点。明清时期社会经济的发展究竟到了什么程度，是否已经冲击了封建社会的发展道路，是值得讨论的问题。但是，现在好像资本主义萌芽产生和发展的问题也没人研究了。

问：您认为当代中国的史坛比较沉寂，是所有学科都这样吗？有没有比较活跃的学科？

林：改革开放以来，中国的世界史研究有一个可喜的新发展，过去中国可以说基本上没有独立的世界史研究，搞世界史的人也很少。现在中国的世界史研究队伍不小，成果也不错。中国史前考古的成果也很值得重视。相比之下，中国史的研究相对有些萎缩，这是什么原因呢？

问：是啊！在您看来史学界为什么会出现这种情况呢？

林：我觉得中国的历史学应该很好地总结一下。从李大钊开始运用马克思主义研究历史，到今天已经九十多年了，从新中国成立以后算也快七十年了。史学的成绩在哪？大家共同的认识都有哪些？不要一会儿这样，一会儿又那样。过去有些搞实证史学的学者在新中国成立后一直是追随马克思主义的，如张政烺、杨向奎、唐长孺、童书业等。研究和讲授中国现当代史学，对这些老先生的历史观的转变及其研究成果，是应该给一席之地的。现在一谈到马克思主义史学，就只提郭、范、吕、翦、侯五老，这是不全面的。“文化大革命”对历史学的确是个大灾难，消除“文革”影响，历史学应该很好地清理一下。中国历史学在世界历史上应该有它一定的地位。不能一切肯定，也不能一切否定。实际上，用某一种意见、观点来一统天下是不可能的。毛泽东主张历史学要“百家争鸣”，所以我们要认真地讨论。有人认为，理论性的东西不是学问，所以把学术研究弄得越来越窄。有的材料成为了宝贝，如简牍、明清文书、地契等，谁掌握了这些似乎就有了安身立命之地。实际上，历史学如果没有马克思主义的指引，要么是全都肯定，要么是全都否定，历史就没有什么东西可研究了。其实，历史有许多内容是值得我们长期进行研究的，不要总是变来变去。拿孔子来说，人们对孔子的评价一会儿这样，一会儿那样。尊孔的观点得势的时候批孔的声音就听不到了；批孔的潮流高涨时，尊孔的声音也就听不到了。其实，孔子就是孔子，折腾来折腾去，孔子还是孔子。现在有人高调尊孔，还有人对孔子搞朝圣、跪拜那一套，这不是马克思主义对待历史遗产的正确态度。

问：您所说的对孔子的评价变来变去是指整个20世纪来说的吧？我看到您主编的《孔子与20世纪中国》（中国社会科学出版社2008年版），2008年您在《哲学研究》第7期上还发表了一篇《孔子与20世纪中国》的论文，梳理了20世纪以来对孔子的评价。

林：20世纪对于中国来说是一个翻天覆地的世纪，无论是政治、经济或思想文化领域都经历了巨大而深刻的变化。随着政治风云的变幻和不同社会思潮的碰撞，对孔子及其思想的历史定位和价值判断也是毁誉交错、起伏不定，甚至出现了很富戏剧性的极大落差。尊孔与批孔的思想斗争，不仅演化成牵动全国上下的政治斗争，而且几乎贯穿了20世纪大半个世纪的历史行程。回顾这段历史，从中吸取一些经验教训，不但是重要的学术课题，也有利于我们正在进行的有中国特色的社会主义精神文明建设。

问：您在文章中从辛亥革命前后尊孔与反尊孔的政治论争开始谈，涉及五四新文化运动对孔子和封建礼教的批判、南京国民政府的尊孔复古和“新生活运动”、“文化大革命”对孔子及其思想的歪曲与丑化，一直谈到孔子思想的当代价值与21世纪的世界文明。

林：确实是谈到了现在。我们编撰《孔子与20世纪中国》一书的目的，就是希望通过对孔子及其思想在近现代中国历史命运的回顾，增进我们对这个问题的清醒认识。通过对一百多年来历次尊孔和批孔高潮的考察，我认为把孔子偶像化、神圣化和把孔子妖魔化、糟粕化，都是对孔子形象的歪曲，是一种借助孔子亡灵而制造的政治闹剧。孔子和儒家思想是中华文明有代表性的历史遗产，我们应该珍惜和继承。但一定要持理性的态度，不能对精华和糟粕不加区别地盲目颂扬。鼓吹用儒家思想主导我国的社会主义精神文明建设，甚至侈谈儒家文明可以拯救西方文明衰落的危机，这是一种非历史主义的错误论调。

现在有个别以“新儒家”自命的学者，打着弘扬传统文化和复兴儒学的旗号，公然提出要改变马克思主义在我们国家的指导地位和中国人民对社会主义道路的选择。他们要求“用儒学取代马列主义”，“立儒教为国教”，“儒化共产党”，“儒化社会”，“儒化中国”。这些“新儒家”所提出的“儒化中国”的主张，其实并不是什么新鲜的思想货色。民国初年孔教会要求定孔教为国教的闹剧，声势不可谓不大；20世纪30年代蒋介石提倡“新生活运动”，更是借助政治权势力图把儒家的伦理道德规定为全体国民生活的准则。但历史是向前发展的，一切逆历史潮流而动的主张和行为都只能以失败告终。如果这些自命的“新儒家”能够多熟悉一下近代中国尊孔复古思潮和反尊孔复古思潮的斗争史，也许头脑就会清醒一些。

问：您说的中国的历史学应该很好总结一下，这一点确实很重要。我觉得现在好像很多人都在“总结”，但总结的结果很不一样。

林：现在，我们应该考虑中国的历史学应该如何发展的问题。像现在这样冷清，不正常。我觉得老问题还是可以讨论的。比如，资本主义萌芽和商品经济的关系问题，封建专制主义如何评价的问题。有人认为，封建专制主义完全是压迫、专制，没有一点积极作用；也有人认为封建专制主义对于社会的稳定、社会的发展还是有一定积极作用的。这些问题应该回过头来进行讨论。再比如，传统史学有哪些是值得肯定的？不足又在哪里？马克思主义史学哪些是值得肯定的，也可以讨论。有的研究不一定能得出大家都同意的结论，但是大家共同来建设，共同来研讨，是有好处的。国外学术界也注意中国的学术发展，注意中国的学术成果中有哪些是有见解的东西，如果没有这些，都是一些碎片化的史迹，中国历史学在国际史学界的地位不可能提高。国际历史科学大会到中国来开，说明中国的政治影响力确实很大，但是学术本身的成果究竟怎样？日本的京都学派思考中国的历史，研究中国的历史，他们在研究中应用了很多中国学者的研究成果。他们的研究有相当的深度，他们的成果在中国、在国际上也有一定影响。当今，日本的汉学也在逐渐走下坡路，这就要看中国的学术本身有没有吸引人家的东西。现在各行各业都在想办法如何创新，学术界也要发展，历史学研究也要考虑如何热起来。历史学在整个社会科学中的地位很重要，党和国家的领导人特别是毛泽东对历史是十分重视的，也都很有兴趣，但是真正做出成绩还要靠学术界自己。

问：您所谈的代表一部分学者的观点，特别是老一辈学者的观点。他们经历过20世纪五六十年代史学的“百家争鸣”时代，觉得那时史学受到社会的关注，讨论的热点问题比较多。那个时期是值得老一辈学者怀念的时期。

林：我的意思是现在史学界的状况比较冷，和其他同志谈起来，别的同志也有这种看法。这有深层次的原因。现在基本上70岁以上的人代表一个时代，他们经历了史学比较“热”的时期。这些同志近几年去世的有几位，有的病了，有的岁数大了。前些年的情况，有些人对现状有意见，但没有深入研究问题之所在，就认为理论探讨说不清楚，也可能没有结论。这种观点一度占了上风，影响了一些人，于是去研究具体问题，只关心有没有新的出土资料。也有的人掌握了资料不及时公布，有的是占有资料的单位不肯公开。总之，指导思想上就认为规律性的问题，理论性的问题没意思，研究不出结果。

历史研究是有些问题不可能得出大家一致认同的结论。比如王莽的变法，肯定的意见、否定的意见都有，但主流的意见是否定。王莽把民间私有土地都收为“王有”，造成社会秩序的混乱。他的“改革”不但没有解决社会矛盾，反而促使新莽政权的垮台。王莽改制不能视为社会改革，但是他的改革确实反映了一定的社会矛盾，后来爆发了农民起义、改朝换代。对他的历史评价就要具体分析，不能说哪一种意见完全错误。

问：现在社会上有一种观点，好像学术研究就一定要得出一个大家都认同的结论，如果没有这种结论就好像是白研究了，甚至怀疑这个问题本身是不是“真问题”。

林：现在的历史研究，多少还有点沿袭传统的思维方式，一定要对研究对象定个是非，明确一个好坏。其实，历史现象是非常复杂的，应该展开“百家争鸣”。毛泽东提出这一方针是很有眼光的。他提出“百家争鸣”，不等于说他对问题没有主见。只有这样，学科也好，学术也好，才能发展。现在，什么问题都要求有一个结果，没有结果就没有意思，这不好。有些问题或有些历史过程可以有一个结果，但它往往不是历史的全部，更不是历史的主流。历史研究很重要一点是要求有一个符合历史实际的结论，许多历史过程、历史事实都可以研究，但不能要求所有问题都有结论，学术界的取向不能太绝对化。比如，“五朵金花”的问题是可以讨论的，但讨论要有价值，有的讨论就没什么意义。比如农民战争的问题，肯定的意见、否定的意见都有，但是你光谈它的局限性，光谈农民战争中的消极的东西，很少有人作深入细微的研究，对农民战争的历史作用究竟应当如何作科学评价，这种绝对化的做法影响很大。具体的人、事、过程是必须要研究的，但是也要辩证地看，只讲应该怎样，不应该怎样，那是不行的。

问：您说史学界这种沉寂的现象是有深层次原因的。那么在您看来，这种原因在哪里呢？

林：寂寞是一种现象。实际是马克思主义史学的疏远，认为那些

问题都没什么意义。研究具体问题吧，看到材料那么多，有人认为这是搞专业性的问题，也没什么意思，不过是拼材料。其实具体问题，例如制度方面的问题也不是没有什么可研究的。西方学者的著作，如《大分流：欧洲、中国及现代世界经济的发展》（［美］彭慕兰著，史建云译，江苏人民出版社 2008 年版）、《白银资本：重视经济全球化中的东方》（［德］贡德·弗兰克著，刘北成译，中央编译出版社 2000 年版）等，并不仅仅是探讨一定历史时期的社会现象，而且涉及对当时社会经济形态的理解。我们虽然不一定完全同意他们的观点，但不能否认他们的见解有参考的价值。经济史是历史研究的很重要的组成部分，许多地方的经济学院在经济学的教学和研究中对经济史也是有所借鉴的。但有的经济学教学单位承认因为没有经济史的知识搞不好经济学的教学。为什么经济学专业会出现这种情况呢？历史学是基础学科，不能急功近利，不能实用主义、简单化。比如阶级的问题，20 世纪 70 年代以前大家对这个问题没有疑义，都是用阶级分析的方法研究历史问题。后来有人用搞调查的方法来研究社会问题，发现有的农村地主很少，或者根本没有地主，都是农民，于是认为封建社会应该改名为“农民社会”。有的还在前面加了一系列社会现象性的定语。马克思和恩格斯讲欧洲中世纪的情况，并不否定农奴和农民占居民的绝大多数，但他们并不因此否定封建社会的名称。

过去一个时期，一提到封建专制主义就尽是批判，现在强调继承传统思想文化，有的人又片面强调封建专制主义的积极作用。我认为不能说过去的传统思想文化中没有民主思想，但传统文化中的民主思想绝对不是主流。民本思想是应该肯定的，在马克思主义看来民主是与专制对立的。古代的民本思想与爱民是不矛盾的。民本思想是现代民主思想的一个源头，但不能与现代民主思想混为一谈。

马克思主义的阶级分析很重要，但是不能用今天的观点要求古人，不能用狭隘的观点来看问题。有的人觉得理论性问题和全局性问题自己说不清楚，于是就保持沉默了，认为不如踏踏实实地做一些具体问题的研究。但具体问题也有重要不重要之分。现在有些人认为史学界的主要倾向是“碎片化”。我觉得笼统地反对“碎片”不好，要看这些“碎片”有没有意义。史料辨伪、史实疏证也是非常重要的。要全面考虑问题，有容乃大，根本的问题是历史学家要用宽广的心胸看待历史。脱离历史实际而侈谈历史规律固然不足法，把历史理解为一堆没有规律可循的“碎片化”，也不可能揭示历史发展的真相。

问：您的意思是说马克思主义的基本理论、基本立场是必须要坚持的。

林：我们看到人类社会的发展是有规律性的，但这不能要求各国、各民族历史发展的道路完全一样。现在，强调中国特色社会主义，不能按照西方的模式看待中国的社会主义。历史研究也是如此，不能按照西方的模式来解释中国的历史；但是，这不等于说中国可以脱离世界历史的普遍规律，同时中国的模式也会对世界历史发展产生影响。

马克思主义史学应该很好地回顾一下。这些年，“历史主义”一词很火，可以说一路通行。但有的人讲历史主义，一点阶级分析都不要了。20 世纪 60 年代我写过历史主义与阶级分析的文章，对此我有自己的观点。我的文章有的论点可能不准确，但我的基本认识没有改变。我认为，如何正确看待历史主义与阶级观点的关系，现在仍然是史学界有待深入研究的问题。“历史主义”有不同的理解，有黑格尔的历史主义，也有马克思的历史主义，现在各色各样的西方学者都宣称自己是历史主义者，但大都拒绝阶级观点和阶级分析的方法。我们研究历史应该尊重历史事实，但是无论历史记载或历史研究者的立场、观点，都不可能是纯客观的。

现在有的学者把阶级观点、阶级分析的方法全都不要了。社会调查可以用作研究历史的辅助方法，但不能用它来代替历史研究。比如，调查一个村子，结果这个村子没有地主，但这能够代表封建社会的一般情况吗？有的人说中国社会自古以来就是个“农民社会”，但从社会经济形态的观点来看，“农民社会”能够成立吗？在资本主义社会中，资本家也是少数，但仍然称为资本主义社会。中国近百年史学的关键问题是马克思主义的社会经济形态理论究竟是不是历史研究的指导理论。不能用哪个阶级人数多少就决定社会性质，或者什么都不要了，干脆用传统史学使用过的上古、中古、近世来划分历史阶段。这样的分期方法不是不可用，但它能反映中国历史深层次的社会变动的实际吗？为什么一定要反对社会经济形态的历史分期呢？

问：前面您所谈的意思是说，史学界的状况总的来说比较沉寂，比较冷，这主要是对马克思主义的基本理论、基本方法的运用淡化的结果。忽视了理论问题的研究和探讨，就很难产生热点问题，很难让历史研究热络起来。这个问题要让大家认识清楚也不容易，需要很多学者来关注这个问题。

林：所以我的意思是说只一个人谈没多大影响力，可以多找几位学者来谈，综合大家的意见。空谈不好，碎片化也不好。马克思主义史学近百年的发展，有哪些应该肯定的？有哪些经验教训？不要只是一二个人谈。可以多找一些人来谈，有老的，也有年轻人，有各方面的代表人物，共同来谈。

问：您谈的意见很好！对于中国马克思主义史学几十年的发展是应该很好地总结了。现在也有学者做这方面的工作，也有一些成果，但是还没有引起整个史学界的充分关注。我们的刊物也要在这方面多做些工作，请更多的学者来关注、讨论这个问题。谢谢您的谈话！

林：谢谢，我也很高兴接受这次采访。

（本文原载《中国史研究动态》2016 年第 5 期）

著名历史学家林甘泉先生访谈录

康香阁

一　搞历史的人并不感到国学有多热

康香阁：林先生，我读过您在《光明日报》发表过的《传统文化的现代作用》和《历史研究应当面向社会需要》等文章，您作为当代著名的历史学家，很早就开始关注传统文化和现代文化的关系问题。近几年来在全国兴起一股“国学热”，许多地方成立了国学院、儒学研究中心等，请您从历史学家的角度谈谈您所理解的国学，以及当前的国学热。

林甘泉：什么叫国学？说法很多，有的说十三经是国学，有的说十三经加上小学是国学，有的说经史子集是国学，有的说儒学就是国学，有的说儒道释是国学，有的先生认为《红楼梦》也是国学。仁者见仁，智者见智。

就学术史的发展来说，国学这个概念的内涵有一个发展的过程。辛亥革命前邓实等人成立的国学保存会，其所提倡的国学，即已涵盖了中国的传统文化。一般说来，国学最初主要指经学、小学、诸子学和史学，后来胡适为《国学季刊》写发刊宣言，他开出的书目，实际上是经史子集全包括了。

你刚才讲到，现在“国学”被炒得很热，许多地方成立了国学研究机构。照我看来，如果说国学就是传统文化，我们许多高校文史哲的院系都有传统文化的专业，是否有必要都再挂一个“国学”的牌子呢？

传统文化成为社会关注的热点，应该讲是个好现象。现在有些人对于丹颇有微词，我觉得没有必要。弘扬传统文化可以有不同的层次、不同的形式。对不同对象、不同群体应该有不同的要求。你认为于丹、易中天没有深度，讲的内容存在一些缺点，他们有哪些地方讲错了，你可以提出你的意见，没有必要都给否定了。说人家讲的根本不是正道，这样的批评我不赞成。

但有一点要注意，不论是做专门研究或是做普及工作，都要踏踏实实地做，不要炒作，不要哗众取宠。

二　我们讲传统文化是为了认识中国历史特点和国情，把中国今天的事情办好，不是要搞民族主义

康香阁：今天讲国学也好，讲传统文化也好，宣扬它的主要目的应该是什么？是为了扩大中国文明在世界文明中的影响，还是为了中国今天的现代化？

林甘泉：现在中国经济又好又快地发展，综合国力提高，全球兴起中国传统文化热，外国有人攻击中国是在搞民族主义。过去说中国的文明是四千年、五千年，我们现在经过研究，说中国文明起源可以追溯到五千年前，也有人说我们是一种民族主义，我看这是有些西方人的文化偏见。中国现在还是一个发展中国家，我们还有很多落后的东西，我们还需要做很多努力。我们今天弘扬传统文化是为了认识中国历史和文化特点，了解中国的国情，更好地建设中国特色社会主义，是为了把中国经济搞上去，不是为传统而传统。传统文化是我们精神生活中不可缺少的东西，但讲传统文化要注意它的民族性、时代性，要以马克思主义基本理论为指导，对它进行具体分析，不要片面颂扬和加以美化。

三　21 世纪是一个多元文明的格局

康香阁：有人说 21 世纪是儒家思想的世纪，21 世纪儒家文明要引领世界文明的潮流，你怎么看待这个问题？

林甘泉：这种说法我是不赞成的。21 世纪不可能是儒家思想的世纪，也不可能由儒家文明来引领世界文明的潮流。有些人希望中国文明对于世界文明有更多的贡献，这种心情可以理解，但是不科学，也容易授人以柄，成为西方攻击我们搞民族主义的借口。

大家知道，1993 年塞缪尔·亨廷顿在美国《外交》杂志发表了《文明的冲突?》一文，他后来又写了《文明的冲突与世界秩序的重建》一书。他站在西方的观点讲文明的冲突，许多观点是错误的，但是他在书里面承认 21 世纪是一个多元文化的世纪，西方文明不可能维持一个霸主的地位。这个观点还是比较清醒的。他把发达与不发达国家的矛盾冲突归结为文明冲突，实际上是掩盖了资本主义、帝国主义侵略霸权的实质。

亨廷顿谈到 21 世纪世界多元文明的格局时，有一个很值得注意的问题。他说西方文化的渊源是希腊、罗马文明，后来是基督教文明，沿着一条线下来。直到 19 世纪，西方文明的中心一直是在欧洲，20 世纪转到美国，它们之间有一个文明亲缘关系，这是一个事实。美国是一个只有 200 多年历史的国家，是个移民国家。它的文明是承接了原来希腊、罗马的古典文明和中世纪的基督教文明，一直到英国、法国的近代欧洲文化。西方文明的中心从欧洲转移到美国，由于有一个亲缘关系，所以他们在转移之间不会发生冲突。

亨廷顿说 21 世纪有好几种文明，比如，伊斯兰文明、日本文明、中国文明，还有印度文明等，但他特别提到西方文明和中国文明的关系。从文明的结构讲，中国文明和西方文明没有亲缘关系，没有亲缘关系就存在着一个冲突的危险。他提出这个观点是希望给美国统治集

团一个提醒，实际上也是知识精英的一种建议吧。亨廷顿认为大国之间应该避免冲突。但是他也知道，美国是不可能放弃它的那个西方价值观的，美国希望继续领导世界文明，比如，在伊拉克这个问题上，布什就是想用西方的价值观来改造中东，如果能够改造了中东，中东“民主化”了，他的反恐就有保证了，而且还牵涉到一个根本利益的问题，那就是他的石油资源也有保证了。

美国和西方的一些发达国家老早就叫嚷要中国搞政治改革，要搞“民主化”。我们讲中国不是不需要搞政治改革，但中国的政治改革，第一，要符合中国的国情，第二，中国的改革有自己的轻重缓急。中国的政治改革和西方说的政治改革不一样。西方讲的中国搞改革，实际上是要用西方的价值观，用西方的那一套所谓民主自由来改造中国。你如果接受了他的价值观，那中国的民主化就是西方化，那就跟西方一致了，从没有亲缘变成有亲缘关系了。美国和西方大国认为只有通过这样的变化，才可以相安无事。从历史的眼光来看，西方的这种观点是很不现实的，也是违背历史发展规律的。反过来说，我们现在讲传统文化也要注意这个问题，要实事求是。我们固然要讲中国文明历史悠久、丰富多彩，传统文化中有一些具有普遍价值的思想等等，这些都是事实。但像刚才讲的所谓21世纪中国文明要引领世界，好像西方全部都不行了，就靠中国了，西方资本主义国家现在出现的许多问题，要靠儒家思想来解决。这种说法就很不实事求是。

客观地说，西方有些东西确实是进步的，有些东西还没有过时。要从近代来讲的话，资本主义上升时期的文化，就比封建文化要进步得多，你要承认这一点，不承认这一点是不行的。那么，现在资本主义的矛盾越来越发展了，很多东西开始走向衰落，思想文化也走下坡路，很多的矛盾他们解决不了，光是想靠霸权，转移矛盾，那是不行的。我们的传统文化有很多东西可以为人家所用，可以得到很多国家的欣赏，这是好事。但你现在不要讲人家就完全不行了，就要靠你的儒家思想来解决，把儒家思想当作一个救世良方。再说呢，资本主义国家，尤其是几个主要的资本主义国家，他们的当权者是不会改变他们的政治立场的，从美国来说，说穿了还不是想方设法希望对中国进行和平演变吗？他怎么会听从中国的这些东西，去引导他的思想潮流，这不是自说自话吗？人家听了能赞成你的观点吗？

四 宣扬传统文化要以马克思主义作指导

康香阁： 近年来对传统文化的整理、宣传可以说是形式多种多样，五花八门。是否应有一个核心思想作指导，采取何种态度才能正确地吸收传统文化的精髓？

林甘泉： 我们整理传统文化，发掘传统文化，弘扬传统文化是有一个指导思想问题。高校有的人讲，现在资本主义不行了，社会主义也不行了，马克思主义也不行了，主要靠儒家思想了，甚至公开提出要儒化共产党，儒化中国，儒化中国社会，这就是根本方向完全错了。

对传统文化的发掘、整理、宣传应该采取什么态度，我觉得还是应该按照毛泽东讲过的话，要汲取民主性的精华，批判其封建性糟粕，这是二分法。有人提出一个三分法，这也不是不可以的，除了糟粕和精华以外，还有中间性的一部分，中间性的东西也不是可以一下子丢掉的。总之是要有具体分析，你不能说传统文化一股脑就都是好东西，这是糊涂思想。

有些人打着弘扬传统文化的旗帜，否定五四新文化运动，说什么新文化运动造成了中国传统文化的断裂。海外的华裔学者提出了这个问题，我们国内的一些人也跟着讲。新文化运动批判封建旧思想、旧文化、旧道德是立下了很大功绩的。陈独秀他们缺少历史唯物主义的批判精神，好的就说绝对的好，坏的就说绝对的坏，这是他们的缺点，五四新文化运动有它的局限性，有它的缺点，但是它的伟大历史功绩是不能否定的。

你今天为了要宣扬传统文化，就去攻击五四新文化运动，说什么由于新文化运动把中国的传统文化断裂了。哪里断裂了？恰好是新文化运动过去以后，到20世纪30年代出现了一波国学热，北大出版《国学季刊》，清华有国学院，燕京大学、齐鲁大学等都创办了很有影响的国学研究部门。商务印书馆的《四部丛刊》，中华书局的《四部备要》，还有普及性的《国学基本丛书》等，都是在30年代出版的。有什么断裂呀？你就是看到陈独秀、李大钊他们有几篇文章很激烈，就断定中国传统文化断裂了，不对！不仅在知识界传统文化没有断裂，从官方来讲也没有断裂。传统文化的发展跟政治是分不开的。1927年大革命失败后，蒋介石从20年代末到30年代初，为了要“围剿”苏区，他提出仅靠军事是不行的，还要搞“新生活运动”。“新生活运动”的指导思想是什么，就是要恢复固有道德。那个时候，从大学到小学都要挂“忠孝仁爱信义和平”和“礼义廉耻”的匾额，这哪里是传统的文化断裂呀？

老一辈的马克思主义史学家，像郭（沫若）老、侯（外庐）老、范（文澜）老他们都得益于五四新文化运动的洗礼，从五四新文化运动过渡到接受马克思主义。毛泽东讲五四新文化运动从思想上和组织上给中国共产党的成立准备了条件，这个话是对的。现在有人讲传统文化断裂，一个很大的问题是“文化大革命”。“文革”十年间，破四旧，打倒牛鬼蛇神，批林批孔，把传统文化全都丢掉了。但能不能说中国的传统文化就因此而断裂了呢？不能那样说，那十年间，传统文化虽然受到极大的摧残，但中国的传统文化根深叶茂，极富生命力。大多数知识分子并没有跟着“四人帮”走。“四人帮”一垮台，全国欢欣鼓舞。经过拨乱反正，新时期对传统文化的整理、研究出现了新的高潮。这20多年间对孔子的研究、对传统文化的研究，大大超过了中华人民共和国成立后的17年，无论从深度和广度上都超过了中华人民共和国成立后的17年。如果传统文化断裂了，能一下子出来这么多成果吗？说文化断裂，没那么回事儿。

传统文化自身有它的发展规律，不是任何一种政治力量能够使它断裂的。如果文化可以断裂的话，那历史就不能发展了，这是马克思主义唯物史观的基本道理。恩格斯讲过政治跟经济的三种关系，政治最后必须服从经济，政治跟经济有关系，跟文化也有关系。政治权力不是万能的，你不符合经济发展的规律，不符合文化发展的规律，根本是不行的，所以说传统文化没有什么断裂的问题。

康香阁：说到以马克思主义为指导，请林先生谈谈在当前我们怎样才能做到科学地学习马克思主义，科学地对待西方的不同学术观点？

林甘泉：我觉得过去有两点教训值得注意，一是我们过去学习马克思主义有教条化、公式化的问题，设定一些框框，不考虑中国的实际情况，生搬硬套，理论与实际相脱节；另外一个是中华人民共和国成立后的17年当中，我们处于一种封闭的状态，对西方的一些学术，包括它一些先进理论，没有注意去了解。其实西方有很多东西是可以吸收的，对我们是有好处的。比如西方的文化人类学就有值得我们学习的东西，我们过去根本就没有去接触。西方有些东西是不是跟马克思主义完全对立呢？不是那样的。

只要我们能够坚定不移把马克思主义作为根本指导思想，又能够吸收西方有用的东西，有一个开放的心态，兼收并蓄，将来的发展结果可以是这样的：你西方有好的东西，我可以向你学习，我也有。但是我有的东西，你恐怕不能有，为什么？因为你有一个偏见，你有一个文化偏见，因为你把马克思和共产党看成是你不能接受的对立面。如果我们能够有一个正确的文化审视，一个正确的文化选择，对我们文化将来的发展是有利的。科学地学习马克思主义就要用马克思主义作指导，吸收西方的先进成果，结合中国具体实际，把中国的事情办好。

五　历史研究需要勤奋，要处理好专和博的关系

康香阁：林先生，您作为当代著名的历史学家，从事学术研究已

近60年了，肯定积累了很丰富的经验。每一位学术名家都有自己的治学风格，自己的治学路子，能否简单地给我们青年人讲几条经验。

林甘泉：研究历史需要勤奋。一个人的天分对治学当然是会有作用的，人有天分高的，有天分低的。但天分对不同学科的作用可能不一样。比如说，有二十几岁的数学家，二十几岁的诗人，而历史学家却没有这么年轻的，因为历史研究需要有很深厚的知识积累，需要付出很多的努力，在这方面，勤奋是很重要的，要多看书，多学习，这是基本条件。学历史不能靠灵感，你要成为诗人可以靠灵感。学历史要靠勤奋。真正成长起来的年轻人，首先靠勤奋，不勤奋根本谈不上。

研究历史要选择一个立足点，或者是断代史或者是专史。一个人的精力和时间是有限的，不可能什么东西都研究，总是要有一个着力点，就是断代史和专史的研究。也要有重点，没有专攻方向，必要的知识积累很难奏效。但是，又要处理好专与博的关系。博就是说要适当注意扩大一点知识量，不要钻到牛角尖里去了。我们的学术发展需要很专门甚至很冷僻的人才，但是从一个单位来讲，学术资源的配置要合理，要有利于历史学的均衡发展，不能都去搞一些非常窄，非常冷僻的东西。从一个人来讲，专是很重要的，但是现在有一种现象要注意，有些年轻人从硕士生到博士生，研究范围过于狭窄，博士生做的课题就是原来硕士课题的扩大，在原来的基础上再搞得更丰富些，博士毕业到博士后还是在这个范围。除此之外，好像别的都不大懂了，知识结构有局限。你的博士论文可以做得很好，很丰富，书也可以出版了，大家欢迎，但是再往后怎么办呢，你不扩大知识量，肯定是不行的，不能一辈子只搞一个题目。

清代史学家章学诚谈到博和专的关系问题，谈得很好，值得我们吸取。我们现在培养研究生的路子，就是博士生毕业了，把论文出成书，出书的目的恐怕是为了评职称，书也出来了，职称评上了，基本上就可以歇口气了。如果这样的话，我看这个人才的培养机制不能说是成功的。所以我说，研究历史要把专和博的关系处理好。

还要再强调的是，我希望研究历史的青年同志要学点马克思主义。西方一些著名的史学家和社会学家尽管不完全认同唯物史观，但都很重视马克思和恩格斯的著作，承认马克思主义唯物史观有强大的生命力。现在史学界有一种淡化马克思主义理论的倾向，这不利于我国史学的健康发展和繁荣。强调要学习马克思主义，并不是要求史学工作者像专门研究马克思主义理论的同志那样去学，而是说应该用马克思主义的基本理论来指导我们的研究工作，从研究实践中提炼出一些理论性、规律性的问题，用中国历史实际的研究成果来丰富和发展马克思主义唯物史观。

2003 年史学会在昆明召开会议，我讲中国文明的起源问题既是理论问题，又是专业问题，这个担子应该由我们中国的学者承担起来，而不是外国学者，西方学者不可能完成这个任务。中国文明的起源原来讲起源于黄河流域。现在讲是多元起源，长江流域、辽河流域、珠江流域都有原始文明的因素。但这又带来新的问题了，这几个起源点是不是同步的？为什么有的文明能够得到长足的发展，有的文明不可能得到长足的发展，这些问题都需要研究。这种问题的本身既是理论问题，又是学术问题，需在马克思主义基本理论指导下进行综合研究。

康香阁：对国家文明的起源还有哪些值得研究的问题，请林先生给我们青年人作一提示。

林甘泉：国家的起源原来有摩尔根的部落联盟说，后来塞维斯（Elman R. Service）提出酋邦说。部落联盟还没有产生个人集中的权力，酋邦就带有个人权力集中的表现。恩格斯用了摩尔根的部落说，现在酋邦说似乎很风行。但摩尔根的部落说我看也否定不了，因为摩尔根有他的依据。我不研究这个问题，但是我曾经提出，中国国家起源有无可能是介于酋邦和部落两者之间的另一种典型？尧、舜、禹时代，你要完全否定部落联盟很难。像禹这样的部落首领，遇到一些大的事情还要会诸侯，由部落首领共同商量决定，这是部落联盟的特征。但是他个人集中的权力已经呈现了。他可以任命职官，也可以惩治不服从命令的部落首领，这就具有了酋邦的一些特征。另外，从传贤到传子之间的过渡形态来讲，也说明中国可能是一种介于酋邦和部落两者之间的另一种典型。

从世界范围来看，国家的起源可能有几种类型：一种是从部落联盟过渡到国家；另一种是现在讲的酋邦形态，酋邦说并没有推翻部落联盟过渡的形态。酋邦形态基本上是比较封闭的地理环境造成的。还有一种类型可能就是像中国远古的形态。像中国尧、舜、禹三代，其政治社会组织似乎兼有部落联盟和酋邦的某些特征。

许多酋邦在封闭的环境下一直延续下来，并没有演变成国家。希腊罗马是由部落联盟演变成国家。中国的形态也演变为国家，这种形态很值得研究。中国现在有这个条件，考古材料不断地出，别的国家没有这种条件。但是我们既不要停留在马恩他们的说法，也不要跟着西方的说法跑。我们要运用马克思主义的理论、方法，吸收西方的新知识、新成果，从中国本土的经验出发来总结出规律性的理论架构。

康香阁：您说搞研究应该学点马克思主义，马克思主义有那么多书籍，具体地说，应该读点什么书呢？

林甘泉：中宣部、教育部启动了高校马克思主义政治理论课工程。现在已出版了《马克思主义基本原理概论》《中国近现代史纲》，还有未出版的《史学概论》。学好这几门课可以帮助我们提高马克思主义基本理论水平。但归根到底，还是应该读马、恩、列的一些原著。如果能够花几年时间，把《马克思恩格斯选集》4 卷读一遍，我看是大有益处的。

（本文原载《邯郸学院学报》2007 年第 4 期，康香阁系《邯郸学院学报》编审）

历史的诉说

——林甘泉研究员访谈录

赵　凯

赵：今年是中国社科院30周年院庆，我院的青年学者要对一些老专家作一次采访。我是您的博士生，希望借此机会请您谈一下您的治学心得。首先，我了解到您在青少年时期就参加中国共产党地下党组织。您从一名地下党员成长为一位著名的历史学家，这样的经历对我这样的晚辈来说，多少感到有些奇特。可否先请您谈谈您的这段不平凡的人生经历。

林：你刚才说的那段经历，对于我们那一代人来说其实是很平凡，没什么特别的。旧中国苦难深重，许多青年选择了参加革命的道路。即使是没有直接参加革命而选择学业，也是希望学有所成之后能够报效祖国。但我后来从事历史研究，确实有些偶然性。1948年，我根据党组织安排，考入厦门大学历史系学习，同时参加学生运动。1949年4月，就在解放军渡江南下的前夕，由于我所属的中共闽浙赣城工部遇到了麻烦，我和几个同志被迫离开厦门，经香港到了华北解放区，进入华北大学学习。1950年，中国人民大学成立，组织上分配我到学校的研究部，做的是行政工作。1953年，中国科学院设立历史一所、历史二所、历史三所，创办《历史研究》杂志，我被调入《历史研究》编辑部作编辑。几年后，又转到历史一所，即后来的历史研究所。

赵：听说您写的第一篇文章是应《人民日报》之约写的《关于中国历史上奴隶制和封建制分期问题的讨论》。但我注意到，您并没有把这篇文章收入您后来的论文集。这是为什么呢？

林：这是一篇评论性的学术报导，不能算是研究性的学术论文。当时《人民中国》杂志海外版把这篇文章译成英文、日文转载，对我的学术工作是一个鼓舞。这篇文章足以自慰的是，我当时虽然赞成郭沫若的“战国封建论”，但是也有意识地突出了一下“魏晋封建论”，尽管后者的声音并不大。没有“党同伐异”，这是我后来一贯的学术理念。

我们这一代人，由于众所周知的原因，学习不成系统，积累有限，“先天不足，后天失调”，真正能够经得起历史检验的研究成果也就很少。你们这一代青年学者，从大学到硕士，再到博士，读书时间多，科研条件好，容易出成绩。希望你们珍惜现在的好时光、好条件，为历史研究多做贡献。

赵：林先生，您的治学研究领域相当宽广，从先秦史、秦汉史、政治史、经济史、社会史，到史学理论和史学史，几乎在每个领域都发表过相当有分量的作品，可以说“面”宽“点”亮。您能谈谈这方面的经验吗？

林：经验谈不上，体会倒是有一些。作为历史工作者，我本来是“先天不足”。在厦门大学历史系只读了一年书，主要精力投在学生运动上，说实话，连《史记》《资治通鉴》这些基本的典籍都来不及读。20世纪50年代初进入中国科学院，在《历史研究》编辑部当编辑。当编辑的几年，收获很多。当时主编是尹达，副主编是刘大年，做具体编辑工作的只有三个人，其中就包括我。《历史研究》的来稿涉及到中国古代史、近现代史，还有世界史，这种情况迫使我多读书，翻阅各种资料，可以说，我是在当编辑的过程中才完成基本的学术积累的。

在《历史研究》编辑部的一个好处，是从审稿专家那里学知识。

当时《历史研究》的编委参与审稿，他们都是著名的历史学家。像郭沫若，他当时是中科院的院长，兼历史所的所长，又是编委会召集人，有时也亲自为刊物审稿。前辈学者在审稿意见中体现出来的学术观点、研究方法、历史涵养，使我受益匪浅。另外，在编辑部工作的过程中，眼睛随着稿子转，学术视野开阔了不少。

现在回想起来，在《历史研究》编辑部工作的几年，可以说是我后来从事科研工作的起点、基石。我非常感谢当时组织上对我的安排。有人说，当编辑是“为他人作嫁衣”，我并不这样认为。前几年有一个学生找工作，就要不要当学术刊物的编辑征求过我的意见，我就把我的这段经历告诉了他。当编辑是很锻炼人的工作。在服务他人的同时又有助于自己的进步，套用一个现在流行的术语，可以说是“双赢”。但是，只有具备坚定的学术信念，有执着的学术追求，有“咬定青山不放松”的精神，才可能有这样“双赢”的结果。

赵：林先生，您在数十年的学术生涯中，对中国古代土地制度史保持着长时段的关注和研究，除了主编《中国封建土地制度史》第1卷外，还发表了好几篇很有影响的论文。您能谈谈这方面的成就和研究体会吗？

林：我对中国古代土地制度史研究的介入，缘于同侯外庐先生的相关讨论。侯外庐先生原来是历史二所（后来与一所合并）的副所长，对我的学术成长很有帮助。他在《历史研究》1954年第1期上发表了一篇论文，提出“中国中古封建是以皇族地主的土地垄断制为主要内容，而土地私有权的法律观念是比较缺乏的”。他的这个结论，是根据马列原著中关于“亚洲式的土地所有制形式”得出来的，这里的“皇族地主的土地垄断制”，实际上就是封建国家土地所有制。这篇文章当时影响很大，我写了一篇《试论汉代的土地所有制》，提出了不同意见。我根据汉代广泛存在着的土地私有观念和土地买卖实例，认为封建地主土地所有制占支配地位是中国封建社会土地所有制的常态，土地国有制只有在大规模战乱之后，才能在一定时期内占据主导地位。随着社会经济的恢复和发展，地主所有制又会迅速膨胀，取代国有制而成为主流。马克思主义经典作家关于东方社会缺乏土地所有权的论断，适用于春秋战国以前的公社土地所有制，放在秦汉及以后，就与历史实际不符了。

我对土地制度史的研究由此发端。1963 年，我在《历史研究》上发表了一篇文章，对中国封建土地所有制的形成过程作了进一步的探讨。1986 年，我又发表了一篇《中国古代土地私有化的具体途径》，根据新发现的考古资料，如银雀山汉简和睡虎地秦墓竹简，并结合传统文献，指出古代中国土地私有化的途径，一是公社农民的份地变成个体小农的私有土地，一是采邑主的田邑变成他们的私有地产以及国家对军功贵族的赏田。区别劳动者和非劳动者的两种土地所有制是非常重要的。中国土地私有化的过程，既符合世界各国历史发展的共同规律，也有它自己的特点。在这篇文章中我还想说明一个观点：公社土地所有制具有公有和私有的二重性，私有制因素的增长必然促使公有制的瓦解。土地私有制代替公有制是历史的进步，但它的后果是贫富分化，农民为此付出了沉重的代价。

通过一系列的研究，我发现，在中国封建社会里，国有制和私有制之间并没有不可逾越的界限，而是经常互相转化。封建社会的土地私有，是一种“不自由”的封建式私有。有些学者说秦汉之后的土地可以自由买卖，这是不准确的。我还指出，土地所有权的权能结构表现为不同的层次：占有权、经营权、使用权、收益权、处分权等等，这些权能的分离和界定，是随着一个国家商品经济的发展和法制的日趋完备而逐渐明确的。在前资本主义社会，土地所有权各种权能的内涵和区分不可能那么严密和明确，在实际生活中，经常是含混不清的。我的这些观点和意见，在《中国封建土地制度史》第 1 卷中都有所说明。

赵：林先生，从您对土地制度的研究过程可以看得出来，您非常重视对史料尽可能多的占有和尽可能深的利用。您坚持以马克思主义理论为指导，又不是教条式地理解马克思主义。您能谈谈这方面的体会吗?

林：你提到的这一点，其实就是如何对待马克思主义理论和史料结合的问题。这个问题，学术界一直在讨论，可以说到现在还没有得到完全解决。马克思主义作为一种科学的理论和方法，是正确阐明历史发展的指南，但不能作为剪裁历史的现成公式。纯实证的研究和史料的整理都是历史研究所需要的。但要阐明比较深层次和比较宏观的历史问题，没有理论指导，只靠材料罗列是不行的。历史工作者应该在详细占有材料的基础上，不断提高自己的理论水平。

赵：您在治学过程中，对学术前沿问题、热点问题始终保持高度的敏感和关注。说起对前沿问题、热点问题的关注，就不能不提您的《怎样看待魏特夫的〈东方专制主义〉》《中国古代知识阶层的原型及其早期历史行程》《从“欧洲中心论”到“中国中心论”：对西方学者中国经济史研究新趋向的思考》这三篇文章。这三篇文章针对的对象，分别是魏特夫的《东方专制主义：对于集权力量的比较研究》、余英时的《士与中国文化》、贡德·弗兰克的《白银资本——重视经济全球化中的东方》和彭慕兰的《大分流：欧洲、中国及现代世界经济的发展》。这几部海外学者的论著和它们的观点，在 20 世纪 80 年代、90 年代、21 世纪初对中国学术界影响很大。您能不能概括阐述一下您对相关问题的观点呢?

林：魏特夫的《东方专制主义》从问世之后，就是一本很有争议的书。它在国际上是有一些影响的。当时在一些国际论坛上，但凡探讨有关亚细亚生产方式、第三世界发展道路等问题，总有不少学者引用这本书的观点，还有人把它和马克斯·韦伯的《经济与社会》相提并论。1989 年，它的中译本出版之后，我国也有不少学者受到影响。我认为魏特夫的《东方专制主义》看上去是一本理论和学术著作，实际上是帝国主义冷战政策的产物。他的目的是要说明共产党的极权统治和暴政是有历史传统的。魏特夫自诩曾对马克思的理论遗产作过深入研究，其实他的书里充斥着对马克思主义的歪曲。他把中国当作所谓“治水社会”的标本，可是他的一些基本观点根本经不起实证推敲。他随意解释中国历史，我给你举个例子，他说在东方专制主义统治下，商人不敢像欧洲中世纪商人那样讲究豪华地消费。我们研究秦汉历史的人都知道，终两汉之世，商人追逐豪奢生活的风气，可以说是愈演愈烈，史书里记录的例子举不胜举。班固说商人“千里游遨，冠盖相望，乘坚策肥，履丝曳缟”（《汉书·食货志》），在当时的物质条件下，这还不够豪华，那什么叫豪华？总之，魏特夫的《东方专制主义》披着诱人的理论和学术外衣，本质上却是对前苏联和中国的诬蔑和攻击。我那篇《怎样看待魏特夫的〈东方专制主义〉》，还有1990年9月14日发表在《光明日报》上的一篇小文章，都提出了自己的批判意见。

余英时的《士与中国文化》在海内外学术界有较大的影响。从20世纪80、90年代以来，中国古代的士，是学术界的热点问题，出现了不少论著，余英时的《士与中国文化》堪称是最有分量的一部著作。书中有一些颇具启发性的见解，比如春秋战国时代士作为知识阶层的形成与当时社会变动的关系等。但是，书中也有很多值得商榷的地方。余英时认为春秋战国时代出现在历史舞台上的“士”，都以“批评政治社会、抗礼王侯”的“道”作为“精神凭藉”。他们不但代表“道”，而且相信“道比势尊”。秦朝的统治者“只知有政治秩序，不知有文化秩序”，所以二世而亡。汉武帝尊儒，“与其说是由于儒教有利于专制统治，毋宁说是政治权威最后不得不向文化力量妥协”。我觉得这本书对知识分子在中国历史上的地位和作用的论述不但有悖于历史事实，而且作者故意渲染历史上知识分子具有对抗政治权力和批判社会现实的“品格”的意图也是十分明显的。我后来写了《中国古代知识阶层的原型及其早期历史行程》一文，指出，以春秋战国的“士”为代表的知识阶层，从一开始就呈现多元化的趋势。所谓“道尊于势”是儒家精英的自恋情结。秦朝短祚而亡是各种社会矛盾汇集激化的结果，并非由于儒家与法家两种“吏道”观念尖锐对立的缘故。汉武帝“独尊儒术”不是“政治权威”对“文化力量”的“妥协”，而是封建皇权加强专制主义中央集权的政治需要。中国封建社会的知识阶层就其整体的社会地位来说，是依附于封建统治阶级的。我始终认为，社会是复杂的，中国的传统文化是丰富多彩的，古代知识阶层的政治伦理和价值观念的取向也是多元的。理想、唯美的东西也许更具吸引力，但是它与历史实际常常是二律背反的。

《从“欧洲中心论”到“中国中心论”》这篇文章，是我参加《中国经济史研究》编辑部组织的关于《白银资本》和《大分流》的学术讨论会后，有所思考写的一篇札记。“欧洲中心论”是长期以来西方学者的一种偏见。弗兰克对“欧洲中心论”提出批评是有道理的，但是他批评马克思也是“欧洲中心论”这却是乱扣帽子。弗兰克提出的“中国中心论”，即欧洲工业革命前中国在世界经济中居于中心地位，这个观点也是站不住脚的。为什么这么说呢？这个观点缺乏实证的支持。中国封建经济在历史上曾经得到高度发展，并且对东亚地区产生过巨大而积极的影响，但是中国从未成为弗兰克所谓的“世界经济体系”的中心。我甚至觉得，所谓“中国中心论”，其实是个陷阱，它是西方经济史学界否定马克思主义社会经济形态理论的一个新趋向，对此我们不能不提高警惕。

赵：林先生，刚才提到的《东方专制主义：对于集权力量的比较研究》《士与中国文化》《白银资本——重视经济全球化中的东方》《大分流：欧洲、中国及现代世界经济的发展》等论著，它们都是从海外传入，并且在中国产生过较大影响，引发了一定规模的讨论。您的一系列具有针对意义的文章，在一定程度上体现了您在看待外来学术成果方面的观点。您能不能就此再总结一下，在借鉴外国史学理论和方法，吸收外国史学研究成就方面，我们应该如何去做？

林：我记得小平同志谈到改革开放时说过，“总结历史经验，中国长期处于停滞和落后状态的一个重要原因是闭关自守。经验证明，关起门来搞建设是不能成功的，中国的发展离不开世界。”① 这个结论放在历史研究领域，同样有意义。我是主张用开放和百家争鸣的态度来对待一切历史研究成果的，对这些成果中的有益的部分，应该吸收；对于不合理甚至错误的东西，如果照单拿来，我看就是“食洋不化”了。刚才提到的《白银资本》和《大分流》这些著作，尽管未必都能为中国学者所接受，但其对陈说提出挑战的理论勇气，学术视野之开拓和时代感之强烈，都可以给我们许多启发，对我们在经济全球化背景下加深对中国经济与社会史研究的思考有促进作用。从实证的角度对这些著作进行检查，无疑会发现书中一些论点缺乏史料的支持，或是对史料的误读。但这些缺点都不足为怪，并不会因此就可以抹杀这两部著作的理论价值和学术价值。

从根本上说，我们借鉴外国史学理论和方法，吸收外国一切优秀的学术成果，目的还是要建设有中国特色的马克思主义的史学。

赵：1949 年以来，马克思主义史学一直是中国史学的主流。近些年来，学术界存在着一种淡化马克思主义理论指导价值的思潮，您是怎么看待这个问题的？

林：从过去到现在，我始终信仰马克思主义，信仰唯物史观，因为我觉得，唯物史观是一种开放的和发展的学说，它十分重视用新的思想材料和研究成果来丰富自己的体系，从而始终保持了理论的生命力。曾经担任过英国历史学会主席的巴勒克拉夫说过：“今天仍然保留着生命力和内在潜力的惟一的‘历史哲学’，当然是马克思主义”。包括年鉴学派创始人之一费弗尔在内，一些西方著名的资产阶级史学家，对马克思主义都有很高的评价。从他们的这些评价中，我们国内的“淡化马克思主义”者是不是能够感悟到一点东西呢？至于我，我始终信仰马克思主义。

马克思主义不是不可以批评。但是应该有理有据，不能主观臆断，

① 《邓小平文选》第 3 卷，人民出版社 1993 年版，第 78 页。

更不能人云亦云。有些人并没有系统地、认真地学习过马克思主义，甚至没有接触过马克思主义最基本的经典著作，就对马克思主义指手画脚、横加指责，这种态度当然不足取，这样得出来的研究成果自然也就难以让人信服了

赵：从解放后到“文革”前的17年，是共和国历史上的一段特殊时期。文学界有“十七年文学”这样一个特定术语，史学界也有对“十七年史学”的讨论。有人认为这17年是中国史学研究停滞甚至倒退的时期，您是怎么看的？

林：新中国的成立，结束了长期以来的战争动荡，本是历史学发展的大好契机。20世纪50年代前期，党和政府提出了“百花齐放，百家争鸣”的政策，这在很大程度上促成了当时史学界生动活泼局面的形成。但是，之后一个又一个的政治运动，严重影响了“双百”政策的贯彻，严重挫伤了史学工作者在学术上的积极性。我记得在1957年的反右派斗争中，雷海宗先生提出奴隶社会“只能是例外，不可能形成通例”的观点，就被错误地视为右派分子向马克思主义的进攻，从而受到批判。向达、荣孟源先生对历史研究工作提出来的一些正常意见，也被戴上右派“帽子”，受到批判。到了1958年，一大批著名的史学家在资产阶级学术批判运动中受到无端的指责。政治运动的干扰，再加上史学工作者自身对马克思主义理解的片面性，助长了历史研究和历史教学中错误倾向的滋长，比如，将马克思主义简单化、公式化、教条化，对西方资产阶级史学理论、方法的盲目排斥，对阶级斗争历史作用的庸俗化理解，等等。我认为，这十七年的史学发展存在着诸多不足和失误，这是毋庸讳言的事实。

但是，如果因为这些不足和失误，就将十七年史学贬得一无是处，甚至说是停滞、倒退，这是非常片面、不实事求是的。有人说，这十七年的中国史研究就是一部农民战争史，我实在不懂这种说法的依据是什么。首先，这一时期的一些热点问题，如有些人有所非议的“五朵金花”，并不只是农民战争，“五朵金花”的讨论，吸引了一大批著

名史学家参与，促进了相关问题的深入研究，也提高了大家的认识水平。其次，当时史学界产生了不少优秀成果，既有通史、专史，也有专题研究；既有以马克思主义为指导的研究成果，也有以考据为主的作品。这些论著至今仍然是史学工作者特别是青年学者从事历史研究和历史教学重要的参考书。怎么能把十七年的史学研究说得一无是处呢？

赵：您曾经担任过中国社会科学院历史所研究室主任、所长、党委书记，为历史所的建设作出了贡献。您还担任过国务院学位委员会历史学科评议组成员、社科基金历史组成员、中国史学会副会长、秦汉史研究会会长，在学术组织工作这方面肯定有不少经验和体会吧？

林：从历史所建所到现在，我一直在这里工作，我对历史所有着深厚的感情。历史所从 1954 年成立，到现在走过了半个多世纪，在史学研究领域取得了丰硕的成果，也培养、输送出许多优秀史学人才。历史所曾拥有一批在国内外享有盛誉的史学名家，如侯外庐、尹达、顾颉刚、杨向奎、胡厚宣、贺昌群、张政烺、王毓铨、谢国桢等先生，都是历史所的研究员。还有一些著名史学家如向达、蒙文通、唐长孺、谭其骧、白寿彝、翁独健、韩国磐、李埏、邱汉生等，以兼职方式参加历史所的研究工作，并指导青年同志。这么多名家齐聚一堂，当时历史所的科研力量是国内首屈一指的。许多有志于从事历史研究的青年学子视历史所为挑选工作的首选之地，良好的学术氛围也有助于他们成长。目前老一辈专家均已谢世，原来的研究骨干也大都已退休。这些年来包括历史所在内，社会科学院在吸收人才方面缺乏优势，研究人员晋升职称的规定又不尽如人意，有些年富力强的同志因而改换门庭，我们这个“国家队”也就出现了断层危机。

中国社会科学院是国家的“智库”，在人才资源的配备方面不能脱离这种定位。历史学是基础学科，既要重视承接学术薪火，重视学科的基本建设，也要关心国内外本学科的发展动向，关心国家和人民的需要，重视理论创新和学术创新，我们任重道远。历史所原来的专业设置比较齐备，若干专业的人才有优势。但现有的专业优势可能已经丧失，一些老同志每谈及此，颇有忧虑。研究方式和研究方向的个性化不是不好，但是要注意集体优势的发挥。历史所要为国家培养一流的人才，给国家提供最好的史学成果。值得欣慰的是，这几年来，一些中年学者挑起了大梁，一些青年学者也崭露头角，令人刮目相看。历史所一定能够在继承前辈学者优良传统的基础上，再创辉煌，为我国历史学的繁荣和发展做出应有的贡献。

赵：林先生，您从事历史研究五十多年，又长期从事组织工作，与许多老一辈史学家有较多接触，对于学术界的掌故趣闻一定知道得很多。这些信息本身就是重要的史学研究材料，而您在这方面有得天独厚的条件，有没有将这些信息以回忆录的形式整理出来的打算？

林：1994 年，纪念历史所建所四十周年时，我曾经写过一篇《四十年的回顾》，就自己在历史所四十年工作的感受，从研究所的研究任务、集体协作、学习马克思主义理论、保持原有的研究优势和开拓新的研究领域等角度，谈了些意见，也作了些回忆。2004 年，在建所五十周年大庆，我又写了一篇《五十年的回忆和思考》，增加、补充了一些新的内容，也作了一些新的思考。也有同志建议我对史学界的见闻做系统的回忆和整理。这个问题我不是没有考虑，但是现在并不打算作这件事。一来现在手头还有科研项目，二来我始终认为，写回忆录无论是自己的经历、见闻、治学和心路历程，既要真实可靠，又不能像写工作日记流水账，要有思想，见真性情，并不容易，何况一个人的记忆有时也会失误。以后如有可能再说罢。

赵：三年前我有一次和您说及《陈寅恪的最后二十年》这本书，您说书中有些叙述并不符合事实，误导读者。您是新中国史学发展的见证人，您对新中国史学发展的回忆与理解，肯定会对后人研究这段史学史有重要价值。我们这些后学都热切盼望您在闲暇之余，整理学界往事，从一个新的角度，为史学史的研究做出新的贡献。林先生，这次访谈使我受益匪浅。作为一名马克思主义史学家，您的社会经历和治学路径，都会给我们以启迪和激励。这次访谈耽误了您宝贵的时间，祝您身体健康！谢谢！

（本文原载《学问有道：学部委员访谈录》，方志出版社 2007 年版）

附 录

附录一
八十自述：我的历史和史学研究生涯

林甘泉

一　家世和少年时代

我是福建省石狮市人，1931 年 11 月 20 日出生。石狮本来是晋江县的一个区镇，得益于地处侨乡，商品经济有一定规模，新中国成立前在闽南就有点名气。“文化大革命”期间，曾被视为“资本主义泛滥”的地区。1978 年党的十一届三中全会召开以后，石狮的不佳名声才得以扭转。随着经济迅速发展，外来人口增多，石狮也由区镇提升为地辖市。

我的父亲是一个商人。他经营的绸布店在石狮曾经也是数得上的商家。但是在我出生后不久，家道却中落了。父亲破产以后，我们家的经济困境就从未再舒缓过。但难得的是，父亲即使东挪西借，也要让我们兄弟姐妹都读完中学。我在爱群小学毕业后，因为当时石狮没有中学，就到泉州读县立中学。1945 年初中毕业后，要在泉州继续上高中，父亲实在难于供应。恰好我有一个姐夫在厦门做生意，他让我到鼓浪屿住在他的家里，并供给我读英华高中的费用。

在小学和初中阶段，我对历史就颇有兴趣。有一位小学语文老师，经常在课堂上给我们讲春秋战国的故事。让我印象最深刻的是讲齐桓公任用管仲建立霸业，威震中原，但晚年因沉湎女色和宠信宦官，诸子树党争立，引发宫廷内乱。桓公病死数十日，竟无人收尸，以致尸虫爬出户外。我的一些简单的历史知识还来自同学间相互借阅的《三国演义》《隋唐演义》《水浒传》《说岳》等古典通俗小说。对一些外国作家如屠格涅夫、托尔斯泰、狄更斯等人的小说，我也很喜欢阅读。我有一位从未见过面的大哥，他在我出生之前就因得病而去世了。据家人说，他天资颖慧，过目不忘。他的学历我不清楚，但家中所藏他读过的一些书，却给我留下了很深的印象。其中有著名的俄国无政府主义者克鲁泡特金著作的中译本，还有一些介绍俄国民意党人反对沙皇政府革命斗争的小册子。当时泉州有一所黎明中学，有些老师颇信仰无政府主义，我的大哥也可能跟他们有些来往。少年时代的我懵懵懂懂地看了这些书，虽然不甚了然，却在我的思想里埋下了一些追求公平正义、反抗黑暗现实的种子。

二　加入中共厦门城工部

我上学的英华高中是一所教会学校，但校长比较开明，有几位老师思想也较进步。抗日战争胜利后，国共两党开始谈判，国民党统治区广大人民反对内战、要求民主的呼声高涨。1946 年春，中共闽浙赣省委城工部决定派人到厦门开展工作。当时厦门除了城工部之外，还有同属闽浙赣省委领导的闽中和属闽粤赣区党委领导的闽西南两个地下党组织。在党组织领导下，厦门和闽南地区的学生运动蓬勃发展。1947 年 10 月，我经同学黄奕策介绍，加入中共厦门城工部组织。我们组织读书会、出壁报，在进步同学中传阅毛泽东的著作（如《新民主主义论》《论联合政府》《目前形势和我们的任务》等）和上海、香港出版的革命报刊（如《文萃》《周报》《华商报》），发动同学参加反美扶日、反内战反饥饿反迫害的游行示威。

1948 年夏，我高中毕业。当时很想到游击区去投身武装斗争，但组织上决定我投考厦门大学，继续从事学生运动。我本来对文学也有兴趣，但结果还是报考历史系，这大概跟我在入党前后多读了一点社

会科学方面的书有关系。像郭沫若的《中国古代社会研究》《青铜时代》《甲申三百年祭》，吕振羽的《简明中国通史》，翦伯赞的《历史哲学教程》，侯外庐的《中国古典社会史论》等书，都是那个时期阅读的。考上厦大历史系后，因为这时解放战争即将胜利的形势已经明朗化，我并不想新中国成立后选择历史研究或教学工作，所以就连《史记》《资治通鉴》这些最基本的史书，说老实话，当时都没有认真阅读过。

新中国成立前，厦门大学初入学的新生都住在鼓浪屿博爱医院旧址。城工部厦大新生院支部成立时，我是一名支部委员。大约在1948年年底，我有一位小学同学是闽中地下党组织的成员，他告诉我城工部的领导可能出了问题，厦门城工部和省委的联系已经断绝了。城工部厦门市委书记王毅林同志有段时间曾经和我有过联系，我向他打听上述消息是否属实？他说市委和省委的联系确实断了，现在正在寻找恢复联系的渠道。又说，只要我们坚定信仰，按照党章办事，坚持工作是没有问题的。我没有把这个消息告诉其他城工部的同志。但是到了1949年4月中旬，形势突然发生了令人完全料想不到的变化。有一天我路过英华中学时，发现路边墙上贴了一张以中共闽浙赣省委闽中游击队领导人名义发布的印刷品，声明福建城工部是被国民党特务控制的组织，已被省委解散，叫广大青年学生不要受其蒙蔽欺骗。我回到厦大新生院宿舍时，发现我房间桌上也有这样一份印刷品。把城工部组织有问题并已被解散的消息向社会公开散播，这不仅使城工部同志的思想产生了极大的混乱和疑忌，并使他们的人身安全处于危险境地。就在此时，我有一位加入闽中党组织的朋友通知我，说闽中负责处理厦门城工部的特派员要见我。见到这位特派员时，他告诉我，他们对我的情况是了解的，知道我没有问题，我的党籍可以承认。他还要我带上我所联系的新生院城工部党员加入闽中党组织。在当时的局势下，我想自己能够得到党的信任还真幸运，所以就答应了。但隔几天和那位特派员再见面时，他却要我写一份自传，说我的组织问题要按重新入党处理；又说其他城工部的同志愿意到闽中去，也依此办理。特派员这番话对我刺激很大，我觉得闽中党组织其实对我并不信任，心中很是委屈。那时候，北平已经和平解放，香港和天津也已通航。城工部厦门市委的几位领导人在事发之后已取道香港赴北平向党中央申诉。我和厦大、英华的四位同学商议，决定也离开鼓浪屿，取道香港去北平。

福建城工部事件是我们党肃反历史上最严重的冤错案件之一。部长、副部长和一百多位同志被诬害错杀，一千多名党员蒙受不白之冤。对这个事件我所以要多讲几句话，因为它与我此后的人生轨迹有重大的关系。如果没有发生城工部错案，我肯定会继续留在厦门参加地下工作，迎接全国解放。之后我可能被分配在这个或那个岗位工作，但恐怕不会到北京来成为从事历史研究的专业人员。我很喜欢目前的历史研究工作，五十多年来对此锲而不舍。但每想到我之所以离开厦门，是由于城工部的冤案，这个冤案使一百多位城工部党员含冤牺牲，我心里就非常难过。所幸在党中央的关怀下，福建城工部案件在全国解放以后很快就得到昭雪。

中国革命斗争的艰难、复杂和一些烈士牺牲之残酷对于今天的年轻人来说恐怕是很难想象的。城工部的错案，闽浙赣省委的某些领导人有不可推卸的责任。但实事求是地说，闽浙赣省委之所以犯此严重错误，确实也事出有因。1947 年城工部的一位副部长被国民党逮捕杀害；1948 年，省委一位由中央派来加强军事工作领导的同志又遭敌人袭击失踪。这两件事都与城工部有关，加上闽北游击队又遭到敌人袭击和受到破坏，这些情况使老省委领导人把怀疑的目光集中到知道核心机密的城工部领导人身上。但问题是，当时全国即将解放，即使对城工部组织有所怀疑，在没有经过调查研究和掌握确凿证据的情况下，是不应轻率地对城工部组织采取那种错误措施的。中央文献出版社出版的《张鼎丞传》谈到，新中国成立初期张鼎丞同志主持福建工作时，就对城工部案件感到不解和心里不安。1952 年，他在即将到华东局工作前夕，曾代表省委向华东局并党中央报告说，经过三年来各种运动的考验，据各地党委反映，原闽浙赣省委城工部绝大多数党员表现很好。省委经一再研究，认为城工部组织问题必须组成专门委员会认真研究处理。在未弄清整个组织之前，对城工部党员具备作为一个党员条件，本人积极要求入党者，可以重新接受入党。华东局报请党中央批示，同意省委意见。

1954 年初，福建省委经中央批准，成立专门审查城工部问题委员会，调集一批有审干经验的干部负责进行调查研究和审查工作。经过一年时间，共收集 1300 多件约 100 万字的材料和证据，弄清了城工部问题的性质。原来怀疑城工部的几个关键问题，都一一查清。福建省委对审查报告进行反复研究，并作出结论，认为“确凿材料说明原闽浙赣省委对城工部案件的处理是完全错误的，是捕风捉影、缺乏事实根据的”。1955 年 2 月，邓小平等中央领导同志听取了福建省委关于城工部组织的审查结论和处理意见。中央书记处讨论了福建省委的报告，认为城工部问题应该翻案，但应查清原省委主要领导人的责任。在此之前，翻案的决定暂不公布，只口头通知城工部的某些领导人。1956 年 5 月，经中央政治局批准，福建省委在省的党代表会议上正式宣布，为城工部平反昭雪，恢复城工部党员的党籍。随后我所在的历史研究所也得到中国科学院党委通知，把我的入党时间恢复为 1947 年 10 月。

三　新中国成立后我的工作经历

1949 年 4 月 21 日，我与厦大、英华的四位同学一起离开厦门，从香港乘船赴平津解放区。到达北平后，见到王毅林、林华等城工部厦门市委领导人。他们说已向中央组织部提出申诉，中组部的意见是城工部问题还得回福建解决，让他们随解放福建的部队南下。那时，党中央创建的华北大学正在招生，我们四人去报了名。华北大学的校长是吴玉章，副校长是成仿吾和范文澜，学校分一部、二部、三部。一部培训一般干部，二部培训学校教师，三部培训文艺干部。我们先后在天津、正定的华大一部学习了几个月。结业后，我被分配回北京华北大学俄文大队学习俄语。后来了解，党中央为适应新的形势，决定创建中国人民大学，聘请大批苏联专家来华讲学，华大俄文大队就是为储备人民大学的生源而设立的。1950 年初人大举行开学典礼，少奇同志和朱总司令都来了。少奇同志讲了话，勉励同学好好学习，为新中国的建设作贡献。我原先已经分配到经济系学习，但后来又改调至研究部出版处工作。研究部部长由成仿吾兼任，副部长是何干之和尹达。人民大学成立初期，苏联专家讲课的大量讲义要译成中文并发给同学，研究部专门成立了编译室和出版处，还有一个印刷厂。这两个单位的工作都很繁重，尤其是出版处经常要晚间加班。一年以后，在一次体检中发现我有轻度的肺结核病，组织上让我休养治病。大半年之后病愈，我被调至研究部办公室工作。1953 年，研究部党支部根据福建省委审查城工部案件的初步结论，让我重新入党。这年秋天，尹达同志调至北京大学任副教务长，把我也调至北大教务处。但一个多月后，我又被调至刚创办的《历史研究》编辑部当编辑。

1953 年，党中央为了加强历史研究和提倡学术问题百家争鸣，决定在中国科学院下面成立三个历史研究所（第一所研究先秦至魏晋，第二所研究隋唐至明清，第三所研究近现代），同时创办《历史研究》双月刊。《历史研究》编委会由国内 18 位著名的历史学家组成，郭沫若为召集人，主编尹达，副主编刘大年。编辑部办公室最初设在东厂胡同近代史所，历史一所和二所在东四头条成立后，编辑部迁至历史一所（60 年代又迁回近代史所）。历史一所的所长由郭沫若兼任，副所长尹达。历史二所所长由陈垣兼任，副所长侯外庐、向达、熊德基。我被分配到《历史研究》编辑部时，最初思想有些被动，想去历史一所专门从事研究工作。侯外庐先生对我说，“做编辑对年轻人是很好的锻炼，抗战时我在重庆编《中苏文化》，就很受用。”侯先生的话对我帮助很大，我在编辑部那几年的工作，确实使我终生受益。后来历史一所和二所合并为历史研究所，我从《历史研究》编辑部又调至历史研究所。

历史一、二所成立后，在有关领导部门的支持下，先后调集了顾颉刚、杨向奎、胡厚宣、张政烺、贺昌群、谢国桢、王毓铨、孙毓棠等先生来所担任研究员。同时还聘请蒙文通、白寿彝、唐长孺、翁独健、谭其骧、韩国磐、李埏、邱汉生等先生为兼任研究员和副研究员。这些先生为历史研究所的建设作出重大贡献，我个人的成长也得到了他们许多教育和帮助。

1994 年 9 月，我在《中国史研究》当年第 4 期曾发表一篇《四十年的回顾》，对历史研究所成立后的情况作了一些回忆和思考。研究所的基本任务，应该是为建设有中国特色的社会主义提供高质量的研究成果，培养高水平的历史学者。但建所后，由于经常开展政治运动，并没有能够建立一种稳定和正常的研究工作秩序。1957 年的反右派，1958 年的“大跃进”，60 年代初的下乡劳动锻炼和参加农村社会主义教育运动，耗费了研究人员的大量时间和精力。到了“文化大革命”，不仅研究工作完全停顿，所领导和许多老专家受到严重迫害和冲击，中青年研究人员也陷入了互相伤害的派性斗争。“文革”十年的教训，令人终生难忘。

“文革”结束后，特别是党的十一届三中全会后，历史所和全国一样，经过拨乱反正，贯彻实事求是的思想路线，出现了安定团结的政治局面，各项工作都有了新的发展。中国社会科学院成立时，历史研究所所长是侯外庐，副所长尹达、梁寒冰、熊德基、林甘泉，党委书记马健民。1982 年，历史研究所的几位老领导退居二线，我被任命为所长，分党组书记梁寒冰。1985 年由我兼任分党组书记。1988 年，我卸任所长和分党组书记职务，任郭沫若著作编辑出版委员会副主任兼纪念馆馆长，1994 年卸任。1991 年至 1993 年，一度任历史所党委书记。2000 年中国社会科学院成立学部，我是文史哲学部委员。

我曾任第七、八届全国政协委员。由于工作需要，我还担任过国务院学位委员会历史学科评议组成员，国务院古籍整理出版规划小组成员，全国哲学社会科学历史学科规划小组成员，中国史学会理事、主席团成员，中国秦汉史研究会会长、顾问。

四　我的研究工作和史学观

历史学是人类进入文明社会以后对自身历史发展的认识成果。我在《关于史学理论建设的几点意见》中谈到，历史研究有三个层次。第一个层次是事实判断，这是历史研究的基础和出发点，要解决的是史料和史实的可信性问题。实证研究基本上是使用形式逻辑的方法，只有功力之分而没有阶级性。马克思主义史学家可以不是考据学家，但他的研究工作也需要占有尽可能多的真实的史料，不能完全脱离实证研究。第二个层次是认识判断，是对诸多历史现象的前因后果以及历史规律性的认识和探讨。在这个层次上，会呈现出唯心史观和唯物史观的分歧。马克思主义的社会经济形态理论把错综复杂的社会关系归结于生产关系，把生产关系归结于生产力的高度，指出每一时代的经济生产以及必然由此产生的社会结构，是该时代政治的和精神的历史的基础。这就突破了唯心史观通常很难避免的局限，使研究更接近历史的深层内容。第三个层次是价值判断，即对各种历史事件和人物、各种制度和思潮在当时所起的作用及其对后代的影响所作的判断。在这个研究层次上，同是马克思主义的史学家或同是非马克思主义的史学家，也可能会有不同的认识，意见的个性色彩更多一些。上述三个不同层次的历史研究，不同认识都可以百家争鸣。

从20世纪20年代以来，关于中国社会史的发展演变问题一直是史学家探讨的一个热点。我从事历史研究之初，关心的也是这个问题。1956年7月，应《人民日报》编辑部之约，我用“江泉”的笔名，写过一篇《关于中国历史上奴隶制和封建制分期问题的讨论》。发表后

《人民中国》的外文版曾译成英文和日文。随后我又用“林纯夫”的笔名，在当时国内唯一的理论刊物《学习》发表《中国古史分期讨论中的几个理论问题》。这两篇文章虽是带有评论性的学术报道，而非研究性的学术论文，但对我的治史生涯却有特殊意义，因为其中论述的问题就是我开始从事历史研究的切入点。后来我所写的一些研究性论文，大都是沿着探索中国古代社会形态的特点及其转型的途径而选择的课题。

1927 年大革命失败以后，关于亚细亚生产方式的讨论长期以来一直吸引着国内外学者的注意。“亚细亚生产方式”这个概念，来自马克思。他在 1859 年写的《〈政治经济学批判〉序言》中说：“大体说来，亚细亚的、古代的、封建的和现代资产阶级的生产方式可以看作社会经济形态演进的几个时代。”一些学者认为，马克思既然把“亚细亚生产方式”看作希腊、罗马奴隶社会之前的一种社会形态，它应该是原始共产社会。也有一些学者或认为它就是东方的奴隶社会，或认为它是奴隶社会和封建社会之外的另一种社会形态。我写过一篇《亚细亚生产方式与中国古代社会》，认为马克思所说的“亚细亚生产方式”，是指以原始公社所有制为基础的生产方式，但它和我们今天所理解的原始共产社会（即氏族社会）是不同的概念。马克思关于原始社会史的认识是有一个过程的。他原先对于不同性质和类型的公社并没有严格加以区别，而是笼统地把所有公社土地所有制都说成是公有制。但在 1881 年给查苏利奇的复信中，他已经指出“把所有的原始公社混为一谈是错误的”，“它们有好多种社会结构，这些结构的类型、存在时间的长短彼此都不相同，标志着依次进化的各个阶段。”在 1857—1858 年撰写的《资本主义生产以前的各种形式》中，马克思明确指出：“在大多数亚细亚的基本形式中，凌驾于所有这一切小的共同体之上的总和的统一体表现为更高的所有者或唯一的所有者，因而实际的公社只不过表现为世袭的占有者。”马克思还说，在这种财产形式下，劳动者“本身实质上就是作为公社统一体的体现者的那个人的财产，即奴隶”。这就是说，马克思后来已经明确亚细亚生产方式是文明社会的初始阶段。

在我几十年的研究工作中，土地制度史始终是我关注的重点。马克思和恩格斯认为，一切文明民族都是从土地公有制开始，在经过了或短或长的中间阶段之后，土地私有制才最终确立。这个中间阶段是公有制与私有制博弈的过程，结果是私有制战胜公有制，农村共同体瓦解而被一家一户为基本生产单位的小农农村所代替。我对中国古代土地所有制所经历的这个中间阶段及其发展变化，作了比较详细的考察，所撰《中国古代土地私有制的形成》以及《中国封建土地制度史》第1卷，对此都有所论述。

中国古代是否存在奴隶社会，史学界至今仍有不同认识。我是赞同商周奴隶社会说的，但并不同意郭沫若把当时的主要劳动生产者“众人”“庶人”都说成是典型的奴隶。文献记载和甲骨文、金文中，无疑有不少奴隶的材料，但有关“众人”“庶人”的记载，却表明他们与希腊、罗马的奴隶有别。在《说庶人的身份》一文中，我阐明庶人是具有亚细亚财产形态的农村公社成员，他们虽然不是古典形态的奴隶，但就其与生产资料相结合的方式而言，却有着马克思所说的“普遍奴隶制”的特点。

20世纪50年代，史学界有一种颇为流行的观点，认为领主制和地主制是封建生产方式的两个阶段。我不赞成这种说法，在《封建社会一定要从领主制开始吗?》一文中，我认为领主制和地主制是封建生产方式的两种类型，而非封建社会必经的两个阶段。马克思和恩格斯所考察的封建社会是中世纪西欧的农奴制，所以他们有时把封建制称为农奴制，但是他们并不认为封建社会必须经过领主制才能发展为地主制。马克思在《资本论》中明确指出，封建生产关系支配下农民的“不自由”状态，“可以从实行徭役劳动的农奴制减轻到单纯的贡赋义务”。他还指出，在历史上不同的地租形态往往会“结合和混杂在一起”，而表现为“无穷无尽的各种组合”。

关于封建社会的形成，史学界还有一种观点，认为“封建”的“本义”是西周初年的“封邦建国”“封爵建藩”，离开这个“本义”而讨论封建社会的形成是一种“泛封建观”，乃是受政治干预的结果。我对主张“西周封建论”的学者是很尊重的，因为他们也是在马克思主义社会经济形态理论指导下得出的一种认识。但我对上述“封建”本义说却不敢苟同。传统文献中的“封建”词意，诚然是“封邦建国”，但是我们讨论的“封建社会”并非只是指一种“政制”，而是社会经济形态。何况就传统文献中关于周初“封建”所涉及的历史内容而言，也远不是“封邦建国”的“政制”所能概括的。

关于中国古代的政治体制、民族关系和思想文化，我也做过一些探讨。我认为中国早期国家并不存在古代希腊罗马那种城邦民主制度，无论是王国或诸侯国，政体基本上是一种等级制的君主专制制度，其统治具有浓厚的宗法家长制的色彩。战国时代王权加强，秦始皇统一六国后建立了皇权至上和中央集权的封建专制主义国家。秦汉以后，尽管经历了许多次的改朝换代，也曾出现过分裂割据的局面，但国家的统一始终是历史发展的主流。大一统的观念之所以深入人心，有它政治的、经济的和表现为一定文化传统的民族心理的历史背景。中国古代民族关系的一个重要特点，是既存在着民族矛盾、民族压迫和民族战争，又有一种强大的凝聚力把各民族联系在一起。以汉族为主体的民族融合和同化，是民族关系的主流，也是中华民族历史发展的重要篇章。儒家学说虽然讲“夷夏之辨”，但又主张“王者无外”“四海一家”。这种文化认同的主张尽管与我们今天讲的民族平等思想有本质不同，但它对统一的多民族国家的历史发展和中华民族凝聚力的形成具有重要意义。在《历史遗产与爱国主义教育》一文中，我提出必须承认汉族和各少数民族的民族英雄都是祖国珍贵的历史遗产，但又要实事求是地看到这些历史人物所存在的局限性。

对于中国历史上封建专制主义的评价，我认为既要加以批判，又要具体分析，不能全盘否定。封建专制主义是一种压迫剥削劳动人民的政体和统治方式，但不能把封建专制主义完全归结为暴政，抹煞专制主义中央集权国家对国家统一和历史发展所起的积极作用。原德国共产党的叛徒魏特夫所著的《东方专制主义》是一本在国际上颇有影响的书，他把包括中国在内东方各国的传统社会说成是“治水社会”，宣传东方专制主义比西方专制主义“更为全面，更为暴虐”，“表现了极权力量最残酷的形式”。该书中文版在国内发行后，我曾撰文加以批判，指出《东方专制主义》并非真正研究中国历史的学术著作，而是适应美国反共冷战政策需要的产物。

对中国传统文化的审视，不能不触及古代知识阶层的历史地位和作用问题。余英时的《士与中国文化》一书在国内学术界颇有影响。我在《中国古代知识阶层的原型及其早期历史行程》一文中，对该书的一些见解表示赞同，但指出由于作者对儒家的道统情有独钟，使得他对“士”作为知识阶层的历史地位和作用认识有失偏颇，甚至远离了历史实际。余英时强调“道尊于势”，认为中国知识阶层历来具有对抗政治权力的强势品格，这其实是知识阶层的一种自恋情结。以“士”为代表的知识阶层，其政治态度从一开始就呈现多元化的趋向。中国封建社会的知识阶层就其整体的社会地位而言，是依附于封建统治阶级的。

改革开放以来，中国的经济发展取得了令世人瞩目的成就。在西方的经济史学界，有一种以“中国中心论”代替“欧洲中心论”的史学观悄然兴起。典型的观点见于弗兰克的《白银资本》。他在书中说：“直到19世纪之前‘中央之国’实际上是世界经济的某种中心。”我认为西方学者批判“欧洲中心论”值得我们肯定，但弗兰克的观点很难成立。中国封建王朝在东亚地区曾经扮演过某种“中心”角色，但在欧亚新航路和美洲发现之前，并不存在一个包括中国在内的“世界经济体系”。18世纪中叶，欧洲已经开始启动产业革命，清王朝还故步自封。鸦片战争之前中国的经济和社会发展已经明显落后于欧洲。夸大中国封建经济在世界经济史上的地位，实际上是一个理论陷阱。

近一二十年来，我在继续关注中国古代经济史、社会史和政治史的同时，对中国近现代史学史和当代的史学思潮也略为关心。我曾写过《20世纪的中国历史学》和《新的起点：世纪之交的中国历史学》等篇论文。前些年，有感于学术界和文化界对于孔子的历史地位与儒家思想的当代价值有些看法值得商榷，我曾邀请两位同志合作，编撰《孔子与20世纪中国》一书，希望对孔子及其思想在近现代中国历史命运的回顾，有助于我们对这个问题有清醒的认识。通过对一百多年来历次尊孔和批孔高潮的考察，我认为把孔子偶像化、神圣化和把孔子妖魔化、糟粕化，都是对孔子形象的歪曲，是一种借助孔子亡灵而制造的政治闹剧。孔子和儒家思想是中华文明有代表性的历史遗产，我们应该珍惜和继承。但一定要持理性的态度，不能对精华和糟粕不加区别地盲目颂扬。鼓吹用儒家思想主导我国的社会主义精神文明建设，甚至侈谈儒家文明可以拯救西方文明衰落的危机，这是一种非历史主义的错误论调。

关于马克思主义的历史主义，我有一个错误是应该检讨的。1963年，翦伯赞先生发表《对处理若干历史问题的初步意见》，批评当时史学界存在的只强调阶级斗争而忽视历史主义观点的错误。我对批评非历史主义观点是拥护的，但却认为翦老的文章把历史主义和阶级观点割裂并对立，是“模糊了马克思主义历史科学的党性原则”。在2004年出版《林甘泉文集》时，我曾就自己对翦老的批评表示了歉意。翦老提倡历史主义，并没有否定阶级观点，我上纲上线的指责既是对翦老的不敬，也反映了自己的思想有“左”倾思想的片面性。

用马克思主义理论指导历史研究，是我坚定的信念。但我深感要正确掌握这个科学理论，并不是一件容易的事情，需要我一辈子努力学习。

（原载《中国社会科学院学部委员学术自传·历史学部卷》，中国社会科学出版社2017年版）

附录二
林甘泉主要论著及对其评论目录

一 专著

《中国史稿》（郭沫若主编）第2册，主要执笔人，20万字，人民出版社1979年2月出版。

《中国史稿》（郭沫若主编）第3册，主要执笔人，18万字，人民出版社1979年10月出版。

《中国古代史分期讨论五十年》，合著，33万字，上海人民出版社1982年8月出版。

《中国封建土地制度史》第1卷，主编，43万字，中国社会科学出版社1990年8月出版。

《郭沫若与中国史学》，主编，46万字，中国社会科学出版社1992年10月出版。

《中国土地制度史》，合著，25万字，台湾文津出版社1997年10月出版。

《中国经济通史·秦汉经济卷》，主编，80万字，经济日报出版社1999年8月出版。

《文坛史林风雨路——郭沫若交往的文化圈》，主编，33万字，浙江人民出版社1999年10月出版。

《中国古代政治文化论稿》，独著，29万字，安徽教育出版社

2004 年 7 月出版。

《林甘泉文集》，37 万字，上海辞书出版社 2005 年 5 月出版。

《孔子与 20 世纪中国》，主编，53 万字，中国社会科学出版社 2008 年 7 月出版。

《郭沫若年谱长编》，主编，236. 8 万字，中国社会科学出版社 2017 年 10 月出版。

二　论文

《汉代农业中主导的生产关系》（署名江泉），《光明日报》《史学》专刊，1957 年 7 月 18 日。

《试论汉代的土地所有制形式》，《文史哲》1957 年第 9 期（署名江泉）。

《封建社会一定要从领主制开始吗?》，《历史研究》1962 年第 2 期。

《关于史论结合问题》，《人民日报》1962 年 6 月 14 日。

《说庶人的身份》，《光明日报》《史学》专刊，1962 年 12 月 5 日。

《中国封建土地所有制的形成》，《历史研究》1963 年第 1 期。

《历史主义与阶级观点》，《新建设》1963 年第 1 期。

《再论历史主义与阶级观点》，《新建设》1963 年第 10 期。

《“民贵君轻”辩》（署名江陵），《文物》1974 年第 8 期。

《对西周土地关系的几点新认识》，《文物》1976 年第 5 期。

《秦律与秦朝的法家路线》，《文物》1976 年第 7 期。

《评“古为帮用”的影射史学》，《红旗》1978 年第 1 期。

《论秦始皇》，《历史研究》1978 年第 4 期。

《从百家争鸣到独尊儒术》，《中国史研究》1979 年第 3 期。

《论中国封建地主阶级历史地位的转化》，《社会科学战线》1979 年第 4 期。

《亚细亚生产方式与中国古代社会》，《中国史研究》1981 年第 3 期。

《从出土文物看春秋战国间的社会变革》，《文物》1981 年第 5 期。

《论历史文明遗产的批判继承》，《中国史研究》1983 年第 2 期。

《研究秦汉史从何入手》，《文史知识》1983 年第 2 期。

《论秦汉封建专制主义的经济基础》，载《秦汉史论丛》第 2 辑，陕西人民出版社 1983 年 8 月出版。

《历史遗产与爱国主义教育》，《光明日报》《史学》专刊，1983 年 10 月 26 日。

《论中国历史上的分裂和统一》，《人民日报》1985 年 5 月 27 日。

《论秦汉封建国家的农业政策》，《第十六届国际历史科学大会中国学者论文集》，中华书局 1985 年 7 月出版。

《古代中国社会发展的模式》，《中国史研究》1986 年第 4 期。

《中国古代土地私有化的具体途径》，《文物考古论集》，文物出版社 1986 年 12 月出版。

《“来田”与“诸产”》，《社会科学辑刊》1989 年第 2、3 期。

《汉简所见西北边塞的商品交换和买卖契约》，《文物》1989 年第 9 期。

《〈河殇〉与超稳定系统假说》，《史学理论》1989 年第 4 期。

《“挑战”与“反应”：历史学发展的必由之路》，《中国历史学年鉴》（1989 年版），人民出版社 1990 年出版。

《汉代的土地继承与土地买卖》，《中国历史博物馆馆刊》，1989 年总第 13、14 期。

《文化性格与历史发展——评〈河殇〉关于中国传统文化性格的错误观点》，《历史研究》1990 年第 1 期。

《评魏特夫的〈东方专制主义〉》，《光明日报》1990 年 9 月 14 日。

《“侍廷里父老僤”与古代公社组织残余问题》，《文物》1991 年

第7期。

《郭沫若与中国传统思想文化》,《历史研究》1992年第2期。

《郭沫若早期的史学思想及其向唯物史观的转变》,《史学史研究》1992年第2期。

《怎样看待魏特夫的〈东方专制主义〉》,《史学理论研究》1995年第1期。

《夷夏之辨与文化认同》,《传统文化与现代化》1995年第3期。

《20世纪的中国历史学》,《历史研究》1996年第2期。

《秦汉的自然经济与商品经济》,《中国经济史研究》1997年第1期。

《"马上"得天下,不能"马上"治天下——传统思想对历史经验的总结》,《中国社会科学院研究生院学报》1997年第1期。

《新的起点:世纪之交的中国历史学》,《历史研究》1997年第4期。

《"养生"与"送死":汉代家庭的生活消费》,台湾"中研院"历史语言研究所会议论文集《中国考古学与历史学之整合研究》,1997年7月台北出版。又载侯建新主编《经济—社会史评论》第二辑,北京三联书店2006年10月出版。

《我仍然信仰唯物史观》,收入萧黎主编《我的史学观》,广东人民出版社1997年。

《从〈左传〉看中国古代城邦的政治体制》,收入历史研究所编《庆祝杨向奎先生教研六十年论文集》,河北教育出版社1998年出版。

《秦汉帝国的民间社区和民间组织》,《燕京学报》2000年新8期。

《论中国古代的"民本"思想及其历史价值》,《光明日报》2003年10月28日。

《中国古代知识阶层的原型及其早期历史行程》,《中国史研究》2003年第3期。

《从"欧洲中心论"到"中国中心论"——对西方学者中国经济

史研究新趋向的思考》,《中国经济史研究》2006 年第 2 期。

《“封建”与“封建社会”的历史考察——评冯天瑜的〈“封建”考论〉》,《中国史研究》2008 年第 3 期。

《孔子与 20 世纪中国》,《哲学研究》2008 年第 7 期。

三　纪念、回忆和书评

《从〈十批判书〉看郭沫若的史学思想》,郭沫若故居、中国郭沫若研究会编《郭沫若百年诞辰纪念文集》,社会科学文献出版社 1994 年出版。

《哲人不萎,风范长存——悼念侯外庐同志》,《历史研究》1988 年第 1 期,收入《纪念侯外庐文集》,陕西人民教育出版社 1991 年出版。

《“拾得瓜蒂结瓜成”——深切怀念谢国桢先生》,《明史研究》第 2 辑,黄山书社 1992 年 12 月出版。

《贺昌群文集总序》,商务印书馆 2003 年 12 月出版。

《真诚而艰辛的史学理论探索——〈童书业古代社会论集〉读后》,中华书局《书品》2008 年第 6 辑。

《马克思主义与民族史研究——在“白寿彝教授史学思想讨论会”上的发言》,《史学史研究》1995 年第 1 期。

《实证史学与唯物史观的结合》,在中华书局出版《唐长孺文集》座谈会上的发言,《中华读书报》2011 年 7 月 6 日。

《深切怀念张政烺先生》,张世林主编《想念张政烺》,新世界出版社 2015 年出版。

《四十年的回顾》,《中国史研究》1994 年第 4 期。

《五十年的回忆和思考》,《中华读书报》2004 年 10 月 13 日。

《在〈历史研究〉创刊初期的日子里》,《中国社会科学报》2014 年 1 月 8 日、22 日。

《考辨古籍古史的新成果——读刘起釪〈古史续辨〉》，《传统文化与现代化》1993 年第 2 期。

《继承 · 探索 · 创新——读〈中国通史〉第四卷〈中古时代 · 秦汉时期〉，《史学史研究》1997 年第 2 期。

访日札记：《战后日本的中国古代史研究》（上）（下），《中国史研究动态》1982 年第 8、9 期。

四　干部读物与工具书

《从文明起源到现代化——中国历史 25 讲》（第一主编），全国干部培训教材编审指导委员会组织编写，人民出版社 2002 年 2 月出版。

《中国历史大辞典 · 秦汉史》，主编，上海辞书出版社 1996 年 6 月出版。

五　史学报导和评论

《关于中国历史上奴隶制和封建制分期问题的讨论》（署名江泉），《人民日报》1956 年 7 月 4 日。

《中国古史分期讨论中的几个理论问题》（署名林纯夫），《学习》杂志 1957 年第 7 期。

《关于汉民族形成问题的讨论》（署名林征），《新建设》杂志 1955 年第 10 期。

《关于中国资本主义萌芽问题的讨论》（署名杜真），《历史研究》1956 年第 7 期。

《加强中国封建社会经济史的研究》，《光明日报》1982 年 11 月 3 日。

《历史研究应当面向社会需要》，《光明日报》1986 年 1 月 8 日。

《传统文化的现代作用》，《光明日报》1993 年 7 月 7 日。

《继承·探索·创新——读〈中国通史〉第四卷〈中古时代·秦汉时期〉》,《史学史研究》1997年第2期。

《要客观评价前近代中国经济》,《中国社会科学院院报》2002年3月12日《史学》版。

《关于史学理论建设的几点意见》,《史学理论与史学史学刊》2002年卷,社会科学文献出版社2003年11月出版。

《中国传统政治文化对“软实力”的另种解读》,《中国社会科学报》2011年1月12日。

《帝国兴亡与文明传承》,《中国社会科学报》2011年4月26日。

六 相关书评

高敏:《一部自成体系的独具匠心之作——评林甘泉、童超所著〈中国封建土地制度史〉第一卷》,《史学史研究》1992年第1期。

李根蟠:《读〈中国封建土地制度史〉第一卷》,《中国经济史研究》1992年第2期。

黄今言:《一部开拓创新求实崇真的力作——评林甘泉主编〈中国经济通史·秦汉经济卷〉》,《中国经济史研究》2000年第4期。

王子今:《政治史的文化考察——简评林甘泉教授著〈中国古代政治文化论稿〉》,《史学理论与史学史学刊》2004年卷,社会科学文献出版社2005年11月。

叶瑞昕:《孔子及其思想在20世纪的命运——评林甘泉主编的〈孔子与20世纪中国〉》,《高校理论战线》2009年第6期。

七 获奖研究成果

《历史遗产与爱国主义教育》,获《光明日报》1983年理论文章一等奖。

《中国古代土地私有化的具体途径》（论文），获第一届历史研究所优秀科研成果一等奖，第一届中国社会科学院优秀科研成果奖（1993年）。

《中国古代史分期讨论五十年》，获第一届历史研究所优秀科研成果奖（1993年）。

《郭沫若与中国历史学》，获第二届历史研究所优秀科研成果奖（1996年）。

《20世纪的中国历史学》（论文），获第三届历史研究所优秀科研成果奖（1999年），第三届中国社会科学院优秀科研成果二等奖（2000年）。

《中国经济通史：秦汉卷》（专著），获第四届历史研究所优秀科研成果一等奖（2001年），第四届中国社会科学院优秀科研成果奖二等奖（2002年），第二届郭沫若中国历史学奖二等奖（2002年）。

《从文明起源到现代化——中国历史25讲》，获中国社会科学院第五届优秀科研成果奖（2004年）。

《中国古代知识阶层的原型及其早期历史行程》（论文），获第六届历史研究所优秀科研成果奖（2006年），第六届中国社会科学院优秀科研成果奖（2007年）。

八　应报刊的采访

《继承这份珍贵遗产——历史学家林甘泉谈学习〈毛选〉第二版》，《光明日报》1991年8月8日，记者吕延涛。

《论古史辨的评价及其相关问题——林甘泉先生访问记》，沈颂金，《文史哲》2003年第2期。

《以马克思主义为指导研究中国古代历史——访林甘泉研究员》，首都师范大学教授邹兆辰采访，《历史教学问题》2006年第3期。

《著名历史学家林甘泉先生访谈录》，《邯郸学院学报》副主编康香阁采访,《邯郸学院学报》2007 年第 4 期。

《学问有道·林甘泉》,赵凯,中国社会科学院《学部委员访谈录》,方志出版社 2007 年 8 月出版。

《林甘泉:中国传统文化从未断裂》,《科学时报》2008 年 3 月 4 日,摘登康香阁采访记录。

《林甘泉先生的学术经历与治学特点》,《高校理论战线》2008 年第 6 期,撰稿者巢湖学院历史系陆荣、中国社科院历史研究所卜宪群。

后　记

2017年10月25日，中国社会科学院学部委员、古代史研究所原所长、著名历史学家林甘泉先生在北京因病逝世。

林甘泉先生是当代中国最具代表性、最具影响力的马克思主义史学家之一。他治学兼跨史学理论和中国古代史，在先秦秦汉史、经济史、史学史、政治文化史等领域成就斐然。深厚的理论基础和扎实的史学功底、强烈的现实关怀和爱国情怀，铸就了他大视野、大问题、求真务实的学术研究理路。他始终坚持以马克思主义为指导来研究中国历史，把马克思主义基本原理与中国历史实际相结合，做出符合中国历史实际的解释。他的史学观点和研究实践，不仅丰富了马克思主义史学的内容，显示了马克思主义史学强大的生命力，也为在新的历史时期如何运用经典理论来研究中国历史，在各种学术思潮暗流涌动之下如何坚持马克思主义史学，提供了生动的例证。作为20世纪中国史学潮流变迁的见证者、中国史学发展之路的实践者，林甘泉先生对于百年来中国史学的发展变化特别是马克思主义史学的历史地位和变化，有着清晰、准确的认识。他系统总结了近代中国从传统史学向马克思主义史学演变的历史过程，明确阐述了马克思主义史学在中国具有强大生命力的必然性，在史学界产生了广泛且深远的影响，可谓名重学林，德泽后世。

林甘泉先生长期从事学术组织和管理工作。20世纪50年代初即参加中国科学院历史研究所的筹建工作，为中国社会科学院及历史研究所，中国史学会及中国秦汉史研究会，《历史研究》杂志及相关学科的建设发展，做出了重要贡献。他是一名真正的共产党员，严于律己，宽以待人，襟怀坦白，办事公道，深得大家的敬重。

2020 年 10 月 25 日，在林甘泉先生逝世三周年之际，中国社会科学院古代史研究所秦汉史研究室、郭沫若纪念馆、中国国学研究与交流中心、中国秦汉史研究会、中国郭沫若研究会、中国历史研究院海外中国历史文献研究中心等在中国社会科学院共同举办了“求真务实——林甘泉史学研究理论与方法座谈会”。时值“新冠”疫情期间，七十余位专家学者以线下、线上两种方式参加会议，戴逸（中国人民大学）、朱绍侯（河南大学）、熊铁基（华中师范大学）、黄今言（江西师范大学）、瞿林东（北京师范大学）、陈其泰（北京师范大学）、张荣芳（中山大学）等先生通过预先录制视频的方式发言，金冲及（中共中央党史和文献研究院）、刘家和（北京师范大学）、王子今（中国人民大学）、张越（北京师范大学），我所卜宪群、陈祖武、彭卫、蔡震（郭沫若纪念馆）等先生现场发言。与会专家深切缅怀林甘泉先生，深入总结他的史学研究理论与治学方法。

座谈会之后，我们整理专家发言，收集相关文章，汇编成这本《林甘泉纪念文集》。《文集》主体部分包括“学术论文”“回忆文章”“访谈”三个单元，后有“附录”两篇，一篇是《八十自述：我的历史和史学研究生涯》，系林甘泉先生 2011 年自撰，借此可对林先生生平履历和学术追求有更深刻的了解和认识；另一篇是林先生主要论著及相关评论目录，从最早发表的《关于中国历史上奴隶制和封建制分期问题的讨论》（《人民日报》1956 年 7 月 4 日，署名江泉），到最后一篇《在〈历史研究〉创刊初期的日子里》（《中国社会科学报》2014 年 1 月 8 日、22 日连载），绵亘几近六十载，借此可概观林先生漫长的学术生涯和多维厚重的研究成果。

座谈会的顺利举办，得益于中国历史研究院杨艳秋副院长、古代史研究所赵笑洁书记、邬文玲副所长（时任秦汉史研究室主任）等的大力支持。刘杨领衔，石瑊、张沛林、常文相、齐继伟、陈颖、黄梓桐、靳腾飞、邹璐莎、王伟康等组成的会务团队，优质高效地承担了会务工作。秦汉史研究室庄小霞先生、人民出版社翟金明先生在稿件收集方面付出很多。中国社会科学出版社赵剑英社长慨允出版，古籍分社李凯凯先生承担了文集编辑工作。古代文化史研究室孙晓先生为文集编纂和出版贡献尤多。在此一并谨致谢忱！

编 者

2024 年 6 月 16 日